Thomas Sancton · Scott MacLeod
DER TOD EINER PRINZESSIN

Thomas Sancton · Scott MacLeod

# DER TOD EINER PRINZESSIN
Die Wahrheit über Dianas Ende

Aus dem Amerikanischen von
Carmen Sühs
unter Mitarbeit von
Peter Bramböck

Droemer

*Für Sylvaine und Susan*

Titel der Originalausgabe: Death of a Princess. An Investigation
Originalverlag: Orion, London

Redaktion der deutschsprachigen Ausgabe:
Dr. Reitter & Partner Verlag GmbH, Vaterstetten

Die Folie des Schutzumschlags sowie die Einschweißfolie
sind PE-Folien und biologisch abbaubar.
Dieses Buch wurde auf chlor- und
säurefreiem Papier gedruckt.

Copyright der deutschsprachigen Ausgabe
by Droemersche Verlagsanstalt Th. Knaur Nachf., 1998
Copyright © 1998 by Thomas Sancton und Scott MacLeod
Das Werk einschließlich aller seiner Teile ist urheberrechtlich geschützt.
Jede Verwertung außerhalb der engen Grenzen des Urheberrechtsgesetzes
ist ohne die Zustimmung des Verlages unzulässig und strafbar.
Das gilt insbesondere für Vervielfältigungen, Übersetzungen,
Mikroverfilmungen und die Einspeicherung und
Verarbeitung in elektronischen Systemen.
Umschlaggestaltung: Agentur Zero, München
Umschlagfoto: AP-Foto, Frankfurt am Main
Satz: Dr. Reitter & Partner Verlag GmbH, Vaterstetten
Druck und Bindung: Mohndruck Gütersloh
Printed in Germany
ISBN 3-426-27092-7

2 4 5 3 1

Vorwort
7

Kapitel 1
Kein Entkommen
13

Kapitel 2
Der Kampf ums Überleben
39

Kapitel 3
Post Mortem
57

Kapitel 4
Parallelen im Leben
69

Kapitel 5
Hollywood
81

Kapitel 6
Der Pharao von Knightsbridge
107

Kapitel 7
St. Tropez
133

Kapitel 8
Der Kuss
153

Kapitel 9
DER LETZTE TAG
*177*

Kapitel 10
DER FAHRER
*195*

Kapitel 11
DIE PAPARAZZI
*219*

Kapitel 12
DIE ERMITTLER
*243*

Kapitel 13
AUF SUCHE NACH VERLORENEN ERINNERUNGEN
*275*

Kapitel 14
SPUREN UND TRÜMMER
*287*

Kapitel 15
WAR ES MORD?
*313*

EPILOG
*343*

# Vorwort

Auf der Place de l'Alma erhebt sich ein Standbild mit einer goldenen Flamme. Es ist eine Nachbildung jener Fackel, die die New Yorker Freiheitsstatue hält. Die Flamme hat eine neue und wesentliche Bedeutung für die Pariser erhalten, seit Prinzessin Diana und ihr Freund Dodi Fayed[1] [Die Anmerkungen befinden sich am Ende des Buches] bei einem Autounfall im Alma-Tunnel in den frühen Morgenstunden des 31. August 1997 starben. Die Flamme ist seitdem Mittelpunkt eines Diana-Kultes, an ihrem Sockel liegen Berge von in Cellophan gewickelten Blumensträußen und handgeschriebenen Briefen wie: »Lebe wohl, Rose von England«, oder: »Diana, Du hast meinem Leben einen Sinn gegeben«.

Wenn eine Prinzessin stirbt, und noch dazu eine so bezaubernde, dann gewinnen die Umstände ihres Lebens und ihres Todes eine fast mystische Qualität im Bewußtsein der Bevölkerung. So auch bei Diana, der Princess of Wales. Sie ist schon jetzt zur Legende geworden. Vertreter der Verschwörungstheorie sind der Meinung, sie sei einem Anschlag von Großbritanniens Geheimdienst MI6 zum Opfer gefallen, der ihre Eheschließung mit einem arabischen Moslem verhindern wollte. Andere glauben, Diana sei von einer Horde wildgewordener Paparazzi in den Tod gehetzt worden, also – Ironie des Schicksals – Opfer eines Personenkultes, den sie selbst forciert hatte, wenn es ihr sinnvoll erschien. Wieder andere sagen, der Tod sei das letzte Glied einer Kette von Improvisationen und Törichtheiten gewesen, die Diana auf den Rücksitz eines Autos führten, das mit viel zu hoher Geschwindigkeit von einem Fahrer ohne entsprechende Lizenz gesteuert wurde, der einen tödlichen Cocktail von Alkohol und Antidepressiva zu sich genommen hatte.

Doch Mythen interessieren die intensiv ermittelnden französischen Beamten nicht, die mit diesem Fall betraut sind. Ihre Aufgabe ist, aus Glasscherben, Farbresten, Hunderten von Zeugenaussagen, rekonstruierten Werten von Flugbahnen, Geschwindigkeit und Fliehkraft die Wahrheit herauszufinden. Dieses Buch will ebenfalls versuchen, die Wahrheit herauszufinden, zum Teil mit den gleichen Ermittlungs- und Wissenschaftsmethoden, die die französischen Beamten angewendet haben, aber es ergründet auch umfassend die Vorgeschichte, die dazu führte, daß Diana in jener Nacht zusammen mit Emad »Dodi« Fayed in den Wagen stieg, dem früheren Hollywood-Produzenten und Sohn des umstrittenen, in Ägypten geborenen Industriemagnaten Mohammed al-Fayed.

Je länger die Autoren an diesem Teil ihrer Spurensuche arbeiteten, desto mehr stellten sie fest, daß die vorherrschende Einschätzung von Dodi als einem oberflächlichen Playboy, Macho-Frauenhelden und kokainschnüffelnden Draufgänger nicht die wesentlichen Charakteristika erfaßte, die Diana in seine Arme zogen: eine gewinnende menschliche Wärme und eine Empfindsamkeit, herrührend von einer Kindheit, die geprägt war von immensem Reichtum, aber auch von großer Einsamkeit und tiefer Melancholie.

Und: Hinter Dodi stand Mohammed al-Fayed, der übermächtige Vater, der seinen Sohn zwar innig liebte, ihn jedoch als Kind oft vernachlässigte und dann als Erwachsenen dominierte. Mohammed wollte das Beste für seinen Sohn und förderte mit allen Mitteln die aufkeimende Romanze mit Diana. Spielte er zynisch den Heiratsvermittler, wie viele Kritiker behaupten, um sich an der britischen Oberschicht zu rächen, die ihn verächtlich abgelehnt hatte? Oder ging es ihm wirklich nur um das Glück seines Sohnes an der Seite einer jungen Frau, deren verstorbener Vater zu Mohammeds Freunden gezählt hatte und mit der ihn quasi eine Onkel-Beziehung verband?

All diese Fragen sind vermischt mit den Erkenntnissen der Polizeiberichte, um, im weitesten Sinne des Wortes, einen Untersuchungsbericht zu erstellen über die Umstände, die zu dem Tod einer Prinzessin im Alma-Tunnel geführt haben. Die beiden

Verfasser dieses Buches haben parallel recherchiert, um anschließend die jeweiligen Ergebnisse ihrer Ermittlungen zu einem geschlossenen Ganzen zusammmenzufügen: Thomas Sancton hat die Geschehnisse in Frankreich verfolgt, und Scott MacLeod hat sich auf die al-Fayeds konzentriert.

Beide Autoren haben die Affäre so gut wie ohne Unterbrechung seit 1.30 Uhr morgens des 31. August 1997 verfolgt, als MacLeod, der nur wenige Häuserblocks entfernt vom Unfallort wohnt, mit Notizblock und Fernglas am Schauplatz des Geschehens eintraf.

Sancton, der um 2.00 Uhr morgens durch einen Anruf der New Yorker *Time*-Nachrichtenredaktion geweckt wurde, führte die Recherchen telefonisch von seiner in einem Pariser Vorort gelegenen Wohnung aus durch. Die Ergebnisse beider Recherchen wurden in einer brandaktuellen Titelgeschichte über den Unfall veröffentlicht, die das weitgespannnte Mitarbeiterteam von *Time* innerhalb von nur zwölf Stunden produzierte und die ab Montag, den 1. September, am Kiosk war.

In den folgenden Wochen arbeiteten die beiden Autoren gemeinsam an mehreren größeren Folgegeschichten für *Time* und begannen dann Anfang Oktober mit diesem davon unabhängigen Buchprojekt. Die Autoren werteten Tausende von Seiten an Dokumenten, Büchern und Presseartikeln aus und interviewten unzählige Augenzeugen, Rechtsanwälte, Medizinexperten, Autoingenieure, Ermittlungsbeamte und Weggefährten von Dodi und Diana in Großbritannien, Frankreich, Ägypten und den USA. Wir hoffen daher, daß das Buch, das Sie in Händen halten, die derzeit maßgeblichste Darstellung der Ereignisse rund um die Tragödie ist.

Soweit möglich, haben wir unsere Quellen namentlich im Text erwähnt und diesen mit Anmerkungen versehen, um bestimmte Punkte zu verdeutlichen oder erklärende Informationen hinzuzufügen. Wie es bei einem solchen Bericht unvermeidlich ist, bestanden viele Befragte auf Anonymität und konnten daher nicht namentlich aufgeführt werden. Eine Reihe von Augenzeugen, die ihre Beobachtungen den Ermittlungsbeamten schilderten, werden nur mit dem Vornamen und dem ersten Buchstaben des Nachnamens genannt. Trotz intensiver Bemühungen, mit jedem dieser Zeugen persönlich zu sprechen, erlaubte es nur eine relativ kleine Anzahl, von uns interviewt und namentlich genannt zu werden.

Die französischen Mediziner warfen als Informationsquelle besondere Probleme auf: Es verstößt gegen die französischen Gesetze und ist vom »Ordre des Médecins«, dem einflußreichen Berufsverband, strengstens verboten, daß ein Arzt über Einzelheiten des Arzt-Patient-Verhältnisses spricht – selbst wenn der Patient nicht sein eigener ist. Daher war es unmöglich, auch nur einen einzigen französischen Arzt zu finden, der sich auf eine konkrete Diskussion über Dianas medizinische Versorgung eingelassen hätte oder auch nur ganz allgemein über die Art ihrer inneren Verletzungen gesprochen hätte, die sie letztlich töteten. Diese Knebelbestimmungen über die Veröffentlichung medizinischer Einzelheiten sind derart rigide, daß der »Ordre des Médecins« eine strenge Abmahnung an den Direktor des Krankenhauses Pitié-Salpêtrière schickte, weil dieser ein knappes, fünf Sätze langes Kommuniqué über Dianas Todesursache veröffentlicht hatte!

Dennoch waren mehrere französische Ärzte äußerst hilfsbereit dabei, Licht in alle diese Dinge wie auch in die Praktiken der französischen Notfallmedizin zu bringen, aber nur unter dem Deckmantel der Anonymität, da sie gerichtliche und berufliche Sanktionen befürchteten. Aus diesem Grund sind amerikanische Ärzte unsere einzigen Medizinexperten. Ihre Informationen, vereint mit den anonymen französischen, führten zu einigen verblüffenden Schlüssen bezüglich Dianas medizinischer Behandlung und ließen die explosive Frage aufkommen, ob man Dianas Leben hätte retten können.

Die medizinischen Schlußfolgerungen dieses Buches sind für viele Leser möglicherweise schockierend, und es läßt sich absehen, daß aus Frankreich heftige Polemiken dagegen kommen werden. Es war aber keineswegs die Absicht der Autoren, mit dem Finger auf das exzellente französische Medizinsystem zu weisen oder gar es anzugreifen. Damit kein französischer Arzt diesbezüglich an unseren Folgerungen Anstoß nimmt oder womöglich vermutet, daß sie von einem nationalistischen Kreuzzug inspiriert sind gegenüber Vorgehensweisen, die vom in Amerika üblichen Standard abweichen, sei an dieser Stelle ausdrücklich betont, daß dies nicht in der Absicht der Autoren gelegen hat. Wenn in Frankreich niemand dazu bereit war, die Praktiken der französischen Notfallmedizin zu verteidigen, so ist dies nicht Schuld der Journalisten, die dieses Buch verfaßten und jeden erdenklichen Versuch unternahmen, solche Stimmen ebenfalls zu Wort kommen zu lassen.

Außer den genannten (und ungenannten) Quellen im Text möchten die Autoren vielen Personen danken, die dazu beigetragen haben, dieses Buchprojekt zu ermöglichen. In erster Linie danken wir dem leitenden Herausgeber von *Time Inc.*, Norman Pearlstine, dem *Time*-Chefredakteur Walter Isaacson sowie dem stellvertretenden Chefredakteur James Kelly, die uns zu diesem Projekt ermutigten und uns den beruflichen Freiraum gaben, es in die Tat umzusetzen.

Besonderen Dank schulden wir unseren Assistentinnen bei den Recherchen in Frankreich, Elizabeth Angell und Elisa Dethomas, deren unermüdlicher Eifer bei der Suche nach und der Überprüfung von Berichten und Fakten unschätzbar war. Ungemein geholfen haben uns ferner Patricia Strathern in Paris, die das Fotomaterial sichtete und mehrere hundert Seiten Tonbandinterviews abschrieb, sowie Amany Radwan in Kairo, die uns Einblicke ermöglichte in die Hintergründe der Familie al-Fayed in Ägypten sowie in die Verschwörungstheorien, die im Mittleren Osten kursierten. Claire Senard, Redaktionsassistentin des Pariser *Time*-Büros, hat unser Buchvorhaben von der ersten Minute an gefördert und unterstützt. Unser Dank gilt ferner auch den Londoner Angestellten von Harrods für die Hilfsbereitschaft und die Professionalität, mit der sie auf unsere Bitten um Auskunft geantwortet haben.

Wertvolle Unterstützung erhielten wir von französischen Kollegen, besonders von Nathalie Prévost vom *Journal du Dimanche*, die Berichte über die amtlichen Ermittlungen beisteuerte. Unser Dank gilt weiterhin Gilles Delafon vom *Journal du Dimanche* für seine hilfreichen Vorschläge, Hinweise und Kontakte, sowie Frédéric Helbert vom Radiosender *Europe 1* und der britischen Journalistin Dierdre Mooney in Cannes. Sylvaine Sancton und Susan Hack lasen das gesamte Manuskript und machten Verbesserungsvorschläge.

Zusätzlich zu denjenigen, die uns direkt geholfen haben, möchten wir allen unseren Kollegen von der französischen, britischen und amerikanischen Presse danken, deren Artikel uns eine Fülle von Informationen verschafften. Hervorgehoben seien profunde Beiträge in folgenden Blättern: *Journal du Dimanche, Le Monde, Libération, Le Figaro, Le Parisien, L'Express, Le Point, Le Nouvel Observateur, The Sunday Times, The Times, The Guardian, The New York Times, The Washington Post, The International Herald-Tribune, Newsweek, People, Vanity Fair.* Wir möchten auch die hervorragenden Sondersendungen über den Unfall im Fernsehen erwähnen, besonders die von *Panorama (BBC), Impact (CNN), 20/20 (ABC)* und *Droit de Savoir (TF1)*.

Zum Schluß gilt unser Dank unserem Agenten Andrew Wylie, dessen fester Glaube an das Projekt dieses Buch ermöglichte.

Thomas Sancton und Scott MacLeod
Paris, Weihnachten 1997

Kapitel 1

# KEIN ENTKOMMEN

»Haben Sie einen Mercedes für eine diskrete Abreise zur Verfügung?«

Jean-François Musa war erstaunt. Seine Firma »Etoile Limousine« hält zwar eine Flotte von sechs Luxuswagen für das Hotel Ritz zur ausschließlichen Nutzung durch dessen Gäste bereit, doch diese Nachfrage fiel aus dem Rahmen. Aber er mußte sie absolut ernst nehmen, denn sie kam von einem der ranghöchsten Manager des Hotels: von Claude Roulet, dem Assistenten des Ritz-Direktors Frank J. Klein.

Der Mercedes sollte den Zweck erfüllen, Diana, Prinzessin von Wales, und ihrem Freund Emad »Dodi« Fayed, dem Sohn des ägyptischen Industriemagnaten und Ritz-Inhabers Mohammed al-Fayed, vom Hinterausgang des Hotels die Abfahrt zu ermöglichen, ohne daß sie von den Paparazzi bemerkt würden, die sie schon den ganzen Nachmittag lang verfolgt hatten und die nun gemeinsam mit rund hundert Gaffern und Sensationsgierigen den Haupteingang belagerten.

Musa hatte einen großen Teil des Tages damit verbracht, Fayeds Range Rover als sicherndes Begleitfahrzeug zu steuern, während Dodis regulärer Chauffeur Philippe Dourneau das Paar am Steuer eines schwarzen Mercedes 600 durch Paris fuhr. Diese beiden Wagen standen geparkt an der Place Vendôme vor dem Haupteingang des Hotels, in dem sich Musa und Dourneau bereithielten und darauf warteten, daß das Paar sein Abendessen beendete.

Musa hatte eigentlich geglaubt, daß Dodi und Diana wieder im Konvoi mit zwei Wagen abfahren würden, doch Befehl war nun Befehl. Deshalb ging er zu einem Schlüsselschrank, der sich rechts vom Haupteingang befindet, und öffnete dessen Spiegeltür. Er suchte unter mehreren braunen Umschlägen herum, die im Schrank lagen, und fand schließlich den Schlüssel zu dem einzigen Wagen, der zur Verfügung stand: einem schwarzen Mercedes S 280 mit der Zulassungsnummer 688 LTV 75. Es war eine mittelschwere Limousine ohne getönte Scheiben – also nicht gerade ideal, um Sensationsreporter abzuwimmeln –, aber sie müßte genügen.

Allerdings gab es ein Problem: Um diese Uhrzeit, kurz vor Mitternacht am Sonnabend, dem 30. August, war kein Chauffeur mehr im Dienst. Das Auto war als »Grande remise«-Wagen zugelassen, was bedeutete, daß es nur ein Chauffeur mit Lizenz für VIP-Limousinen steuern durfte. Musa bot deshalb an, den S 280 selber zu fahren, da er die notwendige Genehmigung dazu besaß, doch wurde ihm gesagt, das sei nicht notwendig.[2]

Alexander »Kes« Wingfield, einer der beiden Leibwächter von Fayed, passierte die Drehtür des Ritz und betrachtete von der Auffahrt aus die Menschenmenge. Es waren mindestens 30 Fotografen anwesend, die mit ihren Kameras bereitstanden, darunter einige besonders aggressive Typen, die sich schon den ganzen Tag über mit den Sicherheitsbeamten gerangelt hatten.

Wingfield rief Musa herbei und erklärte ihm seinen Plan. »Sie und Philippe werden ein Ablenkungsmanöver durchführen«, sagte er. »Laßt die Motoren laufen, macht die Beleuchtung an und tut so, als bereitet ihr die Abfahrt mit dem Mercedes und dem Range Rover vor. Währenddessen können Dodi und die Prinzessin zusammen mit Trevor am Hinterausgang entkommen.« Trevor Rees-Jones, der zweite Leibwächter, war bei dem Paar im Hotel geblieben.

»Wer wird fahren?« erkundigte sich Musa.

»Henri«, antwortete Wingfield.

Musa kannte Henri Paul gut. Als stellvertretender Sicherheitschef des Ritz hatte Paul häufig mit Musa Kontakt bezüglich der An- und Abreise prominenter Hotelgäste. Aber, so sagte Musa später, »es war nicht üblich, daß Monsieur Paul für seine Kundschaft Chauffeur spielte«. Außerdem besaß er nicht die erforderliche Genehmigung dafür. Überdies schien mit Paul in jener

Nacht irgend etwas nicht zu stimmen. Wie Musa sich ausdrückte, schien er »gesprächiger zu sein als gewöhnlich«.

Er war mehr als gesprächig. Paul stolzierte vor dem Hotel auf und ab, grinste und gestikulierte vor den Fotografen in einer Art, die völlig untypisch für ihn war, behandelte sie mit Ironie oder als scheinbarer Komplize. Sobald die Abfahrtszeit näherrückte, trat er aus dem Hotel, um den Journalisten zu verkünden: »Noch zehn Minuten«, dann: »Noch fünf Minuten!« Einige der Paparazzi, die es gewohnt waren, von Paul mit eiskalter Verachtung konfrontiert zu werden, fanden sein Benehmen »bizarr«.

Nicht alle Journalisten befanden sich an der Place Vendôme. Eine Handvoll von ihnen, die eine eventuelle Abfahrt vom Hinterausgang witterten, warteten auf dem Gehsteig der Rue Cambon hinter dem Hotel. Einer von ihnen war Jacques Langevin von der Bildagentur »Sygma«. Langevin (44), ein altgedienter Kriegsfotograf, der Auszeichnungen für seine Bilder von den Panzer-Massakern am Platz des Himmlischen Friedens in Peking erhalten hatte, war mit dem für ihn unüblichen Job einzig und allein deshalb beauftragt worden, weil er für die Agentur Wochenendbereitschaft hatte. Seine Redakteure hatten ihn von einer Dinnerparty weggerufen, nachdem sie von ihrem Korrespondenten in London einen Tip erhalten hatten.

»Ich kannte Henri Paul nicht persönlich«, berichtet er, »aber einige Kollegen, die ihn kannten, sagten zu mir: ›Er ist nicht in normaler Verfassung. Er hat getrunken.‹ Er schien euphorisch. Er neckte uns, grinste und spielte den Klugscheißer.« Anderen Fotografen zufolge hat Paul sie verspottet, indem er sagte: »Heute nacht kriegt ihr uns nicht, versucht es erst gar nicht.«

Es war eine angenehme Sommernacht, klar und warm mit 25 °C, und die Journalisten warteten mehr oder wenig geduldig darauf, daß sich das Paar in Bewegung setzte. Langevin berichtet, daß er seinen metallic-grauen VW Golf in der Rue Cambon geparkt und zusammen mit einigen anderen Journalisten hinter dem Hotel Posten bezogen hatte, darunter Serge Benhamou (44), Fabrice Chassery (30) und Alain Guizard (30), einem Reporter von der Agentur »Angéli«.

»Wir standen auf dem Bürgersteig in der Rue Cambon«, berichtet Langevin, »etwas weiter die Straße aufwärts, denn der Bereich unmittelbar vor dem Ausgang war durch Bauarbeiten blockiert. Henri Paul kam heraus und winkte mir zu. Er stolzierte herum wie ein Pfau. Sein Verhalten war nicht unbedingt das eines Betrunkenen, er spielte sich nur auf.«

Im Hotel selbst waren Dodi und Diana gerade dabei, den langen, üppig mit Teppichen ausgelegten Korridor von der Kaiser-Suite im ersten Stock, wo sie zu Abend gegessen hatten, zum rückwärtigen Treppenhaus hinunterzugehen. Als das Paar am rückseitigen Lieferanteneingang ankam, 36, Rue Cambon, mußte Diana einige Momente lang warten, während Paul und Dodi die letzten Einzelheiten des Plans besprachen.

Um 00.19 Uhr fuhr ein Angestellter des Ritz den Mercedes S 280 vor die Tür. »Henri Paul kam heraus«, berichtet Langevin, »und dann noch ein anderer Typ, der uns mit dem Daumen nach oben ein Zeichen machte, als ob er sagen wollte: Sie kommen. Schließlich tauchte ein Leibwächter [Rees-Jones] auf. Diana verließ das Hotel vor Dodi und stieg als erste in den Wagen ein. Ich schoß mehrere Bilder von ihr und anschließend einige von dem Wagen aus einer Entfernung von drei Metern mit einem Teleobjektiv. Das Auto fuhr schnell weg.«

Den Überwachungskameras des Ritz zufolge war es genau 00.20 Uhr. Langevin nahm nicht an der Verfolgungsjagd teil. Sein Auto war 30 Meter entfernt geparkt, und er beschloß, für heute Feierabend zu machen. Aber andere waren fest gewillt, ihre Beute nicht so leicht entkommen zu lassen.

Benhamou startete seinen grünen Honda-Lada-Motorroller und folgte dem Mercedes, der die Rue Cambon hinunterfuhr und dann nach rechts in die Rue de Rivoli abbog. Andere Fotografen vor dem Hotel, über ihre Mobiltelefone von der Abfahrt informiert, machten sich schleunig auf den Weg zu ihren Autos. Romuald Rat (24) von der Agentur »Gamma« sprang hinter seinem Fahrer Stéphane Darmon (32) auf seine Honda NTV 650, und die beiden rasten die Rue de Castiglione einen Block weit hinunter bis zur Rue de Rivoli, wo sie vorschriftsgemäß rechts abbogen.

Sie holten den Mercedes auf der Place de la Concorde ein, deren aus Ägypten stammender Obelisk bei Nacht grandios angestrahlt wird und eines der bekanntesten Wahrzeichen von Paris darstellt. Die Limousine hatte wegen einer roten Ampel an der Ecke Rue Royale nahe dem Hotel Crillon angehalten. Rat und

Darmon waren nicht allein. Serge Arnal (35) von der Agentur »Stills« saß am Steuer seines schwarzen Fiat Uno; neben ihm saß Christian Martinez (41) von der Agentur »Angeli«, einer der zähsten und verbissensten Paparazzi aus der Branche. Benhamou stand direkt hinter dem linken Kotflügel des Mercedes, ließ den Motor seiner Honda aufheulen und wartete darauf, daß die Ampel umschalten würde. Weitere Fahrzeuge hatten zu dem Konvoi aufgeschlossen.

Laut einem der Verfolger fuhr Paul einen Moment früher los, bevor die Ampel auf Grün umschaltete, und gab den Fotografen das Nachsehen. Die Champs-Elysées rechts liegen lassend, den direktesten Weg zu Dodis Apartment in der Nähe des Arc de Triomphe, steuerte er auf die in Richtung Westen parallel zur Seine verlaufende Schnellstraße zu, die zu Beginn Cours La Reine heißt. Ohne anzuhalten, fuhr er auf die Schnellstraße und trat das Gaspedal bis zum Anschlag durch.

»Der Wagen wurde schneller und schneller«, berichtet einer der Fotografen, der dem Mercedes auf einem Motorroller gefolgt war. »Wir sagten noch, daß der Fahrer wirklich viel zu schnell fahre. Wir konnten ihm nicht mehr folgen. Eines ist klar: Die Art und Weise, wie er fuhr, war nicht normal. Ich habe noch nie jemanden gesehen, der so raste. Er fuhr wie ein Gangster. Unglaublich!« Darmon auf dem »Gamma«-Motorrad, selber nicht gerade ein Langsamfahrer, beschrieb Pauls Tempo als »nahezu mit Überschallgeschwindigkeit«.

Der Mercedes erhöhte auf der 1,2 Kilometer langen schnurgeraden Strecke zum Alma-Tunnel kontinuierlich seine Geschwindigkeit. Die Fotografen behaupten, er hätte sie weit hinter sich gelassen, ungefähr 200 Meter. Andere Augenzeugen jedoch schilderten, sie hätten Motorräder viel näher dran gesehen. Brian Anderson, ein kalifornischer Geschäftsmann, berichtete *CBS News*, daß er in einem Taxi auf der Schnellstraße unterwegs war, als er von einem schwarzen Mercedes überholt wurde, dem zwei Motorräder mit wenig Abstand folgten. Das erste, auf dem zwei Personen saßen, hatte offensichtlich vor, »das Auto zu überholen«, sagte Anderson. »Ich empfand, daß dieses eine Motorrad aggressiv und riskant fuhr.«

Weitere Augenzeugen, die später von der Polizei befragt wurden, sprachen ebenfalls von Motorrädern mit nur wenig Ab-

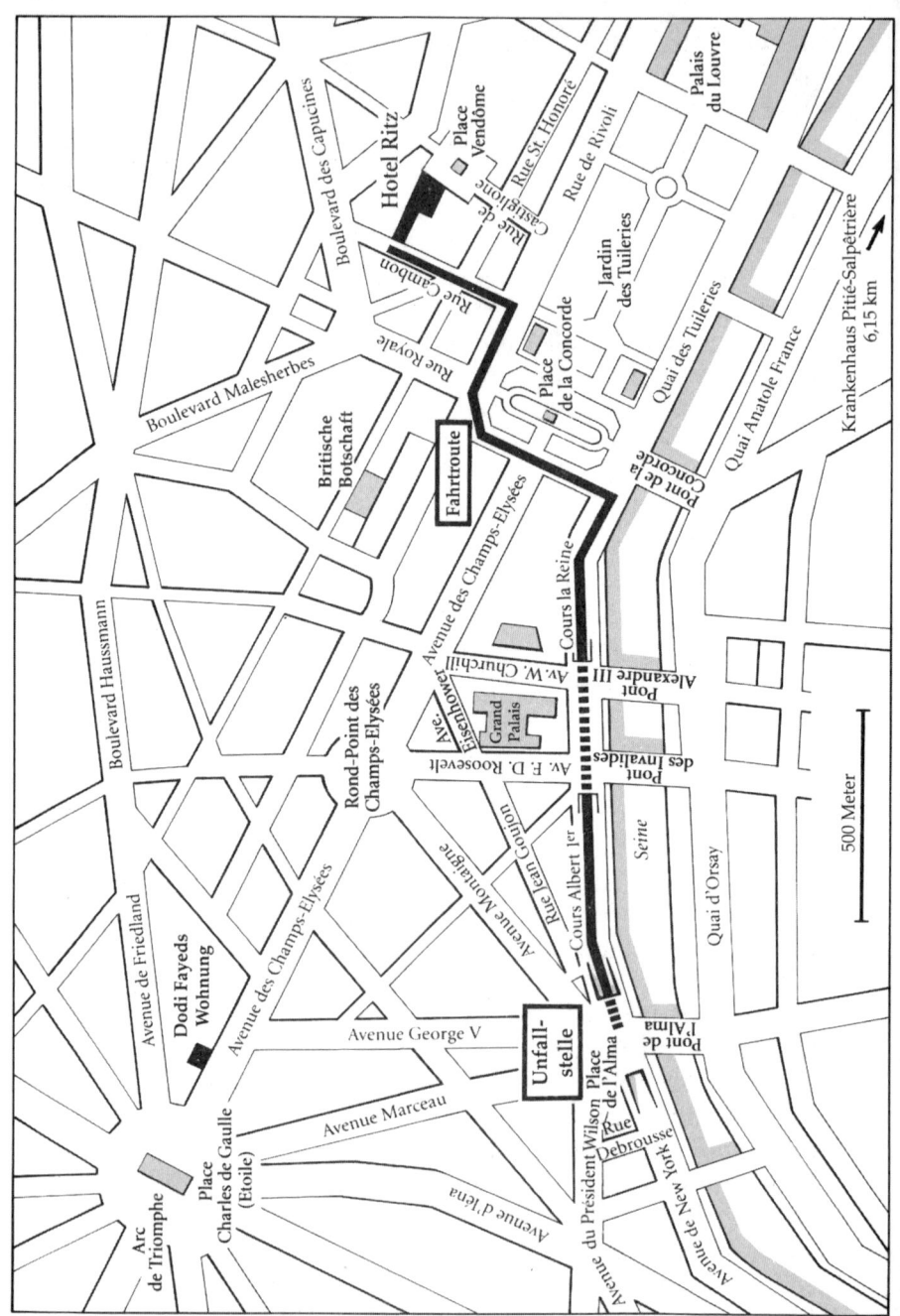

stand zum Mercedes – und mit dessen gefährlicher Geschwindigkeit. Thierry H. (49), ein technischer Berater aus Paris, berichtete, daß er auf der rechten Spur der Schnellstraße, kurz vor dem Pont Alexandre III und ungefähr 800 Meter vor dem Alma-Tunnel, gefahren sei, als er »von einem Wagen mit sehr hoher Geschwindigkeit überholt wurde. Ich schätze, seine Geschwindigkeit lag zwischen 120 und 130 Stundenkilometern [die erlaubte Höchstgeschwindigkeit dort beträgt 50 Stundenkilometer]. Es war ein schwerer schwarzer Wagen, ich denke ein Mercedes... Dieser Wagen wurde ganz offensichtlich von mehreren Motorrädern verfolgt, ich schätze von vier bis sechs. Auf einigen davon saßen zwei Personen. Diese Motorräder folgten dem Auto unmittelbar, und einige versuchten, neben dem Auto auf gleiche Höhe zu gelangen.«

Clifford G., ein 34-jähriger Berufskraftfahrer, war gerade dabei, auf der Place de la Reine Astrid, einem grasbedeckten Dreieck in der Nähe des Tunneleingangs, noch etwas frische Luft zu schnappen. Seine Aufmerksamkeit wurde durch das laute Aufheulen eines Automotors zur Schnellstraße gelenkt. Dort nahm er einen Mercedes wahr, der mit einer geschätzten Geschwindigkeit von etwa 100 Stundenkilometern in Richtung Tunnel fuhr. »Ich sah auch ein schweres Motorrad vorbeirasen. Ich kann Ihnen nicht sagen, wieviele Personen darauf saßen... Das Motorrad fuhr schnell. Ich würde sagen, das Motorrad befand sich 30 oder 40 Meter hinter dem Mercedes.« Dieser Zeuge verlor den Mercedes aus den Augen, als er in den Tunnel hineinfuhr, aber er hörte den entsetzlichen Aufprall, der folgte.

Fahrer und Beifahrerin eines Wagens, der in der entgegengesetzten Richtung nach Osten unterwegs war, sahen die Geschehnisse aus nächster Nähe. »Als wir in den Alma-Tunnel hineinfuhren«, berichtete die Beifahrerin Gaëlle L. (40), eine Produktionsassistentin, »hörten wir lautes Reifenquietschen... In diesem Moment sahen wir, wie sich auf der Gegenfahrbahn ein großes Auto mit hoher Geschwindigkeit näherte. Dieses Auto schleuderte erst nach links, zog dann wieder nach rechts zurück und prallte mit lautem Gehupe gegen die Mauer. Ich sollte noch hinzufügen, daß sich vor diesem Wagen noch ein anderes, kleineres Fahrzeug befand. Ich meine, dieses Fahrzeug war schwarz, aber ich bin mir nicht sicher. Hinter dem großen

Wagen fuhr ein schweres Motorrad. Ich weiß nicht genau, wieviele Personen darauf saßen.«

Der Mercedes hatte offensichtlich extrem nach links gezogen, um nicht mit einem langsam fahrenden Wagen vor ihm zusammenzustoßen. Die Limousine schrammte gegen den Bordsteig des Mittelstreifens, touchierte den dritten Stützpfeiler, schleuderte nach rechts zurück, geriet dann außer Kontrolle und prallte frontal auf den 13. Pfeiler. Die Wucht des Aufpralls hinterließ einen keilförmigen Einschnitt an der Frontseite des Wagens, übersäte den Pfeiler mit Motoröl und ließ Blechteile bis auf die Gegenfahrbahn fliegen. Dann prallte das Auto zurück, drehte sich um 180 Grad und krachte in die Mauer auf der rechten Tunnelseite. Es war 0.25 Uhr.

Der Mercedes hatte sich in einer Tausendstelsekunde von einer schnittigen Luxuslimousine in einen Schrotthaufen verwandelt. Paul war sofort tot, sein Rückenmark war durchtrennt, und sein Brustkorb vom Lenkrad zerquetscht. Der Druck seines regungslosen Körpers lastete auf der Hupe, was ein ohrenzerreißendes Heulen zur Folge hatte. Ganze Wolken von gräulichem Rauch, der offenbar dadurch entstand, daß Öl auf den heißen Motor lief, füllten den Tunnel.

Einige der Autos auf der Gegenfahrbahn verlangsamten ihr Tempo und hielten an. Die Insassen sprangen heraus und starrten auf die grauenvolle Szenerie. Gaëlle und ihr Freund Benoît B. (27) parkten direkt vor dem Tunneleingang und rannten auf die nach Westen verlaufende Straße, um den sich nähernden Fahrzeugen Warnzeichen zu geben. Gaëlle lieh sich von dem Fahrer eines der Wagen ein Handy und alarmierte die »Sapeurspompiers«[3], die spezielle Notfalltruppe der Feuerwehr. Laut deren Aufzeichnungen kam der Anruf genau um 0.26 Uhr.

Genau zur selben Zeit rief ein 32-jähriger Mann den zivilen Rettungsdienst SAMU[4] von seinem Mobiltelefon an. Unter der Voraussetzung, daß er anonym bleiben würde, sagte er später in einem Interview, daß er den Unfall in seinem Apartment gehört hatte, nur 45 Meter vom Tunneleingang entfernt. »Ich vernahm quietschende Reifen, gefolgt von drei Aufprallgeräuschen«, erzählt er. »Ich schaute aus dem Fenster und sah einen Tumult am Tunnel; deshalb rannte ich hinunter, um zu sehen, was los war. Ich war eine Minute nach dem Unfall dort.«

Nachdem er den Tunnel betreten hatte, erreichte er den Mercedes nach wenigen Metern. »Der Mann auf dem vorderen Beifahrersitz [Rees-Jones] war schwer verletzt, aber bei Bewußtsein«, berichtete er. »Die untere Hälfte seines Gesichtes war zerfetzt und hing runter; man konnte es kaum ansehen. Ich sagte ihm, er solle nicht in Panik geraten, Hilfe sei schon unterwegs. Er blickte mich an und versuchte sich zu bewegen, konnte aber nicht sprechen. Der Fahrer bewegte sich nicht. Der Mann auf dem Rücksitz lag starr da, seine Beine waren offensichtlich gebrochen.« Dieser Zeuge nahm Diana nicht wahr, die hinter der geschlossenen Wagentür auf den Boden gesunken war. Als zwei Personen die Tür zu öffnen versuchten, schrie er: »Lassen Sie das! Wenn Sie den Körper bewegen, bringen Sie sie vielleicht um!«

Malo France, ein Taxifahrer aus Bénin, befuhr mit seinen Fahrgästen nur wenige Augenblicke nach dem Unfall die nach Osten führende Tunnelfahrbahn und hielt kurz an, um die Katastrophe zu betrachten. »Es war furchtbar«, sagte er, »der schlimmste Unfall, den ich je gesehen habe. Ich schlug das Kreuzzeichen über meinem Herzen und dachte: ›Möge Gott sie retten, und möge er uns vor einem solchen Unfall beschützen.‹ Auf dem Vordersitz war ein Mann. Ich sah auch eine Frau mit blonden Haaren. Sie schrie sehr laut. Es waren zwei verschiedene Stimmen zu hören, die eines Mannes und die einer Frau.«
Die ersten auf dem Schauplatz waren der Fotograf Rat und sein Fahrer Darmon. Rat erzählte der Polizei später, daß sie den Mercedes aus den Augen verloren, nachdem er den ersten Tunnel unter dem Pont Alexandre III passiert hatte, und daß sie die Jagd aufgaben. Sie fuhren auf der Schnellstraße weiter, um zu ihrer Fotoagentur zurückzukehren, so sagte Rat, und kamen zufällig zu dem Autowrack. Augenzeugen berichteten, sie hätten ein Motorrad mit zwei Personen ziemlich nah am Mercedes gesehen, aber es gibt keinen Beweis dafür, daß dies Rat und Darmon gewesen sind. Selbst wenn sie etwa 300 Meter hinter dem Mercedes lagen, wie sie behaupten, wären Rat und Darmon bei der Geschwindigkeit, die sie fuhren, innerhalb von zehn bis 30 Sekunden nach dem Unfall zum Alma-Tunnel gelangt.

Nahezu gleichzeitig folgten ihnen Arnal und Martinez in Arnals schwarzem Fiat Uno und Benhamou auf seinem Honda-Lada-Motorrad. Als nächste kamen Fabrice Chassery von der

Agentur »Sola« in seinem anthrazitfarbenen Peugeot 205 und sein Kollege David Oderkerken (26) in seinem beigen Mitsubishi Pajero 4 x 4. Unter den Nachzüglern befanden sich Langevin, Nikola Arsov (38) von der Agentur »Sipa« und der freie Fotograf Laszlo Veres (50), der von Benhamou herbeigerufen worden war. Die Polizei hat ermittelt, daß einige weitere, noch nicht identifizierte Fotografen ebenfalls anwesend waren.

Darmon fuhr langsam an dem rauchenden, hupenden Fahrzeug vorbei und stellte seine Honda 20 Meter hinter ihm ab. »Ich sprang vom Motorrad und rannte auf das Auto zu«, sagte Rat. »Zu diesem Zeitpunkt dachte ich, sie seien alle tot. Ich war geschockt. Einige Sekunden lang blieb ich noch vom Auto fern. Einen Moment später hatte ich mich wieder im Griff und ging zum Wagen, um die Türen zu öffnen, weil ich sehen wollte, was ich tun könnte, um ihnen zu helfen... Ich nahm wahr, daß der Chauffeur und Monsieur Fayed offensichtlich tot waren und daß ich nichts tun konnte. Deshalb beugte ich mich über die Prinzessin, um zu sehen, ob sie noch am Leben war... Ich versuchte ihren Puls zu fühlen; als ich sie berührte, bewegte sie sich und atmete schwer. Daher sagte ich auf Englisch zu ihr: ›Ich bin bei Ihnen, bleiben Sie ruhig, ein Arzt ist unterwegs‹.«

Kurz vor dem Unfall erhielten die »Lockvögel« Musa und Dourneau von einem Bediensteten des Ritz die Meldung, daß das Paar an der Rue Cambon abgefahren sei. Das war ihr Stichwort. Musa fuhr in seinem Range Rover mit Wingfield neben sich davon; Dourneau folgte in kurzem Abstand mit dem Mercedes 600. Aber das Ablenkungsmanöver funktionierte nicht. Die meisten Paparazzi hatten mitbekommen, daß das Paar vom Hinterausgang aus abgefahren war, und hetzten ihm hinterher. Nur eine Handvoll Fotografen, unter ihnen Arsov und Pierre Suu, folgte den Lockvögeln, als sie die Rue de Rivoli hinunterfuhren, die Place de la Concorde überquerten und in die Champs-Elysées abbogen.

Das Ziel der Kolonne, ebenso von Dodi und Diana, war 1, rue Arsène-Houssaye in der Nähe des Arc de Triomphe, wo Fayed eine Zehn-Zimmer-Suite besaß mit einem grandiosen Ausblick auf die Champs-Elysées. Um dem Samstagnacht üblichen Verkehrsstau auf dieser Hauptverkehrsstraße zu entgehen, bogen

Musa und Dourneau links in die Avenue Franklin D. Roosevelt ein und steuerten auf die Schnellstraße entlang der Seine zu. So gerieten sie unwissenlich auf Henri Pauls Fahrstrecke.

Als sie sich der Place de l'Alma näherten, bemerkten sie Menschen, die aus dem Tunnel herausrannten und Stopzeichen machten. Deshalb ließen sie den Tunnel links liegen und fuhren die Avenue Marceau hinauf in Richtung Arc de Triomphe. In diesem Augenblick erhielt Dourneau auf seinem Autotelefon einen Anruf. Es war Dodis Butler René, der fragte, ob noch dafür Zeit sei, die Hunde von Dodi auszuführen, bevor Diana und Dodi ankämen. Dourneau war überrascht: »Sie sind noch nicht da?« »Sind sie denn nicht bei euch?« fragte René. »Nein«, antwortete der Chauffeur, »ich bin zu einem Ablenkungsmanöver unterwegs.«

Wingfield vermutete, daß Dodi vielleicht den Plan nochmals geändert hätte, und versuchte deshalb, Rees-Jones anzupiepsen. Keine Antwort.

»Als wir bei der Wohnung eintrafen«, sagte Dourneau, »stellten wir fest, daß noch niemand dort war, daher warteten wir. Es waren einige Paparazzi da. Plötzlich erhielt einer von ihnen einen Anruf auf seinem Mobiltelefon. Er wurde weiß im Gesicht. François [Musa] und mir wurde klar, daß er gerade eine schlimme Nachricht erhalten hatte. Wir mußten insistieren, bis er uns sagte, daß Dodi gerade einen Unfall unter der Alma-Brücke gehabt hatte. François und ich fuhren sofort in dem Range Rover dorthin.« Wingfield blieb an der Wohnung zurück und rief genau um 0.45 Uhr seine Vorgesetzten in London an.

Der Anruf des Leibwächters wurde von Dave Moody entgegengenommen, der den Weg des Paares aus einem Kontrollraum in der Park Lane überwachte, dem rund um die Uhr besetzten Nervenzentrum von Mohammed al-Fayeds 40 Mann starker Sicherheitsarmee. Moody informierte unverzüglich Paul Handley-Greaves, verantwortlich für den Personenschutz.

»Es hat einen Unfall gegeben, in den die beiden Chefs verwickelt sind«, berichtete er ihm und benutzte dabei die Decknamen für Dodi und Diana. Handley-Greaves eilte von seiner Wohnung in die Park Lane und kam gerade rechtzeitig dort an, um Wingfields zweiten Anruf entgegenzunehmen. Zu diesem Zeitpunkt hatte Wingfield bereits mit der Polizei telefoniert und von ihr die Bestätigung des Unfalls erhalten, aber nichts von Dodis Tod erfahren.

Handley-Greaves (32), Ex-Militärpolizist in der britischen Armee, rief Mohammed al-Fayed kurz nach 1.00 Uhr morgens an. »Sir«, sagte er, »es hat einen Unfall gegeben, in den Ihr Sohn und die Prinzessin verwickelt sind. Wir wissen momentan noch nichts über das genaue Ausmaß und über eventuelle Verletzungen.« Fayed, der in seinem Anwesen in Oxted, Surrey, tief geschlafen hatte, reagierte mit überraschender Gelassenheit. »Okay«, sagte er zu Handley-Greaves. »Versuchen Sie, so viele Einzelheiten wie möglich herauszufinden, und rufen Sie mich dann schnellstmöglich wieder an.«

Ungefähr zur selben Zeit klingelte auch das Telefon in Dodis Wohnung. Butler René dachte, es sei sein Chef, der ihn über eine Änderung seiner Pläne informieren wolle. Doch es war Dourneau. »*Dodi est mort*«, sagte er, »Dodi ist tot. Er ist von uns gegangen.«

»Wie bitte?« stammelte der Butler. »Das ist doch nicht möglich!«

»Er ist tot. Sie haben 20 Minuten lang versucht, ihn wiederzubeleben, aber es war kein Lebenszeichen mehr wahrzunehmen, kein einziges.« Dourneau sprach über sein Autotelefon direkt vom Tunnel. Mit erstickter Stimme schilderte er René die grauenhafte Szenerie. Der Butler sank auf einen Stuhl und weinte. Einem französischen Offiziellen zufolge, der sich am Unfallort aufhielt, war Dourneau »am Boden zerstört« und wiederholte immer wieder, daß er sich selbst die Schuld gebe, weil er nicht darauf bestanden habe, die Limousine selbst zu fahren.

Mittlerweile war an der Place de l'Alma der Teufel los. Als er den Aufprall vernahm, rannte Clifford G., ein dienstfreier Chauffeur, der in der Nähe der Schnellstraße gestanden hatte, zu Fuß in den Tunnel. »Als ich am Unfallort angelangt war«, teilte er später den Ermittlungsbeamten mit, »sah ich vier oder fünf Männer um das Wrack des Mercedes herumwieseln, die mit Profi-Ausrüstungen Fotos machten... Keiner dieser Männer hat irgend etwas unternommen, um den verletzten Personen im Mercedes zu helfen. Es war offenkundig, daß die vier Wageninsassen verletzt waren. Man sah Blut, ihre Körper lagen kreuz und quer im Inneren des Mercedes. Doch diese Männer fotografierten nur das Auto und die Verletzten von jedem Blickwinkel aus. Als ich dies bemerkte, schrie ich: ›Ist das alles, was ihr tun könnt, anstatt Hilfe herbeizurufen?‹«

Clifford war nicht der einzige Augenzeuge, der über das Verhalten der Fotografen wütend war. Der Amerikaner Jack Firestone, Direktor einer Anzeigenagentur, war nach einer nächtlichen Sightseeingtour in einem Taxi mit seiner Frau und seinem Sohn auf dem Weg zurück in sein Hotel. Als sie das Autowrack im Alma-Tunnel bemerkten, hielten sie kurz auf der nach Osten führenden Fahrbahn an. Firestone erzählte später *Associated Press*, die Fotografen hätten sich »wie Haie an rohem Fleisch« verhalten. Sie »knipsten wie besessen, rannten um das Auto herum, machten von jedem Blickwinkel aus Schnappschüsse... Es war offensichtlich, daß diesen Paparazzi klar war, daß sie eine Goldgrube aufgetan hatten.«

Ein Tontechniker, der etwa zur selben Zeit durch den Tunnel in Richtung Osten fuhr, gab den Ermittlungsbeamten eine der anschaulichsten Beschreibungen davon, wie die Fotografen vorgingen: »Nachdem ich meinen Wagen geparkt hatte..., sah ich, wie sich Fotografen durch die Hintertür in das Wageninnere beugten und Aufnahmen machten. Bevor sie damit begannen, bemerkte ich, daß einer der Männer irgend etwas im Wageninneren unternahm. Ich vermute, er bewegte den Körper von Monsieur Fayed oder den der Prinzessin, um bessere Bilder machen zu können. Ich näherte mich dem Mercedes und vernahm deutlich ein Stöhnen. Ich glaube, es war die Stimme eines Mannes.«

In diesem Augenblick, so sagt der Augenzeuge, betrat ungefähr ein Dutzend Männer den Tunnel zu Fuß; sie trugen Kameras bei sich, eine davon war eine Automatik-Videokamera. (Der amerikanische Tourist Michael Walker bezeugte ebenfalls, daß jemand mit einer Videokamera filmte, aber die Ermittlungsbeamten konnten den Kameramann nie auftun.) Es folgte ein Handgemenge, bei dem ein junger Mann, offensichtlich ein Nordafrikaner, mit Rat rangelte, um sich in das Auto beugen zu können. »Verdammt noch mal! Warum haben Sie das getan?« wollte er wissen. Rat antwortete dem Augenzeugen zufolge: »Wir können nicht anders arbeiten, es geht nur so.« Der junge Mann ging

Rat dann an und versuchte ihn zu schlagen, aber der Fotograf wehrte ihn ab, indem er seine schwere Kamera an ihrem Riemen herumwirbelte, während andere Männer dazwischengingen, um die beiden zu trennen.

Die Fotografen stritten sich auch untereinander. Rat, der von dem Anblick im Wrack tief erschüttert war, schrie seine Kollegen an, daß sie keine Großaufnahmen von den Opfern, sondern nur von dem Auto machen dürften. Die anderen gehorchten zuerst, begannen sich dann jedoch zu nähern und brüllten Rat ebenfalls an. »Verpiß dich!« sagte einer der Fotografen laut einem Zeugen, der später von der Polizei befragt wurde. »Ich mache auch nur meine Arbeit, genauso wie du.« Ein anderer Zeuge berichtete, er hätte gehört wie ein Fotograf zum anderen sagte: »Es ist deine Schuld!« Die schärfsten Wortgefechte scheinen zwischen Rat und Martinez stattgefunden zu haben, der zugegeben hat, daß er Aufnahmen vom Innenraum des Wagens gemacht hat. Rat machte weder Fotos im Auto noch Großaufnahmen von den Opfern, wie sein konfiszierter Film später beweisen sollte.

Darmon, der Fahrer des »Gamma«-Motorrades, stand in einiger Entfernung und beobachete das Ganze mit größtem Erstaunen. »Die Fotografen postierten sich auf der rechten Seite des Wracks«, erzählte er später dem *Guardian*. »Die Körper der Insassen befanden sich im Wagen. Die Unterführung war weiß erleuchtet von den elektronischen Blitzen. Die Kameras klickten wie ein Maschinengewehrhagel. Es war so chaotisch, daß ich eine Zeitlang von meinem Standpunkt am Tunnelausgang den Mercedes gar nicht mehr sehen konnte.«

Abgesehen von Arnal, der versuchte, Hilfe herbeizurufen, und von Rat, der behauptet, einen Erste-Hilfe-Kurs absolviert zu haben, und der versuchte, Dianas Puls zu fühlen, scheint keiner der anderen Fotografen auch nur das Geringste unternommen zu haben, um den Opfern zu helfen. Ihr Verteidigungsargument, das nicht von der Hand zu weisen ist, lautet, daß Leute ohne entsprechende Ausbildung die Lage nur verschlimmern würden, wenn sie schwerverwundete Opfer anfaßten.

Dies hielt jedoch andere nicht davon ab, zu tun, was sie konnten, um den Verletzten zu helfen. Clifford, der dienstfreie Chauffeur, erzählte den Untersuchungsbeamten: »Ich ging zu dem

Insassen vorne, der sich zu bewegen versuchte. Sein Mund und seine Zunge waren zerfetzt. Sein Oberkörper steckte in der Windschutzscheibe, und der Mann versuchte sich zu befreien. Ich hielt seinen Kopf hoch und sagte ihm, er solle sich nicht bewegen und auf Hilfe warten.«

Clifford hatte die blonde Frau im Fond des Wagens nicht bemerkt, bis er wahrnahm, wie sich ihr Kopf hinter dem Sitz des Leibwächters bewegte. »Ich sah ihr Gesicht, und eine innere Stimme sagte mir, das ist Lady Di«, sagte er aus. »Dann wurde mir klar, daß sie es war. Ich wiederholte meine Ermutigungen für diese junge Frau auf Englisch. Lady Di versuchte zu sprechen. Sie öffnete ihren Mund, um mir etwas zu sagen, aber kein Ton kam heraus. Sie blutete auf der Stirn und versuchte sich aufzurichten.«

Der erste Arzt, der am Unfallort ankam, war Frédéric Mailliez (36), ein Doktor des privaten Notarztdienstes »S.O.S. Médecins«. Mailliez und sein Begleiter Mark Butt (42), gebürtig in Baltimore, kamen von einer Geburtstagsparty heim und fuhren eine Minute nach dem Unfall auf der nach Osten verlaufenden Fahrbahn in den Alma-Tunnel hinein. »Es war mir klar, daß der Wagen gerade eben erst verunglückt war, weil der Rauch noch im Tunnel stand und die Hupe immer noch ging«, sagte Mailliez in einem Interview mit Art Harris von *CNN* und Thomas Sancton von *Time*. »Leute umringten das Auto. Ich sah das schwer beschädigte Auto mit vier Personen im Inneren. Zwei waren offensichtlich tot und zwei schwer verletzt.«

Mailliez ging zu seinem Wagen zurück, einem weißen Ford Fiesta mit dem großen blauen Firmenlogo von »S.O.S. Médecins«, und stellte ein magnetisches Signallicht auf sein Dach. Von seinem Autotelefon rief er den Notdienst der Feuerwehr an. »Am Pont de l'Alma hat sich ein schwerer Unfall ereignet«, meldete er dem Wachhabenden. »Es gibt zwei Schwerverletzte. Ich brauche zwei Notarztwagen.« Mailliez forderte ferner ein Spezialfahrzeug an, das mit Trennschneidern und anderen Hilfsgeräten ausgerüstet ist, um die eingeklemmten Unfallopfer zu befreien. Dann griff er nach seiner Arzttasche und kehrte zu dem Mercedes zurück. Ein freiwilliger Feuerwehrmann kümmerte sich bereits um Rees-Jones auf dem Vordersitz, daher wendete sich Mailliez der blonden Frau im Fond zu (ihre Identität erfuhr er erst am nächsten Morgen aus den Sendungen von *CNN*).

Er fand Diana auf dem Boden zusammengekauert, mit dem linken Bein oben auf dem Rücksitz, das rechte hatte sie unter sich gezogen. Sie war an die Rückseite von Rees-Jones' Sitz gelehnt mit dem Rücken zur Wagentür, ihr Kinn war auf die Brust gesunken. Sie war in einer Position, die das Atmen behinderte, sagt Mailliez; deshalb hob er vorsichtig ihren Kopf an und setzte ihr eine Sauerstoffmaske auf. In einem Interview, das von *Impact Quotidien*, einer Tageszeitung für Ärzte, veröffentlicht wurde, beschrieb er seine Handlungen in professioneller Manier: »Ich unterstützte ihre Atmung mit einer Maske und versuchte, die oberen Atemwege zu öffnen, indem ich ihren Kopf leicht zurückbog. Ich wollte die Luftröhre entlasten und verhindern, daß die Zunge den Rachenraum blockiert. Sie schien ein bißchen lebhafter zu werden und zeigte mehr Reaktionen, als sie wieder besser atmen konnte.«

Für Mailliez schien die Frau von allen Wageninsassen im besten Zustand zu sein, denn er konnte zu diesem Zeitpunkt nicht wissen, daß sie schwere innere Blutungen erlitten hatte. »Rein äußerlich betrachtet sah sie recht gut aus«, berichtete Mailliez später Larry King von *CNN*. »Aber die inneren Verletzungen waren schon passiert, wie Sie wissen... Ich dachte: Diese Frau hat eine Chance. Von den inneren Verletzungen wußte ich nichts.« Jemand hinter ihm sagte, die Wageninsassen sprächen Englisch; deshalb stellte Mailliez der Frau ein paar Fragen, »damit sie sich wohler fühlte«.

Während der ganzen Zeit, so berichtet Mailliez ferner, machten die Fotografen weiter ihre Aufnahmen, behinderten ihn aber in keiner Weise bei seiner Arbeit. Mailliez' Begleiter Mark Butt bestätigte, daß die Fotografen ihnen nicht im Weg standen. »Manche glauben, es hätten sich zwölf oder 15 Paparazzi um das Auto gedrängelt, aber dem war überhaupt nicht so«, sagte er. »Sie befanden sich in unterschiedlicher Entfernung: Einige hielten Abstand, andere kamen sehr nah heran, aber nur für Augenblicke. Sie blieben nicht in der Nähe, und es drängelten sich nicht alle um das Auto herum.«

Bezüglich der Hauptfrage, ob Diana mit ihm sprach, geben Mailliez' zahlreiche Interviews Anlaß zu widersprüchlichen Interpretationen. In seiner Aussage bei der Polizei am 31. August schilderte er die Prinzessin als »bewußtlos und stöhnend«. In seinem Interview mit *Impact Quotidien* sagte er, daß sie »ohne

Bewußtsein war, zitterte und stöhnte«, doch daß er, wenn er mit ihr sprach, »keine Antwort erhielt«. Bei seinem Auftritt in der »Larry King Live«-Show am 23. September in *CNN* wurde Mailliez ganz direkt gefragt: »Sagte sie irgend etwas zu Ihnen?« Antwort: »Nein.« Am 22. November wurde Mailliez in einem Interview auf der Titelseite der Londoner *Times* zitiert, daß die Prinzessin in der Tat mit ihm gesprochen hätte: »Sie sagte immer wieder, daß sie starke Schmerzen hätte, als ich ihr eine Reanimationsmaske über den Mund stülpte.«

Am darauffolgenden Tag rief Mailliez bei *Associated Press* an und beschwerte sich darüber, daß *The Times* ihn falsch zitiert habe. »Ich habe nie behauptet, daß sie vor Schmerzen schrie, aber sie sprach zu mir von ihren Schmerzen«, erzählte er der Nachrichtenagentur. »Sie war halb bei Bewußtsein, murmelte, aber sagte nie etwas Deutliches.« Doch Bill Frost, der *Times*-Reporter, der die Story schrieb, beharrt auf dieser Aussage. In einem Interview im Londoner Zentralbüro seiner Zeitung sagte er, daß Mailliez ihm nicht nur erzählt habe, daß Diana gesprochen hätte, sondern daß der Doktor ihre Worte exakt zitiert habe: »Ich habe solche Schmerzen«, und: »O Gott, ich halte das nicht aus!«

Wie auch immer – es gibt keinen Zweifel daran, daß Mailliez eine aktive und wichtige Rolle spielte bei der Versorgung Dianas während der ersten kritischen Minuten nach dem Unfall. Fotos von der Unfallstelle zeigen den jungenhaft wirkenden, braunhaarigen Arzt, bekleidet mit einem T-Shirt und weißen Hosen, wie er sich weit in den Wagen hineinbeugt. Mit dem linken Knie auf dem Rücksitz, sieht man ihn, wie er zuerst Dianas Kopf hält und dann Sauerstoff zuführt. Rechts von ihm stützt ein freiwilliger Feuerwehrmann in Bluejeans und einem blauen T-Shirt mit seinen Händen den blutverschmierten Kopf von Rees-Jones ab.

Andere Fotos zeigen Diana im Profil, gut erkennbar mit ihren elegant gestylten blonden Haaren. Es ist Blut auf ihrer Stirn, Blut sickert auch aus Nase, Mund und linkem Ohr. Abgesehen von dem Blut ist ihr Gesicht nicht entstellt. Auf mindestens einem Foto scheint sie die Augen geöffnet zu haben. Dodis linkes Bein, grotesk abgewinkelt und von mehreren Brüchen deformiert, lastet in Dianas Schoß. Seine Jeans sind von den Knien bis zum Unterleib aufgerissen. Dianas linker Arm liegt schlaff auf seinem Ziegenfellstiefel.

Auf dem Vordersitz sieht man den Körper von Henri Paul nach rechts verrutscht; seine rechte Hand ist auf das Steuerrad gepreßt, sein linker Arm ragt durch die zerborstene Windschutzscheibe. Während der Mercedes vorne total deformiert ist, ist die hintere Sitzzone des Wagens noch intakt: Das Dach ist nur leicht eingedrückt, und der Mercedes sieht von hinten aus, als sei er in unversehrtem Zustand, abgesehen vom abgerissenen Auspufftopf, der auf der Straße hinter ihm liegt.

»Als ich Diana auf dem Rücksitz sah, lief es mir eiskalt den Rücken hinunter«, sagt der Fotograf Nikola Arsov, der den Ablenkungsfahrzeugen gefolgt war und an der Unfallstelle erst einige Zeit nach dem Unglück eintraf. »Sie können sich kaum vorstellen, wie schön sie war. Doch jetzt – es war niederschmetternd!« Der Anblick war mehr, als einige Journalisten ertragen konnten. Ein Fotograf, der vom Unfallort regelrecht floh (möglicherweise Benhamou), berichtete später anonym (seine Stimme war verzerrt worden, sein Gesicht abgedunkelt) im deutschen Fernsehen, wie aufwühlend dieses Erlebnis war. »Es ist wahr, daß Diana noch am Leben war«, sagte er. »Sie regte sich... Ihr Kopf lag auf ihrer Brust. Ihre Arme bewegten sich. Aber ich glaube, sie war nicht bei Bewußtsein, sie schien unter Schock zu stehen. Es war einfach grauenhaft.«

Totalaufnahmen von der Unfallstelle zeigen eine chaotische Situation mit den Fotografen und einer Vielzahl von Passanten, die sich blindlings um das Auto scharten. Die Straße ist übersät von Trümmern und Glas. Zwei junge Männer, offensichtlich japanische Touristen, stehen auf dem Mittelstreifen. Ein dicker kahlköpfiger Mann in Shorts, Sandalen und einem gestreiften T-Shirt beugt sich in den Wagen und schaut neugierig durch die rechte Hintertür auf das Gesicht der sterbenden Prinzessin. Einige Touristen und Schaulustige sieht man mit ihren Amateurkameras Bilder schießen.

Der Augenzeuge Mark Butt sagte aus, er hätte gesehen, wie »Leute von ihren [Auto-] Fenstern aus Fotos von dem Unfall machten«. Ein amerikanischer Tourist, Michael Walker aus Mansfield, Ohio, der mit einem Taxi auf der nach Osten verlaufenden Fahrbahn unterwegs war, machte Fotos, die er dann später »Sygma«, *CNN* und anderen Nachrichtenagenturen zum Kauf anbot. (*CNN* und »Sygma«, denen die Qualität der Fotos zu schlecht war, lehnten ab, aber eines seiner grobkörnigen Fotos wurde später von der britischen *Sunday Times* abgedruckt.)

Die ersten beiden Polizisten, die in der Gegend Streife gingen und von Passanten herbeigerufen worden waren, erreichten den Unfallort innerhalb von fünf Minuten. Sie schienen von der Situation überfordert zu sein und hatten große Mühe, die dreisten Fotografen fernzuhalten. In seinem ersten Bericht über den Unfall, datiert vom 31. August, beschreibt der Beamte Lino Gagliardone die Situation wie folgt:

»Wir gingen sofort zum Unfallort und sahen einen Mercedes mit dem amtlichen Kennzeichen 688 LTV 75 mit schwer beschädigter Vorderseite, der schräg auf der Straße mit der Front zur Gegenrichtung lag, ebenso eine große Anzahl von Menschen, überwiegend Fotografen, die an der rechten Hinterseite des Wagens, dessen Tür offen war, Fotos machten.

Der Kollege Sébastien Dorzée läuft zum Wagen und versucht dort, einige der Fotografen zurückzudrängen, die Widerstand leisten. Sie sind aggressiv, schubsen, machen weiter ihre Aufnahmen und halten ihn somit vorsätzlich davon ab, den Opfern zu helfen. Einer von ihnen erklärt, während er den Kollegen zurückschubst: ›Sie können mich mal... lassen Sie mich meinen Job machen. In Sarajewo haben uns die Bullen nicht daran gehindert. Sie sollten mal in einen Kugelhagel geraten, dann werden Sie sehen, wie sowas ist...‹

Ich erkenne, daß die Insassen des Autos in einem sehr schlimmen Zustand sind. Ich telefoniere sofort noch einmal nach Hilfe und fordere Polizeiverstärkung an, da ich nicht in der Lage bin, die Fotografen in Schach zu halten und gleichzeitig den Verletzten zu helfen.

Es kam sehr schnell ein ›BAC 75‹-Fahrzeug [Brigade zur Verbrechensbekämpfung], um uns dabei zu helfen, die Fotografen und Passanten zurückzudrängen... Der erste Notarzt von der Feuerwehr kommt an, beginnt mit der Versorgung der Opfer, fordert den Kollegen Dorzée auf, zu versuchen, die Passagierin auf dem rechten Hintersitz bei Bewußtsein zu halten, indem er mit ihr spricht und leicht an ihren Kopf schlägt, und fordert mich ebenso auf, den Kopf des Passagiers auf dem rechten Vordersitz hochzuhalten. Die Verstärkung durch ›Sapeurs-pompiers‹

und SAMU trifft sehr schnell ein, um den bereits anwesenden Notarzt zu unterstützen.«

Der Beamte Dorzée, der noch in dieser Nacht als Augenzeuge befragt wurde, gab folgende Version der Situation von sich:»Es herrschte große Verwirrung«, sagte er.»Die Journalisten waren emsig damit beschäftigt, Fotos zu machen und sich gegenseitig zu beschimpfen. Ich hörte sogar, wie einer zum anderen sagte: ›Es ist deine Schuld.‹... Ich versuchte als erstes, die Journalisten von dem Wrack abzudrängen. Das war eine schwierige Aufgabe, weil sich die Fotografen furchtbar aufregten... Ich war allein mit der Menge von Journalisten konfrontiert [sein Kollege hatte den Tunnel verlassen, um per Funk Hilfe anzufordern], und hatte allergrößte Schwierigkeiten, zu dem Auto zu gelangen. Ich mußte wiederholt tätliche Angriffe der Fotografen abwehren... Obwohl mich diese Journalisten beleidigten und schubsten, habe ich nicht den Schlagstock eingesetzt. Aber ich möchte ausdrücklich betonen, daß sie gegeneinander und auch zu mir sehr aggressiv waren.«

»Ich gelangte schließlich zum Wagen«, fuhr er fort,»und stellte fest, daß der Fahrer tot war, eingeklemmt zwischen Sitz und Lenkrad; das gleiche galt für den Passagier auf dem Rücksitz der Fahrerseite. Der Passagier auf dem Vordersitz war schwer verletzt, er hatte eine große Wunde im Gesicht. Er bewegte sich nicht, aber ich konnte Lebenszeichen auf seinem Gesicht wahrnehmen. Die Passagierin auf dem Rücksitz lebte ebenfalls noch... Sie schien in einer besseren Verfassung zu sein, jedoch floß ihr Blut aus Mund und Nase. An ihrer Stirn war eine tiefe, klaffende Wunde. Sie murmelte etwas auf Englisch, aber ich verstand nicht genau, was sie sagte, vielleicht: ›Mein Gott!‹ Sie war bei Bewußtsein, und ich versuchte, sie in diesem Zustand zu halten, bis Hilfe eintraf.«

Um 0.32 Uhr, sieben Minuten nach dem Unfall, trafen ein Krankenwagen und ein technisches Hilfsfahrzeug von der Wache der»Sapeurs-pompiers« in der Rue Malar, direkt auf der anderen Flußseite, ein. Acht Minuten später kam die erste von drei SAMU-Ambulanzen vom Necker-Krankenhaus an, das ungefähr drei Kilometer entfernt ist. Jede war mit einem Arzt und einer Krankenschwester besetzt.

Der Pariser Polizeipräsident Philippe Massoni lag im Bett und las, als um 0.40 Uhr der Anruf kam, mit dem er über den Unfall informiert wurde. In Windeseile war er in seinem Dienstfahrzeug mit blinkendem Licht und heulenden Sirenen unterwegs zum Tunnel. Vom Autotelefon aus rief er Innenminister Jean-Pierre Chevènement an. Der Minister wollte gleich zum Tunnel kommen, aber Massoni überzeugte ihn davon, direkt zum Krankenhaus Pitié-Salpêtrière zu fahren, in das die Notfallärzte die Prinzessin und Rees-Jones einliefern wollten.

Um 1.00 Uhr rief Massoni im Elysée-Palast an. Christine Albanel, die Wochenendbereitschaft hatte, nahm den Anruf entgegen. »Es hat im Alma-Tunnel einen sehr schweren Unfall gegeben, in den die Prinzessin von Wales und Dodi Fayed verwickelt sind«, teilte Massoni mit. »Der Staatspräsident sollte informiert werden.« Albanel jedoch entschied, Jacques Chirac noch nicht sofort zu wecken, und befolgte damit seine generelle Anweisung, seine Nachtruhe zu respektieren, es sei denn, höchst wichtige Entscheidungen oder andere Maßnahmen des Präsidenten wären erforderlich. Statt dessen entschied sie, daß es wichtiger sei, die britische Botschaft zu verständigen, die sich an der Rue du Faubourg St. Honoré befindet, wenige Schritte weit vom Elysée-Palast.

Der diensthabende britische Beamte war wie betäubt. »Die Prinzessin von Wales?« wiederholte er. »Mein Gott! Was für ein Schlag.« Es war schon fast 2.00 Uhr morgens, als der britische Botschafter Sir Michael Jay die Nachricht erhielt. Presseattaché Timothy Livesey kam kurz darauf in seinem roten Renault Laguna zur Residenz des Botschafters, um Jay und seine Frau Sylvia ins Krankenhaus zu fahren. Ungefähr zur gleichen Zeit wurde Premierminister Lionel Jospin in seinem Hotel in der Hafenstadt La Rochelle am Atlantik geweckt, wo eine Wochenendtagung seiner sozialistischen Partei stattfand. Sein Stab begann sogleich mit der Planung eines Fluges für ihn nach Paris.

Ritz-Direktor Frank Klein, der in Antibes mit seiner Familie den letzten von zehn Urlaubstagen verbracht hatte, wurde kurz vor 1.00 Uhr vom Nachtmanager des Pariser Hotels über den Unfall informiert. Per Handy erreichte er seinen Assistenten Claude Roulet, der gerade am Alma-Tunnel eintraf. Roulet bestätigte das Schlimmste.

Daraufhin rief Klein in al-Fayeds Anwesen in Oxted an.»Entschuldigen Sie bitte die Störung«, sagte er, als Mohammed am Apparat war.»Ich bedaure, Ihnen mitteilen zu müssen, daß sich ein furchtbarer Unfall ereignet hat. Dodi ist dabei umgekommen, und auch der Fahrer ist tot.« Al-Fayed, der bereits über den Unfall informiert worden war, fragte ungläubig:»Dodi ist umgekommen? Und was ist mit Lady Diana?«

»Sie wurde schwer verletzt«, erwiderte Klein.»Roulet ist an Ort und Stelle. Dourneau und Musa sind ebenfalls dort. Sie versuchen, nähere Informationen zu erhalten.« Al-Fayed äußerte sogleich seine Vermutung, daß der Unfall womöglich nicht die eigentliche Todesursache gewesen sei.

Unterdessen hatte Michael Cole, Sprecher der Familie al-Fayed, einen Anruf von Clive Goodman erhalten, dem Chefredakteur von *News of the World* und zuständig für die Berichterstattung vom Hofe. Goodman teilte ihm mit, daß Dodi gestorben sei. Cole explodierte förmlich am Telefon.»Das ist ekelhaft!« schrie er. »Warum lassen Sie die Familie nicht in Ruhe? Wissen Sie eigentlich, was Sie alles angerichtet haben?« Cole war sich nicht sicher, ob er die Nachricht glauben sollte oder nicht.»Ich habe Ihnen nichts zu sagen«, kanzelte er ihn ab und schmiß den Hörer auf.

Dennoch glaubte Cole, er müsse den älteren Fayed anrufen und ihn wissen lassen, was er gerade erfahren hatte. Fayeds Reaktion war beherrscht, ja stoisch.»Michael, ich weiß Bescheid. Frank Klein rief gerade von Antibes aus an und übermittelte mir diese Nachricht. Ich komme sofort nach Paris. Lassen Sie uns rasch herausfinden, was wirklich passiert ist. Lassen Sie uns beten, daß es nicht wahr ist.«

Ungefähr zur gleichen Zeit wurde Dodis Halbschwester Jumana durch das Läuten des Telefons in ihrer Pariser Wohnung in der Nähe der Place de l'Alma geweckt. Sie war an diesem Abend mit ihrem Mann Hisham und ihren Kindern aus den USA zurückgekehrt und hatte vor, sich mit Dodi und Diana am Sonntag zu treffen, um ihren eigenen 32. Geburtstag zu feiern. Der Anrufer war ein Verwandter aus Amerika, der eine Fernsehnachricht über Dodis Tod gehört hatte. Dieser Verwandte hatte daraufhin gleich mit dem Ritz telefoniert, wo ihm ein Offizieller die schreckliche Nachricht bestätigte. Jumana stand nach dem Anruf so unter Schock, daß ihr Mann Angst hatte, sie allein zu lassen.

Als Massoni um 1.15 Uhr am Alma-Tunnel eintraf, übernahm er sogleich die Führung der Polizeiaktionen. Er befahl seinen Männern, den Unfallort mit roten und weißen Plastikbändern abzuriegeln. Polizeiwagen mit flackernden Blaulichtern blockierten die Einfahrt zum Tunnel. Starke Flutlichtlampen wurden herangeschafft, um die Arbeit der Rettungseinheiten und der Polizei zu erleichtern.

Die Ermittlungsphase begann mit dem Eintreffen von Patrick Riou, dem Direktor der Kriminalpolizei, und von Martine Monteil, der Chefin der Kriminalbrigade. Maud Coujard, die Bezirksstaatsanwältin, traf kurze Zeit später auf ihrem Motorrad ein. Nachdem sie die ersten Berichte von der Polizei und von den Augenzeugen des Unfalls erhalten hatte, entschied Coujard schnell, den Fall Monteils Kriminalbrigade zu übertragen. Dies war das erste Anzeichen dafür, daß die französischen Behörden sich dafür entschieden hatten, den Straßenverkehrsunfall als mögliches Kriminaldelikt zu behandeln.

Im Mittelpunkt der einsetzenden Untersuchungen standen die Fotografen, die nach dem Eintreffen der Polizei und der ärztlichen Kräfte weiterhin Aufnahmen machten. »Die Polizei sagte uns anfangs, wir sollten uns zurückziehen, aber sie hinderte uns nicht daran, unsere Arbeit zu verrichten«, sagt Langevin, der zufällig den Ort des Geschehens ungefähr zehn Minuten nach dem Unfall erreichte, als er vom Ritz zur Wohnung eines Freundes unterwegs war. »Polizisten in Zivil kontrollierten unsere Presseausweise und sagten dann: ›Okay, in Ordnung. Machen Sie Ihre Arbeit, aber bleiben Sie auf Distanz.‹ Sie schienen anfänglich nicht zu wissen, wer die Opfer waren. Dann traf der Polizeipräsident [Massoni] ein. Wir waren unter Aufsicht der Polizei in der Mitte des Tunnels. Ich konnte nicht einmal zehn Aufnahmen machen, dann war alles schon vorbei. Sie befahlen uns, aufzuhören und den Tunnel zu verlassen. Dann führten sie uns weg, ohne etwas zu sagen, verboten uns, unsere Handys zu benutzen, durchsuchten uns, konfiszierten unsere Ausrüstung und nahmen uns die Filme ab. Mir wurde klar, sie würden Ernst machen und uns verhören.«

Sechs Fotografen und der Motorradfahrer Darmon wurden in einer »Grünen Minna« zusammengepfercht und zu einer Polizeiwache in der Rue de Courcelles gebracht, wo sie sich einer Leibesvisitation unterziehen mußten und ihre Personalien aufgenommen wurden. Dies war nur der Anfang einer quälenden Nervenprobe. Mindestens drei Fotografen schlüpften jedoch in jener Nacht durch das Netz: Chassery, Benhamou und Oderkerken – sie waren schon weg gewesen, als die Polizei ihre Kollegen zusammentrieb.

Kriminalpolizeichefin Monteils erster Bericht vom Unfallort, datiert vom 31. August um 2.00 Uhr morgens, führt die Gründe für die Arrestierung der Fotografen auf:

»Laut ersten Zeugenaussagen, scheint es so, daß der Mercedes, der diesen Abschnitt der Straße mit hoher Geschwindigkeit befuhr, ins Schleudern geriet, [weil] der Fahrer verfolgt und von den Fahrzeugen der Journalisten belästigt wurde, die ihn gejagt hatten. Der Fahrer muß die Kontrolle über seinen Wagen verloren haben, und es gelang ihm nicht, sie wiederzuerlangen. Laut ersten Zeugenaussagen sollen sich überdies die ›Paparazzi‹, die den Mercedes verfolgten, einzig und allein um Fotoaufnahmen nach dem Unfall gekümmert und dabei die elementarsten Hilfsmaßnahmen für Menschen in Gefahr mißachtet haben. Aufgrund dieser Beobachtungen haben sich die ersten am Unfallort eingetroffenen Polizeibeamten entschlossen, die Fotografen zu einem Verhör mitzunehmen.«

48 Stunden später, nach einer Vielzahl von Verhören und zwei Nächten im Gefängnis, wurden die sieben wegen fahrlässiger Tötung und unterlassener Hilfeleistung an Menschen in Gefahr angeklagt, einer Verletzung des französischen »Guter-Samariter«-Gesetzes. Im Verlauf der weiteren Ermittlungen sollten sich die Fakten über die Rolle der Fotografen jedoch als komplizierter und weniger durchsichtig erweisen, als es den ersten Zeugen im Eifer des Gefechts erschienen war.

Zurück zum Alma-Tunnel: Die Sanitäter versuchten fieberhaft, die Opfer des Unfalls zu retten. Henri Paul war auf der Stelle tot. Dodi gab keinerlei Lebenszeichen mehr von sich, aber die Sanitäter bargen ihn und legten seinen durch mehrere Brüche verletzten Körper einige Meter hinter dem Auto auf die Staße, um in verzweifelter Anstrengung eine externe Herzmassage zu versuchen. Ohne Erfolg. Dodi wurde um 1.30 Uhr noch am Unfallort offiziell für tot erklärt.

Die SAMU-Sanitäter hatten sich seit 0.40 Uhr um Diana gekümmert. Einem Arzt von SAMU zufolge war sie in einem Koma der »Klasse 1«, also einem Zustand, bei dem man halb bei Bewußtsein ist, sich bewegt und murmelt, aber nicht zusammenhängend spricht oder auf Fragen antwortet. Ihr Puls und ihr Blutdruck waren schwach. Die Ärzte entschieden, daß es zu gefährlich wäre, sie zu bewegen, solange sich ihr Zustand nicht stabilisiert hätte.

Ein Polizeihauptmann, der das Geschehen beobachtete, berichtete, daß Diana auf einer Tragbahre in der Nähe des Autos lag, während die Ärzte intravenöse Tropfe an ihrem Körper befestigten. Sie hatte eine »offene Wunde an der Stirn und ferner eine blutende Schnittverletzung an ihrem rechten Arm«. Ein anderer Polizeibericht vermittelt ein detailliorteres medizinisches momentanes Resümee: »Kopfverletzungen, lethargisches Koma, multiple Frakturen des rechten Arms, blutende Wunden am Kopf sowie an der rechten Gesäßhälfte, Brustverletzungen, äußerst bedenklicher Zustand.« Zu diesem Zeitpunkt wurden innere Verletzungen nicht speziell erwähnt.

Nachdem Massoni die medizinische Beurteilung vom Notarztteam erfahren hatte, rief er sofort wieder im Elysée-Palast an. »Lady Dianas Zustand ist sehr, sehr ernst«, berichtete er der diensthabenden Beamtin Albanel und teilte ihr die gerade erfahrenen medizinischen Details mit. »Ich konnte im Hintergrund die Sirenen hören«, berichtet Albanel. »Seine Stimme klang sehr angespannt.« Nach den anfänglichen Meldungen, die Prinzessin sei nur verletzt, klangen die neuesten Nachrichten nun verhängnisvoll. Albanel hielt jedoch an ihrem Entschluß fest, den Staatspräsidenten nicht zu wecken, rief aber Jean-David Levitte, Chiracs diplomatischen Chefberater, zu Hause an. Wie auch immer das Ereignis ausgehen würde – der Vorfall machte eine enge Zusammenarbeit zwischen der französischen und der britischen Regierung erforderlich. Diese hochsensible Kontaktierung zu lenken war Levittes Aufgabe.

In der Zwischenzeit hatten die Feuerwehrleute das Wagendach abgetrennt und Rees-Jones geborgen. Er war schwer verletzt und schien optisch in viel schlechterem Zustand zu sein als die Prinzessin. Der Augenzeuge Mark Butt beschreibt anschaulich, wie der Leibwächter »in Agonie stöhnte«. Er war überströmt von seinem eigenen Blut, sein Kiefer war losgerissen und seine Zunge fast vollständig abgetrennt. Zusätzlich hatte er noch schwere Kopf- und Brustverletzungen sowie einen gebrochenen rechten Arm. Aber Rees-Jones hatte alles in allem noch Glück gehabt: Er war der einzige gewesen, der den Sicherheitsgurt angelegt hatte.

Kapitel 2

# DER KAMPF UMS ÜBERLEBEN

Es war gegen 1.25 Uhr, als der SAMU-Notarzt mit Diana den Tunnel verließ, eskortiert von zwei Polizisten auf Motorrädern mit heulenden Sirenen. Auf Anweisung der Ärzte fuhr der Krankenwagen ziemlich langsam, um Erschütterungen und Beschleunigungen zu vermeiden, da sie befürchteten, daß dies einem Patienten in derart labilem Zustand zusätzlich schaden könnte. Aufgrund des Schneckentempos des Ambulanzwagens erreichte der Krankenwagen mit Diana erst um 2.05 Uhr die Tore des Krankenhauses Pitié-Salpêtrière, rund 40 Minuten nach dem Verlassen des Tunnels sowie eine Stunde und vierzig Minuten nach dem Unfall. Um diese nächtliche Uhrzeit, dauert die Fahrt vom Alma-Tunnel über die Schnellstraße am Seineufer bis zum Krankenhaus normalerweise zwischen fünf und zehn Minuten.

Es gibt andere Krankenhäuser, die näher am Unfallort liegen. Doch wählte man das 6,15 Kilometer südöstlich vom Alma-Tunnel liegende Pitié-Salpêtrière, das das nächstliegende von vier Pariser Krankenhäusern mit speziellem 24-Stunden-Notfalldienst war. Rees-Jones wurde kurz nach der Prinzessin ebenfalls ins Pitié-Salpêtrière eingeliefert.

Der diensthabende Arzt, Prof. Bruno Riou, ein Anästhesist, machte gerade seinen Rundgang durch die Intensivstation, als er gegen 1.00 Uhr angepiepst und alarmiert wurde, alles für die Versorgung eines schwerverletzten Unfallopfers vorzubereiten. Er machte sich sofort auf den Weg zum Operationssaal im Keller des Gaston-Cordier-Flügels des Krankenhauses und traf die notwendigen Vorkehrungen.

Dort stieß er auf Dr. Jean-Pierre Bénazet, Chefarzt für Unfallchirurgie, und auf Dr. Pierre Coriat, Chef der Intensivstation. Zum Team zählte ferner Dr. Alain Pavie, einer von Frankreichs führenden Herzgefäßchirurgen, der zufällig in jener Nacht Dienst hatte. Ein glücklicher Umstand fügte es, daß das Operationsteam vier der besten Chirurgen Frankreichs bildeten. Vier erfahrene Operationsschwestern und weitere vier Operationshelfer unterstützten sie. Gegen 1.30 Uhr war der Operationssaal vorbereitet. Erst zu diesem Zeitpunkt erfuhr das Team von der Identität der Patientin.

Inzwischen hatte Polizeipräsident Massoni Innenminister Chevènement im Krankenhaus getroffen. Chevènement, der nach den erstbesten Kleidungsstücken gegriffen hatte und herbeigeeilt war, trug ein Polohemd und darüber ein leichtes Jackett. Die beiden Beamten begrüßten den britischen Botschafter Jay und seine Frau im Erdgeschoß der Notfallabteilung und begleiteten sie dann hinauf in den ersten Stock, wo für sie Büros bereitgestellt und internationale Telefonleitungen installiert worden waren. Dort informierten Massoni und Chevènement Jay so umfassend wie möglich über Dianas Zustand und erwähnten dabei auch die Rolle der Paparazzi als möglichen Unfallfaktor.

Der Botschafter rief unverzüglich Robin Janvrin an, den stellvertretenden Privatsekretär der Queen, der sich zusammen mit der königlichen Familie in Schloß Balmoral aufhielt. Janvrin weckte Prinz Charles und konfrontierte ihn mit den Neuigkeiten. Prinz Charles berichtete sie sofort seiner Mutter, beschloß aber, seine Söhne vor dem Morgen nicht zu wecken. Bis dahin, so hoffte er, würde Diana außer Lebensgefahr sein.

Während Sylvia Jay im Telefonbuch verschiedene Anschlüsse ermittelte, erledigte Sir Michael die erforderlichen Telefonate. »Wir riefen das Auswärtige Amt an und baten es, 10 Downing Street zu informieren«, erzählt ein britischer Beamter. »Dann riefen wir den Außenminister Robin Cook an, der sich in Manila befand und seinen Flug unterbrach, so daß er in Verbindung bleiben konnte. Alles, was wir zu diesem Zeitpunkt tun konnten, war warten.«

Zurück nach England: Michael Cole war ebenfalls mit Telefonieren beschäftigt. Einer seiner ersten Anrufe galt Ritz-Direktor Frank Klein in Antibes. Klein war bereits über den Unfall informiert worden und traf gerade Vorkehrungen für seine Rückkehr nach Paris. Als nächstes telefonierte Cole mit Kleins Assistenten Claude Roulet, der in dieser Nacht im Ritz Dienst hatte. Roulet war zum Unfallort geeilt und dort von einem der Ermittlungsbeamten der Polizei informiert worden. Unter anderem teilte dieser ihm mit, daß erste Spuren darauf hindeuteten, daß eine wilde Verfolgungsjagd durch die Paparazzi ein Hauptfaktor des Unfalls gewesen sei.

Mit den neuesten Informationen versehen, beschloß Cole, jetzt Raine Spencer zu informieren, Dianas Stiefmutter, die im Aufsichtsrat von Harrods International saß und mit der er seit Jahren befreundet war. Raine Spencer hielt sich bei Freunden in Venedig in einem Palazzo mit Blick auf den Canal Grande auf. Sie war um 3.00 Uhr morgens nach einem Galadiner zu Bett gegangen und schlief bereits. Ihr angetrunkener amerikanischer Gastgeber ging ans Telefon, wollte seinen Gast jedoch nicht aufwecken. »Holen Sie sie sofort ans Telefon!« schnauzte Cole ihn an. »Es ist wichtig!« Kurz darauf war Raine am Apparat. Cole berichtet, sie hätte »mit zusammengepreßten Lippen« und »wie zur Salzsäule erstarrt« reagiert.

Diana wurde kurz nach 2.05 Uhr in den Operationssaal gerollt. Polizeipräsident Massoni, der ihre Ankunft beobachtete, war über ihre Blässe erschrocken: »Ich erkannte die Frau nicht wieder, die ich im Tunnel gesehen hatte.« Zu diesem Zeitpunkt bemerkte Dr. Riou, daß »sie unter sehr starken Blutungen im Brustkasten litt, unmittelbar gefolgt von einem Herzstillstand«. Es wurde sofort beschlossen, ihren Brustkasten zu öffnen, um das Ausmaß der inneren Verletzungen festzustellen. Die Ärzte entdeckten, daß ihre Brusthöhle infolge eines Risses in ihrer linken Lungenarterie mit Blut gefüllt war, jenem Blutgefäß, das das sauerstoffreiche Blut vom linken Lungenflügel in den Vorhof und weiter in die linke Herzkammer transportiert. Aufgestautes Blut hatte sich in den Lungen angesammelt und machte es Diana unmöglich, ohne Hilfe einer Herz-Lungen-Maschine zu atmen, an die sie sofort angeschlossen wurde, als sie im Operationssaal eintraf. Der Blutverlust hatte ihren inneren Organen Sauerstoff und Nährstoffe entzogen sowie ihren Herzmuskel geschädigt.

Während Pavie den Riß in der Arterie vernähte, wechselten

sich die anderen Ärzte damit ab, das Herz der Prinzessin zu massieren, um so ihren Herzschlag wieder in Gang zu setzen. Ferner wurden Arzneimittel und Elektroschocks verabreicht. Doch das Herz verweigerte seinen Dienst. Nach fast zwei Stunden langen vergeblichen Anstrengungen schalteten die Ärzte die Herz-Lungen-Maschine ab und nähten die Brusthöhle wieder zu. Es war nichts mehr zu machen. Die Prinzessin von Wales wurde am Sonntagmorgen um 4.00 Uhr für tot erklärt.

Die Ärzte riefen Chevènement herbei. Begleitet von Massoni stieg der Minister zwei Stockwerke zur Operationsabteilung hinunter. Riou und Pavie kamen ihnen auf dem Gang in ihren grünen Chirurgenkitteln entgegen. »Wir haben alles versucht«, sagten sie. »Sie starb um 4.00 Uhr.«

Chevènement ging wieder in den ersten Stock zurück, zog Botschafter Jay beiseite und teilte ihm die Nachricht mit. Kurz darauf kamen Riou und Pavie, noch immer in ihren grünen Operationskitteln dazu und informierten Sir Michael persönlich. »Sie sprachen dezent leise und nahmen große Rücksicht auf unsere Gefühle«, berichtet ein britischer Beamter, »und informierten uns nüchtern-sachlich. Ganz offensichtlich waren sie bewegt und niedergeschlagen, daß ihre Bemühungen vergeblich gewesen waren. Aber sie deuteten auch an, daß Dianas Verletzungen so schlimm gewesen seien, daß es nur wenig Hoffnung gegeben hatte.«

Einem französischen Offiziellen zufolge, der im Krankenhaus anwesend war, teilten ihm mehrere Mitglieder des Operationsteams mit, daß Diana möglicherweise schon gestorben war, bevor sie in den Operationssaal gebracht worden sei. Ihnen war bekannt, daß Diana nach der ersten halben Stunde im Tunnel aufgehört hatte, sich zu bewegen und zu stöhnen, und in ein tiefes Koma gefallen war. »Das Schlimme ist«, so sagt dieser Beamte, »daß mehr als eine Stunde nach dem Unfall verging, bis der Krankenwagen den Tunnel verließ, und daß er auch noch sehr langsam fuhr.«

Wenn die Patientin nicht Diana gewesen wäre, läßt dieser Beamte vertraulich wissen, hätten die Ärzte vermutlich schon viel früher den Stecker herausgezogen und sie für tot erklärt. Statt dessen arbeiteten sie wie besessen die halbe Nacht durch, um einen Funken von Leben aufzuspüren. »Sie versuchten wirklich alles, um sie zu retten«, erklärt Thierry Meresse, Sprecher des Krankenhauses. »Sie taten weit mehr als nur ihre Pflicht und weit mehr, als die ganze Zeit zuvor unternommen worden war. Es war eine übermenschliche Anstrengung.«

*Übermenschlich? Weit mehr, als die ganze Zeit zuvor unternommen worden war?* Auch wenn man die momentanen Emotionen berücksichtigt, klingt die Wortwahl etwas übertrieben, als ob man jeden Verdacht ausräumen wollte, Diana könnte noch am Leben sein, wenn man anders vorgegangen wäre. Dies ist ein berechtigter Verdacht.

Dem Befund der französischen Medizinalbehörden zufolge starb die Prinzessin an »inneren Blutungen, ausgelöst durch ein schweres Brustkastentrauma, und durch den heftigen Aufprall, der einen Riß der linken Lungenarterie verursachte.« Eine Autopsie Dianas wurde in Frankreich nicht vorgenommen, und die Ergebnisse der Autopsie, die britische Behörden im Londoner Vorort Fulham vornahmen, bleiben vorläufig ein Geheimnis.[5] Daher ist es unmöglich, zum jetzigen Zeitpunkt die genauen Details ihrer Verletzungen, die Größe des Risses sowie das Ausmaß möglicher anderer innerer Verletzungen zu kennen, die zu den inneren Blutungen beigetragen haben könnten. Da sowohl die veröffentlichten wie die unveröffentlichten Befunde auf die gerissene Lungenarterie als Haupttodesursache fixiert sind, ist es sinnvoll, die genauen Umstände dieser Art von Verletzung zu analysieren, ebenso die Überlebenschancen dabei.

»Die Lungenarterie ist ein großes Blutgefäß, das sich in den linken Vorhof des Herzens entleert«, erläutert ein Thoraxchirurg dem Personal eines öffentlichen Krankenhauses in Paris. »Es ist das Gefäß, das sauerstoffreiches Blut zurück ins Herz pumpt. Es ist eine große Arterie, durch die viel Blut fließt und die im Falle eines starken Aufpralls oder einer heftigen Verlangsamung reißen kann. Dies erzeugt eine Zugwirkung an der Arterie, was zu ihrem Platzen oder Abreißen führen kann. Das wiederum führt zu Blutungen im Brustkasten, die einen raschen Tod verursachen können. Wenn sie wirklich abgerissen ist, gibt es praktisch keine Überlebenschance mehr. Die Blutungen sind dann sehr heftig, das Herz und die Lungen ziehen sich zusammen, gefolgt von einem Herzanfall und Herzstillstand. Die Person stirbt sehr schnell.«

Solch ein Befund wird jedoch selten diagnostiziert. Der

Grund dafür, so sagt der Spezialist, der unbedingt anonym bleiben will, daß Menschen mit derartigen Verletzungen normalerweise sterben, bevor sie überhaupt behandelt werden können. »Sie sind in der Regel tot, wenn sie im Krankenhaus ankommen, da sie während des Krankentransports sterben. Wie alle Verletzungen der Hauptblutgefäße, so verursacht auch diese derart starke Blutungen, daß man keine Zeit mehr hat, die Opfer ins Krankenhaus zu bringen und zu operieren. Solche Menschen können in einigen Sekunden oder Minuten sterben, so daß sie, wenn Hilfe eintrifft und sie abtransportiert werden, oft sterben, bevor sie auf den Operationstisch kommen.«

Aber das ist nicht immer so. »Dies hängt«, fährt der Chirurg fort, »von dem Ausmaß der Blutungen ab. Je nachdem, ob man ein großes oder ein kleines Loch in einem Blutgefäß hat, fließt das Blut unterschiedlich stark aus. Diejenigen, die [lebendig] ankommen, sind die, bei denen die Arterie nicht vollständig gerissen ist. Das kann passieren. Wenn ein solcher Patient lebend im Krankenhaus ankommt, ist das der Beweis dafür, daß der Riß nicht total erfolgte.«

Ein anderer französischer Arzt, Chef der Unfallabteilung an einem großen Pariser Krankenhaus, sagt, die Tatsache, daß Diana nicht sofort an der starken inneren Blutung starb, zeige an, daß der Riß in der Lungenarterie »entweder klein war«, oder daß er »eventuell von einem Knochensplitter einer der gebrochenen Rippen« teilweise verschlossen war. Deshalb sei es »mit etwas Glück und Verstand« möglich gewesen, ihr Leben zu retten – falls der Riß die einzige innere Verletzung war.

Beide Ärzte legten Wert, darauf hinzuweisen, daß sie nicht ausreichend genaue Informationen über die Art und das Ausmaß von Dianas Verletzungen besitzen, um endgültige Schlußfolgerungen in ihrem speziellen Fall ziehen zu können. Darüber hinaus dürften sie das auch gar nicht, da das Gesetz sowie ein strenger Ehrenkodex der französischen Ärztekammer es den Medizinern verbietet, über Einzelheiten des Arzt-Patienten-Verhältnisses zu sprechen.

Dr. John Ochsner (70), der pensionierte Chef der Chirurgie an der Ochsner-Klinik in New Orleans und einer der hervorragendsten Herzgefäßchirurgen in Amerika, hat da mehr Freiraum für Analysen und Spekulationen. »Eine gerissene Lungenarterie ist eine sehr, sehr seltene Verletzung«, erklärt Ochsner. »Die viel häufigere Aufprallverletzung betrifft die Aorta. An ihr befindet sich ein Band, das von der Lungenarterie bis zur Aorta reicht und dazu neigt, an der Aorta zu reißen, wenn es sich im Mittelfell hin und her bewegt. Wenn das reißt, tritt der Tod sofort ein.«

Bei der Lungenarterie ist das nicht zwangsläufig der Fall, sagt Ochsner. »Weil die Lungenarterie mit niedrigem Druck arbeitet, ist die Blutung langsamer, kann sich zusammenklumpen und eine Art Verschluß bilden. Es entsteht fast ein Unterdruck infolge der Herztätigkeit. [Der linke Vorhof pumpt das Blut aus der linken Lungenarterie.] Deshalb ist der Blutdruck dort am niedrigsten, wo das Blut zum Herz fließt. Wo es vom Herz wegfließt [durch die Aorta], entsteht der höchste Blutdruck. Daß Diana nicht von vornherein verblutete, liegt daran, daß sich der Riß wahrscheinlich verklumpte und daß der Blutdruck dort am niedrigsten ist.«

Hat ein Mensch in diesem Zustand eine Überlebenschance? »Sicher«, sagt Ochsner, »sie ist abhängig von der Größe des Risses. Wenn er nicht zu groß ist, kann man den Patienten an eine Herz-Lungen-Maschine anschließen, seinen Brustkorb öffnen und den Arterienriß schließen. Es ist ganz eindeutig: Wenn jemand mit einer solchen Verletzung rechtzeitig ins Krankenhaus gebracht und an eine Herz-Lungen-Maschine angeschlossen werden kann, ist er zu retten. Der Zeitfaktor spielt die größte Rolle.«

Exakt. Es dauerte eine Stunde und 40 Minuten vom Zeitpunkt des Unfalls bis zu dem Moment, daß die Prinzessin in den Operationssaal gerollt wurde. Was ist in dieser ganzen Zeit geschehen? Erstens dauerte es 15 Minuten, bis der erste voll ausgerüstete SAMU-Krankenwagen inklusive Arzt am Unfallort eintraf. Zweitens war es eine schwierige und zeitraubende Angelegenheit, Diana aus dem Wrack herauszuholen; obwohl die Tür offen war, mußten die Feuerwehrleute die Karosserie aufschneiden, um sie zu befreien, weil eines ihrer Beine unter dem Sitz eingeklemmt war. Drittens erhielt Diana eine umfassende Versorgung vor Ort, die ungefähr zwischen 30 und 45 Minuten dauerte, bis sich die Ambulanz endlich in Bewegung setzte. Sobald sie in dem geräumigen, kastenförmigen SAMU-Krankenwagen lag, der vollständig als mobiles Krankenhaus ausgerüstet war, wurde ihr ein intravenöser Tropf angelegt (hauptsächlich mit Kochsalz und Dextrose), sie wurde intubiert, an ein künstliches Beatmungsgerät angeschlossen und erhielt externe Herzstimulation. Was insgesamt viele Leben rettet, mag hier in diesem speziellen Fall falsch gewesen sein. In den USA, aber auch in anderen Ländern werden Unfallopfer – völlig anders als in Frankreich – geborgen und so schnell wie möglich ins Krankenhaus gebracht.

»Die zugrundeliegende Philosophie ist, zu versuchen, den Zustand des Patienten zu stabilisieren, weil ein Transport in unversorgtem Zustand für ihn sehr gefährlich sein kann«, erklärt Frédéric Mailliez, der erste Arzt, der Diana behandelte, und ein erfahrener Unfallarzt. »Deshalb versuchen wir, den Blutdruck halbwegs zu normalisieren sowie eine Reihe anderer Dinge, bevor wir losfahren. Laut Mailliez sei es ebenfalls nichts Ungewöhnliches, daß die Notärzte die Fahrer anweisen, langsam zu fahren. »Wenn sie bremsen oder beschleunigen,« erklärt er, »kann das für den Blutdruck sehr negativ sein, daher muß die Fahrt sehr behutsam vonstatten gehen.« Eine Sprecherin des französischen Krankenhauswesens bestätigt, daß Dianas Krankenwagen »die Geschwindigkeit verlangsamte und vorsichtig fuhr. Das entspricht dem gesunden Menschenverstand, denn jede Person in einem SAMU-Rettungsfahrzeug erhält bereits eine medizinische Behandlung, und darum fährt man nicht mit [allzu hoher] Geschwindigkeit.«

Dr. Ochsner ist da ganz anderer Meinung. »Diese Verletzung läßt sich nicht am Unfallort behandeln, das geht nur im Krankenhaus«, sagt er. Die äußerliche Brustkorbmassage, so argumentiert er, war wahrscheinlich »das Schlimmste, was man machen konnte. Wenn man anfängt, auf die Brust zu drücken, erhöht man im selben Augenblick den Blutdruck in allen anderen Kammern. Wenn Diana irgend etwas schadete, dann das.« Was die langsame Fahrtechnik anbelangt, um Erschütterungen und Stöße zu vermeiden, so gerät Ochsner in Zorn: »Erschütterungen und Stöße? Pah! Wenn Sie ein Leben retten wollen, müssen Sie den Patienten schnellstmöglich in den Operationssaal schaffen.«

Hätte man also die Prinzessin von Wales retten können, wenn sie früher ins Krankenhaus gekommen wäre?

»Ich kann in niemanden hineinsehen«, sagt Ochsner. »Was ich

zu erklären versuche, ist: Wenn es ein kleiner Riß ist, hat der Patient viel Zeit. Wenn er aber groß ist und trotzdem wenig blutet, wie es bei Diana der Fall war (ihre Verletzung lag irgendwo zwischen einem kleinen Riß und einem vollständigen Verbluten), dann muß der Blutfluß durch irgend etwas aufgehalten worden sein, durch einen Blutklumpen oder etwas Ähnliches. Ansonsten wäre sie verblutet. Angenommen, daß sie nach fast zwei Stunden immer noch am Leben war und man sie innerhalb von einer Stunde eingeliefert hätte, hätte man ihr Leben vielleicht retten können.«[6]

Ochsners Meinung teilt auch Dr. David Wasserman (45), ein amerikanischer Arzt mit neunjähriger Notfall-Erfahrung in einigen der frequentiertesten städtischen Krankenhäuser der USA. »Wenn man sie schneller in den Operationssaal gebracht hätte, hätte sie eine viel größere Chance gehabt. Es ist absolut unmöglich, diese Art von Verletzung vor Ort zu diagnostizieren. In den USA würde man in einem Fall wie diesem Unsummen zahlen müssen für Prozesse und interne Ermittlungen. Soviel Zeit mit Behandlungen am Unfallort zu verschwenden, war die absolut falsche Vorgehensweise bei dieser Patientin.«

Ohne jemand Bestimmten eines Kunstfehlers bei der Behandlung beschuldigen zu wollen – denn man hielt sich eindeutig an die in Frankreich üblichen Vorgehensweisen –, ist Dr. Wasserman der Meinung, daß die in Frankreich übliche Praxis der Notfallmedizin falsch ist. »Patienten vor Ort zu stabilisieren ist ein Fehler, den wir jahrzehntelang in den USA begangen haben, bis wir unsere Einstellung änderten. Seit ungefähr zehn Jahren wenden wir die jetzige Methode an, nämlich die Patienten zu bergen und schnellstmöglich ins Krankenhaus zu bringen«, sagt er. »Wir fanden heraus, daß wir Patienten verlieren, wenn wir sie gleich vor Ort behandeln, anstatt sie ins Krankenhaus zu bringen. Alle nur erdenklichen Studien haben zu der Schlußfolgerung geführt, daß ein großer negativer Zusammenhang zwischen der Zeit, die man vor Ort aufwendet, und der Überlebenschance für einen Patienten besteht. Das Einzige, was wir in den meisten Fällen für traumatisierte Opfer am Unfallort tun, ist, ihre Wirbelsäule zu stabilisieren und ihnen einen intravenösen Tropf anzuhängen. Dann schaffen wir sie schnell ins Krankenhaus.«

Das Schicksal hat es mit der Prinzessin von Wales bei ihrem letzten Besuch in Paris offenkundig nicht gut gemeint: Es ließ ihren Weg von jagdwütigen Paparazzi kreuzen, lieferte sie einem betrunkenen Chauffeur aus sowie einem medizinischen Notfallsystem, das – trotz seiner hochkarätigen Besetzung – eventuell mit ihrer Art von Verletzung katastrophal umging.

Um 4.15 Uhr klingelte das Telefon im Apartment im ersten Stock des Elysée, das für den diensthabenden Beamten reserviert war. Christine Albanel hatte besorgt auf den Anruf des Krankenhauses gewartet. »Es ist vorbei«, sagte Polizeipräsident Massoni. »Sie ist tot.« Albanel, Mutter eines achtjährigen Jungen, dachte sofort an die junge Prinzessin und fühlte Stiche in ihrem Herzen. Aber es blieb keine Zeit, sich damit aufzuhalten. Sie begann eine Presseerklärung für den Präsidenten aufzusetzen und rief den Leiter des Pariser Krankenhauswesens an, um die Vorbereitungen für Chirac und andere Würdenträger zu besprechen, damit sie ihre Aufwartungen im Pitié-Salpêtrière machen konnten.

Ungefähr zur selben Zeit rief Sir Robert Fellowes, der Privatsekretär der Queen, von Balmoral Castle aus im Krankenhaus an. Ein Beamter der britischen Botschaft nahm den Anruf entgegen und übermittelte die Neuigkeiten. »Er war völlig fertig«, berichtet der Beamte. Fellowes, verheiratet mit Dianas Schwester Jane, informierte Prinz Charles um 4.30 morgens. Da die königliche Familie involviert war, arbeiteten britische und französische Offizielle einen Plan dafür aus, wie man die Nachricht weltweit den Medien mitteilen wollte, und man beschloß, eine Pressekonferenz abzuhalten.

Ebenso wie Sir Robert, wurde auch Raine Spencer von Beamten der britischen Botschaft informiert, die sich im Krankenhaus aufhielten. Sie rief Michael Cole in Suffolk an. »Ich sank auf die Knie«, erinnert sich Cole. »Dies war noch schlimmer als die Nachricht von Dodis Tod. Wir hatten für ein paar Stunden mit der Hoffnung gelebt, daß sie überleben würde. Die ersten Berichte hatten ja Anlaß dazu gegeben.«

Mohammed al-Fayeds Sikorsky SK-76-Hubschrauber landete gegen 3.30 auf dem knapp 20 Kilometer nördlich von Paris gelegenen Flughafen Le Bourget. Der Flug von Oxted hatte eine

Stunde und 20 Minuten gedauert. Sein Chauffeur Philippe Dourneau und Kes Wingfield holten ihn mit dem Mercedes 600 ab. Wingfield bestätigte Dodis Tod, sagte aber, daß Diana noch am Leben sei. Anstatt sich direkt ins Leichenschauhaus zu begeben, wo Dodis Leichnam aufgebahrt war, entschied al-Fayed, zuerst ins Krankenhaus zu fahren und sich um die Prinzessin zu kümmern. Bei seiner Ankunft im Pitié-Salpêtrière traf er auf Sir Michael Jay, Chevènement und Massoni, die ihn davon informierten, daß Diana soeben gestorben war. Man führte al-Fayed zum Leichnam der Prinzessin. »Ich war geschockt«, erzählte er später Freunden. »Ich sah sie und betete. Sie sah wunderschön, friedlich und erhaben aus.«

Das weiße Tuch über dem Leichnam der Prinzessin verhüllte die schlimmsten Verletzungen, das Blut war von ihrem Gesicht gewischt worden. Was al-Fayed verborgen blieb, war kurz vorher von einem Vertreter der Pariser Medizinalbehörden, der eine äußerliche Untersuchung von Dianas Leichnam durchführte, exakt vermerkt worden. Der Bericht verzeichnet eine drei Zentimeter lange Wunde auf der Stirn, eine Schnittverletzung oberhalb der Lippe, gebrochene Rippen, den Bruch des rechten Arms, eine acht Zentimeter lange Schnittverletzung am rechten Oberschenkel, Blutergüsse an beiden Händen und beiden Füßen sowie eine Schnittverletzung an der rechten Gesäßhälfte. In dem Bericht sind die inneren Verletzungen nicht detailliert aufgeführt, da der Brustkorb der Prinzessin von dem Chirurgen bereits wieder zugenäht worden war.

Bevor er das Krankenhaus verließ, so sagt al-Fayed, habe ihn ein französischer Offizieller angesprochen, den er kannte. »Da ist jemand, der dringend mit Ihnen sprechen möchte», sagte der Offizielle. Er stellte al-Fayed einem Sanitäter vor, der Diana im Tunnel behandelt hatte. Den Erinnerungen al-Fayeds zufolge habe ihm diese Person berichtet, die Prinzessin sei vor der Operation abwechselnd bei Bewußtsein und bewußtlos gewesen und habe einmal etwas gesprochen. Diana habe, so wurde al-Fayed berichtet, folgendes haerausgebracht: »Sagen Sie meiner Schwester Sarah, sie möge sich um meine Kinder kümmern.« Al-Fayed empfing Lady Sarah in seinem Londoner Büro am folgenden Donnerstag und wiederholte ihr die angeblich letzten Worte von Diana. Er überreichte ihr ferner eine Silbertafel, auf die Dodi ein Liebesgedicht hatte eingravieren lassen und das ein Zimmermädchen in Dodis Pariser Wohnung unter Dianas Kopfkissen gefunden hatte.

Um 5.00 Uhr nahmen die Professoren Riou und Pavie im Lassay-Flügel des Krankenhauses neben Chevènement und Botschafter Jay ihre Plätze an einem Tisch voller Mikrophone ein. Die Ärzte hatten sich jetzt umgezogen und trugen strahlend weiße Arztkittel; Chevènement trug einen schwarzen Anzug samt schwarzer Krawatte – er hatte sich die Kleidung herbeibringen lassen, um vor den Kameras nicht im Polohemd auftreten zu müssen.

Das einleitende Bulletin, das von Pavie gegengezeichnet war und von Riou vorgelesen wurde, faßt Dianas Unfalltod in fünf knappen Sätzen zusammen:

»Die Prinzessin von Wales wurde vergangene Nacht in Paris Opfer eines durch hohe Geschwindigkeit verursachten Verkehrsunfalls. Die Pariser SAMU war sofort im Einsatz und unternahm die ersten Wiederbelebungsversuche. Bei ihrer Ankunft im Krankenhaus Pitié-Salpêtrière stand sie infolge starker Blutungen im Brustkorb unter schwerem Schock, unmittelbar darauf erfolgte ein Herzstillstand. Eine Öffnung des Brustkastens offenbarte eine schwerwiegende Wunde in der linken Lungenarterie. Trotz Schließung der Wunde und einer äußerlichen und dann direkten Herzmassage von mehr als zweistündiger Dauer konnte die Blutzirkulation nicht wiederhergestellt werden, und sie wurde um 4.00 Uhr morgens für tot erklärt.«

*CNN*, die das Geschehen die ganze Nacht lang verfolgt hatten, sendeten die Nachricht sofort in Form einer Telefonschaltung zu Christopher Dickey, dem Leiter des Pariser Büros von *Newsweek*, den der Fernsehsender über sein Mobiltelefon erreicht hatte. Innerhalb von Minuten verbreiteten dann andere Fernseh- und Rundfunksender sowie Nachrichtenagenturen die Neuigkeit weltweit.

Noch vor Tagesanbruch begann sich eine Menschenmasse an der Place de l'Alma anzusammeln, die sich den ganzen, wunderbar sonnigen Tag lang immer mehr vergrößerte. Berge von Blumen, Teddybären und Hunderten von handgeschriebenen Briefen türmten sich rasch am Sockel der goldenen Flamme auf, die eine Replik der Fackel der Freiheitsstatue ist. Die Flamme wurde zum Zentrum eines Diana-Kultes, den in geringerem Ausmaß auch die Vielzahl von Blumen und anderen Zeugnissen der

Anteilnahme widerspiegelten, die sich in den Tagen nach dem Unfall in London rund um den Kensington Palace anhäuften. Auf der anderen Flußseite jenseits vom Alma-Tunnel steht der Eiffelturm, der nachts von einer goldenen Lichterflut erhellt wird. Sein Anlick war vermutlich eine der letzten Wahrnehmungen, die die Prinzessin hatte, bevor sie in den Tunnel hineinfuhr.

Ebenfalls am frühen Morgen begannen die Menschen zum Krankenhaus zu strömen. Michel Souvais (40), ein Pariser Künstler, legte kurz nach 6.00 Uhr ein Dutzend weißer Rosen am Eingang zum Krankenhaus nieder, der erste von Tausenden, die mit Blumen ihre Verehrung zeigen wollten. »Diana war eine Märchenprinzessin«, sagte Michel, wobei seine Stimme vor Rührung brach. »Sie war wunderschön, überschwenglich, voller Leben, fast eine Fee.«

Um 7 Uhr morgens rief Christine Albanel den Staatspräsidenten auf seiner Privatleitung an. Chirac, der in seinem Schlafzimmer im zweiten Stock des Elysée aus tiefem Schlaf geweckt wurde, verstand anfangs gar nicht richtig, was seine Mitarbeiterin ihm berichtete. »Lady Di? Sie meinen die Prinzessin von Wales? Place de l'Alma? Sie war in Paris?« Als er die Nachricht verinnerlicht hatte, war der Präsident tief bewegt. »Ich werde es sofort meiner Frau berichten«, sagte er. »Sie wird am Boden zerstört sein. Sie kannte die Prinzessin und mochte sie sehr. Und sie ist ebenfalls Mutter.«

Der Präsident kündigte dann an, daß er eine Presseerklärung abgeben wolle. Albanel hatte sie bereits entworfen und gab sie ihm telefonisch durch. 15 Minuten später rief er sie zurück, diktierte ihr ein paar Korrekturen und ordnete an, den Text sofort an die Nachrichtenagenturen zu senden. Chiracs Kundgebung lautete wie folgt: »Ich habe mit großem Entsetzen von dem gewaltsamen Tod von Lady Diana erfahren. Sie war eine junge Frau unserer Zeit, warmherzig, voller Leben und Edelmut. Ihr tragischer Tod wird eine tiefe Lücke hinterlassen, weil sie uns allen so vertraut war. In diesen schrecklichen Stunden gedenke ich ihrer Familie und vor allem ihrer Kinder.«

Um 7.30 Uhr rief der Präsident noch einmal bei Albanel an. Er hatte entschieden, daß seine Frau Bernadette sofort ins Krankenhaus fahren würde, um stellvertretend für ihn die letzte Ehre zu erweisen. Chirac selber würde erst am Nachmittag zum Krankenhaus fahren, um Prinz Charles und die beiden Schwestern von Diana zu begrüßen, sobald sie einträfen, um den Leichnam zu überführen. Madame Chirac kam um 8.45 Uhr im Krankenhaus an, gefolgt von Premierminister Jospin um 9.15 Uhr.

In der Zwischenzeit hatte man Diana von dem Leichensaal im Keller in einen Raum der Intensivstation im ersten Stock gebracht, wo französische und britische Beamten ihren Krisenstab errichtet hatten. Krankenschwestern hatten den Leichnam gewaschen und Diana bis zu den Schultern mit einem weißen Tuch zugedeckt.

Dianas Kammerdiener Paul Burrell (39), den sie stets als »mein Felsen« bezeichnet hatte, traf gegen 1.00 Uhr nachmittags ein, um bei den Vorbereitungen für ihre letzte Reise zu helfen. Er brachte einen Koffer mit Make-up und einem langen schwarzen Kleid mit. Zusammen mit dem Krankenhauspersonal und mit französischen Leichenbestattern zog er sie an, brachte ihre Frisur in Ordnung und brachte Farbe in ein Gesicht, das aschfahl geworden war.

Geheimpolizisten standen als Dauerwache vor der Tür. Im Zimmer saß Pater Yves Clochard-Bossuet, der römisch-katholische Kaplan des Krankenhauses, an Dianas Bahre und betete still für ihre Seele. Der Priester, der um 3.00 Uhr morgens in seinem Apartment auf dem Krankenhausgelände geweckt worden war, wurde, kurz nachdem ihr Leichnam nach oben gebracht worden war, in das Zimmer der toten Prinzessin geführt. Als Madame Chirac im Krankenhaus eintraf, betete sie gemeinsam mit ihm an Dianas Bahre. Der Priester überließ seinen Platz später Rev. Martin Draper von der St. George's Anglican Church in Paris.

Die französischen und britischen Beamten, die Prinz Charles und die beiden Schwestern Dianas für den Nachmittag erwarteten, hielten um 14.00 Uhr eine Lagebesprechung im Zimmer ihres improvisierten Krisenstabes ab, kaum 15 Meter entfernt von dem Raum, in dem Diana aufgebahrt war. Anwesend waren: der Protokollchef der französischen Regierung Bernard Grasset, ein britischer Protokollbeamter, der Presseattaché der britischen Botschaft, Timothy Livesey, der stellvertretende Sprecher des Elysée, Jérôme Peyrat, die Pressekoordinatorin des Elysée, Evelyne Richard, der Pariser Polizeipräsident Massoni, Dr. Riou, Dr. Pavie und vier Leichenbestatter, die sich um Sarg und Leichenwagen gekümmert hatten. Ihre schäbigen grünlichen Koffer enthielten Make-up und andere Accessoires, mit denen sie den Leichnam präpariert hatten.

Die Diskussion drehte sich hauptsächlich um protokollarische Fragen: Wer würde was in welcher Reihenfolge tun, wer würde neben wem stehen, wo würde Chirac Prinz Charles begrüßen, wie würde der Leichenzug das Krankenhaus verlassen? Doch bald wendete sie sich relativ banalen Fragen zu wie: »In welchem Zustand ist die Prinzessin? Was hat sie an? Ist ihr Gesicht entstellt? Will Prinz Charles den Sarg offen oder geschlossen sehen?«

Diana lag noch gar nicht im Sarg. Sie war geschminkt, gekämmt und angezogen worden und lag auf einem Krankenhausbett. Die Fenster waren geschlossen und die Vorhänge zugezogen worden, um den neugierigen Kameras der Journalisten keine Chance zu geben, denn einige Fotoreporter hatten bereits durch entsprechende Zahlungen Balkon- und Fensterplätze auf der gegenüberliegenden Seite des Krankenhauses ergattert. Der Raum wurde lediglich von einer kleinen Wandlampe beleuchtet. »Ihr Gesicht war nicht im geringsten verunstaltet, es sah makellos aus«, bekundet ein Offizieller, der die Prinzessin gegen 15.00 Uhr sah. »Es war ein unglaublicher Moment. Ich wurde von tiefster Trauer befallen, angesichts dieser wunderschönen Frau, der die ganze Welt geschmeichelt hatte und die nun tot in diesem bescheidenen Krankenhauszimmer lag.« Bevor die königliche Gruppe eintraf, schlüpften die Leichenbestatter diskret ins Zimmer und sargten Diana ein. Auf Prinz Charles' ausdrücklichen Wunsch blieb der Deckel des Sarges geöffnet.

Es hatte lange Diskussionen gegeben, ob der Leichenwagen vom Hauptausgang abfahren sollte, wo eine große Menschenmenge hinter den polizeilichen Absperrungen ausharrte, oder von einem diskreten Hinterausgang. Charles' Anweisungen waren eindeutig: »Verheimlichen Sie nicht die Abfahrt des Sarges. Lassen Sie Filmaufnahmen von ihm im Krankenhausgelände und außerhalb davon zu. Lassen Sie die Leute ihn sehen.«

Die Entscheidung des Prinzen war ein Entgegenkommen gegenüber den französischen Behörden, die eine harsche Reaktion der Öffentlichkeit befürchteten, wenn die Bevölkerung nicht den Weg des Leichenwagens durch Paris verfolgen könnte. »Die Leute wären furchtbar wütend gewesen«, sagte später ein französischer Offizieller. »Die Atmosphäre auf den Straßen war an diesem Tag ziemlich gespannt. Tausende von Menschen waren an der Place de l'Alma zusammengeströmt. Menschenmengen verstopften die Straßen vom Pont d'Austerlitz bis zum Krankenhaus. Man brauchte drei CRS-Kompanien [paramilitärische Polizei], um den Eingang freizuhalten. Die Menschen *mußten* den Leichenwagen einfach sehen.«

In der Bevölkerung kochten die Emotionen hoch in einer Mischung aus Trauer und Wut. Sobald Charles' Wünsche bekannt geworden waren, gingen französische und britische Presseattachés zu den Absperrungen und wählten hastig eine Gruppe von zwölf Journalisten aus – sechs Kameramänner und sechs Zeitungsreporter –, die mit hineingehen durften, um das Ereignis festzuhalten. Als die Journalisten den Innenhof betraten, ertönte eine Flut von Rufen, Beschimpfungen und Pfiffen. Patienten und Besucher, die an den Fenstern des Krankenhauses standen, beleidigten die Kameraleute mit Rufen wie »Killer!«, »Mörder!«. Die Polizei mußte geholt werden, um sie wieder zur Ruhe zu bringen.

Um 17.00 Uhr landete eine BAe 146 der königlichen Flotte auf dem Militärflughafen Villacoublay, 30 Kilometer südwestlich von Paris, wo sie der britische Botschafter Michael Jay erwartete. Als die königliche Gruppe, eskortiert von französischer Polizei auf Motorrädern, um 17.40 Uhr im Krankenhaus eintraf, warteten der Staatspräsident und Madame Chirac am Eingang; eine Ehrenformation aus Frankreichs Repräsentationstruppe Gardes Républicaines war aufgezogen, die in ihren dunkelblauen Uniformen mit roten und goldenen Verzierungen, weißen Handschuhen und roten Federn auf den Paradehelmen prunkvoll aussah.

Charles stieg aus dem silbergrauen Jaguar des Botschafters mit einem ziemlich einfältigen Lächeln, das auf seinem Gesicht erstarrt war. Er begrüßte das Ehepaar Chirac in fehlerfreiem Französisch, aber mit starkem englischen Akzent: *»Monsieur le Président, Madame Chirac, merci d'être là«*. Das Präsidentenpaar begleitete Charles und Dianas Schwestern, Lady Jane Fellowes und Lady Sarah McCorquodale, auf die Intensivstation. Während das Ehepaar Chirac auf dem Gang wartete, betraten der Prinz und seine Ex-Schwägerinnen das Zimmer.

Diana lag jetzt im Sarg, ihre Hände waren auf dem schwarzen Abendkleid gefaltet. Rev. Martin Draper sprach mit ihnen Gebete und verließ dann das Zimmer. Charles und die Schwestern verharrten einige Minuten und betrachteten still die junge Frau, die noch wenige Stunden zuvor voller Leben war. Obwohl es von den Protokollchefs nicht so geplant war, bat Charles darum, noch einen Augenblick lang allein bei ihr bleiben zu dürfen.

Als der Prinz aus dem Zimmer kam, waren seine Augen gerötet, und jeder konnte wahrnehmen, daß er geweint hatte. Er gewann schnell wieder seine Fassung und ging auf die Professoren Riou und Pavie zu, um ihnen für ihre ärztlichen Bemühungen zu danken. Die ersten Worte, die er hervorbrachte, waren: »*Mes félicitations!*« (»Meinen Glückwunsch!«) – eine ziemlich unpassende Bemerkung unter diesen Umständen, aber ein verständlicher Lapsus eines Mannes, der sich in einem emotionalen Schockzustand befindet. Chirac, der den Leichnam zusammen mit seiner Frau kurz vor Charles' Ankunft betrachtet hatte, war nicht weniger bewegt. »Der Präsident sah regelrecht verstört aus«, schildert ein Adjutant des Elysée.

Entsprechend dem von den beiden Protokollchefs ausgearbeiteten Ablaufplan ging Draper in seinem schwarzen Gewand mit weißem Spitzenbesatz als erster die Treppe hinunter. Ihm folgte der Sarg, der mit der purpurfarbenen, roten und goldenen Königlichen Standarte bedeckt war und von vier schwarz gekleideten Sargträgern eines französischen Beerdigungsinstituts getragen wurde. Dann kam Charles, gefolgt von Dianas Schwestern, Monsieur und Madame Chirac, dem Botschafter und Mrs. Jay, Protokollbeamten, Polizeibeamten und der Journalistengruppe.

Die Würde dieses Augenblicks wurde leicht vom schmutzigen Zustand der Gänge und des Treppenhauses getrübt, die übersät waren von Abfall jeder Art: von Zigarettenkippen, Plastik-Kaffeebechern und weggeworfenen Fast-Food-Verpackungen. Ein Angestellter des Elysée hatte sich zwar einen Besen gegriffen und kurz vor Charles' Ankunft die Eingangshalle ausgefegt, hatte aber keine Zeit mehr gehabt, auch die Treppen und den Gang zu säubern.

Als der Leichenzug das Erdgeschoß erreichte, wurde das Schweigen durch eine schrille Stimme gebrochen: »Du Hure! Schämst du dich nicht, hierher gekommen zu sein?« Eine ältliche Frau, die jemanden im Krankenhaus besuchte, hatte Lady Sarah für Charles' Geliebte Camilla Parker Bowles gehalten (mit der sie in der Tat Ähnlichkeit hat). Als ein Adjutant des Elysée ihr beruhigend erklärte, daß dies Dianas Schwester sei, brach sie über ihren Fauxpas in Tränen aus.

Charles hat den Vorfall vermutlich gar nicht wahrgenommen. Zu diesem Zeitpunkt schien er völlig der Realität entrückt. Sein Gesicht war ausdruckslos, seine Bewegungen verliefen steif und mechanisch. Nachdem der Sarg in den grauschwarzen Leichenwagen geschoben worden war, verabschiedete sich der Prinz vom Ehepaar Chirac. Dann stieg er wieder in den Jaguar des Botschafters und wartete. Chirac und seine Frau verharrten in der Nähe. Zwölf Soldaten der Gardes Républicaines salutierten. Doch über eine Minute lang geschah überhaupt nichts, weil weder die französische noch die britische Seite wußte, wer den Befehl zur Abfahrt geben sollte.

Während dieser peinlichen Pause eilte ein Beschäftigter der britischen Botschaft die Stufen hinunter und zu dem Wagen, in dem Lady Jane und Lady Sarah saßen. Er öffnete den Kofferraum und legte eine Plastiktüte hinein. Dem jungen Mann strömten Tränen über die Wangen. In der Plastiktüte befand sich die Kleidung, die Diana in ihrer letzten Nacht in Paris getragen hatte.

Um 18.15 Uhr setzte sich die Wagenkolonne endlich in Bewegung. Chirac, dessen Augen feucht waren, salutierte dem abfahrenden Zug. Als der Leichenwagen das Krankenhaustor erreichte und nach rechts in den Boulevard de l'Hôpital abbog, ertönte plötzlich Applaus aus der Menschenmasse, durchsetzt mit Rufen wie »Diana!«, »Diana, wir lieben dich!« Der Leichenzug setzte in würdevollem Tempo seinen Weg durch die Straßen von Paris fort und erhöhte dann auf der Schnellstraße nach Villacoublay seine Geschwindigkeit, wo eine Ehrengarde der Royal Air Force Dianas Sarg an Bord der BAe 146 brachte. Endlich war sie auf dem Heimweg.

Kapitel 3

# POST MORTEM

Am Sonnabend, dem 6. September 1997, fand Großbritanniens größte öffentliche Trauerzeremonie seit dem Tode Winston Churchills statt. Der flaggenbedeckte Sarg mit Prinzessin Diana rollte auf einer von Pferden gezogenen Lafette durch die Londoner Innenstadt, flankiert von zwölf rotgewandeten Welsh Guards und gefolgt von ihren beiden Söhnen, William und Harry, von Prinz Charles, Prinz Philip und ihrem Bruder Earl Spencer. Die Trauerprozession zur Westminster Abbey wurde von mehr als einer Million Menschen am Straßenrand und von ungefähr zwei Milliarden Menschen weltweit am Bildschirm verfolgt. Nach einem Gottesdienst, an dem 1900 Trauergäste teilnahmen und dem durch Elton Johns Vortrag von *Candle in the Wind* sowie durch Spencers anklagende Trauerrede besondere Akzente gesetzt wurden, wurde Diana auf einer friedlichen Insel in der Mitte eines kleinen Sees auf dem Anwesen ihrer Vorfahren in Althorp, ca. 110 Kilometer nordwestlich von London, zur letzten Ruhe gebettet.

Der Frieden ihrer letzten Ruhestätte ist ein Kontrapunkt zu dem Ansturm von Gerüchten, Mythen und Fragen, der im Zusammenhang mit ihrem Tod entfacht wurde. Noch bevor ihr Leichnam beigesetzt worden war, kam schon das Gerücht auf, daß sie schwanger gewesen sei. Unter normalen Umständen wäre dies eine ganz persönliche Angelegenheit gewesen – ein weiterer Grund zur Trauer, wenn es wahr war, bedeutungslos und müßig, wenn nicht. Aber der gewaltsame Tod der Prinzessin von Wales war kein normales Ereignis. Und die Frage, ob sie schwanger war oder nicht, ist möglicherweise eine der explosivsten Fragen bei den Ermittlungen, denn eine Schwangerschaft würde den Theorien eines Mordkomplotts größere Glaubwürdigkeit verleihen, die zuerst im Mittleren Osten aufkamen und sich dann schnell um die Welt verbreiteten.

Wenn die Mutter des zukünftigen Königs von England das Kind eines Arabers und Moslems gebären würde, ein Kind, das dann ein Halbgeschwister des Thronfolgers sein würde, so wäre dies in den Augen der königlichen Familie und der herrschenden Kreise höchst peinlich und problematisch. Falls eine Schwangerschaft bestätigt würde, wären die Verschwörungstheorien nicht mehr zu bändigen. Theoretisch könnte es sogar Konsequenzen bezüglich Großbritanniens Verhältnis zur arabischen Welt geben – und möglicherweise unter den 1,5 Millionen Moslems, die auf britischem Boden leben, zu Ressentiments führen. Somit erhielt diese Frage, normalerweise nur ein weiteres ergreifendes Detail einer persönlichen Tragödie, eine viel weiter reichende Bedeutung.

Die meisten »Beweise« für Dianas angebliche Schwangerschaft sind recht fragwürdig. Einige Fotos beispielsweise von ihr in St. Tropez zeigen eine leichte Wölbung des Bauches, was manche für Anzeichen einer Schwangerschaft halten. Es kann aber genauso die ganz normale Obertaille einer 36-jährigen Frau im Badeanzug sein. Um optisch eine Schwangerschaft zu erkennen, müßte der Fötus mindestens drei oder vier Monate alt sein. Diana und Dodi hatten sich aber erst Mitte Juli näher kennengelernt, und deshalb ist es unwahrscheinlich, daß eine Empfängnis früher als sechs Wochen vorher stattgefunden hat (es sei denn, der Vater wäre jemand anderer als Dodi). Gerüchte, daß sich das Paar schon seit 1996 regelmäßig verabredet hatte, sind laut engen Freunden des Paares absolut unwahr.

Interessant ist, daß Diana am 30. August dem mit ihr befreundeten Journalisten Richard Kay mitgeteilt hatte, daß sie etwa ab November ihre offiziellen Pflichten reduzieren und diesbezüglich ihren Terminkalender zusammenstreichen wolle. Dies könnte für die Glaubwürdigkeit der Schwangerschaftstheorie sprechen, da eine Schwangerschaft, die im Juli oder August begonnen hätte, bis zu diesem Zeitpunkt für die ganze Welt offensichtlich sein würde. Überdies gab es auch noch Dianas zu Spekulationen verleitende Äußerung gegenüber britischen Journalisten in St. Tropez: »Sie werden bald eine große Überraschung erleben über das nächste, was ich tun werde.« Die »Überraschung« könnten die Hochzeitspläne des Paares gewesen sein, vielleicht begleitet von einer Schwangerschaft. Aber Diana machte diese Bemerkung, bevor Dodi in St. Tropez eintraf.

Echten Beweisen beizukommen ist bedeutend schwerer. Angeblich existiert ein vertraulicher Brief von Dr. Pierre Coriat, dem Leiter der Narkoseabteilung des Pitié-Salpêtrière, an Innenminister Jean-Pierre Chevènement, in dem es heißt, Diana sei in der neunten bis zehnten Woche schwanger gewesen. Eine Fotokopie dieses Briefes zirkulierte durch die Chefredaktionen mehrerer französischer Verlagshäuser, doch wurde das Dokument, ganz offensichtlich von dubioser Authentizität, sowohl vom Innenministerium als auch vom Krankenhaus als Fälschung bezeichnet. Entsprechend hat kein seriöses französisches Nachrichtenmedium dieses »Dokument« veröffentlicht.

Aber es gab Anspielungen auf eine mögliche Schwangerschaft bei den wichtigsten Meinungsbildnern. Das *Time*-Magazin berichtete in seiner Ausgabe vom 22. September, ein SAMU-Arzt habe behauptet, daß ein Kollege, der Diana im Tunnel behandelt hatte, ihm erzählt habe, Diana hätte eine reibende Geste auf ihrem Bauch gemacht und zu ihm gesagt, sie sei »in der sechsten Woche schwanger«. Obwohl das Magazin diese Geschichte aus zweiter Hand entsprechend seiner journalistischen Verantwortung in einem Kasten mit »Lügen, Verschwörungstheorien und Phantasien« plaziert hatte, wurde diese Textpassage aus dem Zusammenhang gerissen und vielfach als »Beweis« dafür mißbraucht, daß Diana schwanger gewesen sei. Tatsächlich hatte das *Time*-Magazin nur referiert, was seinem Reporter von dem zweiten SAMU-Arzt berichtet worden war; es gab keine Möglichkeit herauszufinden, ob er oder sein anonymer Kollege die Worte der Prinzessin korrekt zitiert hatten. Angesichts der widersprüchlichen Aussagen darüber, ob Diana nach dem Unfall überhaupt gesprochen hatte oder nicht, erscheint der Bericht dieses Arztes als nicht besonders überzeugend.

Eine weitere Geschichte aus zweiter Hand stammt von einem bekannten und angesehenen französischen Journalisten, der den Autoren dieses Buches folgende Story mitteilte: Ein Arzt, den er persönlich kenne und der am Pitié-Salpêtrière arbeite, habe ihm erzählt, daß die Blutproben, die man von Diana nach ihrer Einlieferung nahm, tatsächlich eine Schwangerschaft anzeigten. Der Arzt, der als seine Quelle einen der Ärzte nannte, die Diana operiert hatten, behauptete, er habe, als er einige Tage nach ihrem Tod in ihre Krankenakte blickte, festgestellt, daß alle Laborergebnisse entfernt worden seien. Der Journalist konnte jedoch keine Bestätigung dafür erlangen und hat die Geschichte daher nie publiziert. Seine ärztliche Quelle, die die Wahrheit berichtet haben kann oder auch nicht, weigerte sich, für dieses Buch interviewt zu werden. Daher gibt es keine Möglichkeit, diesen möglicherweise hochexplosiven Stoff auf seinen Wahrheitsgehalt zu untersuchen.

Aber es ist möglich, zu untersuchen, bis zu welchem Punkt man ihn für plausibel halten kann. Als erstes muß man fragen, ob Ärzte beim Kampf um das Leben eines Unfallopfers Blut abnehmen und auf eine Schwangerschaft hin untersuchen. Die Antwort auf die erste Hälfte dieser Frage lautet: Ja. Sie nehmen automatisch Blutproben, um im Hinblick auf Transfusionen die Blutgruppe zu bestimmen und um das Ausmaß des Blutsturzes mit einem NFS-Test[7] festzustellen, der die verschiedenen Blutzellentypen erfaßt. In den meisten Fällen werden normalerweise auch andere Tests durchgeführt, z. B. um die Gerinnungsfähigkeit des Blutes zu bestimmen, den Stand der Elektrolyten im Blutserum zu messen und bei Frauen im gebärfähigen Alter einen Beta-HCG-Test bezüglich einer Schwangerschaft durchzuführen.[8]

Laut Dr. David Wasserman, einem erfahrenen amerikanischen Notfallarzt, würde der Beta-HCG-Test in einem Fall wie dem Dianas zur Routine gehören. »Die Ärzte möchten wissen, ob eine Patientin schwanger ist oder nicht«, sagt Dr. Wasserman. »Es würde sie nicht von lebensrettenden Maßnahmen abhalten, wohl aber von bestimmten Maßnahmen, die dem Fötus schaden könnten.«

Einem hochrangigen französischen Spezialisten für Notfallmedizin zufolge, der aufgrund der ärztlichen Schweigepflicht, die die französische Gesetzgebung vorschreibt, nur anonym sprechen darf, wäre es »vorstellbar und vernünftig«, aber nicht obligatorisch, daß französische Notfallärzte einen Beta-HCG-Test durchführen. Er betont jedoch, daß »ein Notfallarzt, der gerade mit einem medizinisch katastrophalen Fall vollauf beschäftigt ist, sein Hauptaugenmerk nicht darauf legen würde, ob diese Frau jetzt schwanger ist oder nicht«.

Dieser französische Spezialist weist jedoch darauf hin, daß eine andere obligatorische Standardmaßnahme das Vorhandensein eines Fötus aufzeigen würde. Zusätzlich zur Messung der Gehirnströme und dem Röntgen der Brustregion, so sagt er, müßten die Notfallärzte auch ein Sonogramm durchführen. Diese Technik, die die inneren Organe mittels der Reflektion von Ultraschallwellen untersucht, würde in erster Linie dazu verwendet, um Art und Ausmaß der Verletzungen sowie die eventuelle Ansammlung von Blut in Körperhöhlungen festzustellen. Wie jede Frau weiß, die in den letzten zwei Jahrzehnten bei einer Schwangerschaft in einer modernen medizinischen Einrichtung Schwangerschafts-Vorsorgeuntersuchungen hat vornehmen lassen, zeigt ein Sonogramm auch ein erkennbares Bild des Fötus, dessen Kopf und zusammengekrümmten Körper sogar der Laie erkennen kann. (Ein Fötus, der jünger als drei Wochen ist, könnte jedoch nur von Spezialisten erkannt werden.)

Dieser Spezialist weist allerdings auch ausdrücklich darauf hin, daß ein Arzt unter medizinischen Notfallbedingungen einen Fötus nicht zwangsläufig auf dem Bildschirm des Sonogramms erkennt, es sei denn, er würde danach suchen, und daß der Fötus auch von massiven Blutungen verdeckt sein könnte. Im Alter von sechs Wochen sei der Fötus jedoch wahrscheinlich erkennbar. Es ist möglich, sagt dieser Arzt, daß von dem Bildschirm des Sonographen Fotos abgenommen wurden, die einen Fötus zeigen könnten. Wenn automatisch Fotos davon gemacht wurden, müßten sie in der Krankenakte enthalten sein zusammen mit den Ergebnissen der Blutproben.

Falls Diana schwanger war, so ist es nahezu sicher, daß der Beweis dafür Bestandteil ihrer Krankenakte im Hospital ist. Was den gegenwärtigen Aufbewahrungsort der Krankenakte anbelangt, so spekuliert dieser Arzt, der nicht am Pitié-Salpêtrière arbeitet und deshalb über kein Wissen aus erster Hand verfügt, daß »sie wahrscheinlich in einem Safe eingeschlossen ist. Ich kann mir nicht vorstellen, daß sie wie eine gewöhnliche Akte archiviert wurde.«

Außer den Krankenhausoffiziellen besitzt vermutlich auch die Polizei eine Kopie von Dianas Akte. In Fällen von gewaltsamen oder verdächtigen Todesursachen, in denen eine offizielle

Untersuchung angestellt wird, werden normalerweise Kopien der Krankengeschichten der Opfer von der Polizeipräfektur angefordert, die derzeit Philippe Massoni leitet und Innenminister Jean-Pierre Chevènement unterstellt ist. Daher wären die Beweisstücke für Dianas Schwangerschaft, wenn sie wirklich schwanger war, in den Händen der Ermittlungsbehörden.

Quellen zufolge, die Zugang zu den offiziellen Ermittlungsakten haben, enthalten diese keinerlei Krankenunterlagen von Diana, sondern nur einen kurzen Bericht des Pathologen über die äußerliche körperliche Untersuchung. Die französische Leichenbeschauerin Dr. Dominique Lecomte hat bei der Prinzessin keine Autopsie durchgeführt und hat auch entsprechend »erhaltenen Instruktionen«, wie es ein Polizeibericht beschreibt, keine Blutproben von dem Leichnam genommen. In Großbritannien wurde Dianas Leichnam von dem amtlichen Leichenbeschauer in Fulham autopsiert, und dabei wäre mit Sicherheit ein Fötus entdeckt worden. Ein Sprecher des Büros des Leichenbeschauers antwortete auf die Frage nach Schwangerschaftsberichten ausweichend: »Kein Kommentar. Das ist Bestandteil der Ermittlungen.«

Nach Abschluß der französischen Ermittlungen wird der königliche Leichenbeschauer, Dr. John Burton, ein umfassendes Gerichtsverfahren zur Feststellung der Todesursache einleiten. Aber Burton hat das Recht, Teile dieses Verfahrens geheim zu halten, und kann somit die Enthüllung von Einzelheiten, die er für zu heikel hält, verhindern. Es scheint daher in hohem Maße unwahrscheinlich, daß dieser von der königlichen Familie berufene Arzt Informationen preisgeben wird, die eine Schwangerschaft bestätigen.

Da es bisher noch an konkreten Beweisen mangelt, lassen die derzeit verfügbaren Informationen offen, ob Diana möglicherweise schwanger gewesen ist. In der Zukunft mögen die Veröffentlichungen von Dokumenten oder Zeugenaussagen, die bis jetzt zurückgehalten worden sind, diese Schlüsselfrage so oder so beantworten. Eines jedoch ist sicher: Der Beweis dafür existiert, ob sie schwanger war oder nicht.

Von den Autoren dieses Buches dazu befragt, ob die im Krankenhaus durchgeführten Bluttests Dianas Schwangerschaft bestätigen, haben Offizielle der »Assistance Publique«, verantwortlich für alle öffentlichen Krankenhäuser in Frankreich, die Vermutung wegen der »ärztlichen Schweigepflicht« weder bestätigt noch zurückgewiesen. Gesundheitsminister Bernard Kouchner, ebenfalls von den Autoren befragt, lehnte jeden Kommentar ab.

Die Begründung, die für dieses Schweigen von offizieller Seite vorgeschoben wurde, ist die gesetzliche Verpflichtung zur ärztlichen Schweigepflicht. Am 29. Dezember jedoch hielten es die französischen Behörden plötzlich für angebracht, den Schleier des Geheimnisses zu lüften, um auf einen Artikel in dem spanischen Magazin *Interviu* zu reagieren. Der Artikel gab einen vorgeblichen Brief von Dr. Coriat an Innenminister Chevènement wieder, demzufolge Bluttests eine »Schwangerschaft in der neunten bis zehnten Woche« nachgewiesen hatten.

Thierry Meresse, Sprecher des Pitié-Salpêtrière, wies den Brief als Fälschung zurück und stellte fest: »Es wurden diesbezüglich keine Tests unternommen. Die Aufgabe der Ärzte war es, Dianas Leben zu retten, sonst nichts.« Diese knappe Zurückweisung fast vier Monate nach dem Tod Dianas legt die unvermeidliche Frage nahe: Wenn die Antwort so einfach und so kategorisch ist, warum wurde sie nicht früher gegeben? Darüber hinaus lieferte die Stellungnahme von Meresse keinerlei Beweise dafür, daß Diana nicht schwanger war. Auf diese Weise dauerten die Spekulationen an.

Aus »Gründen der Hygiene und des Anstands«, so ein Polizeibericht, wurden die Leichname von Dodi Fayed und Henri Paul direkt ins Institut Médico-Légal gebracht, das Pariser Leichenschauhaus in der Nähe des Pont d'Austerlitz auf dem rechten Seineufer. Die Autopsie von Paul wurde am Sonntagmorgen auf Anweisung von Bezirksstaatsanwältin Maud Coujard vorgenommen. Genau wie der Leichnam Dianas, kam auch Dodis Leichnam in Frankreich nicht unter das Skalpell.

Eine Quelle im Büro der Staatsanwältin erklärt dieses scheinbare Versäumnis mit der Korrektheit der Ermittlungen. »Bei einem solchen Unfall«, so heißt es, »nimmt man in Frankreich nur bei dem Fahrer eine Autopsie vor, da die Passagiere den Unfall nicht verursacht haben können. Außerdem ist es unvorstellbar, eine Autopsie anzuordnen, wenn eine Persönlichkeit wie die der Prinzessin von Wales daran beteiligt ist. Die Vorstellung, daß wir Prinzessin Diana oder Dodi Fayed in kleine Stücke schneiden, ist undenkbar. Auch Blutproben bezüglich Alkohol- oder Drogenkonsum sind nicht relevant.«

Anstelle einer Autopsie wurde Dodis Leichnam äußerlich untersucht. Der Bericht der Pariser Leichenbeschauerin Dominique Lecomte stellt als Todesursache »innere Blutungen, verursacht durch ein massives Brustkastentrauma mit multiplen Traumata der unteren Gliedmaßen (vier Brüche des rechten Beines, drei des linken)« fest. Zusätzlich zu diesen Verletzungen verzeichnen die kärglichen Aufzeichnungen der Leichenbeschauerin ernsthafte Wunden über dem rechten Auge und zahlreiche Schnittwunden im Gesicht.

Mohammed al-Fayed kam um ungefähr 5.00 Uhr im Leichenschauhaus an. Innenminister Chevènement hatte seinen Besuch vorher angekündigt; daher wurde al-Fayed bereits erwartet, als er im Haupteingang des schäbigen einstöckigen Gebäudes am Quai de la Rapée nahe dem Seineufer erschien. Er wurde zu Dodis Leichnam geführt. Al-Fayed starrte auf das Antlitz seines Sohnes und betete still. »Ich konnte sehen, daß Dodi seinen Frieden gefunden hatte«, vertraute al-Fayed später Freunden an. »Er hatte so ein wunderbares Lächeln. Er sah wieder wie ein kleiner Junge aus. Einen Augenblick lang wirkte er so lebendig, daß ich dachte, die Seele sei wieder in seinen Körper zurückgekehrt, und er würde leben. Aber als ich die Verletzungen an seinem Hinterkopf bemerkte, war mir klar, daß dies unmöglich war.« Al-Fayed inspizierte auch den Leichnam von Henri Paul, dann machte er sich eilig auf den Weg ins Ritz, um dort weitere Einzelheiten über den Unfall zu erfahren.

Frank Klein landete um 9.30 Uhr auf dem Flughafen Le Bourget an Bord von al-Fayeds Gulfstream IV. Ebenfalls an Bord waren Mohammeds Bruder Salah und Salahs Sohn Moody, der von Monaco nach Nizza gefahren war, um das Flugzeug zu erreichen. Sofort nach seiner Ankunft im Hotel suchte Klein sein Büro im Erdgeschoß auf. Mohammeds Bruder und sein Neffe gingen den schwer bewachten privaten Treppenaufgang hinauf, der zu der Suite des Eigentümers im ersten Stock führt.

Mohammed schickte später nach Klein. »Ich ging hinauf, um mein Beileid auszudrücken«, berichtet der in Deutschland geborene Hotelmanager, dessen graues Haar, dunkelblauer Anzug und blaugemusterte Hermès-Krawatte die gediegene Eleganz verkörpern, die man mit dem Ritz in Verbindung bringt. »Er saß tränenüberströmt in seinem Büro, mit gebrochenem Herzen, wirklich mit gebrochenem Herzen«, erzählt Klein. »Wenn man einen Mann sieht, der so mächtig wie Monsieur al-Fayed ist, einen Mann wie ein Fels, so erfolgreich bei allem, was er anfaßte, und den plötzlich ein solcher Schicksalsschlag getroffen hat, seinen ältesten Sohn zu verlieren, dann fehlen einem einfach die Worte.«

Während al-Fayed im oberen Stockwerk trauerte, kümmerten sich seine Angestellten um die komplizierte Genehmigung dafür, Dodis Leichnam ins Ausland bringen und dort beisetzen zu dürfen – keine einfache Aufgabe an einem Sonntag im August, wo die französische Bürokratie absolut ruht. Da es die moslemische Tradition erfordert, den Toten innerhalb von 24 Stunden zu beerdigen, befürchtete man anfänglich, daß man Dodi eventuell in Paris beerdigen müßte. Aufgrund der Hartnäckigkeit der Angestellten von al-Fayed in London und speziell von Claude Roulet im Ritz, wurden jedoch die Genehmigungen rechtzeitig ausgestellt, um Dodi zurück nach England zu bringen.

Aber damit fingen die Schwierigkeiten erst recht an. Am Flughafen Le Bourget berichtete man al-Fayed, daß die Tür des Gulfstream IV zu eng für den Sarg sei; daher schlug man vor, ihn im Frachtraum zu transportieren. Al-Fayed wollte davon nichts wissen. Schließlich wurde beschlossen, den Sarg mit dem Hubschrauber zu transportieren, wo man ihn gerade so in den Gang zwischen zwei Sitzreihen quetschen konnte. Al-Fayed saß den ganzen Rückflug lang neben ihm.

Henri Paul mußte erheblich länger warten, bis er in Frieden ruhen konnte. Drei Wochen lang, bis zu seinem Begräbnis in seiner Heimatstadt Lorient am 20. September, lag sein nackter, mehrfach gebrochener Körper auf einem Steintisch im Leichenschauhaus: ein Anhänger mit der Registrierungsnummer 2147 an seinem linken Knöchel, sein Kopf in einem unnatürlichen Winkel abgebogen, seine zertrümmerten Beine so verunstaltet wie die eines überfahrenen Frosches, sein Torso mit groben Stichen wieder zusammengenäht, die wie Eisenbahngleise von seiner Brust bis zu seinem Unterbauch verliefen.

Seine Autopsie wurde am 31. August durchgeführt und begann um 8.30 Uhr morgens. Der Bericht des Leichenbeschauers vom 1. September beschreibt anschaulich die Auswirkungen des schrecklichen frontalen Aufpralls, als der 13. Pfeiler das Lenkrad in seinen Brustkorb rammte. Auszüge: »Die festgestellten Verletzungen wirkten sich in erster Linie tödlich aus durch eine Verletzung der Wirbelsäule, verbunden mit einer Verschiebung und Durchtrennung des Rückenmarks sowie mit einem Riß der unteren Hauptschlagader. [...] Die festgestellten multiplen Frakturen besonders im Wirbelsäulenbereich, der Rippen, des Beckens und der unteren Gliedmaßen entsprechen dem traumatischen Aufprall.«

Eine graphische Darstellung von Pauls Leichnam verzeichnet schwere Gesichtsverletzungen, eine Vielzahl von gebrochenen Rippen, multiple Frakturen im Beckenbereich, drei Brüche des rechten Beines und einen des linken sowie zerquetschte Hoden. Die einzige positive Tatsache an diesem grauenerregenden Befund ist, daß der bedauernswerte Henri Paul infolge seiner gebrochenen Wirbelsäule mit Sicherheit keine Schmerzen litt.

Eine nicht weniger bedeutsame Aufgabe der medizinischen Untersuchungen war es, Proben vom Blut, der inneren Organe, der Galle, vom Urin, der Augenflüssigkeit und von den Haaren zu analysieren.

Pauls Mageninhalt, der lediglich aus 20 Kubikzentimetern »einer klaren braunen Flüssigkeit« bestand, wurde ebenfalls analysiert. Von jeder Probe wurden Teilmengen an ein Polizeilabor sowie ein privates Labor geschickt zwecks einer toxikologischen Analyse.

Die ersten Ergebnisse, die am Nachmittag des 1. September, einem Montag, veröffentlicht wurden, waren schockierend: Das Polizeilabor gab Pauls Blutalkoholwert mit 1,87 Promille an; die private Analyse ergab 1,74 Promille. Mit anderen Worten: Der Mann, der Diana und Dodi in den Tod gefahren hatte, hatte das Äquivalent von acht bis neun Gläsern purem Whisky konsumiert – mehr als die dreifache erlaubte Menge von 0,5 Promille. Alles auf nüchternen Magen!

Es sollte noch schlimmer kommen. Am 10. September verlautbarte die Staatsanwaltschaft, weitere Blutanalysen hätten ergeben, daß Paul auch zwei verschiedene Antidepressiva eingenommen hatte: Fluoxetin (der aktive Bestandteil in Prozac) und

Tiaprid, eine Kombination von Arzneimitteln, die man im allgemeinen bei der Behandlung von Alkoholismus verwendet. Wenn man dazu zusätzlich Alkohol trinkt, vervielfacht sich ihre Wirkung, die Reflexe verlangsamen sich, und es entsteht ein Zustand von Euphorie. Den Verwendern von beiden Arzneimitteln wird zur »Vorsicht beim Autofahren und bei der Handhabung von Maschinen« geraten.[9]

Wer auch immer Henri Paul in jener Nacht des 31. August 1997 an das Steuer eines Autos setzte, hat ganz offensichtlich eine katastrophale Entscheidung getroffen.

## Kapitel 4

# PARALLELEN IM LEBEN

Am 29. Juli 1981 warf Dodi Fayed ein Auge auf Diana Spencer. Sie war im Begriff, Prinz Charles vor einem weltweiten Fernsehpublikum von mehr als 750 Millionen Menschen in St. Paul's Cathedral zu heiraten. Dodi saß in einer Hotelsuite in Monte Carlo vor dem Fernsehgerät.

Dodi, damals 25, hatte den Sommer mit seinem Cousin Mohammed Khashoggi an der Côte d'Azur verbracht. Die beiden jungen Männer ließen nichts aus, um sich zu vergnügen: schnelle Autos, Straßencafés, Oben-ohne-Mädchen, ohrenbetäubende Nachtclubs, wilde Parties, Sonne und Sand. Auch stand ihnen die »Nabila« zur Verfügung, eine 86-Meter-Yacht, die Mohammeds Vater gehört, dem saudischen Multimilliardär Adnan Khashoggi.

An jenem Tag hatte Dodi jedoch keinerlei Interesse an Booten, Mädchen oder Discos. Da man damals an Bord eines Schiffes noch kein Satellitenfernsehen empfangen konnte, hatte er sich in einem Luxushotel eine Suite gemietet, um das historische Ereignis betrachten zu können. »Ich langweilte mich«, berichtet Mohammed, »aber Dodi schaute sich die ganze Übertragung vom Anfang bis zum Ende an.«

Ganz sicher hat sich Dodi an diesem Tag nicht in Diana verliebt. Aber für diejenigen, die an Schicksal und Bestimmung glauben, schließt sich der Kreis, als sich diese beiden Menschen mit derartig unterschiedlicher Herkunft an derselben südfranzösischen Küste 16 Jahre später in die Arme fallen. Und er schließt sich auch insofern, als ihre überraschende Beziehung auf das gleiche Ereignis zusteuerte, das der junge Dodi an diesem Tag so interessiert im Fernsehen verfolgte: auf eine Hochzeit.

Diana Frances Spencer war die Tochter eines britischen Aristokraten aus Althorp in Mittelengland, Emad Fayed der Sohn eines ägyptischen Händlers aus Alexandria. In London bewegten sie sich in ähnlichen Gesellschaftskreisen. Das erste Mal begegneten sie sich 1986 bei einem Polospiel, das Dodis Vater Mohammed, Besitzer des Kaufhauses Harrods, gesponsort hatte. Ihre Wege kreuzten sich 1991 kurz wieder anläßlich der Londoner Premiere von Steven Spielbergs Film *Hook*, an dessen Finanzierung Dodi beteiligt war, und im Frühjahr 1997 auf einer Dinnerparty, zu der Raine Spencer, Dianas Stiefmutter, geladen hatte. Als sie ihre Bekanntschaft in al-Fayeds Villa in St. Tropez auffrischten, waren beide geschieden und glichen zwei Planeten, deren Umlaufbahnen letztlich identisch waren.

Dianas Lebensgeschichte ist ein Sittenspiegel des ausgehenden Jahrhunderts. Ein Jahr vor Erscheinen des ersten Beatles-Albums geboren, war sie ein typisches Produkt des britischen Provinz-Landadels. Diese privilegierte Welt behütete sie jedoch nicht vor Schicksalsschlägen in ihrer Kindheit: vor elterlicher Untreue, Skandal und Scheidung. Dianas Mutter Frances Shand Kydd verließ den Earl of Spencer (von seinen Freunden »Johnnie« genannt), als Diana sechs Jahre alt war. Der Earl zog die Kinder ganz traditionell mit Kindermädchen auf und kümmerte sich nur wenig um Diana und ihren jüngeren Bruder Charles. (Ihre beiden älteren Schwestern waren damals bereits im Internat.) Der 8. Earl Spencer heiratete später Raine, eine geschiedene Countess of Dartmouth und Tochter der Bestsellerautorin von Trivialromanen, Barbara Cartland. Raine entpuppte sich schnell als klassische böse Stiefmutter, in Anspielung auf ihren Vornamen sprach man von ihr als von »Acid Rain« (»saurer Regen«).

Obwohl Diana an der West Heath School in Kent sehr beliebt war, hatte sie keinerlei Chance, die Universität zu besuchen, denn ihre mangelnde Intelligenz und begrenzte Bildung ließen nur einen O-Level-Abschluß mit einem D in allen vier Hauptfächern zu [O-Level ist der niedrigste Schulabschluß in England und entspricht in etwa dem deutschen Hauptschulabschluß; ferner werden die Noten in England in Buchstaben ausgedrückt, ein D ist die schlechteste. A. d. Ü]. Mit 16 verbrachte sie sechs Monate im Institut Alpin Videmanette, einem Schweizer Mädchenpensionat in Rougemont nahe Gstaad, wo sie zwar ihre Skikünste perfektionieren konnte, aber im übrigen nicht viel lernte. Sie fühlte sich dort nicht wohl und bat darum, wieder heimkehren zu dürfen. Im Laufe des nächsten Jahres besuchte sie Kochkurse und lebte mit zwei Freundinnen in einer Wohnung in London, die ihr Vater gekauft hatte. Ihre Kinderliebe brachte sie schließlich dazu, im Young England-Kindergarten eine Teilzeitarbeit aufzunehmen und als Kindermädchen für eine amerikanische Familie in London zu arbeiten.

Aber Diana besaß einen wesentlichen Pluspunkt: Sie gehörte von der Abstammung her zu der Gesellschaftskaste, aus der der künftige Monarch seine Frau wählen würde – und es dann auch tat. Die königliche Hochzeit war eine prachtvolle und märchenhafte Bühneninszenierung. Für die 19-jährige Diana Spencer – Shy Di, schüchterne Diana, wie die Boulevardpresse sie nannte – ging das Unglück der Scheidung der Eltern nahtlos über in das Unglück ihrer eigenen Ehe.

Wenn sie schon für nichts anderes gut war, so verschaffte die prunkvolle Hochzeitszeremonie der britischen Monarchie, die schon immer ihrer Zeit hinterherhinkte, einen höchstwillkommenen Aufschwung an neuer Popularität. Aber sie erlegte Diana eine Bürde auf, auf die keine junge Frau vorbereitet sein konnte. Ihre dynastische Pflicht, für einen Thronerben zu sorgen, wurde ihr nicht gerade erleichtert durch die Entdeckung, daß ihr Mann schon seit Jahren eine Affäre mit Camilla Parker-Bowles hatte. Nur wenige Jahre nach der Geburt von William (»Wills«) und Henry (»Harry«) – »an heir and a spare«, wie man rasch sagte, einem Thronfolger und einem in Reserve – war ihre Ehe zerbrochen. Und die ganze Welt wußte darüber Bescheid. Denn alles, was Diana tat, war für die Medien von größtem Interesse.

An diesem großen Medieninteresse war ironischerweise zu einem nicht geringen Teil der Buckingham-Palast selbst mit seinen Übertreibungen schuld: zuerst die weltweit vom Fernsehen übertragene Hochzeit und dann die zahllosen Berichte darüber, wie das »glückliche« Paar die ganze Welt bereiste, um einem Empire wieder zu einem Glanz zu verhelfen, den es schon lange nicht mehr besaß.

Diese Illusion wurde 1992, dem *Annus horribilis* (schrecklichen Jahr), wie Queen Elizabeth es nannte, durch die Veröffentlichung von *Diana: Her True Story* zerstört.[10] In geheimgehaltener Zusammenarbeit mit seinem Verfasser Andrew Morton benutzte Diana das Buch dazu, das Ausmaß ihres persönlichen Leides zu enthüllen: ein untreuer, auf Distanz gegangener Ehemann, ein zehnjähriger Kampf mit der Eßstörung Bulimie und selbstmörderische Anfälle von Depressionen. Während sich Diana einerseits überzeugend als Opfer des kalten und bürokratischen House of Windsor portraitierte, führte sie ihre Suche nach Geborgenheit in katastrophale Situationen bezüglich ihres öffentlichen Ansehens. Da gab es Flirts mit verschiedenen Männern, so mit James Gilbey, einem Jugendfreund aus Dianas »Sloane Rangers«-Tagen in den späten siebziger Jahren (einer Vereinigung von Damen der Oberklasse), mit James Hewitt, ihrem Reitlehrer, und mit Will Carling, einem früheren englischen Rugby-Kapitän.

Diana und Charles trennten sich 1992. Als ihre Ehe offiziell am 28. August 1996 geschieden wurde, ein Jahr vor Dianas Tod, hatte sie schon große Anstrengungen unternommen, um sich ein neues Leben aufzubauen: ein Leben ohne Charles, ohne königliche Ehren (des Titels »Ihre Königliche Hoheit« wurde sie durch die Queen beraubt) und weitgehend auch ohne Wills und Harry, die in Eton bzw. Ludgrove Privatschulen besuchten.

Obwohl sich Diana häufig über das starke Interesse der Medien an ihrer Person beschwert hatte, sollte ihr neues Leben weiterhin im Rampenlicht stehen. Dies schien so geplant gewesen zu sein. Die Prinzessin war eine königliche Rebellin, die zu keinem Zeitpunkt je wirklich in die aristokratischen Cliquen ihres Ex-Mannes hineinpaßte, doch hatte sie keinen eigenen Kreis. Dennoch war aus der von der Kindergärtnerin zur Märchenprinzessin aufgestiegenen Diana eine der weltweit berühmtesten Persönlichkeiten geworden. Nach ihrer Trennung von Charles verbrachte sie zunehmend ihre Zeit mit Rockstars, Modeschöpfern und Herausgebern von Zeitschriften. In den (wie sich herausstellen sollte) letzten Wochen ihres Lebens plante sie, so behauptet jedenfalls Kevin Costner, in einer Fortsetzung von *The Bodyguard* eine Hauptrolle zu spielen. Sie sollte eine Prinzessin (was auch sonst?) darstellen.

Dianas andere Passion war ihr sorgfältig geplantes Engagement für humanitäre Zwecke. Sie, die als Gattin des Prinzen von Wales Tausende von roten Bändern bei Eröffnungen von Fabriken und Kliniken durchschnitten hatte, sehnte sich jetzt danach, ihren eigenen, persönlicheren Kreuzzug für soziale Belange zu führen. Am 23. Juni 1997 besuchte sie Mutter Theresas Aidskrankenhaus in der südlichen Bronx, wo ihr die winzige Nonne einen Rosenkranz schenkte, mit dem sie später begraben wurde. Vor allem aber widmete sie in ihrem letzten Lebensjahr den größten Teil ihres humanitären Engagements dem lang erhofften Verbot von gegen Zivilisten gerichteten Landminen.

Sie schaffte sogar den Spagat zwischen Glamour und Mildtätigkeit. Auf Wills' Vorschlag ließ sie von Christie's 80 ihrer Designerkleider zugunsten des AIDS Crisis Trust und des Royal Marsden Hospital Cancer Fund versteigern. Die 212-seitige, von Christie's herausgegebene Auflistung der Kleider glich eher einem Starmagazin als einem Auktionskatalog: Sie enthielt 66 Hochglanzfotos, auf denen Diana einen großen Teil der zu versteigernden Kleider trug.

Doch etwas fehlte offenkundig in ihrem neuen Leben: ein neuer Mann. Ihr letzter Flirt war Herzchirurg Hasnat Khan vom Royal Brompton Hospital gewesen. Sie hatten mehrfach zusammen diniert, aber eine Liebesaffäre bestritten. Als Diana Khans Eltern im Mai auf einer Goodwill-Tour durch Pakistan besuchte, zuckte der schweigsame Arzt dazu nur mit den Achseln.

»Diana« ist in der griechischen Mythologie die Göttin der Jagd. »Emad al Din«, Dodis eigentlicher Name, bedeutet auf Arabisch »Säule des Glaubens«. Als Diana im Juni 1997 Dodi Fayed wiederbegegnete, sprachen mehrere Dinge für ihn: Er war etwas älter als Diana, war unverheiratet und hatte keine Kinder. Dies schloß schon von Anfang an aus, wegen eines jüngeren Mannes oder eines älteren, der womöglich eine Vielzahl ungelöster familiärer Probleme hätte, in Verlegenheit zu geraten. Dodis Familie ist zudem sehr reich. Dies bedeutete, daß ihr Dodi den Lebensstandard bieten konnte, den sie mittlerweile gewohnt war: Privatflugzeuge und -hubschrauber, Luxuslimousinen, Paläste, Landhäuser, abgeschirmte Feriendomizile. Anders als vorherige Liebhaber, die erst küßten und es dann weitererzählten, war Dodi verschwiegen, ja sogar geheimnistuerisch.

Überdies waren sie seelenverwandt, da ihre Persönlichkeiten und ihr gesellschaftlicher Hintergrund einander sehr ähnelten. Beide waren oberflächlich, wenn es um intellektuelle Dinge ging. Keiner von beiden war ein guter Schüler gewesen. Sie teilten ihre Fixiertheit auf Stars aus Mode und Entertainment. Sie liebten Filme, besonders Komödien, obwohl Dodi auch Action-Filme liebte. Dodi war ebenso wie Diana das vereinsamte Kind einer gescheiterten Ehe. Er sehnte sich genau wie sie danach, Liebe zu geben und geliebt zu werden. Als sanfter und sensibler Mann hatte Dodi kein Problem damit, die Prinzessin zu verstehen. In ihr fand er ein Ventil für seine große Liebesfähigkeit – und eine Möglichkeit, sich gegenüber seinem erfolgreichen und mächtigen Vater zu beweisen, der ihn sowohl anbetete, als auch an ihm zweifelte. »Ich wußte nicht, daß das Leben so wunderbar sein kann«, erzählte Dodi seinem Presseagenten Pat Kingsley im letzten Monat seines Lebens. »Die psychologische Anziehung zwischen den beiden muß ebenso stark gewesen sein wie der Sog zwischen zwei Schiffen«, sagt Filmproduzent Roland Joffé, ein Freund von Dodi.

Die Wurzeln von Dodis Melancholie reichen zurück in seine Kindheit in Alexandria, »dieser seltsamen und herausfordernden Stadt«, wie sie Lawrence Durell bezeichnet hat, der dort lebte und sich davon zum Schreiben von Romanen inspirieren ließ, »einem Ort der dramatischen Abschiede, unwiderruflichen Entscheidungen und letzten Gedanken«. Dodi wurde dort am 15. April 1956 geboren. Er war das einzige Kind von Mohammed al-Fayed, einem smarten und zielstrebigen jungen Händler aus Alexandria, und von Samira Khashoggi, einem hübschen und talentierten saudi-arabischen Mädchen, das dort zur Schule ging.

Mohammed al-Fayed entstammt als Sohn eines ägyptischen Schullehrers einer einfachen, aber angesehenen Familie. Dodis Großvater mütterlicherseits, Dr. Mohammed Khashoggi, lebte in Mekka, der heiligen Stadt des Islam. Er war Leibarzt von König Abdul Aziz Ibn Saud, dem Begründer des Königreichs Saudi Arabien. Nach Kriegsende im Jahre 1945 und der Aussicht auf eine neue, friedliche und blühende Zukunft beschloß Dr. Khashoggi, seine Kinder auf Privatschulen zu schicken, um ihnen dort eine erstklassige Ausbildung zu ermöglichen. Für seine Söhne Adnan, Essam und Adil wählte er das Victoria College in Alexandria aus, die Eliteakademie der arabischen Welt. Dort wurde der

Unterricht auf Englisch abgehalten, und Nachkommen von Königen und Premierministern folgten ihm.

Als weitsichtiger Mann schickte Dr. Khashoggi – der Name bedeutet »Löffelmacher« – auch seine Töchter Samira und Assia auf die englische Mädchenschule in Alexandria. Weil Samira, die älteste Tochter, große Angst vor der Trennung von ihren Eltern hatte, entschloß sich Dr. Khashoggis Frau, Alexandria als zweiten Wohnsitz zu nehmen, während ihr Mann in Saudi-Arabien blieb. Ihr sechstes Kind, Soheir, wurde in Alexandria geboren.

Durch einen Nachbarn wurde Mohammed al-Fayed Adnan Khashoggi vorgestellt, der ihn engagierte, um ihm bei der Leitung einer Import-Export-Firma zur Hand zu gehen, die er gerade gegründet hatte. Es geht die Legende, daß Mohammed eines Tages am Strand von Alexandria Khashoggis Schwester Samira vorgestellt wurde, die damals gerade 19 war; es dauerte nicht lange, bis sie heirateten. Sie wohnten in einem kleinen Haus nahe dem weit größeren Anwesen, in dem der vielköpfige Khashoggi-Clan lebte. Mohammed liebte Samira über alles und war ungeheuer stolz, als sie ihm einen Sohn gebar. Die Ankunft des Babys war für alle Khashoggis ein aufregendes Ereignis: Es war das erste Enkelkind in der Familie. Der Knabe wurde Emad al Din Mohammed Fayed genannt. Als der kleine Emad sprechen lernte, hatte er Schwierigkeiten mit den vielen D's in seinem Namen und brachte nur ein stotterndes Geräusch hervor, das sich wie »Do-Di« anhörte. Sein Vater nannte ihn im Scherz »Dodi«, und dieser Spitzname blieb haften.

Doch sollte das Glück nicht von langer Dauer sein. Als Emad kaum zwei Jahre alt war, schockierte die 22-jährige Samira Mohammed und ihre eigene Familie mit dem Wunsch nach Scheidung. Sie hatte das Gefühl, es sei ein Fehler gewesen, Mohammed zu heiraten. Überdies hatte sie sich in Anas Yasseen verliebt, ebenfalls ein Geschäftspartner ihres Bruders Adnan und zudem ein Cousin von ihr aus Saudi-Arabien. In der arabischen Tradition ist es nichts Ungewöhnliches für einen Mann, daß er nach einer Scheidung die Kinder betreut, doch normalerweise wartet er damit, bis sie acht Jahre alt geworden sind. Mohammed, verständlicherweise verärgert und aufgebracht, entzog Emad seiner Mutter, als dieser noch ein Kleinkind war. So begann eine erbitterte Familienfehde, die Dodi lebenslang begleitete.

Anfänglich hat Mohammed seiner Ex-Frau verweigert, den kleinen Emad auch nur zu sehen. Samira und Anas heirateten bald darauf und zogen später nach Beirut. Damit schien Dodis völlige Trennung von seiner Mutter auf Jahre einzementiert.

Die schmerzliche Tatsache, daß seine Mutter ihn und seinen Vater verließ, hat Dodi bis ins Herz getroffen und verletzt. »Es ist sehr schwer für einen kleinen Jungen, ohne Mutter aufwachsen zu müssen«, sagt seine Tante Soheir (50), die als Romanautorin in New York lebt. »Ich glaube nicht, daß meiner Schwester damals klar war, wie stark Dodi unter dem Verlust der Mutter leiden würde. Ich wies sie darauf hin, sagte bei aller Liebe zu ihr, daß ich niemals meine Kinder verlassen würde. Immer wenn ich Dodi ins Gesicht sah, erkannte ich die Traurigkeit in seinen Kinderaugen.«

Samira war eine unruhige, talentierte Frau, deren späteres Schicksal Dodis Vater nur scheinbar berührte. Anfangs führte sie mit Anas ein glanzvolles Leben. Er trat in den saudischen diplomatischen Dienst ein, wurde Botschafter in Indien, bei den Vereinten Nationen und später in der Türkei. 1965 bekam Samira ihr zweites Kind, Jumana oder »Gigi« genannt – ein Kosename, den ihr die Mutter nach dem gleichnamigen Film gab. Obwohl Dodi neun Jahre älter war als Gigi, unternahm Samira alles nur Erdenkliche, um ihre Kinder zusammenzubringen, damit sie geschwisterliche Gefühle füreinander entwickeln konnten.

Als Anas 1974 bei einem Autounfall im türkischen Bergland ums Leben kam, stürzte sich Samira tief in die Arbeit. Sie gründete kurz darauf *Al Sharkiah* (»Der Orient«), eine der ersten Frauenzeitschriften in der arabischen Welt. Ferner verfaßte sie zehn Liebesromane, von denen zwei mit großem Erfolg in Ägypten verfilmt wurden. Obwohl sie sich bemühte, keine Bezüge zu ihrem eigenen Leben zu offenbaren, handelten die Romane davon – von Liebe und vom Bruch der Treue. Samira heiratete noch ein drittes Mal, und zwar einen libanesischen Geschäftsmann, doch er verließ sie wegen einer anderen Frau. 1986 starb Samira unerwartet an einem schweren Herzinfarkt, dem ein scheinbar leichter Schlaganfall vorausgegangen war.

In ihren letzten Lebensjahren war Samira in tiefe Trauer gefallen, so daß einige Familienmitglieder behaupten, sie sei an gebrochenem Herzen gestorben. Ein Teil ihres Unglücklichseins hatte mit ihrem einzigen Sohn zu tun. Nun bedauerte sie es, ihn in seiner Kindheit allein gelassen zu haben. Als Dodi in der Pubertät war, entwickelte er eine regelrechte Abneigung gegen sie. Aber sie hatten sich vor ihrem Tod wieder versöhnt. »Er wußte, wie sehr ihn seine Mutter liebte«, berichtet Jumana. »Als sie starb, brach er zusammen.«

Mohammed al-Fayed war zwar in seinen Sohn vernarrt, doch ließen ihm seine geschäftlichen Verpflichtungen nicht viel Zeit für Dodi. Seine Exportfirma blühte, und endlich konnte er eine viktorianische Villa aus roten Backsteinen im Stadtviertel Ras el Sada in Alexandria kaufen, ein dreistöckiges Anwesen mit einer Mauer um das Grundstück, das groß genug war, auch seinen Bruder Salah und dessen Familie aufzunehmen.

Nachdem König Faruk 1952 bei einem Staatsstreich durch General Gamal Abd el-Nasser gestürzt worden war, befürchtete Mohammed, daß sich das neue sozialistische Regime ungünstig auf seine geschäftlichen Interessen auswirken würde, und verlagerte daher einen Großteil seiner Aktivitäten nach Dubai, wo er sein Glück machen sollte. Da Dodi die meiste Zeit von beiden Elternteilen allein gelassen war, wurde er hauptsächlich von Salah aufgezogen, einem geldprotzenden Friseur, der nur Augen für schöne Frauen hatte, und von dessen italienischer Ehefrau.

Dodi war ein einsames und sensibles Kind. Er konnte sich stundenlang allein beschäftigen und Modellautos und -flugzeuge bauen. Zur Villa gehörte ein riesiger Garten mit Dutzenden von Palmen und Bougainvilleen; Dodi hielt sich darin einen Zoo mit zwei Gazellen, einem Papagei und einem Affen.

Seine spätere Karriere in der Unterhaltungsbranche wurde möglicherweise durch Spiele vorgeprägt, die er bei seiner Großmutter Samiha lernte. Seine Tante Soheir besaß ein wunderschönes Marionettentheater, und Dodi liebte es über alles, zusammen mit ihr die Puppen tanzen zu lassen. Die beiden Kinder führten gemeinsam auch kleine Theaterstücke auf. Einmal setzten sie Dodi eine Perücke auf und zogen ihn als Mädchen an. Alle lachten, und Dodi schwärmte seinen Tanten vor, daß er Schauspieler werden wolle, wenn er erwachsen sei.

Jeder, der Dodi damals in Alexandria kannte, erinnert sich zweier Dinge an ihm: Er war der Junge, der alles besaß, und er war furchtbar schüchtern. Es fiel ihm derart schwer, Schulfreundschaften zu schließen, daß sein Onkel sich Sorgen um ihn machte. Sein bester Freund aus jenen Tagen, Nachbar »Tika« Zarbhanelian, heute 44, erinnnert sich daran, wie Salah ihn eines Tages im Yachtclub von Alexandria um Hilfe bat. »Er sagte zu mir: ›Tika, mein Neffe kennt niemanden, er geht auch nicht aus. Du ziehst viel herum und kennst eine Menge Mädchen. Willst Du ihn nicht mitnehmen?‹«

Tika tat dies gern. Dodis Vater war so vernarrt in seinen Sohn, daß ihm kein Wunsch zu teuer war: Autos, Rennboote, alles, was er wollte. Zu seinem Geburtstag (es war wohl der 13.) bekam er ein silbermetallicfarbenes Opel-Kabriolett geschenkt. Infolge eines überhitzten Motors fing der Wagen Feuer und hatte noch am selben Tag kaum mehr Schrottwert. Aber Dodi standen ja andere Transportmittel zur Verfügung: Tag für Tag wurde er von einem Chauffeur mal in diesem, mal in jenem Auto zur Schule gebracht; Klassenkameraden erinnern sich, daß er stets eine farblich zum jeweiligen Auto passende Uhr zu tragen pflegte. »Mein erster Eindruck von ihm war: Der Glückliche, nur der Himmel ist seine Grenze«, erzählt Tika. »Offensichtlich bekam er alles, was er wollte. Aber Dodi wußte nicht, wie man Spaß daran haben kann. Ich wußte es, aber hatte nicht die Mittel dazu.«

Trotz Nassers sozialistischer Bescheidung blieb Alexandria eine kosmopolitische Hafenstadt mit großen griechischen und italienischen Gemeinden, die sich mit den Arabern vermischten, und die zwei reichen Teenagern aus besten Kreisen viel zu bieten hatte. Im Sommer pflegten Dodi und Tika jeden Tag am Yachtclub herumzuhängen, wo sie segelten, schwammen und Wasserski fuhren. Eines Tages brachte Dodis Onkel Salah ein neues Boot zum Yachtclub und taufte es auf den Namen »Dodi«. Von diesem Zeitpunkt an hieß Emad bei all seinen Freunden Dodi.

Tika erinnert sich, wie er und Dodi mit ihrem Segelboot regelmäßig um 2.00 Uhr nachmittags im Hafen ankerten und darauf warteten, daß Kellner in weißen Jacketts und schwarzen Fliegen auf Motorbooten hinausfuhren und ihnen auf silbernen Tabletts das Mittagessen servierten. Später am Tag gingen sie meist in den im Kolonialstil erbauten Alexandria-Club, der früher ausschließlich britischen Staatsbürgern vorbehalten war, um einen Ausritt zu machen. Der Vielzahl der Vergnügungen war keine Grenze gesetzt. Dodi besaß immer die allerneuesten Rockmusik-Platten und war verrückt nach Filmen – zum Teil nur aus dem Grund, sagt Tika, »weil man in dem dunklen Kino seine Freundin küssen konnte«.

Wenn es darum ging, das andere Geschlecht zu erobern, war der schüchterne junge Dodi während seiner Schulzeit allerdings kaum ein zukünftiger Casanova. Tika pflegte ihn beim Duschen im Klubhaus damit zu necken, daß er bei seinem Körperbau kaum Schwierigkeiten haben dürfte, bei den Mädchen gut anzukommen. Tika war klar, daß Dodis Hauptproblem die Sehnsucht nach seiner Mutter war. Aber dieses Thema war so schmerzhaft für Dodi, daß selbst sein bester Freund nie wagte, es zur Sprache zu bringen. Tika verliebte sich immer heftig in seine jeweilige Freundin, doch Dodi, so sagt er, konnte das nicht. Ihm reichte es, einfach nur Spaß zu haben, doch sich nicht gefühlsmäßig dabei zu engagieren. »Ich mußte ihn regelrecht wachrütteln«, sagt Tika. »Dodi pflegte einen anzuschauen, als ob er darauf warten würde, daß man ihm sagte, was er tun solle. Er hatte Fragezeichen in seinen Augen.« Tika erinnert sich, wie ihn Dodi einst bat, mit ihm eine Party zu organisieren. Tika stellte die Gästeliste zusammen und sagte Dodi, was für Essen und welche Getränke er einkaufen solle. »Aber Dodi konnte sich nicht entscheiden.«

Dodis Selbstvertrauen wuchs im Laufe der Jahre nur unwesentlich. In Alexandria besuchte er die Grundschule für Jungen im elitären College St. Marcs, das seit 1922 von französischen Mönchen geleitet wird und nur den Söhnen der reichsten Geschäftsleute und mächtigsten Politiker der Stadt offensteht. Dennoch war es ein strenges Bildungsinstitut, dessen Lehrer keine Skrupel davor hatten, einen Schüler im vorgeschriebenen weißen Hemd mit blauer Krawatte zur Strafe in die Ecke zu stellen, ihm ins Gesicht zu schlagen oder einen Vater herbeizuordern, der eine Erklärung für die schlechten Noten seines Sohnes abgeben sollte. Ein Lehrer von St. Marcs erinnert sich an Dodi als »einen ruhigen, gehorsamen Jungen, der in seinem Verhalten überaus angepaßt war«. Dodi war nicht gerade eine Leuchte in der Schule und schloß als 30. in einer Klasse von 38 Schülern ab.

Mohammed entschied im Jahre 1969, daß es für Dodi Zeit war, Alexandria zu verlassen. Er schrieb ihn im Institut Le Rosey ein, einer exklusiven Privatschule in Rolle in der Schweiz. Die Schule, die sich in der Nähe des malerischen Gstaad in den Schweizer Alpen befindet, einem Wintersportort der Reichen und der Prominenz, liegt nur wenige Kilometer entfernt von Dianas Alma Mater, dem Institut Alpin Videmanette, wo sich acht Jahre später die künftige Prinzessin für sechs Monate aufhalten sollte, um etwas Schliff zu erhalten. Im Le Rosey lernte Dodi andere Kinder des Jet-set kennen, beispielsweise die Tochter von Sophia Loren; es war die Kernzelle für seinen engsten und erweiterten Freundeskreis in späterer Zukunft. Philippe Gudin zufolge, dem Generaldirektor des Le Rosey, verließ Dodi bereits nach einem Jahr die Privatschule ohne Abschluß.

Kaum eines der Familienmitglieder hat eine Ahnung, was Dodi danach genau machte; sicher ist, daß sein Vater ihn mit 16 oder 17 Jahren zur militärischen Ausbildung in die Vereinigten Arabischen Emirate schickte, zu deren Staatschefs al-Fayed enge Beziehungen unterhielt. Üblicherweise senden die Emire vom Golf ihre aufgewecktesten Söhne auf die Britain's Royal Military Academy von Sandhurst. Auch Dodi kam im Januar 1974 für einen sechsmonatigen Lehrgang nach Sandhurst: als Mitglied einer regulären Abordnung der Vereinigten Arabischen Emirate. Anschließend zum Leutnant befördert, erhielt er das Angebot, in die Luftwaffe der Vereinigten Arabischen Emirate einzutreten. Statt dessen wurde er Attaché der Botschaft der Vereinigten Arabischen Emirate in London. »Sandhurst hat seinen Charakter bis zu einem gewissen Grad geprägt«, stellt sein Onkel Adnan fest. »Er war seinen Vorgesetzen gegenüber äußerst respektvoll, eine Verhaltensweise, die die Araber schätzen. Wann immer ein Erwachsener den Raum betrat, pflegte er aufzustehen.«

Kapitel 5

# HOLLYWOOD

Reicher Araber. Ungehobelter Jet-setter. Champagner saufender Playboy. Kokain schnüffelnder Partylöwe. Wer wollte sich solch primitiven Klischees widersetzen, als Dodi Fayed, der Sohn eines »arabischen Ladenbesitzers«, wie ein britischer Kommentator die Nase rümpfte, eine Liebesbeziehung zur Prinzessin von Wales begonnen hatte? Wohl kaum die geschniegelten Aristokraten in den Sumpfhuhnmooren Englands, die Diana allein schon wegen ihrer öffentlichen Untreue-Eingeständnisse im House of Windsor verachteten, die ihrer Meinung nach Schande über die britische Monarchie gebracht hatte.

»Was um alles in der Welt findet sie nur an ihm?« fragte Dianas Biograph Andrew Morton in *The Sun* drei Tage vor ihrem Tod und sprach damit etwas aus, das vielen in Großbritannien und auf der ganzen Welt auf der Zunge lag. »Man kann nur bedauern«, tönte es auch von Sarah Bradford, der Biographin von Queen Elizabeth II., »daß diese wunderschöne Frau, die Königin hätte werden können, sich einen derart primitiven Mann ausgesucht hat.« Die Kolumnistin Glenys Roberts, die für die *Mail on Sunday* schreibt, fragte sich, ob Diana nicht die Einschränkungen durch die königliche Familie gegen ein anderes Gefängnis eingetauscht habe – »ein arabisches«.

Nach dem Tod von Dodi und Diana waren die Besserwisser noch immer ohne Erklärung. Es wurde das Gerücht in die Welt gesetzt, daß Dodi in seiner Schulzeit einen »etwas verwegenen« Oberlippenbart getragen und seine Freundinnen geschlagen und getreten sowie mit einer 9-mm-Beretta bedroht habe.

(Tatsächlich hatte ihm der Oberlippenbart eher das Aussehen eines rehäugigen Omar Sharif verliehen als das eines harten Mannes.) William Safire von *The New York Times* ging sogar soweit, Dodis Macho-Art die unmittelbare Schuld am Tode von Diana zu geben. Vielleicht wollte er Diana mit »seiner Macht« beeindrucken, argwöhnte Safire; deshalb habe er wütend und genervt seinem Chauffeur befohlen, die Paparazzi abzuschütteln, indem er das Gaspedal durchtrete.

Jener Dodi, der gemeinsam mit Diana in Paris starb, unterschied sich in Wirklichkeit nur wenig von dem einsamen kleinen Jungen mit den sehnsuchtsvollen braunen Augen in Alexandria. Unbestritten: Er war reich und hatte in der Zwischenzeit gelernt, die Gesellschaft von schönen Frauen zu genießen, die von seinem Reichtum angezogen wurden. Aber zumindest für diejenigen, die ihn sehr gut kannten, hatte seine Angewohnheit, mit Geld um sich zu werfen – und seine Frauen wegzuwerfen –, viel mehr mit Unsicherheit zu tun als mit Unaufrichtigkeit.

Nach Dodi's 41. Geburtstag war es aufgrund seines neurotischen Verhältnisses bezüglich Gesundheit und Sicherheit unvorstellbar, so sagen zumindestens seine engsten Freunde, daß er Drogen genommen hätte, und noch weniger, daß er sich auf Verfolgungsjagden im Auto eingelassen hätte. In Diana hatte er endlich die Liebe seines Lebens gefunden. Falls er dem Chauffeur in jener Nacht tatsächlich befohlen hat, das Gaspedal durchzutreten, so geschah dies aus dem liebevollen und verständlichen Wunsch heraus, Diana und auch sich selbst die Foto-Orgie zu ersparen, die er während ihrer kurzen Romanze zu hassen gelernt hatte. Wenn er tatsächlich diese Anweisung gegeben hat, so ging sie schrecklich daneben. Aber niemand, der Dodi gut kennt, beschreibt ihn als einen Teufelskerl, der sein Leben – oder das seiner Geliebten – riskiert hätte, um mit qualmenden Reifen zu entkommen.

Das Zerrbild von Dodi als versnobtem Playboy stammt noch aus seiner Zeit in Hollywood, die Wurzeln davon gehen in seine ägyptische Kindheit zurück. Als er und sein Freund Tika ihre Freundinnen in die Metro- oder Royale-Kinos im Hauptgeschäftsviertel von Alexandria mitschleppten, geschah das häufig aus dem Grund, einen James-Bond-Film anzusehen. Tika erinnert sich, wie er und Dodi sich gleich zweimal *Goldfinger* und *Thun-*

*derball* ansahen. Dodi, ein schüchterner und scheuer Knabe kurz vor der Pubertät, bewunderte die rasanten Autos, die kurvenreichen Mädchen und die nonchalante Art von Ian Flemings 007. Und er gab sich seinen zunehmenden Phantasien mehr und mehr hin.

Ein paar Jahre später, als er sich in den Schulferien fern vom Internat Le Rosey bei seinem Vater in London aufhielt, traf Dodi eine Gruppe amerikanischer Kinder, deren Eltern fern der Heimat in Großbritannien lebten. Eine davon war Barbara Broccoli, jüngste Tochter von Albert R. »Cubby« Broccoli, dem Produzenten der James-Bond-Filme, von denen viele in den Pinewood-Studios westlich von London gedreht wurden. Zu diesem Zeitpunkt war Dodi ein netter kleiner reicher Junge mit einem eigenen Apartment in einer Wohnanlage seines Vaters in 60 Park Lane mit Ausblick über den Hyde-Park. Ihm stand ein eigener Rolls Royce mit Chauffeur zur Verfügung. Die Broccolis wohnten um die Ecke in einem Stadthaus in der Green Street im Stadtteil Mayfair. Im Laufe der Jahre wurden sie quasi zu Dodis Adoptivfamilie.

Eines Tages im Jahre 1971 (Cubby Broccoli drehte gerade *Live and Let Die*) lud Barbara den damals 15-jährigen Dodi dazu ein, zu den Pinewood-Studios mitzukommen und zuzuschauen. Von diesem Tag an hatte Dodi Feuer gefangen. »Mein Vater hat dieses riesige Filmstudio gebaut, eines der größten der Welt, mit richtigen Modell-Booten«, berichtet Barbara, die seit dem Tod ihres Vaters 1996 die Bond-Filme produziert. »Dodi war von alldem wie betäubt. Er konnte nicht fassen, was man in einem Filmstudio alles machen kann.« Für den Rest seines Lebens pflegte Dodi seinen Freunden zu erzählen, wie der berühmte Bond-Produzent ihm dem Kick zum Filmgeschäft vermittelt hatte. Er kannte alle Bond-Filme Szene für Szene auswendig und setzte alles daran, um die zwei bekanntesten Bond-Darsteller Sean Connery und Roger Moore kennenzulernen.

Als Teenager hing Dodi gern mit Barbara in den Pinewood-Studios herum. Er gab ihr den Spitznamen »Bibi«, einerseits wegen ihrer Initialen, andererseits weil er im Arabischen das liebevolle Wort für Freund (*habibi*) bedeutet. Sie erinnert sich noch lebhaft daran, wie Dodi ein ganzes Wochenende im Kino verbringen konnte, Popcorn kauend und vom neuesten Abenteuerfilm gefesselt. »Gelegentlich war er sehr einsam, und Filme füllten bei ihm eine Leere«, erzählt sie. »Der Grund, warum er selber welche drehen wollte, war, daß sie ihm soviel Vergnügen bereiteten.«

Barbaras Mutter Dana, die Dodis aufkeimendes Interesse am Filmgeschäft bemerkte, schlug vor, zusammen mit ihrem Sohn Tony einen Ferienkurs für Filmkunde an der Loyola University in New Orleans zu besuchen, wo sich ein Freund der Familie Broccoli um sie kümmern würde. Als er und Tony ankamen, warf Dodi einen Blick in die Studentenunterkünfte und runzelte die Stirn. Er hatte genug »Schlafsaalatmosphäre« im Internat Le Rosey genossen. Daher mietete er sich in einem Luxushotel ein.

Als Dana davon erfuhr, rief sie Dodi im Hotel an und fragte ihn, warum er seinen Freund allein gelassen habe.

»Es war da nicht besonders bequem«, antwortete Dodi.

»Tony ist aber dort«, zischte sie zurück.

»Okay«, antwortete Dodi einfältig, »dieser Tony ist mir Befehl.«

Reich, verwöhnt, mit guten Beziehungen und überglücklich, befand sich Dodi jetzt auf dem direkten Weg nach Hollywood.

Barbara Broccoli berichtet, es sei Mitte der siebziger Jahre gewesen, als sich Dodi zu einem ernsthaften Gespräch mit ihrem Vater zusammensetzte, der ihm Starthilfe für seine eigene Karriere im Filmgeschäft geben sollte. Dodi bewunderte Cubby, der einst in der Postabteilung der Twentieth Century Fox angefangen hatte und dann im Laufe der Zeit über 40 Spielfilme produziert hatte. Bei ihrem Gespräch schlug Cubby Dodi eindringlich vor, er solle sich mit einem erfahrenen Branchenprofi zusammentun, denn er machte sich Sorgen, daß Dodi, als junger Grünschnabel mit jeder Menge Geld von seinem Vater, auf abgetakelte Stars hereinfallen würde, wenn er nicht einen alten Hasen zur Seite hätte.

Dodi und sein Vater befolgten Cubbys Ratschläge, gründeten schließlich eine kleine Firma namens »Allied Stars Ltd.« und stellten einen von Cubbys vertrauenswürdigen Mitarbeitern ein. Die im Juni 1979, zwei Monate nach Dodis 23. Geburtstag, gegründete Firma hatte zwei Muttergesellschaften: »Allied Stars S.A.«, eine liberianische Firma, und die schweizerische »Compagnie de Gestion et de Banque Gonet«.

Nach allem, was man hört, überließ Dodi das Alltagsgeschäft

den alten Hasen und benutzte die neue Firma in erster Linie dazu, das Filmgeschäft zu lernen. Das erste Projekt von »Allied Stars« war *Breaking Glass*, ein New-Wave-Film mit dem jungen Jonathan Pryce über einen Punkrocksänger im London der siebziger Jahre, der auf der Stelle ein paar Millionen Dollar einbrachte und sogar ein Renner in den Filmkunstkinos wurde. Clive Parsons, ein Koproduzent des Films, erinnert sich, daß Dodi nicht viel zu sagen hatte und sein Vater die finanziellen Entscheidungen traf.

Glück – etwas, das Dodi im Überfluß zu haben schien – war beim nächsten Projekt mit am Werk: Mit 25 Jahren gewann Dodi im Jahr 1982 den »Academy Award for Best Motion Picture« als leitender Produzent von *Chariots of Fire*, dem bewegenden Drama über einen schottischen Theologiestudenten und seinen ausgestoßenen jüdischen Mannschaftskollegen im britischen Olympiateam des Jahres 1924.

Laut Barbara Broccoli entstand der Film, nachdem David Puttnam das Drehbuch von *Chariots* einem Partner ihres Vaters gab und der es wiederum an Dodi weiterleitete. »Ich erinnere mich, daß er mir sagte, wie stark ihn das Script bewegte, wie wichtig es ihm war und daß er den Film unbedingt machen wolle«, erzählt Barbara. »Ich fragte Dodi: ›Wieso bedeutet dir als Ägypter diese Geschichte soviel?‹ Und er antwortete: ›Sie handelt von jemandem, der feste Überzeugungen hat. Und der ein Außenseiter ist.‹«

Dodi, so berichtet Broccoli, brachte seinen Vater dazu, das 6-Millionen-Dollar-Projekt zu finanzieren, mit David Puttnam als Produzenten. Obwohl man von Puttnam zitiert, daß Dodis Vater »alle Entscheidungen traf«, besteht Broccoli darauf, daß »dieser Film nur aufgrund von Dodis Interesse entstanden sei«. Nach der Fertigstellung des Films 1980 erhielt Dodi einen maschinengeschriebenen Dankesbrief mit der Unterschrift »Puttnam«, den er rahmen ließ und in seiner Wohnung in der Park Lane an die Wand hängte.

In dem Brief, datiert vom 15. August des Jahres, bevor also der Film in die Kinos kam, bedankte sich Puttnam bei Dodi für eine Anzeige im *Screen*-Magazin, in der seine (Puttnams) Mitarbeit am Film hervorgehoben wurde: »Seit einigen Monaten bin ich derjenige, der Ihnen danken sollte für alles, was Sie getan haben, um ein kleines Wunder zu vollbringen. Ein für allemal danke, daß Sie das alles ermöglicht haben.«

Barbara Broccoli glaubt, daß Dodis Bescheidenheit die Neigung der Filmleute noch verstärkte, ihn als Dilettanten anzusehen. Sie erinnert sich an seine Begeisterung Anfang 1982, als die »Academy of Motion Picture Arts and Sciences« ankündigte, daß *Chariots* für mehrere Oscars nominiert sei, einer davon für den besten Film. Es wurde ferner angekündigt, daß Albert Broccoli mit dem angesehenen Irving-Thalberg-Preis für sein Lebenswerk im Filmgeschäft ausgezeichnet werden sollte. Dodi und Barbara feierten ihren Erfolg in Harry's Bar in London und saßen schließlich ein paar Monate später bei der Oscarverleihung nebeneinander. »Als die Auszeichnung für den besten Film angekündigt wurde und es *Chariots of Fire* war, sah ich David Puttnam die Bühne besteigen«, erinnert sich Barbara. »Ich sagte: ›Dodi, geh auch rauf! Geh rauf! Geh zusammen mit Puttnam rauf! Du gehörst an die Seite von Puttnam!‹ Er saß total schüchtern da und sagte: ›Nein, nein, nein, ich kann es nicht, Bibi, ich gehe das nächste Mal rauf.‹ Das war typisch für Dodi. Er war äußerst schüchtern und bescheiden.«

1982 begann Dodi, gestärkt durch die goldene Oscarstatuette, sein Schneckenhaus zu verlassen. Plötzlich tauchte er auf Partys auf und genoß häufig die Gastfreundschaft seines Onkels Adnan Khashoggi, des saudischen Finanziers und einstigen Waffenhändlers, der sich damals auf dem Gipfel seines zweifelhaften Rufs als »reichster Mann der Welt« befand. (Vermutlich durch Dodis Vermittlung hat Cubby Broccoli später die Yacht »Nabila« seines Onkels Adnan Khashoggi für den 1983er Bondfilm *Never Say Never Again* mit Sean Connery ausleihen können.) Dodis flotter jüngerer Cousin Mohammed Khashoggi erinnert sich daran, wie sie Dodis Oscar für *Chariots* mit ausschweifenden Partys an der Côte d'Azur gefeiert hatten. »Er liebte zweifellos das gute Leben«, sagt Mohammed. »Er war im Filmgeschäft, wo einem die jungen Hühner nur so zufliegen. Er besaß ein Flugzeug, ein Boot und ein Auto. Mit Haut und Haar verschrieb er sich diesem Lebensstil.«

Und dazu gehörte laut Mohammed auch die Eroberung berühmter und schöner Frauen. Dodi hatte bereits ein paar kleinere Affären mit Schauspielerinnen hinter sich. Da hatte es die etwas ältere Valerie Perrine gegeben, die er am Drehort von

*Superman* kennenlernte. Da war Brooke Shields, eine Freundin der Familie Khashoggi, die in *Pretty Baby* ein Mädchen auf dem Babystrich dargestellt hatte und in *Blue Lagoon* sowie *Endless Love* jungfräuliche Mädchen kurz vor ihrem sexuellen Erwachen. Dodi war nun bereit, alles, was sich ihm darbot, mitzunehmen. Er rief Tika in Alexandria an und erzählte ihm, daß er mit Ali McGraw, dem Star aus *Love Story*, zusammen sei. »Komm her und laß uns vergnügen«, sagte er zu Tika. »Du verplemperst sinnlos deine Zeit in Ägypten.«

Es waren die glitzernden achtziger Jahre, Ronald Reagan und Margaret Thatcher waren an der Macht, das große Geld war angesagt, und Dodi lebte das Fabeldasein eines nomadisierenden Millionärs. Er jettete zwischen den Familienanwesen in London, Paris, Gstaad und St. Tropez sowie seinen Junggesellenwohnungen im Beverly Hills Hotel in Los Angeles und im Hotel Pierre in New York hin und her. Seine liebsten Aufenthaltsorte, in denen er grundsätzlich zum VIP-Bereich durchgewinkt wurde, um an einer Cohiba zu ziehen oder Stolichnaya-Wodka zu schlürfen, waren das Spago und das Ivy in Los Angeles sowie Harry's Bar, das Tramp und Annabel's in London. Eine Zeitlang war er ein bekanntes Gesicht in Hugh Hefners Playboy Mansion, und die Liste seiner Freundinnen wuchs. Sie umfaßte schließlich Namen wie Brit Ekland, Koo Stark, Charlotte Lewis, Patsy Kensit, Mimi Rogers, Tina Sinatra, Tawny Kitaen, Winona Ryder – und viele andere mehr.

Zur Oscarverleihung 1982 veranstaltete sein Onkel Essam Khashoggi in Los Angeles eine große Party und lud halb Hollywood dazu ein. Der wirkliche Star dieses Abends war für Dodi jedoch seine Mutter, die zu diesem stolzen Anlaß eigens aus Paris eingeflogen war. Dodi besuchte auch andere Oscar-Partys, zum Beispiel eine von Sylvester Stallone. Aller Wahrscheinlichkeit probierte Dodi beim Partyreigen der frühen achziger Jahre auch ein paar Lines Kokain – einige frühere »Freunde« behaupteten sogar, er hätte ganze Haufen von dem weißen Puder bei Partys für seine Gäste bereitgehalten –, aber niemand kann sich daran erinnern, daß er je Drogenprobleme hatte. »Kokain gab es überall«, sagt Dodis Presseagentin Pat Kingsley. »Ich kann mich nicht erinnnern, daß er je etwas nahm, und wenn er zu solch einer Party in jener Zeit ging, hätte man es [das Kokain] auf alle

Fälle bemerkt.« Eine Französin, die mit ihm befreundet und zeitweise auch seine Geliebte war und die man nach seinem angeblichen Kokaingenuß befragte, weicht dem Thema aus: »Ich habe es nie mit ihm zusammen genommen«, sagt sie, »und ich würde es auch nicht zugeben, wenn es so gewesen wäre. Es hat keinen Sinn, jetzt noch darüber zu diskutieren. Niemand ist perfekt.« Filmregisseur Richard Donner, 20 Jahre lang mit ihm befreundet, sieht das anders: »Ich kann mich nicht daran erinnern, daß er jemals einen Joint geraucht hätte.«

Dodi hielt sich für den eleganten und gebildeten Verführer, wie er idealisiert im *Playboy* dargestellt wird, den Dodi regelmäßig bis zum Monat seines Todes bezog. Aber es gab auch eine andere Seite an ihm, die er gern vor seinen männlichen Bekanntschaften verbarg: Er war auch der Typ Mann, der Bücher zur Selbsthilfe las, wie den Bestseller *Men are From Mars, Woman are From Venus: A Practical Guide for Improving Communication and Getting What You Want In Your Relationship*. Der »praktische Ratgeber zur Verbesserung der Kommunikation und für die richtige Erfüllung in Partnerschaften«, den ihm seine frühere Freundin Kelly Fisher geschenkt hatte, lag an jenem Abend auf dem Nachttisch in seiner Pariser Wohnung, als er mit Diana dahin unterwegs war.

Während viele Leute in Hollywood Dodi für den geheimnisvollen arabischen Bilderbuch-Macho hielten, signalisierten seine rastlosen Umtriebe etwas ganz anderes, das viele seiner Freundinnen besser verstanden: Dodis einsame und unstete Kindheit hatte seine Seele tief verletzt und verunsichert; daher suchte er sein ganzes Erwachsenenleben lang immer wieder nach Anerkennung und Bestätigung. »Man konnte seinen Augen die Traurigkeit darüber ablesen, daß er nicht mit Mutter und Vater aufwuchs, so wie normale Kinder«, sagt sein Onkel Adnan. Ein anderer Verwandter, der Dodis Anfall von Depressionen miterlebte, als seine Mutter starb, ist noch deutlicher: »Dodis Beziehung zum Leben war schwach ausgeprägt.«

Ein Grund dafür, warum er sich mit derart vielen Frauen umgab, lag darin, so sagen Freunde von ihm, daß er befürchtete, zurückgewiesen zu werden, wenn er eine engere Bindung einginge – das Bild, wie seine Mutter ihn verließ, spukte noch immer in seinem Kopf herum. Wenn er ein Mädchen traf, das er mochte, überschüttete er es mit riesigen Rosensträußen, verschenkte Berge von Teddybären von Harrods und lud zu Diners bei Kerzenlicht ein. Auf diese Weise wollte er seine Liebe offenbaren und auch selbst Liebe empfangen. Doch anschließend, aus instinktivem Selbstschutz, zog er sich immer wieder zurück, hatte er Angst vor Amors Pfeilen. »Aufgrund dessen, was zwischen seinem Vater und seiner Mutter geschehen war«, sagt seine Tante Soheir, »schreckte Dodi immer vor einer Heirat zurück.«

Soheir erinnert sich daran, daß Dodi zu sensibel war, um an dem Begräbnis seiner geliebten Großmutter Samiha teilnehmen zu können. Sein ganzes Leben lang stand er zwischen den Fronten der Fehde unter den al-Fayeds und dem Khashoggi-Clan seiner Mutter, und er tat mehr als irgendein anderes Familienmitglied, um sie zu beenden.

Dodi war übertrieben extravagant. Seine Neigung, jeden um ihn herum mit Geschenken zu überschütten – mit Räucherlachsseiten, Parfumflaschen, einem Wochenende auf den Seychellen –, schien eher vom Impuls geleitet, Freude zu bereiten, als andere zu beeindrucken. (Diana, so stellte sich heraus, besaß die gleiche Eigenschaft.) Eines Nachts im Tramp erfuhr Dodi, daß die Frau des Besitzers Johnny Gold Geburtstag hatte. Er nahm ohne zu zögern einfach die Cartier-Goldkette ab, die er unter seinem Versace-Hemd trug, und legte sie ihr um den Hals. »Dodi war großzügiger als alle, die ich je getroffen habe«, sagt Dodis Ex-Frau Suzanne Gregard. »Und er erwartete niemals eine Gegenleistung dafür.«

Dodi, selber ein absoluter Hypochonder, beschäftigte sich pausenlos mit der Gesundheit anderer. Wenige Monate, bevor er sich regelmäßig mit Diana traf, erfuhr er, daß seine Tante Soheir Probleme mit der Schilddrüse hatte. »Er sagte zu mir: ›Komm zu mir. Ich kenne hier in New York einen phantastischen Arzt‹«, so erzählt Soheir. »Als ich diesen Arzt aufsuchte, sagte er zu mir: ›Dieser Junge liebt Sie unendlich.‹ Dodi bezahlte alle Rechnungen und rief mich jeden Tag an, um zu hören, wie es mir geht.« Hollywood-Produzentin Lauren Shuler-Donner bestätigt seine große Hilfsbereitschaft: »Er war mir ein guter, ein lieber Freund. Ich wußte: Wann immer ich wirklich etwas brauchte, würde er für mich da sein.«

Die Frauen wurden von Dodis Seelennarben und -wunden angezogen, nie vom Sex. Bevor er starb, fühlten sich einige seiner früheren Freundinnen bemüßigt, ihm öffentlich zu bescheinigen, ein Versager im Bett gewesen zu sein. Eine enge Freundin brach einen One-night-stand mit ihm ab, weil es, wie sie sagte, »zu theatralisch« war. »Dodi war wie ein Schmetterling. Er war nicht greifbar, man kam nicht an ihn heran. Er war kein Mann, mit dem man händchenhaltend spazierengehen kann. Ich denke, er hat nie geliebt, weil er nicht wußte, wie man liebt.«

In einer Stadt voller Menschen, die alles zum Gespött machen, und in einer durch und durch materialistischen Zeit las er jedoch Gedichte und verfaßte selber eifrig romantische Verse. Trotz seines Reichtums hatte er kein ausgeprägtes Ego. Frauen, die gerade miserable Partnerschaften hinter sich hatten, fanden ihn besonders attraktiv. »Er konnte unglaublich gut zuhören«, sagt Mohammed Khashoggi. »Ich erinnere mich an ein Mädchen, das sich in ihn verliebt hatte. Sie erzählte mir: ›Er hörte sich jedes einzelne meiner Probleme seit meiner Schulzeit an.‹ Wenn eine Frau ein gebrochenes Herz hat, und jemand ihr mit offenen Ohren zuhört, dann fühlt sie sich stark zu ihm hingezogen.«

Dodis perfekt eingerichtete Wohnungen in London und Paris reflektierten überdeutlich seine Persönlichkeit: nach außen hin ein vermeintlicher Macho, der im Herzen ein Kind geblieben war. Da waren Sporträume, Marmorbäder mit Schalen voller Eau de Cologne, an den Wänden hingen Fotos von Dodi mit Actionhero-Freunden wie Burt Reynolds, Jean Claude van Damme und Christopher Lambert. Aber die Apartments waren auch voll von Teddybären, Modellflugzeugen und -autos, Kollektionen von Baseballkappen, von Tellern mit amerikanischen Süßigkeiten und Lollypops sowie von Fotos seiner geliebten Hunde »Bear«, »Shoe« und »Romeo«. Manch Erwachsener nannte Dodi noch immer »das Kind« oder »der Junge«.

Man mußte kein Mensch sein, um Dodis Herz zu rühren. So hat er einmal sein Auto am Straßenrand angehalten, als er einen herrenlosen Hund sah, der überfahren zu werden drohte. Ein andermal ging seine Assistentin Melissa Henning gerade eine Liste von Züchtern durch, weil sich Dodi einen neuen Schnauzer kaufen wollte, als ein Tierarzt sie informierte, daß bei ihm ein übel mißhandelter Hund eingeliefert worden sei, für den er ein gutes Zuhause suchte. Die Shetland-Schäferhündin war von ihrem Vorbesitzer furchtbar geschlagen worden; er hatte sogar ihre Stimmbänder durchtrennen lassen, damit sie nicht mehr bellen konnte.»Ich berichtete Dodi davon, und obwohl er eigentlich einen Schnauzer wollte, sagte er: ›Melissa, hol sie.‹ Er päppelte sie wieder auf und schickte sie sogar zum Hundepsychotherapeuten für 100 Dollar die Stunde.«

Dodis zärtliche Liebe zu seinen Hunden spiegelte ebenso wie die kindliche Begeisterung für seinen kleinen Zoo in Alexandria, seine Schwierigkeit wider, Beziehungen zu Menschen anzuknüpfen. Dodi, der bei Parties oft das Mauerblümchen war, fühlte sich am wohlsten, wenn er mit Leuten auf seinem Handy telefonieren konnte, das er so gut wie nie aus der Hand legte.»Er war nicht der Typ Mann, der unanständige Witze erzählt oder mit dem Lampenschirm auf dem Kopf durchs Zimmer rennt«, sagt Pat Kinsley. Er war so zurückhaltend, daß ihn Angestellte von Harrods, die mit ihm an Besprechungen teilnahmen, für »langweilig« hielten.

Melissa Henning erinnert sich an einen Morgen im Jahr 1989, als sie sich bei Dodi wegen einer Stelle bei »Allied Stars« vorstellte. »Er war so scheu, daß ich überrascht war; ich hatte gedacht, er sei arrogant, würde literweise nach Parfum stinken und tausend Goldketten um den Hals tragen. Außerdem konnte ich mir nicht vorstellen, für jemanden aus dem Mittleren Osten zu arbeiten, weil ich glaubte, diese Menschen würden die Meinung einer Frau nicht respektieren. Er war das genaue Gegenteil. Er stellte mir drei Fragen, und eine davon war: ›Wann können Sie anfangen?‹«

Dodis enge Beziehung zu seinem Butler René Delorm (55) verdeutlicht seinen sanften und bescheidenen Charakter. René ist ein in Marokko geborener Jude, dessen Familie aus Rabat geflohen war, als 1956 die französische Kolonialherrschaft zu Ende ging. Er machte bei der französischen Armee seinen Militärdienst, bevor er sich mit seinen Eltern in Montreal niederließ. Dort haßte er das kalte Klima und zog deshalb nach Kalifornien, wo er 16 Jahre lang als Ober in den beiden berühmtesten Treffpunkten von Los Angeles arbeitete: im »Ma Maison« und später im »Spago«. Wann immer Dodi reinschaute, servierte ihm René seine Lieblingsgetränke: »Stets einen trockenen Martini und eine Flasche ›Baron de L.‹«.

Eines Tages im Jahr 1991 bat Dodi René, seinen geliebten Job aufzugeben und sein Butler zu werden. René erzählt: »Ich sagte zu ihm: ›Ich bin taub, blind und stumm. Ich bin Masseur. Und ich bin Jude.‹ Ich wußte, daß er Ägypter war, und wollte deshalb gerade dies nicht vor ihm geheimhalten. Er sah mich an, lächelte und sagte: ›Hervorragend!‹«

René wohnte weiterhin in seinem Apartment in Santa Monica, aber als Mohammed al-Fayed Dodi drei Jahre später, wieder nach Europa zurückbeorderte, bat Dodi René, ihn nach Paris zu begleiten. »Ich sagte, ich stehe loyal zu Ihnen, und um das zu beweisen, werde ich mit Ihnen gehen.« René erinnert sich: »Ich ließ meine Freundin, meinen Sohn und meine Freunde zurück.«

Dodis Tod traf René wie der eines Mitgliedes der eigenen Familie. »Es war so einfach, ihm die Dinge recht zu machen«, sagt René und hält mühsam die Tränen zurück, während er im Flur der Wohnung im zweiten Stock in der Rue Arsène-Houssaye steht, wo er in den frühen Morgenstunden des 31. August auf die Ankunft von Dodi und Diana gewartet hatte. »Ich konnte mit ihm reden wie mit einem Freund. Es war der beste Job, den ich je hatte. Seit Dodi von uns gegangen ist, habe ich fünf Kilo abgenommen. Ich kann nicht einschlafen. Ich gehe ins Bett, und alles holt mich ein – mein Leben mit ihm, wie es mit der Prinzessin hätte werden können. Aber die Zeit heilt alle Wunden.«

Dodis tiefste und engste Beziehungen, die er zu Frauen unterhielt, waren zu Schwesterfiguren wie z. B. zu Barbara Broccoli; hier brauchte er sich nie Sorgen zu machen, daß sie ihn im Stich lassen würden. In jeder Stadt, in der Dodi lebte, gab es eine Frau oder mehrere, zu denen er eine tiefe, aber platonische Beziehung unterhielt und denen er von seinen Lebensängsten erzählen konnte. Selbst seine einzige Ehe (mit Suzanne Gregard, einem Model von der Agentur »Ford«) stellte sich nachträglich als eine solche freundschaftliche Beziehung heraus. Gregard erinnert sich, daß sie »sich auf Anhieb prächtig miteinander verstanden«, nachdem sie sich 1984 in einem Lokal in der East 79th Street während eines Abendessens mit einem gemeinsamen Freund, Besitzer des Xenon, damals einer der beliebtesten Clubs in New York, kennengelernt hatten. Sie begannen miteinander auszugehen, doch ging noch jeder der beiden seine eigenen Wege.

Aber dann begann Dodi seinen romantischen und beschützerischen Impulsen nachzugeben, die ein Jahrzehnt später in seiner Beziehung zu Diana zum Tragen kommen sollten. Er überschüttete Suzanne mit Zuneigung, mit Blumen, Juwelen und Reisen nach Südfrankreich. Sie modelte weiterhin in New York, aber Dodi ließ sie zweimal pro Monat mit der Concorde nach London einfliegen, wobei er sicherheitshalber auch den Sitzplatz neben ihr buchte, damit sie nicht von einem anderen Passagier belästigt würde. Plötzlich, eine Woche vor Weihnachten 1986, beeinflußt von der Trauer über den unerwarteten Tod seiner Mutter vor einigen Monaten, machte er ihr aus heiterem Himmel einen Heiratsantrag. Für Gregard war dies alles unglaublich romantisch. »Er hatte überaus schöne braune ägyptische Augen«, sagt sie. »Er war dunkel und hübsch. Ich liebte dunkle und gut aussehende Männer.«

Dodi hatte bereits für den Skiurlaub ein Haus in Vail, Colorado, gemietet und deshalb wurden er und Suzanne in ihrem Chalet von einem ortsansässigen Richter in Gegenwart von 20 Freunden getraut. Die Verbindung hielt nur zehn Monate, dann beschlossen sie, sich in aller Freundschaft zu trennen. Sie blieben tatsächlich gute Freunde und trafen sich weiterhin, wenn Dodi in New York war. Dodi unternahm sogar einen Versöhnungsversuch, aber es klappte nicht damit. Eine geldgierige Frau hätte vielleicht versucht, Millionen herauszuschlagen, aber Gregard sagt, sie hätte weder Geld gefordert, noch Geld erhalten. Dodi hatte auf einen Ehevertrag verzichtet; dennoch gab Suzanne anstandsweise den Bulgari-Ehering, der seiner Mutter gehört hatte, zurück. »Es verlief zwischen uns alles sehr zivilisiert wie ›Willst Du den Scheidungsantrag stellen, oder soll ich es tun?‹«, resümiert Gregard. »Es gab keine finanziellen Regelungen. Deshalb hatte ich ihn nicht geheiratet. Ich brauchte Dodis Geld nicht. Es hätte unsere Freundschaft zerstört.«

Bei den meisten Rendezvous mit Frauen verstärkte sein Reichtum noch Dodis Unsicherheit. Eine platonische Freundin in London berichtet: »Er erzählte mir oft, daß die meisten Mädchen es nur auf sein Geld abgesehen hätten. Das machte ihn sehr traurig. Er wußte nie, wer es ehrlich mit ihm meinte und ihn wirklich liebte.« Dies ist einer der Gründe, warum die meisten seiner engsten Freunde selber reich waren; da brauchte er sich über finanzielle Motive der Freundschaft keine Gedanken zu machen. Er hatte mehr als genug Pech bei Frauen. Freunde warnten ihn vor manchen Mädchen, aber getragen von seinem Wunsch, eine hübsche Frau um sich zu haben, aber auch von seiner Furcht, eventuell ein Herz zu brechen, ließ er es zu, daß so manche Beziehung rasch in eine Schieflage geriet. Dies brachte ihn häufig in Schwierigkeiten.

Dodi traf sich 1992 öfter mit einem 30-jährigen Model namens Amy Brown. Laut einer Klage, die er später gegen sie anstrengte, hatte er ihr eine 500 000-Dollar-Wohnung in Los Angeles urkundlich übertragen, nachdem sie »ihm versprochen hatte..., weiterhin seine Geliebte zu bleiben«. Als sie ihn trotzdem fallen ließ, wollte Dodi sie gerichtlich aus der Wohnung klagen mit der Behauptung, sie hätte »es vorsätzlich geplant«, die Wohnung zum Eigentum zu erhalten. Sie einigten sich außergerichtlich, und Brown zog aus.

Eine andere mißliche Beziehung ging Dodi mit Kelly Fisher ein, ebenfalls einem 30-jährigen Model, die großes Aufsehen in der Öffentlichkeit erregte, als seine Affäre mit Diana bekannt wurde. Dodi lernte sie im Sommer 1996 im Ritz kennen, als er die eleganten Restaurants und Bars des Hotels nach hübschen Mädchen abklapperte. Während der nächsten zwölf Monate bewegten sie sich in den Jet-set-Kreisen zwischen Dodis Apartment im Beverly-Hills-Hotel, seiner Dauersuite im Pierre in New York und natürlich dem Ritz in Paris. Er nahm Kelly Fisher sogar dahin mit, wohin später auch Diana ihn begleiten würde: zu der früheren Windsor-Villa im Bois de Bologne.

Zu Weihnachten machte das Paar eine Kreuzfahrt durch die Karibik. Dodi schenkte ihr später einen Ring, und Kelly behauptete, sie hätten sich verlobt. Doch keiner von Dodis engsten Freunden weiß etwas von einer Verlobung. Dodis Butler, der ihn vermutlich besser kannte als jeder andere, bezweifelt, daß Dodi je die geringste Absicht hatte, Kelly Fisher zu heiraten.»Er hätte es mir gesagt«, meint René. »Sie war nicht die richtige für ihn.« In der Tat hat Dodi einigen Freunden mitgeteilt, er habe Kelly im Februar gesagt, daß er die Beziehung zu ihr lockern wolle.

Dodi gab am 18. Juni im Annabel's in London eine Geburtstagsparty für Barbara Broccoli, die sich an eine Szene dort mit Kelly erinnert. Barbaras Mann Fred hatte Dodi gefragt: »Ist das was Ernsthaftes zwischen euch?« Dodi wehrte ab, indem er sagte: »Ich will mich nicht näher darüber auslassen.« Doch Kelly wollte das Gespräch forcieren und sagte: »Natürlich ist es ernst zwischen uns.« Darauf gab Dodi zurück: »Komm, Kelly, laß uns jetzt das Thema nicht vertiefen.« Laut Barbara stand die wütende Kelly mitten beim Abendessen auf und verkündete: »Ich gehe jetzt.«

Dodi entschuldigte sich bei seinen Gästen und begleitete Kelly nach draußen zu ihrem Wagen. Doch selbst nach einem solchen Eklat konnte er nicht von ihr lassen. Er traf sich weiterhin mit Kelly, bis er ihr im Juli 1997 auf seiner Yacht in St.Tropez den Laufpaß gab, um – wie Fitzgeralds Gatsby, der sich aufmachte, seinem Schicksal in Lake Superior zu begegnen – Diana auf der Yacht seines Vaters den Hof zu machen. Dennoch traf er sich auch danach noch weiterhin mit Kelly. »Dodi konnte nur schwer alleine sein«, sagt Melissa Henning. »Er war lieber mit jemandem zusammen, den er nicht liebte, als ganz allein zu sein. Das war eine Auswirkung seiner Unsicherheit.«

Rosa Monckton, eine Freundin von Diana, berichtet, die Prinzessin »hatte eine einzigartige Fähigkeit, Menschen mit gebrochenem Herzen ausfindig zu machen und sich auf sie einzustellen«. Barbara Broccoli vermutet, daß sich Dodi in Diana verliebte, weil sie selbst eine verwundete Seele hatte und es ihm bis zu einem gewissen Grad ebenso ging. »Es machte Sinn, daß sie eine so tiefe Bindung miteinander eingingen«, stellt sie fest. »Merkwürdigerweise hatten sie ähnliche Leben. Ich erinnere mich, wie Dodi zu mir sagte: ›Es ist wirklich ungewöhnlich, daß wir uns nichts *erklären* müssen.‹«

Was die Gefühle anbelangt, so waren es nicht nur die Frauen, die Dodi Kummer machten, sondern auch die schwierige Beziehung zu seinem willensstarken Vater.

Dodi hatte eine verwöhnte und beschützte Kindheit in Ägypten, der Schweiz und später in Großbritannien erlebt. Autos, Boote, Diener, Spielzeug – er hatte alles, was er wollte. Als der Junge zum Mann heranwuchs, stellte er fest, daß der übertriebene Schutz seines Vaters nun gelegentlich in Herrschsucht ausartete.

Mohammed hatte Dodi 1974 auf die Royal Military Academy in Sandhurst geschickt, um ihn abzuhärten. Aber Dodis Leidenschaft war das Filmgeschäft – er hatte eher die künstlerische Sensibilität seiner Mutter geerbt als Mohammeds knallharten Geschäftssinn –, und deshalb war er entschlossen, dieser Neigung zu folgen.

In seiner 18 Jahre umfassenden Karriere im Filmgeschäft hat Dodi außer *Chariots* nichts Besonderes zustande gebracht. Einerseits fehlten Dodi die Ambition und das Genie eines Cubby Broccoli für das Produzentengeschäft, andererseits hatte er auch nie die Gelegenheit, etwas eigenständig auf die Beine zu stellen. Zum einen besaß er nicht selber die Millionen, um groß mitmischen zu können. Und andererseits waren die Beträge, die sein Vater Projekt für Projekt finanzierte, im Verhältnis zum Reichtum der Familie eher klein. In Dodis insgesamt sechs abgeschlossene Filme investierte er kaum mehr als insgesamt etwa 10 Millionen Dollar – nicht gerade eine Unsumme, gemessen am Hollywood-Standard.

Mohammed selbst hielt das Filmgeschäft höchstens für eine amüsante Nebenbeschäftigung, die man vielleicht dazu nutzen konnte, die kommerzielle Werbung für Harrods besser zu gestalten. Er erwartete von Dodi, daß er zunehmend mehr Zeit dafür verwenden würde, sich um das Handelsimperium, das er in Großbritannien aufgebaut hatte, zu kümmern. Dies entsprach voll und ganz den Traditionen der arabischen Kultur, die die Familieninteressen in den Mittelpunkt stellen, und als Ägypter akzeptierte dies Dodi. Doch als Mitglied des Jet-set, der erlebt hatte, wieviel Wert die Amerikaner auf Individualität legen, tat er es mit immer größer werdendem Widerstreben.

Dieser Zwiespalt führte häufig zu Auseinandersetzungen mit seinem Vater, und die beiden lieferten sich quer über den Atlantik heiße Wortgefechte auf Arabisch (die Flüche erfolgten auf Englisch.) »Sie hatten wirklich ein schwieriges Verhältnis«, sagt seine Tante Soheir, »mit allen Höhen und Tiefen. Dodi sehnte sich nach der Anerkennung und Liebe seines Vaters, und Mohammed liebte seinen Sohn. Er wollte nicht, daß sich Dodi in Los Angeles aufhielt, sondern wünschte, daß er bei ihm in London war.« – »Er ging nicht gern zu Harrods«, sagt auch eine von Dodis Freundinnen. »Er tat es, um seinem Vater eine Freude zu bereiten. In Wirklichkeit liebte Dodi das Filmgeschäft.« Zudem glaubt sie, daß die hohen Anforderungen, die sein Vater stellte, Dodis Selbstachtung untergruben. »Wenn man von seinem Vater finanziell abhängig ist, einem sein ganzes Leben lang gesagt wird, was man tun soll, und Häuser und wunderbare Dinge geschenkt bekommt, dann glauben die Leute, daß man zu nichts nutze ist. Besonders wenn man ein Mann ist.«

Dodi und Mohammed durchlebten Zeiten starker Entfremdungen. Im Jahre 1986, als Dodi in tiefe Traurigkeit über den Tod seiner Mutter verfallen war, erzählte er dem britischen Schriftsteller Andrew Stephen, daß er in den vergangenen fünf Jahren nur wenig Kontakt zu seinem Vater gehabt habe. »Ich will ihn nicht sehen«, sagte Dodi. »Ich will nicht mit ihm sprechen, noch sonst etwas von ihm hören.« – »Sein Vater hat weder seinen Lebensstil gebilligt, noch seine Beziehungen zum Showgeschäft«, sagt eine Ex-Freundin. »Dodi litt sehr darunter, daß sie einander nicht verstanden und nicht miteinander sprechen konnten. Er empfand sich als das schwarze Schaf der Familie.« Er wollte, auch in seinen Filmvorspännen, Dodi Fayed genannt werden und nicht al-Fayed, wie sein Vater den Familiennamen hoheitsvoll umtituliert hatte.

Etwa im Jahre 1988 wurde Dodi Direktor bei Harrods sowie von einem anderen Familienunternehmen, dem Hemdenhersteller Turnbull & Asser in der Jermyn Street. Außerdem wurde er im darauffolgenden Jahr Direktor von »Modena Engineering«, einer Ferrari-Verkaufsniederlassung in der Nähe von London, die sein Vater gerde gekauft hatte. Doch schon in den frühen neunziger Jahren gab Dodi seine Führungspositionen in den Firmen seines Vaters wieder auf und hielt sich überwiegend in Los Angeles auf. Auch wenn Dodis Geschäftspartner gute Miene zum weniger guten Spiel machten – seine Produzentenkarriere verzeichnete nach *Chariots* keinen weiteren nennenswerten Erfolg. Bei Dodis Unterhaltungen mit Andrew Stephan war er sich sehr wohl des Gemunkels hinter seinem Rücken bewußt. »Die Leute denken immer, ich schaffe nur das Geld ran und verschwinde dann auf die Bahamas oder in die Schweiz oder sonstwohin. Aber das stimmt nicht.«

Ein Mitarbeiter von Harrods bestätigt die angespannten Beziehungen zwischen Vater und Sohn. »Mohammed liebte Dodi, aber er wußte, daß sein Sohn nie ein zweiter Mohammed al-

Fayed werden würde, auch nie ein großer Geschäftsmann. Es ist nicht einfach, der Sohn eines erfolgreichen Vaters zu sein. Dodi gab sein Bestes. Er stand jeden Tag auf der Matte und arbeitete, selbst wenn er es nicht mußte. Aber sein Lebensweg war von seinem Erfolg in Hollywood geprägt.«

Vom Milieu der superreichen Araber, die beim damaligen Ölboom ein riesiges Vermögen anhäuften, stach Dodi ab. Ihm machte es nichts aus, hart zu arbeiten. »Wie viele Hollywood-Produzenten haben einen Oscar auf ihrem Schreibtisch für den besten Film?« fragt Pat Kingsley zurecht. Doch selbst sie, seine PR-Agentin, charakterisiert Dodi als »Teilzeit«-Produzenten. »Hollywood ist eine sehr toughe Stadt«, stellt Kingsley fest. »Es ist ein hartes Stück Arbeit, einen Film überhaupt zu realisieren. Du mußt den richtigen Stoff finden, das optimale Drehbuch, einen Super-Regisseur, und dann muß das Ganze noch finanziert werden. Dodi hatte dafür nicht die Zeit, die andere Produzenten aufbringen können. Er hatte andere Verpflichtungen.«

Dodis größte persönliche Erfolge waren zwei Action-Filme, die 1986 und 1991 in die Kinos kamen. »Meine Bond-Filme« nannte er sie. Es waren von den Kritikern anerkannte Thriller über einen Spezialagenten in Hollywood, der in gefährliche Situationen verwickelt wurde (beispielsweise half er der Regierung, die Ermordung eines Unterweltbosses im organisierten Verbrechen vorzutäuschen). Barbara Broccoli erinnert sich daran, daß Dodi all die Aufgaben wahrnahm, die einem engagierten Produzenten obliegen. Er entwickelte die Drehbücher, engagierte den Regisseur und kümmerte sich um die Besetzung.

1991 landete Dodi einen Volltreffer als verantwortlicher Produzent für *Hook*, ein Remake des Peter-Pan-Märchens, in dem Dustin Hoffman und Julia Roberts die Hauptrollen spielten und Steven Spielberg die Regie führte. Dodis Aufgabe bestand im wesentlichen darin, den Filmstoff »zu sichern«: Der Verfasser von *Peter Pan*, Sir James M. Barrie, hatte seine Urheberrechte dem London's Great Ormond Street Children's Hospital vermacht, und somit war die Familie al-Fayed indirekt Nutznießer des Copyrights, da Mohammed dem Krankenhaus großzügige Spenden hatte zukommen lassen. Dodis letztes vollendetes Filmprojekt kam 1995 auf die Leinwand: *The Scarlett Letter*, mit Demi Moore in der Hauptrolle der Hester Pryne. Dodi finanzierte den ersten Drehbuchentwurf und das brachte ihm die Erwähnung als verantwortlicher Produzent des Films ein, bei dem Roland Joffé Regie führte.

Etwa zu diesem Zeitpunkt wurde Dodis Produzenten-Karriere abrupt unterbrochen, als ein Berg von Schulden in Los Angeles seinen Vater gegen ihn aufbrachte und diesen dazu veranlaßte, Dodi nach England zurückzubeordern. Insgesamt waren gegen Dodi zehn Klagen in den USA anhängig, darunter solche von Vermietern seiner Luxuswohnungen, die behaupteten, er hätte die Miete dafür nicht bezahlt, und andere von ehemaligen Geschäftspartnern, die behaupteten, er schulde ihnen Geld. Überdies hatte er auch erhebliche finanzielle Auseinandersetzungen mit American Express, dem amerikanischen Finanzamt und den Verleihern von *The Scarlet Letter*. Die Kreditkartenfirma hat Dodi angeblich auf die Begleichung von 116 890 Dollar verklagt, die auf seinem Konto offen waren; er verweigerte die Zahlung, weil er mit dem Service einer Charterflugzeugfirma nicht zufrieden war, den er mit seiner Amexkarte beglichen hatte.

Etliche von Dodis Finanzproblemen rührten von seinem berüchtigt leichtsinnigen Umgang mit Bargeld her. Schon als Kind in Alexandria, so erinnert sich Tika, hatte Dodi selten einen Piaster in der Tasche, was seine Freunde immer wieder dazu zwang, seine Rechnungen mitzuzahlen. »Dodi«, schildert ein Mitarbeiter in trockenem Understatement, »konnte ziemlich unbekümmert sein, was Geld anbelangt.« Freunde in Los Angeles meinen, daß Dodi argwöhnte – wenn auch zu Recht –, daß Leute versuchen würden, ihn zu entführen, weil er der Sohn eines reichen Mannes sei. »Trotz seines Realitätssinns und seiner Erfahrung war er im Herzen seiner Seele ein unschuldiger kleiner Junge geblieben«, berichtet Hollywoodregisseur Richard Donner, der zwei Jahrzehnte lang mit Dodi befreundet war. »Jeder in dieser herzlosen Stadt, der mal im Ritz wohnen wollte oder Kontakt zu seinem Vater suchte, nutzte Dodi schamlos aus. Ich wollte ständig zu ihm sagen: ›Sei nicht immer so schrecklich nett! Sag doch einfach mal: Verdufte...!‹«

Dodis Lage wurde nicht gerade besser, als sich ein Ägypter namens Mohammed Sead eine Zeitlang für ihn ausgab und jede Menge Schulden machte. Nachdem er sich als männliches Groupie der Rockband Duran Duran angeschlossen hatte, wurde Sead in Toronto verhaftet und im Juni 1997 zu zwei Jahren Gefängnis verurteilt.

Wenn Mohammed über Dodi allzu verärgert war, so berichten einige Verwandte und Freunde, stellte er vorübergehend die Apanage-Zahlungen an Dodi, die angeblich 100 000 Dollar monatlich betrugen, ein. »Es ist ein großer Unterschied, ob man einen Vater hat, der den Geldhahn auf- und zudreht, oder ob man sein eigenes Geld hat und seine Entscheidungen selbst trifft«, erklärt ein Verwandter. »Geld regiert die Welt und man beißt nicht in die Hand, die einen füttert, oder?«

1994 wurden die lästigen Streiereien speziell mit den Vermietern Dodis Vater zuviel und er beorderte seinen Sohn zurück nach England. »Mohammed ist äußerst empfindlich, was seine Reputation anbelangt«, erklärt einer von Dodis engsten Freunden. »Er konnte es nicht ertragen, daß sein Sohn in Schuldenaffären verwickelt war. Sie waren der Tropfen, der das Faß zum Überlaufen brachte.«

Zurückgekehrt nach Europa, pendelte Dodi zwischen seiner Londoner Wohnung in der Park Lane und der Wohnung in der Rue Arsène-Houssaye in Paris hin und her. Den größten Teil seiner Arbeitskraft widmete er der Profilierung von Harrods. Er bezog ein Büro auf der gegenüberliegenden Straßenseite und sperrte sich gegen eine der Geschäftsleitungssuiten im fünften Stockwerk, wo er einst sein Büro neben dem seines Vaters hatte. Er kreierte die Idee, für ein spezielles Luxuslabel und setzte alles daran, Hollywood-Stars für den Start von Harrods traditionellem Halbjahres-Schlußverkauf zu verpflichten.

Dodi beschäftigte sich ferner intensiv mit dem Management des Ritz in Paris. »Er diskutierte oft mit mir über das Hotel«, berichtet Ritz-Direktor Frank Klein. »Wenn ihm etwas Negatives an unserem Job auffiel oder wenn er sonst einen Verbesserungsvorschlag hatte, dann kam er regelmäßig zu mir. Er hatte wirklich gute Ideen. Wenn er älter geworden wäre und sich mit den Intentionen seines Vaters mehr hätte beschäftigen können, dann wäre er *der* Mann gewesen. Natürlich anders als Mohammed, aber er wäre top gewesen. Er hatte eine besondere Art, einem Dinge zu erklären, ohne gleich herumzuschreien.«

Bis zum Sommer 1997 schienen sich dann die Spannungen

zwischen Dodi und seinem Vater zu entschärfen. Dodis Freunde und Geschäftspartner berichteten, daß die beiden gut zurechtkamen. Dodi hatte »Allied Stars« nicht aus den Augen verloren und seit seiner Rückkehr nach Europa die Entwicklung bzw. Akquisition von fünf Projekten verfolgt: den Actionfilm *Rock Hoppers*, ein Holocaust-Drama, einen populären Film über Teddybären, eine Abenteuerkomödie über eine Familie, die Zeitreisen unternimmt, und einen Spionagethriller über ein verbrecherisches geheimes Netz innerhalb des CIA. Außerdem plante er, zusammen mit Richard Donner einen Film über den U-Boot-Kampf im Zweiten Weltkrieg zu drehen.

Seinen 41. Geburtstag im April feierte Dodi gemeinsam mit Barbara Broccoli abends in Harry's Bar in London, und sie erinnert sich daran, daß er in jener Nacht besonders nachdenklich war. »Er sprach davon, wie sehr er sich Kinder wünsche und eine gut funktionierende Beziehung«, erzählt sie. »Er war wirklich auf der Suche nach jemandem, den er lieben konnte und der auch ihn lieben würde.«

Im Mai beschloß Dodi, nach Los Angeles zurückzukehren und sich daran zu machen, Geldgeber für die neuen Projekte von »Allied Stars« aufzutun. In Malibus Paradise Cove erwarb er ein 20 000 m$^2$ großes Anwesen, das früher der Schauspielerin Julie Andrews und ihrem Mann Blake Edwards gehört hatte; der Schauspieler Richard Gere, die Entertainerin Barbara Streisand und MGM-Boß Frank Mancuso waren seine unmittelbaren Nachbarn. Ein paar Wochen später fuhr Dodi nach Paris und verkündete seinem treuen Butler: »René, wir kehren nach Los Angeles zurück!« René erzählte später: »Er war, wie ich, überglücklich. Er liebte Amerika. Die meisten seiner Freunde lebten dort.«

Dann traf Dodi Diana in St. Tropez. Fast jeder, der hinterher mit ihm sprach, bemerkte die Veränderung an ihm, besonders in den letzten ein, zwei Wochen vor seinem Tod. »Dodi war endlich erwachsen geworden«, stellt Pat Kingsley fest, die während des ganzen Sommers mit Dodi Kontakt hatte. »Diana spielte dabei eine entscheidende Rolle. Seine Stimme veränderte sich. Er war selbstsicherer geworden. Er erzählte mir, daß sein Vater bald stolz auf ihn sein würde. Dodi hatte immer in Mohammeds Schatten gestanden. Diana gab ihm das Selbstvertrauen, es mit der ganzen Welt aufzunehmen.«

»Zu guter Letzt wurde aus dem Kind doch noch ein Mann«, bestätigt Richard Donner. »Er war wirklich der Sohn seines Vaters. Um was er sich auch kümmerte – es ging immer um den Vater. Er machte sich Sorgen um die Gesundheit seines Vaters. Er wäre riesig stolz darauf gewesen, wenn sein Vater stolz auf ihn gewesen wäre. Er achtete mehr und mehr auf seine Seriosität. Seine Selbstachtung wuchs von Tag zu Tag. Es ging nicht nur um seinen Ruf. Es war der Name, der ihn verpflichtete.«

»Er begegnete dem Leben auf eine Art und Weise, wie er es nie zuvor getan hatte«, stimmt Filmregisseur Roland Joffé zu, der Dodi während der Dreharbeiten von *Scarlet* näher kennenlernte. »Dodi stand in den Startlöchern. Dodi war auf dem besten Weg, sich unabhängig zu machen. Er hatte ungeheuren Respekt vor dem Lebenswerk des Vaters und wünschte sich sehnlich, daß auch dieser zu ihm aufschauen würde.« Und Mohammed Khashoggi fügt hinzu: »Diana war eine starke, unabhängige und energische Frau. Sie ergänzte Dodi ideal. Ich glaube nicht, daß er sie für irgend etwas aufgegeben hätte.«

Diese Träume zerbarsten innerhalb von wenigen Minuten, nachdem Dodi seinen Fluchtplan vom Ritz organisiert hatte, um den sie verfolgenden Paparazzi zu entkommen. Hat Dodi dem Fahrer befohlen, so schnell zu fahren? Diese Frage ist ein eminent wichtiges Teilchen jenes Puzzles, das der furchtbare Zusammenstoß hinterließ, es wird wohl nie eine Antwort darauf geben. Es erscheint glaubhaft, daß Dodi eine solche Anweisung gab, doch sicher nicht, um seine Macht zu demonstrieren. Auch nicht, weil er selbst ein verwegener Raser war oder jemand, der seinen Fahrer vom Rücksitz aus tyrannisiert. Dodi könnte so reagiert haben, weil er sich unter Druck fühlte und sich instinktiv auf sein allgegenwärtiges Gefolge von Fahrern und Leibwächtern verließ.

Dodi war in jener Nacht nicht mit einem beliebigen Starlet unterwegs. Sich in die Prinzessin von Wales zu verlieben war das Unglaublichste, das ihm je passiert war. Für einen zutiefst verunsicherten 41-jährigen Mann war Diana von dreifacher Bedeutung: Sie war das Nonplusultra einer wunderschönen und berühmten Frau, sie war genau die Seelenfreundin, nach der er sein ganzes Leben lang gesucht hatte, und sie war die Partie, die seinen Vater so stolz machen würde, wie er nur sein konnte.

Als Dodi mit Diana am 30. August in Paris ankam, war dies das erste Mal, daß das Paar gemeinsam zu Lande von einer Horde Fotografen verfolgt wurde. Dodi war sicherlich nicht leichtfertig, aber er schien blindes Vertrauen in seine Fahrer und Leibwächter zu setzen, für die sein Vater schon seit seiner Grundschulzeit in Alexandria gesorgt hatte. Wenn ein Chauffeur am Lenkrad saß, hatte Dodi auf dem Rücksitz nur selten den Sicherheitsgurt angelegt. Den Aufwand an Leibwächtern hielten viele seiner Freunde für übertrieben. Er erklärte ihnen stets, daß sein Vater auf den Schutzmaßnahmen bestehe, da er Angst hatte, Dodi könnte wegen seines Reichtums entführt oder umgebracht werden. Doch ihre ständige Anwesenheit war derart störend, daß sie bei Suzanne Gregard während ihrer kurzen Ehe einen starken Unmut hervorriefen. »Dodi fühlte sich unter ihrem Schutz besser«, klagt sie, »aber wir waren nie wirklich für uns.«

Eine Gänsehaut hervorrufende Vorwegnahme der Pariser Tragödie scheint sich schon Mitte der achtziger Jahre abgespielt zu haben anläßlich einer Raserei über die Madison Avenue in New York. Dodi und Koo Stark, die seinezeitige Freundin von Prinz Andrew, wurden damals ebenfalls von Paparazzi verfolgt, und Dodi soll dem Fahrer angeblich befohlen haben, das Gaspedal durchzutreten.

Roland Joffé glaubt, daß die Trugbilder, in denen sowohl Dodi wie Diana lebten, einen entscheidenden Anteil daran hatten, daß sich die Ereignisse zur Tragödie entwickelten. »Dodi hatte starke Anflüge von Einsamkeit, und die Leibwächter vermittelten ihm das Gefühl von Sicherheit und Schutz«, erklärt Joffé. »Man konnte die emotional aufgeladene Atmosphäre in jener Nacht im Korridor des Ritz förmlich spüren: Diese ganzen Fluchtpläne waren lächerlich. Der vermeintliche Status von Unverwundbarkeit gab ihnen das Gefühl, sie könnten einfach durch Paris rasen und so entkommen. Jeder wurde zum Schauspieler. Da gab es die Intimsphäre, die geschützt weden mußte, und Fotos davon, die man vernichten mußte. Die Emotionen waren sehr stark, und das versetzt Menschen in einen seltsamen Zustand von erhöhter Ängstlichkeit wie von verstärkter Freude. Einerseits wollen sie dem Druck entgehen, und andererseits suchten sie ihn. Unter Druck beginnt man all jene Dinge wieder zu tun, von denen man weiß, daß sie einem ein Sicherheitsgefühl verschaffen. Das ist das Merkwürdige am Reichtum: Wenn man ihn auf bestimmte Art und Weise benutzt, erzeugt er häufig eine gewaltige Märchenwelt, die sich im Kreise dreht. So war die Gedankenwelt, in der die beiden lebten. Im nachhinein kann man sagen, es waren tragische Entscheidungen. Sie vergrößerten die Wahrscheinlichkeit eines Unfalls.«

Dodi hatte definitiv einen »Horror« vor Autos. Suzanne Gregard erinnert sich, daß Dodi alles andere hatte als »eine wilde Rennfahrermentalität« und sich schon unwohl fühlte, wenn er nur in einem Auto saß. Zur Erinnerung: Der zweite Ehemann von Dodis Mutter war bei einem Autounfall in der Türkei ums Leben gekommen. Manchmal, sagt Gregard, riefen Autos bei Dodi eine »Klaustrophobie« hervor.

Dodi besaß eine Sammlung von Luxussportwagen, darunter ein Lagonda, ein Aston Martin und mehrere Ferraris, doch selber fuhr er paradoxerweise wie ein Anfänger. In Los Angeles kaufte er für 90 000 Dollar einen Humvee, ein schweres, großräumiges Militärfahrzeug, das von den US-Streitkräften im Golfkrieg eingesetzt wurde – bezüglich Sicherheit gibt es kaum ein besseres Fahrzeug. Sein Sicherheitsbestreben ging einher mit seiner Gesundheitsmanie: Stets trug er Erfrischungstücher bei sich, um seine Hände säubern zu können, wenn er das Gefühl hatte, mit Bakterien in Berührung gekommen zu sein.

»Aus meiner Zeit mit ihm kann ich sagen«, berichtet Gregard, »daß sich Dodi nie wirklich in Autos wohlgefühlt hat. Er liebte zwar schicke Autos, aber er war absolut kein schneller Fahrer. Er fühlte sich wirklich ernsthaft unwohl in Autos. Ich erinnere mich, daß er öfter am Straßenrand hielt, weil ihm übel war. Er mußte anhalten, um sozusagen wieder Atem holen zu können, weil er sich im Auto eingeschlossen fühlte.«

Gregard sagt, sie sei sich nicht sicher, wie stark Dodis Unbehagen in Autos wirklich war; daher hält sie es für absolut möglich, daß Dodi dem Fahrer Anweisungen gab, die verfolgenden Fotografen abzuhängen. »Wenn man von Paparazzi gejagt wird und seine eigene und auch Dianas Privatsphäre schützen will, ist es nur natürlich, zu sagen: ›Treten Sie aufs Gaspedal‹«, meint sie. »Wenn er es tat, dann macht ihn das doch nicht zu einem schlechten Menschen, oder? Ich denke, ich würde dasselbe tun, denn schließlich bedeutet das doch nicht: ›Fahren Sie mit 200 Stundenkilometern gegen eine Mauer!‹.«

Barbara Broccoli berichtet, Dodi habe vor hohen Geschwindigkeiten Angst gehabt und wäre nie in das Auto gestiegen, wenn er bei dem Fahrer eine Alkoholfahne wahrgenommen hätte. Andererseits meint sie, daß Dodi Diana von allen Unannehmlichkeiten abschirmen wollte. »Ich denke, er wollte sie einfach nur beschützen, sich um sie sorgen«, sagt sie. »Die Vermutung, er könnte dies regelrecht genossen haben, ist völlig abwegig. Das entsprach überhaupt nicht seiner Art. Ich bin mir fast sicher, daß er Diana nur irgendwohin in Sicherheit bringen wollte.«

Dieser Zufluchtsort war natürlich Dodis Junggesellenwohnung im zweiten Stock von 1, rue Arsène-Houssaye, wohin man vom Ritz je nach Verkehrslage zehn bis fünfzehn Minuten Fahrzeit über einen der romantischsten Boulevards von Paris braucht. Auch wenn keine Paparazzi in Sicht gewesen wären, hätte es Dodi eilig gehabt, dorthin zu gelangen, denn er wollte Diana in jener Nacht noch eine ganz besondere Frage stellen.

## Kapitel 6

# DER PHARAO VON KNIGHTSBRIDGE

Es war nur wenige Stunden nach dem tragischen Unfall, als Mohammed al-Fayed folgende fatalistischen Worte gegenüber einem Geschäftspartner in London äußerte: »Jetzt sind sie im Paradies.« Millionen von Menschen in der ganzen Welt teilten seine Gefühle des Schocks und Entsetzens, als sie an jenem Tag die Nachrichten hörten. Doch keiner außer ihm, abgesehen von Dianas Söhnen, konnte diesen Schmerz in solcher Heftigkeit empfinden. Al-Fayed hatte nicht nur seinen heißgeliebten Sohn verloren, der gerade seinen Platz im Leben gefunden zu haben schien, sondern er trauerte auch um die Prinzessin, die er mittlerweile fast als Tochter ansah. Und außerdem war er mit der bitteren Ironie konfrontiert, daß, welche Rolle auch immer andere bei dem Unfall gespielt haben mochten, das Paar unter dem Schutz eines Chauffeurs und eines Leibwächters ums Leben gekommen war, die Angestellte von Al-Fayed-Firmen waren.

Der heilige Koran lehrt die Moslems, daß sie, wenn sie ihr Leben ehrenhaft geführt haben, nach ihrem Tod in den Himmel oder das Paradies aufsteigen. Das Paradies befindet sich über dem sichtbaren Himmel und wölbt sich über eine Anzahl blaugrüner Seen. Es ist ein Garten voller Obstbäume und Flüsse, die Milch und Honig führen. Allah schaut von seinem Thron aus darauf nieder, und Engel bewachen es.

Die islamische Überlieferung hält es für einen Akt der Barmherzigkeit, einen Moslem so schnell wie möglich zu beerdigen, bevor der Leichnam zu verwesen beginnt. Doch Dodi war am letzten Tag der französischen Sommerferien gestorben, noch dazu an einem Sonntag und an einem Tag, an dem jene Regierungsbeamten, die nicht im Urlaub waren, vollauf mit den politischen und administrativen Problemen des Unfalls beschäftigt waren.

Man befürchtete zuerst, daß man Dodi möglicherweise in Frankreich beisetzen müsse, falls die notwendigen Papiere für die Überführung seines Leichnams nach Großbritannien nicht rechtzeitig ausgestellt würden. Einige Familienmitglieder wollten Dodi nach Alexandria überführen und dort in der Familiengruft der al-Fayeds beisetzen lassen. Für al-Fayed selbst gab es jedoch nie einen Zweifel daran: Dodi sollte in Großbritannien beerdigt werden, dem Land, wo Mohammed vor drei Jahrzehnten seinen Lebensmittelpunkt gefunden hatte.

In London wurden die leitenden Angestellten von Harrods zusammengerufen, um wenige Stunden, nachdem die ersten Berichte aus Paris eingetroffen waren, die notwendigen Vorkehrungen zu treffen; nach Querelen mit Polizei- und Justizbeamten in Paris sowie mit lokalen Amtspersonen in Großbritannien erhielten sie die erforderlichen Genehmigungen, um Dodis Leichnam, zum Zeitpunkt seines Todes ein ägyptischer Staatsbürger, nach Großbritannien überführen und dort beisetzen zu können.

In London hatten bereits einfache Bürger, bewegt über Dodis Tod, damit begonnen, an den 14 Eingängen von al-Fayeds berühmtem Kaufhaus in Knightsbridge Blumensträuße niederzulegen. Bevor al-Fayed in Paris an Bord des firmeneigenen Sikorsky SK-75-Helikopters stieg, gab er noch Instruktionen an Harrods, wie die Firma auf die Tragödie zu reagieren hatte.

Die Flaggen sämtlicher Nationen, einschließlich seiner eigenen ägyptischen, sollten vom Dach des siebenstöckigen, aus der Regierungszeit von König Edward stammenden Backsteingebäudes entfernt und der Union Jack auf Halbmast gesetzt werden. Die 11 000 Glühbirnen, die Harrods nachts außen beleuchten und es in eine schimmernde Schmuckschatulle verwandeln, sollten heruntergedimmt und die farbenprächtigen Schaufenster mit schwarzen Tüchern verhängt werden. In Fenster Nr. 20, das zur Brompton Road geht, stellten Dekorateure schlichte Schwarz-weiß-Porträts von Dodi und Diana, jedes in einem

Goldrahmen von 45 x 30 Zentimetern, daneben ein Arrangement von weißen Lilien. Innerhalb von nur einem Monat füllte sich ein Dutzend Kondolenzbücher mit Unterschriften; Dodis Vater erhielt 100 000 Briefe aus aller Welt, in denen man ihm Beileid für den erlittenen Verlust aussprach.

Sechs Tage später sollte die Prinzessin von Wales ein vom Buckingham Palace organisiertes Staatsbegräbnis erhalten, dessen Ausmaß dem House of Windsor einige Kopfschmerzen bereitete. Der »einzigartige Gottesdienst für eine einzigartige Frau«, wie die Queen es charakterisierte, war ein großartiges, wenn auch trauererfülltes Schauspiel, dem mehr als eine Million Menschen in London und weltweit zwei Milliarden Fernsehzuschauer beiwohnten.

Dodi erhielt das im Islam übliche rasche Begräbnis, das eine Londoner Firma namens »Arab Cargo Ltd.« organisierte und dem nur ein paar Familienmitglieder, Friedhofsangestelle sowie ein ägyptischer Imam beiwohnten.

Während sich al-Fayed noch in Paris um die Überführung kümmerte, rief er seinen Freund Mohammed Shaker an, den ägyptischen Botschafter am Hof von St. James seit 1988, und bat ihn um Hilfe bei der Abwicklung der Formalitäten in London. Da der Zeitfaktor eine wesentliche Rolle spielte, wies Shaker sogleich einen Botschaftsangestellten an, Mahmoud Agha zu kontaktieren, einen Palästinenser, dem »Arab Cargo« gehört, eine Firma, die die meisten arabischen Botschaften in Anspruch nehmen, wenn einer ihrer Staatsangehörigen in Großbritannien stirbt und in den Mittleren Osten überführt werden muß.

Botschafter Shaker wartete bereits am Helikopter-Flughafen Battersea, als al-Fayeds Sikorski um 17.15 Uhr landete. Er umarmte al-Fayed und seinen Bruder Salah, der von Nizza zu Mohammed nach Paris geflogen war. Der Botschafter begleitete sie dann in die Leichenhalle von Fulham im Londoner Westen, wo eine Autopsie vorgenommen wurde, wie es das Gesetz für Einwohner von Großbritannien vorschreibt, die im Ausland sterben.

Einige Stunden später, und genau in dem Moment, als diese nicht sehr erbauliche Arbeit beendet war, fuhr ein weiterer Leichenwagen vor. Darin befand sich ein Sarg aus hellem Holz mit der Prinzessin von Wales. Aufgrund des zeitlichen Übereintreffens wurden, wie in einer verfremdeten Inszenierung von *Romeo und Julia*, die beiden Särge auf dem Weg in und aus der Leichenhalle aneinander vorbeigetragen.[11] Um 19.30 Uhr fuhr ein schwarzer Daimler-Leichenwagen Baujahr 1985, gefolgt von al-Fayed, seinen Brüdern Salah und Ali, der gerade aus den USA eingetroffen war, einem Neffen und Botschafter Shaker in einem Konvoi aus drei Mercedes und einem Range Rover, Dodis Sarg die Holland Park Road hinauf zur Autobahn M40 und weiter zur Londoner Moschee im Regent's Park, wo ein 20-minütiger Gottesdienst abgehalten wurde. Der Konvoi, den die Metropolitan Police mit drei Autos und sechs Motorrädern als Vorhut eskortierte, fuhr zügig ein letztes Mal durch die Straßen von London, unterwegs zu einem Friedhof in Brookwood, Surrey, auf dem Andersgläubige beigesetzt werden.

Die Trauernden kamen dort 90 Minuten später gegen 22.00 Uhr an, nachdem die Spätsommersonne untergegangen war. Über Steine und Unkraut nahmen sie ihren Weg zur moslemischen Abteilung des Friedhofs, wo ein Vertreter der Familie im Verlauf des Tages kurzfristig eine große Parzelle erworben hatte. Friedhofarbeiter hoben den Sarg aus dem Leichenwagen und ließen ihn dann langsam in die Erde gleiten. Traditionsgemäß stiegen zwei Beauftragte in das Grab hinein, öffneten den Sarg und betteten Dodis in Leintücher gekleideten Leichnam behutsam so um, daß er in Blickrichtung Mekka lag.

Als das Grab wieder geschlossen war, verbrachte ein Imam 15 Minuten damit, aus Yasin, der 36. Sure des Koran, vorzulesen. »An diesem Tag«, so betete er, »soll keine Seele ungerecht behandelt werden, aber Du sollst nach Deinen eigenen Verdiensten gerichtet werden. An diesem Tag sollen die Bewohner des Paradieses von Freude erfüllt sein.«

Dodi sollte nach seinem Tod ebensowenig Ruhe finden wie in seinem Leben. Seine Familie hielt die 40-tägige Trauerzeit streng ein und besuchte häufig sein Grab, um dort Gebete zu sprechen, da die Moslems glauben, daß der Seele so mehr Sünden vergeben werden. In 60 Park Lane erfüllte ein Kassettenrecorder in Dodis Arbeitszimmer die ganze Wohnung mit permanenten Koran-Abspielungen, in allen Räumen flackerten Kerzen. Als die 40 Tage verstrichen waren, ließ sein Vater Dodis Leichnam exhumieren und zu einem neuen Familiengrab auf seinem Landbesitz in

Oxted, Surrey, bringen. Dies geschah, so sagt ein Sprecher von Harrods, damit der geliebte älteste Sohn näher bei seiner Familie sei.

Es gab noch einen anderen Grund dafür: Mohammed hatte sich über den Besitzer des Friedhofs von Brookwood geärgert. Al-Fayed hatte für Dodis Parzelle 30 000 Pfund bezahlt, hatte sie mit Blumen und Büschen bepflanzen sowie einen drei Meter hohen Granitgrabstein errichten lassen, auf dessen polierter Grabplatte der Name DODI eingemeißelt war. Als Mohammed angrenzende Parzellen dazukaufen wollte, um das Grab besser absichern zu können, das jeden Tag Hunderte von Menschen besuchten, informierte man ihn, daß der Preis 500 000 Pfund Sterling betragen sollte; es sei, so erklärte der Besitzer, derselbe Quadratmeterpreis wie für die Grabparzelle, nur eben für mehr Fläche. Diese Forderung scheint al-Fayed das Gefühl vermittelt zu haben, daß es immer noch Leute gab, die Dodi weiterhin ausnehmen wollten.

Mohammed al-Fayeds Probleme, seinem Sohn einen angemessenen Ruheplatz in britischem Boden zu sichern, spiegeln – eine Ironie des Schicksals – seine eigenen Probleme wider, von jenem Land akzeptiert zu werden, in das er 1965 eingewandert war. Wie viele Ex-Kolonisten, neigte auch al-Fayed eher dazu, die Herren, die einst seine unterentwickelte Nation beherrscht hatten, zu bewundern, statt sie zu verachten. Al-Fayed, ein enthusiastischer Anglophiler in Savile-Row-Anzügen und Hemden von Turnbull & Asser, lag alles daran, eine angemessen hohe Position in der gesellschaftlichen Hierarchie Großbritanniens einzunehmen, wobei ihm dicke Bankkonten aus erfolgreichen Geschäften für britische Baufirmen in Arabien hilfreich sein sollten.

Besonders nach seiner spektakulären Übernahme von Harrods im Jahre 1985 empfand sich al-Fayed als erfolgreichen Londoner Geschäftsmann, der viele Millionen in die Wirtschaft investiert hatte, weitere Millionen an Steuern zahlte, Tausende von Arbeitnehmern beschäftigte, große Summen an Wohlfahrtsverbände stiftete und daran mitwirkte, die Schätze des britischen Nationalerbes zu erhalten.

Außer Harrods besaß er Balnagown Castle, den im 16. Jahrhundert errichteten Stammsitz des Ross-Clans in Schottland, das Hotel Ritz in Paris, eine Wohnung mit der besten Adresse 75 Rockefeller Plaza in New York sowie verschiedene weitere

Wohnsitze in Großbritannien und Frankreich. Eine weitere Familientrophäe war »Turnbull & Asser«, der Hemdenschneider des Prinzen von Wales (und natürlich auch der von Mohammed al-Fayed) in Jermyn Street.

Im Laufe der Zeit betrachteten ihn Teile des britischen Establishments jedoch zunehmend als übel beleumdeten Vertreter des Mittleren Osten, der über seine geschäftlichen Erfolge Lügen verbreitete, die Politiker des Landes korrumpierte und seine Geschäftspartner betrog, wenn etwas nicht nach seinem Willen ging. Zudem hatte das Innenministerium seit 1995 regelmäßig seine Anträge auf Erwerb der britischen Staatsbürgerschaft abgelehnt, ohne es je zu begründen. Nachforschungen der Regierung bezüglich seines Erwerbs von Harrods ergaben, daß er in einigen Dingen nicht die Wahrheit gesagt hatte, einschließlich der Quelle, aus der das Geld für den Ankauf stammte. Al-Fayeds Gegenreaktion war die Unterstellung, er sei ein Opfer des britischen Rassismus, mächtiger Geschäftsleute und korrupter Politiker.

Mit Sicherheit gehört al-Fayed einer überholten Generation von skrupellosen Wirtschaftsmagnaten an. Als Vertrauter von Scheichs und Sultanen lebt er in einer für uns geheimnisvollen Welt, die zu einem Mann paßt, der in der Halbwelt aufgewachsen war, die Alexandria zwischen den Kriegen prägte. Als er 1985 im März 615 Millionen Pfund bar für Harrods auf den Tisch legte, konnten die Erbsenzähler im Bankenviertel der City vor Erstaunen nur noch die Köpfe schütteln.

Trotz aller Aufgeblasenheit besitzt al-Fayed den nicht zu bestreitenden (wenn auch etwas ordinären) Charme des geborenen Verkäufers. Bei Harrods entpuppte er sich als der Typ von Eigentümer, der mit Freude seine Suite in der Geschäftsleitung verläßt, um zur Werbung für seine Restaurants selber den Pizzateig zu kneten, um hohen Besuch durch den Irrgarten der Kaufhausabteilungen zu geleiten oder um dem Nikolaus in der Weihnachtszeit beim Beschenken der Kinder zu assistieren.

Al-Fayed ist wiederholt kritisiert worden als extravagant, schmierig, skrupellos, verschlossen und besessen nach Sicherheit. Einige seiner Probleme haben sicherlich mit der Kluft zwischen arabischem und angelsächsischem Lebensstil zu tun. Der Titel seines mit goldfarbigem Einband versehenen Buches über Harrods, *A Palace in Knightsbridge*, verrät einiges über das Innenleben eines Mannes, dessen ersten Erfolge in einem Land vonstatten gingen, wo die wahren Machthaber Könige und Emire waren, die hinter riesigen Mauern abgeschirmt lebten. Al-Fayed zog Zorn auf sich, weil er sich an Parlamentsmitglieder und sogar an die Prinzessin von Wales anschmeichelte. Aber er hatte im Osten eine Maxime gelernt, die auch im Westen ihre Gültigkeit behält: Es kommt nicht darauf an, was du weißt, sondern wen du kennst.

Es überrascht nicht sonderlich, daß der ägyptische Multimillionär, aus einer Gegend stammend, die für eine Unterwelt von Spionen und Attentätern berüchtigt ist, in Großbritannien mit dem Gefolge eines Potentaten aus Leibwächtern und Herrenfahrern ankam. (*Vanity Fair* ging im September 1995 in einem Artikel soweit, zu behaupten, daß Zusammenkünfte und Telefonate bei Harrods abgehört wurden. Al-Fayed reichte wegen des Artikels eine Verleumdungsklage ein, zog aber die Klage im November 1997 zurück, ohne eine Gegendarstellung erreicht zu haben.) Aber selbst paranoide Menschen können echte Feinde haben: Seit der Übernahme von Harrods steht al-Fayed in ständigem Krieg mit anderen Geschäftsleuten und der britischen Regierung wegen dieser Akquisition.

Tragischerweise erklärt sich aus al-Fayeds Hang zur »Sicherheit eines Staatspräsidenten«, wie eine frühere Freundin von Dodi es nannte, bis zu einem gewissen Grad, warum Diana und Dodi in dem schwarzen Mercedes am 31. August den Tod fanden. Die Ironie des Schicksals wäre völlig auf die Spitze getrieben, wenn Mohammed, wie einige seiner schärfsten Kritiker ihm unterstellt haben, die Romanze nur deshalb inszeniert hätte, um sich an der britischen Oberschicht zu rächen, die er für rassistisch und ungerecht hält.

Nach seiner überraschenden Übernahme von Harrods scheint al-Fayed Berichte darüber in Londoner Zeitungen lanciert zu haben, daß er von einer alten ägyptischen Familie abstamme, die Baumwolle anbaute und später ins Reedereigeschäft einstieg. Seine Herkunft war eher bescheiden, wie eine Untersuchung ergab, die über die Familie al-Fayed angestellt und 1988 vom britischen Ministerium für Industrie und Handel veröffentlicht wurde. Al-Fayeds Vater, ein Schullehrer, wurde 1898 im Dorf Al Rahmania im Nildelta geboren. Er heiratete ein

Mädchen aus dem Ort, Hanem Kotb, bevor er nach Gomrok zog, eines der Armenviertel von Alexandria, wo das Paar fünf Kinder aufzog. Mohammed, der älteste Sohn, wurde am 27. Januar 1929 geboren (auch wenn er sein Geburtsjahr mit 1933 angab). Als Mohammed zehn Jahre alt war, starb seine Mutter, und sein Vater heiratete erneut.

Laut dem Bericht hat al-Fayed niemals das Victoria College besucht, wie gelegentlich behauptet wird, sondern startete mit Anfang Zwanzig als Verkäufer von Singer-Nähmaschinen in das Berufsleben. 1952 lernte er durch einen Nachbarn Adnan Khashoggi kennen, den späteren saudischen Milliardär. Khashoggi, der damals ein junger Draufgänger war und frisch vom Victoria College kam, gründete gerade sein erstes Geschäft, die »Al Nasr Trading and Industrial Corporation«. Es war eine Import-Export-Firma, die ägyptische Möbel und Büroausstattungen nach Saudi-Arabien an Kunden wie das Gesundheitsministerium lieferte, dessen Generalsekretär Khashoggis Vater gerade geworden war. Khashoggi und sein Cousin Anas Yasseen engagierten Mohammed als Koordinator für die Lieferungen nach Dschidda, gaben ihm ein kleines Gehalt und versprachen ihm 10 Prozent Gewinnanteil.

Die neue Existenz stand unter keinem glücklichen Stern. Al-Fayed heiratete zwar bald darauf Khashoggis Schwester Samira, aber die Beziehung kühlte trotz der Geburt von Dodi im Jahre 1956 ab. Ungefähr zur selben Zeit kam es auch zu finanziellen Streitigkeiten zwischen al-Fayed und Khashoggi, und obendrein verliebte sich seine Frau in Yasseen. Laut dem Ministeriumsbericht wurde im Dezember 1958 eine Scheidungsvereinbarung getroffen, in der Adnan Khashoggi auf seine finanziellen Forderung gegen al-Fayed verzichtete, »vorausgesetzt, daß Mohammed seiner [Khashoggis] Schwester die Lösung aus einer unglücklichen Ehe gestatten würde«. Es überrascht daher nicht, daß die angespannten Beziehungen zwischen den al-Fayeds und den Khashoggis noch viele Jahre fortdauerten.

Das Jahr 1956 wurde zu einem Wendepunkt für Großbritannien, Ägypten, Alexandria und Mohammed al-Fayed. Im Oktober griffen Streitkräfte aus Israel, Großbritannien und Frankreich Ägypten an. Es war ein (allzu) durchsichtiger Versuch, die Kontrolle über den Suezkanal wiederzuerlangen und vielleicht auch

Gamal Abd el-Nassers zunehmend einflußreicheres arabisches nationalistisches Regime zu stürzen. Die Invasion erregte jedoch internationales Aufsehen und brachte die Regierung von Anthony Eden zu Fall, was symbolisch das Ende des britischen Empires signalisierte.

Als die gedemütigten ausländischen Truppen wieder abgezogen waren, ein paar Monate nach der Geburt seines Sohnes, gründete al-Fayed seine erste Firma, die »Middle East Navigation Company«. Es war ein kühnes Unterfangen in Anbetracht der Tatsache, daß der Krieg die ganze Region verunsichert hatte. Aber al-Fayed gelang es, aus den politischen Auswirkungen des Konflikts Kapital zu schlagen. Von einem jüdischen Kaufmann in Alexandria konnte er ein weiteres Schiffahrtsunternehmen zu einem, wie es heißt, Spottpreis erwerben, da die ägyptischen Juden bedroht wurden, weil sie angeblich mit den israelischen Angreifern sympathisiert hatten. In den nächsten Jahren expandierte Mohammed weiter, erwarb Hotels und Schiffe sowie eine 25-%ige Beteiligung an einem Schiffahrtsunternehmen in Genua.

Als Dodi fünf Jahre alt war, hatte al-Fayed genug Kapital angesammelt, um ein großes Haus in 15 Khalid Pasha Street in Victoria zu kaufen, einem der besten Viertel von Alexandria. Eine rührende Atelieraufnahme aus jener Zeit zeigt Mohammed stolz, elegant gekleidet in einen Anzug mit Fischgrätmuster, mit Manschettenknöpfen und einem Ring am kleinen Finger, wie er beschützend einen Arm um den zutraulichen Dodi legt, der für diese Gelegenheit mit einem leichten Sommeranzug samt kleiner Fliege ausstaffiert worden war.

Als Nasser Anfang der sechziger Jahre einen Teil des Familieneigentums in Ägypten verstaatlichte, schwor al-Fayed, nie wieder nach Ägypten zurückzukehren. Trotz herzlicher Beziehungen zu Ägyptens derzeitiger Regierung, angeführt von Präsident Hosni Mubarak, hat Mohammed seinen Eid nicht gebrochen. Es sollte der Stadtstaat Dubai sein, wo al-Fayed sein Glück machte.

Dubai und die angrenzenden Emirate Abu Dhabi, Sharjah, Ajman, Umm al Qawain, Ras al Khaimah und Fujairah waren damals noch britische Protektorate und teilten die westlichen Küsten des Persischen Golfs mit Saudi-Arabien. Dubai fehlten die riesigen Ölaufkommen, die einige Nachbarstaaten besaßen, doch mit den wachsenden Einnahmen aus dem Erdölgeschäft der ganzen Golfregion wurde auch Dubai, der alte Handelsknotenpunkt, dessen Hafen voller Dhaus Bilder von Sindbad dem Seefahrer aus *Tausendundeiner Nacht* heraufbeschwor, eine Hochburg des Handels.

Mitte 1965 gründete al-Fayed eine kleine Frachtversandfirma in London, die »General Navigation and Commerce Ltd.«, und begann in Großbritannien zu leben. Offensichtlich durch seine Kontakte in der Golfregion entstand ein freundschaftliches Verhältnis zum Herrscher des Emirats, Emir Rashid bin Said al Maktoum, und zwar genau zu jenem Zeitpunkt, als in Dubai zum ersten Mal größere Mengen Öl entdeckt wurden. Mohammed schloß bald einträgliche Bündnisse mit der grauen Eminenz des Emir Rashid, Mahdi al-Tajir, der später Botschafter in Großbritannien wurde, sowie mit der »Richard Costain Ltd.«, einer britischen Baufirma, die auch im Mittleren Osten aktiv war.

Al-Fayed etablierte sich so in der Oberliga der ›Fixer‹ des Mittleren Ostens, der hochdotierten Vermittler, die sich sowohl in der östlichen wie in der westlichen Kultur heimisch fühlen, leicht die kulturellen wie die sprachlichen Barrieren überwinden und derart lukrative Geschäfte zwischen Ost und West abschließen können.

Man konnte in Arabien gewaltige Summen verdienen, da aufstrebende Nationen wie Dubai durch Investitionen und Modernisierungsmaßnahmen enorm gefördert wurden. Al-Fayed, der Hunderte von Millionen Dollar in Verträge mit »Costain« und später mit »Bernard Sunley and Sons Ltd.« kanalisierte, war an der Errichtung des Dubai Trade Center, des Port Rashid und des Dubai-Trockendocks beteiligt, alles Neugründungen, die Dubai den Schritt zum größten Handelshafen in der Golfregion erleichterten. Etwa 1975 hat al-Fayed einen 20-%igen Anteil an »Costain« erworben und wurde Mitglied des Aufsichtsrats. Insgesamt verdiente al-Fayed, laut dem Ministeriumsbericht, bei seinen Geschäften in Dubai nicht weniger als 85 Millionen Pfund Sterling.

Solcherart einen nie erträumten Reichtum anhäufend, fand der gerissene Verkäufer aus Gomrok allmählich auch Geschmack an den erleseneren Dingen des Lebens. Vielleicht steckte ein verkappter Baumeister in ihm, der al-Fayed zu besonderen architektonischen Meisterwerken hinzog. Er hatte die plötzlichen Eingebungen eines jeden Neureichen und zusätzlich einen glühenden ägyptischen Stolz, der aus den großen Epochen des Islam und der Pharaonen in seiner Heimat herrührte.

Frankreich, eine Nation, die ihrerseits stolz ist auf die universelle Ausbreitung ihrer Werte und Zivilisation, bot sich für al-Fayed geradezu an, als er sich auf Trophäensuche begab. 1979 erwarb er von der Schwiegertochter des Gründers, des legendären Cesar Ritz, das gleichnamige Hotel. Auf einem pistolenförmigen Stück Land an der Place Vendôme ließ Ritz das Hotel im Jahr 1898 errichten und schuf somit ein 142 Zimmer umfassendes, imposantes architektonisches Wahrzeichen, dessen Name allein schon ein Synonym für Luxus wurde. (Das preiswerteste Zimmer kostete im August 1997 3200 Francs pro Nacht, also rund 1000 DM.)

Als al-Fayed das Hotel erwarb, befand es sich in einem ziemlich problematischen Zustand: Es zeigten sich Spuren von Baufälligkeit, die Telefonvermittlung geschah noch manuell, die Wasser- und Stromleitungen waren 50 Jahre alt, und die Kücheneinrichtung stammte aus der Zeit vor dem Zweiten Weltkrieg. Al-Fayed investierte 150 Millionen Dollar – das Fünffache vom Kaufpreis –, um das Hotel zu modernisieren und seinen früheren Glanz wiederherzustellen. »Mohammed ist ein absoluter Perfektionist«, sagt Ritz-Direktor Frank Klein, den al-Fayed 1979 vom Hotel Georges V abwarb, um die Renovierungsarbeiten zu überwachen. »Er ist einer der wenigen Menschen mit Geld und Geschmack. Er sagte: ›Wir müssen wie beim Bau einer Pyramide vorgehen, im Keller anfangen und uns schrittweise nach oben vorarbeiten.‹«

1985 verlieh ein entzückter Jacques Chirac, damals Oberbürgermeister der Stadt, al-Fayed die Médaille de Vermeil de Paris, eine begehrte städtische Auszeichnung. »Ein Werk von dieser Bedeutung zu schaffen ist keine Frage der Kapitalanlage«, sagte Chirac bei dieser Gelegenheit zu al-Fayed. »Sie haben dies aus Prestigegründen getan, und weil Sie sich in dieses außergewöhnliche Hotel verliebt haben.« 1986 ernannte Staatspräsident François Mitterand al-Fayed auf Chiracs Drängen zum Ritter der Ehrenlegion. Sieben Jahre später beförderte Mitterand, ein diskreter, aber treuer Gast des Ritz, al-Fayed zum Offizier der Ehrenlegion, eine der höchsten zivilen Auszeichnungen Frankreichs.

1986 stürzte sich al-Fayed in ein weiteres ehrgeiziges Restaurierungsabenteuer. Es galt der Windsor-Villa im Bois de Boulogne. Das dreistöckige Jahrhundertwende-Gebäude mit der Adresse 4, Route du Champs-d'Entraînement, umgeben von einem vier Hektar großen waldähnlichen Park, war das Exil des Herzogs und der Herzogin von Windsor gewesen. Die Herzogin, eine geschiedene Amerikanerin namens Wallis Simpson, für die Edward VIII. 1936 aus Liebe zu ihr auf die Krone verzichtet hatte, lebte vom Tode des Ex-Monarchen 1972 bis zu ihrem eigenen Tod im Jahre 1986 allein in der Villa. Chirac, der von al-Fayeds geschmackvoller Restaurierung des Ritz beeindruckt war, fragte den Ägypter, ob er das Anwesen übernehmen wolle, das der Stadt Paris gehörte.

Al-Fayed, der bis dahin über 20 Jahre in Großbritannien residiert hatte, war von der Liebesgeschichte der geächteten Windsors beeindruckt. Er ging spontan auf Chiracs Vorschlag ein und unterschrieb 1987 einen Mietvertrag für 25 Jahre mit der Option auf Verlängerung; die vertragliche Jahresmiete für das verfallene Anwesen belief sich auf 900 000 Francs (heute wie damals etwa 300 000 DM), quasi ein Schnäppchenpreis für ein so großes und historisches Anwesen im vornehmsten Bezirk von Paris. Al-Fayed machte sich unverzüglich daran, die Residenz auf eigene Kosten, die sich auf rund 100 Millionen Francs beliefen, wiederherzustellen.

Al-Fayed plante, das Anwesen in ein Museum umzuwandeln, und erwarb den privaten Nachlaß der Windsors vom Institut Pasteur, dem alleinigen Begünstigten im Testament der Herzogin. Zu den 40 000 Gegenständen gehörten der Schreibtisch, an dem Edward VIII. seine Abdankung unterzeichnet hatte, die Golfschläger des Herzogs und ein fast schon versteinertes Stück von der Hochzeitstorte des Paares.

Chirac war über dieses Ergebnis seiner Bemühungen derart erfreut, daß er al-Fayed 1989 mit der Grande Plaque du Bimillénaire de Paris auszeichnete, einer Erinnerungsmedaille an die 2000-Jahr-Feier der Stadt, die Einzelpersonen verliehen wird, die sich um Paris außergewöhnliche Verdienste erworben haben. In seiner Rede anläßlich der Verleihungszeremonie titulierte Chirac seinen »lieben Freund al-Fayed« als »einen Mann des Gefühls und des Geschmacks..., dem Paris unendlich viel schuldet. Was Sie für unsere Stadt getan haben«, sagte Chirac, »verdient einen Ehrenplatz in der Reihe unserer bedeutendsten ausländischen

Mitbürger.« Al-Fayed erwiderte das Kompliment, indem er das 1991 erschienene Buch *The Paris Ritz* »M. Jacques Chirac« widmete, »dem Oberbürgermeister von Paris, ohne dessen Ermutigung und Ratschläge ich nicht in der Lage gewesen wäre, das Ritz in seinem alten Glanz wiederauferstehen zu lassen«. 1995 steuerte der Ägypter dann einen großen Betrag zu Chiracs erfolgreicher Präsidentschaftskampagne bei.

Im Mai 1997 verkündete al-Fayed plötzlich, daß er sich vom Nachlaß der Windsors trennen und das Anwesen nur noch privat nutzen wolle. Die 40 000 Memorabilien, die auf über sieben Millionen Dollar geschätzt wurden, sollten in einer Auktion von »Sotheby's« in New York am 11. September versteigert werden. Angesichts der Tragödie vom 31. August verschob al-Fayed die Auktion. Ein neuer Zeitpunkt wurde für Februar 1998 festgelegt. Der Erlös soll an eine wohltätige Einrichtung gehen, die Dodis Namen trägt.

Während des Sommers 1997 vermischte sich die Nachricht von der bevorstehenden Windsor-Auktion mit Berichten über die blühende Romanze zwischen Dodi und Diana, was zu Spekulationen darüber führte, daß man die Villa für ein weiteres königliches britisches Exil in Frankreich vorbereite. In Wirklichkeit hatte al-Fayed die Räumung des Herrenhauses beschlossen, lange bevor zwischen Dodi und der Prinzessin von Wales der Funke übersprang. Doch Pläne können sich bekanntlich ändern.

Harrods, der elegante Palast im Neurenaissance-Stil in Londons vornehmem Knightsbridge, ist das berühmteste Kaufhaus der Welt. Es überrascht daher nicht besonders, daß die berühmteste Frau der Welt eine seiner besten Kundinnen war. Prinzessin Diana genoß es, in der Damenabteilung im ersten Stock einzukaufen. Wenn sie ihre Söhne mitbrachte, durften sie die Spielzeug- und Sportartikelabteilungen durchstöbern und anschließend in der Eisdiele im vierten Stock einen Eisbecher vertilgen. Wenn sie allein war, kam sie öfter in al-Fayeds Büro im fünften Stock vorbei, um Hallo zu sagen und gelegentlich eine Tasse Tee mit dem Mann zu trinken, der ein Freund ihres Vaters gewesen war.

Mohammeds und Dianas Bekanntschaft war so gut, daß sie stets nach Geschäftsschluß anrufen konnte, um ungestört einzukaufen. An einem Abend im November 1996, als Cindy Crawford sie im Kensington Palace besuchte, rief Diana aus: »Ich weiß, wo wir hingehen können!« Sie verfrachtete das amerikanische Topmodel in ihr Auto und fuhr nach Knightsbridge. Bei Harrods begegnete ihnen Dodi, den Diana (sicherlich im Spaß) als »meinen Boyfriend« vorstellte.

Man kann gut verstehen, warum das Kaufhaus Diana so entzückte. In dem giebeligen Terrakotta-Gebäude mit Kuppeldach finden sich 140 luxuriöse Abteilungen, ausgestattet mit den erlesensten Waren von 5000 Lieferanten aus aller Welt. Jeden Tag befinden sich Waren im Wert von 100 Millionen Pfund in den Auslagen, von Designerkleidung und maßgeschneiderten Anzügen bis zu Rubin-Halsbändern und Golfschlägern, bei denen seitlich in kleinen grünen Buchstaben »Harrods« eingedruckt ist. In den Lebensmittelabteilungen, die mit Jugendstilkeramik gefliest sind, findet der Londoner Gourmet alles, was sein Herz begehrt: iranischen Kaviar aus dem Kaspischen Meer, frischen Mozzarella aus Italien, Flaschen mit Château d'Yquem aus Frankreich, Oreo-Cookies aus den USA – und auch frischen Lachs aus Gewässern beim Balnagown Castle in Schottland, das al-Fayed gehört. Aus aller Herren Länder strömen die Reichen ins Harrods wie in ein Märchenland und machen es auch dadurch zu einer der Londoner Hauptattraktionen für Touristen.

Als Mohammed al-Fayed 1985 das Harrods erwarb, wurde er auf einen Schlag zu einem der mächtigsten – und umstrittensten – Geschäftsleute in Großbritannien. Aber das berühmte Kaufhaus ist nur das Prunkstück von al-Fayeds Imperium. Zum Harrods-Konzern gehören außerdem die beiden Schuhmarken »Kurt Geiger« und »Carbella« sowie »Harrods International«, die die Nutzung von Harrods' berühmtem Markennamen lizensiert. Al-Fayed gehört weiterhin »Metro Business Aviation«, Europas größte Leasingfirma von Firmenjets, sowie »Harrods Helicopters«. Mohammeds Bruder Salah (67) ist nicht an den Geschäften der Familie beteiligt, aber der dritte Bruder Ali (64) ist Vizepräsident, ihm gehört »Turnbull & Asser« in St. James'. Mohammed hat sich kürzlich noch weiter profiliert, indem er den *Punch* erwarb, Großbritanniens 157 Jahre alte satirische Wochenzeitschrift, sowie *Liberty Radio* und den Fulham-Fußballclub. Der weltberühmte Einkaufspalast in Knightsbridge bleibt aber weiterhin das stolzeste Juwel in seiner Krone.

Harrods, das 1848 als Großhandelsunternehmen gegründet worden war, entwickelte sich ab 1909 zu einem der größten Kaufhäuser in Europa. Fünfzig Jahre später war es zum sagenhaft erfolgreichen Flaggschiff einer Kette britischer Einzelhändler geworden – und zum unschätzbaren Wert für einen Mann, der auf der Jagd nach Ansehen war. 1959 strebte ein Nachkomme der Burbidge-Familiendynastie, der Harrods seit annähernd sieben Jahrzehnten gehört hatte, eine Fusion mit Debenhams an, einer anderen britischen Kette. Doch Hugh Fraser, ein Schotte, der unbedingt Großbritanniens König der Einzelhändler werden wollte, brach einen Kampf vom Zaune, der als die »Schlacht von Knightsbridge« bekannt wurde. Nach einem Krieg der Giganten wurde Harrods in das Fraser-Imperium integriert.

1985 wiederholte sich das Geschehen. Dieses Mal wurde die Schlacht zwischen Mohammed al-Fayed und R.W. »Tiny« Rowland ausgetragen, zwei Wirtschaftsmagnaten mit riesengroßem Ego, die beide ihre Vermögen mit Geschäften am Rande von Großbritanniens zerfallenem und gelegentlich fragwürdig gewordenem Empire erworben hatten.

Rowland, ein imposanter Mann von 1,89 Meter Größe mit lauter Stimme und aristokratischer Affektiertheit, war der säbelrasselnde Boß von »Lonhro« (für »London Rhodesian Mining and Land Company«), einem Firmenkonglomerat mit großen Bergbau- und Landwirtschaftsbeteiligungen in Afrika. Er wußte, wie man das Beziehungsspiel auf höchstem Niveau spielt: Als sich die britischen Kolonialisten vom Schwarzen Kontinent zurückzogen, machte er sich die Gewaltherrscher und Guerillaführer, die zurückblieben, zu Freunden, finanzierte Friedensgespräche und sogar private Armeen, um seine Operationen zu schützen, und verdiente ein Vermögen mit Geschäften in Krisengebieten.

Ab den siebziger Jahren erwarb Lonhro eine zunehmend größere Beteiligung am Fraser-Konzern. Rowland, der sich eine stärkere Basis für seine weitreichenden Geschäfte im Vereinigten Königreich aufbauen wollte, unterbreitete daher 1981 ein Angebot, die gesamte Firma zu übernehmen. Das Kartellamt blockierte jedoch diese Übernahme, zum Teil aus dem Grund, weil Lonrho keine Erfahrung im Einzelhandel besaß. Viele Leute hielten Lonrho für indiskutabel wegen ihrer zweifelhaften Geschäfte mit afrikanischen Despoten. 1973 brandmarkte der damalige Premierminister Ted Heath Lonhro als »unannehmbare Fratze des Kapitalismus«, weil die Firma angeblich Zahlungen an Firmendirektoren, einschließlich eines früheren Regierungsministers, auf Konten in Steuerparadiesen geleistet hatte.

Als Lonhro 1984 einen zweiten Übernahmeversuch des Fraser-Konzerns startete, glaubte Rowland, daß sich seine Chancen beim Kartellamt erhöhen würden, wenn er »reinen Tisch machen würde«, indem er seinen 29,9%igen Anteil an Fraser veräußern und damit eine neue Behandlung des Falls initiieren würde. Rowland verkaufte seine Anteile im November 1984 an al-Fayed in der Erwartung, daß der Ägypter sie ihm mit einem saftigen Gewinn für sich selbst zurückverkaufen würde, wenn das Kartellamt erst einmal grünes Licht für die Übernahme des Fraser-Konzerns gegeben hätte.

Rowland wußte, daß al-Fayed reich war, aber er hatte nicht die geringste Ahnung davon, daß er selber daran interessiert war, Fraser zu kaufen, und auch die nötigen Mittel dafür besaß. Dies war der größte Fehler, den Rowland je beging. Vier Monate später legten al-Fayed und seine Brüder plötzlich 615 Millionen Pfund bar auf den Tisch und kauften die restlichen Aktien von Fraser »in einem Atemzug auf«, wie es ein Mitarbeiter charakterisiert. Am ärgerlichsten war für Rowland, daß dieser Kauf vom Ministerium für Handel und Industrie innerhalb von zehn Tagen abgesegnet wurde.

Rowland fühlte sich übers Ohr gehauen und begann eine schonungslose Kampagne gegen den Mann, von dem er meinte, er hätte ihn im großen Stil betrogen. Er behauptete, al-Fayed würde als eine Art Mittelsmann für den 39-jährigen Sultan von Brunei agieren, einen der reichsten Herrscher der Welt dank riesiger Ölvorkommen in seinem kleinen Staat im Südchinesischen Meer (Bevölkerungszahl: 260 863), der gerade erst im Jahre 1983 von Großbritannien in die Unabhängigkeit entlassen worden war.

Tatsächlich kannten sich al-Fayed und der Sultan. Die Umstände ihrer ersten Geschäftspartnerschaft sind unbekannt, aber Anfang 1985 vertrat ihn al-Fayed beim Kauf des Dorchester-Hotels. Im Januar 1985 begleitete al-Fayed den Sultan zum Tee bei Premierministerin Margaret Thatcher. Zu diesem Zeitpunkt befand sich das Pfund Sterling im freien Fall. Obwohl ein Sprecher der Downing Street versicherte, daß nicht über Geldthemen gesprochen worden sei, begann kurz darauf der Sultan damit, Milliarden von Dollar in Pfund umzuwechseln, und sorgte so für einen Kursanstieg der britischen Währung.

Sowohl al-Fayed wie auch der Sultan streiten ab, daß beim Kauf von Fraser (und damit von Harrods) Gelder aus Brunei im Spiel gewesen seien. Ihrer Behauptung wurde einige Monate später zusätzliches Gewicht verliehen, als sich Thatchers Ministerium für Industrie und Handel zufrieden darüber erklärte, daß die al-Fayeds die rechtmäßigen Besitzer des Fraser-Konzerns seien. Der Aufsichtsrat von Fraser, dem zahlreiche angesehene britische Geschäftsleute angehörten, hatte überdies al-Fayeds Angebot sorgfältig geprüft und es gebilligt.

Doch Rowland weigerte sich aufzugeben. Obwohl er weiß Gott kein Verbündeter des Establishments war, versuchte er dennoch, dessen Hilfe zu erlangen: In den folgenden Jahren bombardierte er praktisch jede in Burke's Adelskalender aufgeführte Person mit Informationsblättern, in denen er al-Fayeds Akquisition brandmarkte, sowie mit einem 186-Seiten-Taschenbuch *A Hero from Zero*, in dem al-Fayeds mysteriöse Vergangenheit und umstrittener Weg zum Geschäftserfolg in allen Einzelheiten dargestellt waren.

Aufgrund von Rowlands unablässigem Drängen beorderte das Ministerium für Industrie und Handel zwei hochqualifizierte Beamte damit, die Umstände der Übernahme von Harrods zu untersuchen. Ihr vernichtender 752-seitiger Bericht, der vieles bestätigte, was Rowland vermutet hatte, war ein Jahr später fertiggestellt.

Das wichtigste Ergebnis war, daß die al-Fayeds über »ihre Hintermänner, ihre früheren geschäftlichen Aktivitäten und die Art und Weise, wie sie im Herbst 1984 und im Frühjahr 1985 zu großen Finanzmitteln gelangt waren«, gelogen hatten. Die über 600 Millionen Pfund, die ihnen Ende Oktober 1984 in Großbritannien und auf Schweizer Bankkonten zur Disposition standen, seien erst kurze Zeit vorher in ihre Verfügungsgewalt gelangt, heißt es in dem Bericht. Die Beamten erklärten, sie könnten nicht die ganze Wahrheit aufdecken, da ihre Ermittlungsmöglichkeiten begrenzt waren, aber daß es als wahrscheinlich erscheine, daß die Mittel durch weitreichende Vollmachten erlangt wurden, die der Sultan von Brunei erteilt hatte.

Mit anderen Worten: Es war wohl das Geld des Sultans, eine Vermutung, die al-Fayed immer zurückgewiesen hat.

1988 wurde der Bericht des Ministeriums an das Serious Fraud Office (ein Dezernat für Hochbetrug) weitergeleitet, doch man kam zu dem Schluß, daß »die gewonnenen Erkenntnisse nicht ausreichen, um eine realistische Aussicht auf den Nachweis eines Vergehens zu gewähren, das in irgendeinem Zusammenhang mit den Bestandteilen des Berichts steht«. Nichtsdestotrotz war Mohammed überaus aufgebracht, nicht nur wegen der Schlußfolgerungen des Berichts, sondern auch über die Entscheidung, den Bericht zu veröffentlichen, damit die Leute »für sich selbst entscheiden konnten, ob sie mit den al-Fayeds Geschäfte machen wollen oder nicht«.

Al-Fayed strengte bei der Europäischen Kommission für Menschenrechte eine Klage gegen Großbritannien an, in der es heißt, daß die Regierung zuerst sein bürgerliches Ehrenrecht verletzt habe, Ehre und Ruf zu verteidigen, und ihm dann Rechtshilfe versagte. Al-Fayed schwor sich: »Ich werde nicht zu meiner Pyramide zurückkehren und meine Kinder im Schatten lassen.«

Doch der Europäische Gerichtshof für Menschenrechte war der Auffassung, daß die Rechte des Ägypters nicht verletzt worden seien, und konstatierte, man hätte ihm »jede nur erdenkliche Gelegenheit gegeben, auf die gegen ihn erhobenen Anschuldigungen zu reagieren und Beweise vorzubringen...« Fünf Monate später im Februar 1995, erlitt al-Fayed einen noch viel verheerenderen Rückschlag: Ohne jegliche Erklärung wies das Innenministerium al-Fayeds Antrag auf Erwerb der britischen Staatsbürgerschaft ab und ebenso den von Ali Fayed (weder Salah noch Dodi versuchten jemals die britische Nationalität zu erlangen).

All diese Demütigungen waren zuviel für einen so stolzen und eigensinnigen Mann. Er war über die schlechte Behandlung durch ein Establishment, das einst seine Generösität bereitwilligst genossen hatte, dermaßen wütend, daß er sich jetzt rächen wollte. Im Oktober 1994 begann er eine gezielte Kampagne, um die Tory-Regierung des Premierministers John Major zu stürzen. Al-Fayed ließ den Zeitungen Informationen zukommen, daß er drei Regierungsmitgliedern Geld gezahlt und ihnen kostenlose Wochenendaufenthalte im Ritz ermöglicht habe als Gegenleistung für politische Gefälligkeiten. Diese bestanden hauptsächlich darin, bei Parlamentsdebatten Fragen zu seinen Gunsten zu stellen während seiner Kampagne, in der er sich gegen die Machenschaften von Tiny Rowland verteidigte.

Der Bargeld-für-Fragen-Skandal war für al-Fayed kein persönlicher Gewinn. Indem er seine eigene unrühmliche Rolle in dem Skandal enthüllte, versetzte er selbst einige seiner engsten ägyptischen Freunde in Aufregung, die sich Sorgen machten, daß die Affäre dem Ansehen der Araber in Großbritannien schaden könnte. »Er ist extrem großzügig zu denjenigen, die seine Gefälligkeiten erwidern«, stellte ein Geschäftspartner fest. »Aber wenn sie nicht erwidert werden, rächt er sich brutal.« Wenn Rache das war, was al-Fayed wirklich wollte, so wurde er bestens bedient: Die Konservativen, durch den Skandal in argen Mißkredit geraten, erlebten im Mai 1997 eine der größten Wahlniederlagen in der britischen Geschichte und ermöglichten es somit der Labour Party, zum ersten Mal seit 1979 wieder an die Macht zu gelangen.

Im Dezember 1997 verkündete Labour-Innenminister Jack Straw, daß er gegen die Praxis sei, keinerlei Begründung zu geben, wenn eine Einbürgerung abgelehnt würde, und daß er die Absicht habe, die Anträge von al-Fayed und seinem Bruder Ali nochmals zu prüfen. Auch im Falle des vernichtenden Berichts des Ministeriums für Handel und Industrie war das letzte Wort noch nicht gesprochen. In einer im Juni 1997 im Unterhaus gehaltenen Rede appellierte Charles Wardle, Mitglied der Konservativen Partei und früherer Tory-Minister, an Tony Blairs neue Labour-Regierung, anzuerkennen, daß »Rowlands Böswilligkeit« hinter dem Bericht stecke und daß deshalb böswillige Behauptungen aus der Akte entfernt werden sollten. »Ich bin zu der eindeutigen Schlußfolgerung gekommen, daß die al-Fayeds in eine Untersuchung des Ministeriums für Handel und Industrie regelrecht verstrickt wurden«, sagte Wardle. »Man sollte sich vergegenwärtigen, daß sie das Geld für das Übernahmeangebot aufbrachten, und niemand – nicht einmal ein Kontrolleur – kann beweisen, daß das Geld, das sie anlegten, nicht ihr eigenes war.« Auf die Frage zu den Konsequenzen der Rede bekamen die Autoren dieses Buches von einem Sprecher des Ministeriums für Handel und Industrie Ende 1997 die Antwort, daß das Ministerium keinerlei Absicht habe, den Bericht nochmals zu behandeln.

Wie erbittert al-Fayed auch über die Behandlung seiner Person durch das britische Establishment war, so konnte er sich doch nicht im geringsten beklagen, was seine Geschäfte anbelangte. 1994 hatte er sämtliche Firmen des Fraser-Konzerns veräußert, mit Ausnahme seines Kronjuwels in Knightsbridge. Der Rest, 56 Kaufhäuser zwischen Inverness und Plymouth, brachte ihm und seinen Brüdern 410 Millionen Pfund ein. Dank seiner hochkarätigen Markenartikel und Kundschaft hat Harrods allein immer schon soviel Gewinn erzielt wie alle anderen Kaufhäuser zusammen.

Und al-Fayed brachte es weiterhin exzellent zum Laufen. In einem Bericht in *Verdict*, einem Londoner Magazin für Geschäftsanalysen, wurde Harrods im August 1997 als weltweit führendes Kaufhaus gelobt, das in Großbritannien den Standard für Waren und Handel setze. Das »seit langem schlechte Image« der Familie al-Fayed, notierte *Verdict*, habe den Erfolg von Harrods so gut wie nicht beeinträchtigt. »Keiner, der sich heute in dem Kaufhaus umschaut, kann behaupten, daß der Besitzerwechsel den Interessen der Firma geschadet habe«, hieß es. »Harrods ist in einem hervorragenden Zustand.«

Al-Fayeds Geschäftsbeziehungen ermöglichten es ihm, die freundschaftlichen Beziehungen zum House of Windsor aufrechtzuerhalten, selbst als die Politiker ihn heftig angriffen. Auch durch die Anmietung der Windsor-Villa bedingt, war er mehr und mehr von der Monarchie fasziniert, und als führender Unternehmer und Wohltäter suchte und hatte er weiterhin Kontakte zum Hochadel. Als er 1985 Harrods kaufte, stellte er fest, daß der Besitz auch die Tradition beinhaltete, die alljährlich stattfindende königliche Pferdeschau beim Windsor Castle zu sponsorn; al-Fayed sollte dadurch zu der Ehre gelangen, gemeinsam mit der Queen in der königlichen Loge zu sitzen.

Die Förderung diverser Wohlfahrtseinrichtungen half ihm, seine besonders freundschaftliche Beziehung zur Prinzessin von Wales weiter zu pflegen, zumal sie ein gemeinsames Interesse an zwei bevorzugten Projekten hatten: am Great-Ormond Street Hospital, in dem einer von al-Fayeds jüngeren Söhnen behandelt wurde, als er an Meningitis erkrankte, und am Royal Brompton Hospital, in dem Dianas lebenslustiger Vater, der 8. Earl of Spencer, 1979 nach seinem Schlaganfall behandelt worden war.

Al-Fayed und »Johnnie«, wie er den Earl nannte, waren laut al-Fayed so gute Freunde geworden, daß der Earl, als sich seine Gesundheit vor seinem Tod 1992 zunehmend verschlechterte, ihn bat, nach seinem Tod »ein Auge zu haben« auf die Kinder. In den folgenden Jahren pflegte al-Fayed Dianas Kindern regelmäßig Weihnachtsgeschenke zu schicken mit der Widmung: »In Liebe von Onkel Mohammed.«

Der Earl schätzte es, bei Harrods einzukaufen – seine Londoner Wohnung am Grosvenor Square war nur fünf Taxi-Minuten davon entfernt –, und das Kaufhaus betrachtete ihn als einen seiner Top-Kunden. Harrods rühmt sich gerne dessen, daß Spencer jeden Tag dort einkaufte, wenn er in London war. Dies ist möglicherweise eine typisch al-Fayedsche Übertreibung. Nichtsdestotrotz: Als al-Fayed vor einigen Jahren das Buch *Harrods: Society's Favourite Store* veröffentlichte, hielt Spencer bereitwillig eine überschwengliche Rede anläßlich der Buchpräsentation in der Terrassenbar im vierten Stock, die auf handschriftlichen Notizen basierte.

Anläßlich der Wiedereröffnung einer Fraser-Filiale in Milton Keynes, die von militanten Tierschützern aus Protest gegen den Verkauf von Pelzmänteln in Brand gesetzt worden und bis auf die Grundmauern abgebrannt war, lud der Earl al-Fayed und die gesamte Geschäftsleitung nach Althorp auf den Familiensitz der Spencers zu einem Festessen ein. Raine Spencer, Dianas Stiefmutter, wurde später von al-Fayed in die Geschäftsleitung von Harrods International berufen, eine Position, die sie noch heute innehat.

Die Freundschaft zwischen dem Earl und al-Fayed stammt aus der Zeit, als al-Fayed 1979 das Hotel Ritz kaufte. Während der gesamten Dauer ihrer Ehe besuchten Raine und Johnnie oft Paris und waren regelmäßig Gäste des Ritz – geschätzte »Stammgäste«, wie die Ritz-Manager sie nannten. Als al-Fayed die ambitionierte »Ritz Escoffier Ecole de Gastronomie Française« gründete, gehörten die Spencers zu den ersten enthusiastischen Kursteilnehmern und sandten später sämtliche jeweiligen Küchenchefs von Althorp, bevor sie auch nur Wasser kochen durften, zur Ausbildung an diese Schule. (Die Kosten eines zwölfwöchigen Lehrgangs für Fortgeschrittene heute: 71 000 Francs bzw. knapp 22 000 DM.)

Al-Fayed genoß die Beziehung zu diesem geselligen englischen Adeligen, der, trotz schwankender geistiger und seelischer Verfassung nach einem schweren Schlaganfall, den er in dem Jahr erlitten hatte, als al-Fayed das Ritz erwarb, die Leidenschaft des Ägypters für die subtileren materiellen Vergnügungen teilte. In einer verschwenderisch illustrierten Geschichte des Hotels, die auf al-Fayeds Anweisungen 1991 veröffentlicht wurde, nehmen der Earl und seine Frau eine der Spitzenpositionen in einem Anhang zum Buch ein, der die illustren Unterschriften im Goldenen (Gäste-) Buch aufführt. Zu den übrigen erwähnten Persönlichkeiten zählen der Herzog und die Herzogin von Windsor, europäische wie arabische Könige, der Sultan von Brunei, die Präsidenten Nixon und Ford sowie prominente Häupter aus der Welt der Kunst, des Entertainment und der Mode.

Seinerzeit kannte al-Fayed Johnnie noch nicht gut genug, um 1981 eine Einladung zur königlichen Hochzeit zu ergattern. Diana hat er nicht durch ihren Vater kennengelernt, sondern anläßlich von Poloturnieren Mitte der achtziger Jahre, die Harrods gesponsort hatte. Einigen Freunden Dianas zufolge begann sich ihre Freundschaft erst nach dem Tode ihres Vaters 1992 und besonders nach ihrer Scheidung von Prinz Charles zu vertiefen.

Als im Sommer 1997 die Romanze zwischen Diana und Dodi blühte, waren viele der Meinung, daß al-Fayed die Rolle von Liebesgott Amor übernommen hätte, um den gesellschaftlichen Status seiner Familie zu erhöhen und um sich an dem ihn verachtenden britischen Establishment zu rächen. Tatsächlich aber scheint er keinen derartigen Plan im Schilde geführt zu haben – zumindestens nicht am Anfang. Er wußte, daß sich Dodi gerade erst ein neues Heim in Kalifornien zugelegt hatte, weit entfernt von jenem Ort, an dem Dianas Kinder, zweifellos der Mittelpunkt ihres Lebens, aufwuchsen. Er wußte ebenfalls, daß Dodi ein Jahr lang eine Beziehung zu Kelly Fisher unterhalten hatte. Als Mohammed Diana und die kleinen Prinzen im Sommer 1997 mit seiner Familie zusammenbrachte, schien Dodis Anwesenheit nur ein nachträglicher Einfall gewesen zu sein.

Der mediterrane Charmeur besaß jedoch ein Talent dafür, wichtige Beziehungen mit viel Feingefühl zu fördern. Quasi den

Versöhner spielend, war es ihm gelungen, das einstmals fast vereiste Verhältnis zwischen Diana und ihrer Stiefmutter Countess Spencer wieder aufzutauen. Und als die Romanze zwischen Dodi und Diana begann, mußte er einfach entzückt sein: sowohl als Vater, dem das Glück seines Sohnes am Herzen lag, wie auch als stolzer Mann, den der Snobismus der Briten sehr verletzt hatte. Es gab absolut keinen Anlaß, diese Verbindung nicht zu fördern oder zu unterstützen. Einer von Dodis Verwandten sieht es so: »Mohammeds Sohn war möglicherweise nahe daran, Stiefvater des zukünftigen Königs von England zu werden. Mein Gott! Welch ein Schlag für das britische Establishment, das ihm nicht einmal einen britischen Paß bewilligt hatte!«

Mohammed al-Fayed taucht unerwartet im Sitzungssaal von Harrods auf. Der ägyptische Wirtschaftsmagnat ist rustikal gekleidet: Er trägt ein buntgemustertes Hemd mit weißem Kragen und eine grobwürflig gemusterte Hose. Noch bevor irgendwelche Begrüßungsworte fallen, wirft er seinen nicht darauf eingestellten Gästen Teddybären von Harrods in die Arme und ruft: »Fröhliche Weihnachten!«

Die festliche Stimmung in dem riesigen Kaufhaus, dessen verschwenderische Dekoration auf Tschaikowskys *Nußknacker*-Ballett abgestellt ist, kann nicht über den tiefen Schmerz hinwegtäuschen, der ihn erfüllt, als er sich niederläßt, um zum ersten Mal in der Öffentlichkeit über das Drama von Paris zu sprechen. Obwohl die 40-tägige moslemische Trauerfrist längst verstrichen ist, trauert er noch immer um Dodi und Diana; die Krawatte auf seinem Hemd von »Turnbull & Asser« ist schwarz. Jeder Anwesende bemerkt, daß er nicht nur einen Sohn, sondern zwei Kinder verloren hat, und zwar genau in dem Augenblick, als das große Glück hereinzubrechen schien.

Als erstes gibt Mohammed kund, er habe Kondolenzbriefe von Queen Elizabeth II., von Prinz Edward, vom Erzbischof von Canterbury und von Premierminister Tony Blair empfangen.

Dann fügt er hinzu, daß er genauso überrascht darüber gewesen sei wie jeder andere, daß sich Dodi und Diana ineinander verliebten. Aber er könne es gut verstehen. »Als sehr junger Mensch war sie fasziniert davon, den künftigen König zu heiraten«, erklärt al-Fayed. »Aber sie besaß noch keine Lebenserfahrung. Sie sah sich einem Labyrinth von Tradition und Bürokratie ausgesetzt und mußte feststellen, daß dies nicht das Leben war, das sie sich ersehnt hatte. Nach dem Tod ihres Vaters kam sie gelegentlich zu mir, wenn sie Rat suchte. Sie wollte leben wie ein ganz normaler Mensch. Sie war zwar adeliger Abstammung, aber sie ist ein ganz normales Mädchen geblieben.«

Al-Fayed vermutet, daß Dianas Urlaub in St. Tropez mit ihm, seiner Frau und seinen fünf Kindern ihr die Augen öffnete, wie ein glückliches Familienleben aussehen kann.

»Sie erlebte einen Zusammenhalt in unserer Familie, wie sie ihn nie zuvor in ihrem Leben kennengelernt hatte«, sagt er und erläutert, daß sie mitten im erbitterten Scheidungskrieg ihrer Eltern eine glücklose Kindheit hatte. »Bei uns gab es keine Zwänge, und sie genoß ihre Freiheit.« Lächelnd fügt er hinzu: »Dodi hatte den gleichen Sinn für Humor wie ich. Sie lernte jemanden wie mich kennen, nur jünger! Sie genoß unsere Familie, und Dodi war ein Teil davon. Die Dinge entwickelten sich ganz natürlich. Wenn mein Sohn glücklich war, war auch ich glücklich. Es war seine Wahl und damit sein Problem. Ich wollte, daß er völlig unabhängig in seinen Entscheidungen war und mir nicht ständig Rede und Antwort stehen mußte.«

Die Unbeschwertheit in seinem Ton fällt in dem Moment von ihm ab, als al-Fayed auf den Zusammenstoß im Alma-Tunnel zu sprechen kommt. Während er den französischen Ermittlungen gegenüber völlig unvoreingenommen ist, verunsichern ihn offensichtlich die aufkommenden Verschwörungstheorien, und er will solange nicht glauben, daß es ein ganz normaler Unfall war, bis alle Einzelheiten geklärt sind.

Was ihm nicht aus dem Kopf geht, ist der schreckliche Gedanke, daß sein erbitterter Kampf gegen das britische Establishment irgendeine Rolle bei der Tragödie gespielt haben könnte.

»Sie können sich nicht vorstellen, wie ich hier kämpfen muß«, sagt er und runzelt die Augenbrauen. »Sie kommen nicht darüber hinweg, daß Harrods mir gehört. Es ist ein Ägypter und kein Brite, der dieses Kaufhaus, diesen Traum geschaffen hat. Wie kann ein verdammter Ägypter von einem anderen Stern daherkommen und so etwas auf die Beine stellen?«

Damit kommt al-Fayed zu dem »niederträchtigen« Skandal, doch er sieht keinen Anlaß dafür, sich für seinen Anteil am Sturz der Tory-Regierung zu entschuldigen, die ihn beleidigt hatte, die nicht zu schätzen wußte, was er für das Land getan hatte, und die ihm die Staatsbürgerschaft verweigerte.»Ich brachte einen Teil von ihnen zu Fall«, erklärt er. Plötzlich zittern seine Lippen, und Tränen füllen seine Augen.»Ich werde nicht eher aufhören, bis ich auch noch den Rest von ihnen zu Fall gebracht habe. Ich werde nicht eher aufhören, bis ich das wahre Ausmaß der politischen Verschwörung enthüllt habe, deren Opfer ich bin, bis jeder erfährt, daß sie die Untersuchungskommission der Regierung eingesetzt haben, um meinem Konkurrenten Tiny Rowland einen Gefallen zu tun, der sein Spiel verlor, als er mir die Anteile verkaufte, damit ich Harrods erwerben konnte. Es gab keinen Anlaß für diese Untersuchung, und ihre Ergebnisse waren manipuliert. Sie wollten mich verletzen, mir Schaden zufügen, obwohl zwei Witschaftsminister erklärten, daß keine Notwendigkeit für eine derartige Untersuchung bestand. Es hat mich getroffen, aber sie werden mich niemals unterkriegen.« Er steht auf und geht quer durchs Zimmer, um sich eine Schachtel Kleenex von einem kleinen Ecktisch zu holen.

»Ich bin ein Steuerzahler dieses Landes«, fährt er fort.»Ich habe 30 Jahre meines Lebens der Aufgabe gewidmet, Leute zu beschäftigen, die Wirtschaft zu beleben, hunderte Millionen Pfund Steuern zu zahlen. Dies ist mein Land. Nachdem man all diese Opfer gebracht hat, kann nicht der Schlußstrich sein, daß durch einen Bericht erniedrigt wird, der von einer korrupten Tory-Regierung beauftragt wurde. Ich führe einen Kreuzzug für die breite Masse, für das einfache Volk.«

Al-Fayed glaubt, daß es genau diese einflußreichen Kräfte waren, die sich über die Nachricht, daß sich Prinzessin Diana in seinen Sohn verliebt hatte, entsetzten.

»Es war für sie eine überaus dramatische Angelegenheit«, sagt er.»Vielleicht würde der künftige König von England einen Halbbruder bekommen, der ein ›Nigger‹ ist. Mohammed al-Fayed würde zum Stiefgroßvater des künftigen Königs. Das fürchteten sie, dieses Establishment. Sie sind eine völlig andere Sorte Mensch.«

Das Meeting bedeutete für den Chef von Harrods eine große Herausforderung. Am Ende wird die Spannung in seinem Körper augenfällig, die Suche nach Erklärungen für die Tragödie wirkt angestrengt. Bevor er sich wegen einer anderen Verpflichtung verabschiedet, gelobt er: »Ich werde nicht eher Ruhe geben, bis ich weiß, was geschah. Es geht nicht nur um meinen Sohn. Es geht auch um die Mutter der beiden Jungen.«

Kapitel 7

# ST. TROPEZ

Der *Evening Standard* nannte es ein »erstaunliches und amüsantes Spektakel«. In der Tat war die Benefizvorstellung des National English Ballet am 3. Juni eine der aufwendigsten Aufführungen von *Schwanensee*, die Großbritannien je erlebt hatte – und eine der erfolgreichsten, denn es wurden der Ballett-Truppe mehrere zehntausend Pfund Sterling zur Finanzierung ihrer 46. Saison gespendet. Für die Prinzessin von Wales, seit acht Jahren Schirmherrin des Balletts, sollte dieser Abend in der Royal Albert Hall eine ganz besondere und schicksalhafte Bedeutung erhalten.

Prinzessin Diana, die ein extravagant ausgeschnittenes ultramarinblaues Abendkleid von Jacques Azagury trug, sah sich die Vorstellung aus der königlichen Loge des halbkreisförmigen viktorianischen Zuschauerraums an. Als Sponsor der von der Truppe regelmäßig zur Weihnachtszeit aufgeführten Ballettproduktion *Der Nußknacker* saß Mohammed al-Fayed in ihrer Nähe. Nach der Vorstellung begegneten sich Diana und der Aufsichtsratsvorsitzende von Harrods bei einem Galadiner im Churchill Intercontinental Hotel.

Al-Fayed hatte die Prinzessin schon öfter eingeladen, gemeinsam mit seiner Familie den Urlaub zu verbringen. Jetzt beugte sie sich über ihr Essen – geschmortes Lamm mit Linsen – und fragte: »Wohin fahren Sie diesen Sommer?«

»Nach St. Tropez«, antwortete al-Fayed. »Wenn Sie mitkommen möchten, dann sind Sie herzlich eingeladen.«

»Sie halten Ihre Einladung also immer noch aufrecht?« lachte Diana.

»Selbstverständlich«, antwortete al-Fayed. »Entscheiden Sie sich.«

Das Schicksal wollte es so, daß diese Einladung Diana in eine Liebe auf den ersten Blick und einen Sommer voll unverhofften Glücks führte. Die Einladung löste aber auch eine scheinbar zufällige Verkettung von Ereignissen aus, die Diana und al-Fayeds Sohn schließlich den Tod am 13. Pfeiler des Alma-Tunnels brachte.

Indem er ihr seine Gastfreundschaft anbot, lud al-Fayed eine Prinzessin, die sich von Fotografen verfolgt fühlte, unwissentlich in eine Gegend ein, wo sie ihnen kaum entkommen konnte. Und er führte sie in den Schoß einer derart umstrittenen Familie, daß ihr Besuch auf Wochen hin peinliche Schlagzeilen in den Boulevardblättern verursachen mußte. Um Diana vor den nun folgenden intensiven Beobachtungen abzuschirmen, vermutlich den umfassendsten seit ihrer Trennung von Prinz Charles im Jahre 1992, stellte sie al-Fayed, und später Dodi, unter den Schutz seines privaten Sicherheitsdienstes, stellte ihr Flugzeuge, Helikopter und Limousinen zur Verfügung. Letzten Endes war es all dies, was Diana und Dodi in jener schicksalhaften Nacht in Paris zum Verhängnis wurde.

Als ein Mann, der es liebte, den Gastgeber zu spielen, der von der königlichen Familie fasziniert und über die Geringschätzung der britischen Snobs verbittert war und der sich »nahezu als Bruder« von Dianas verstorbenem Vater empfand, hatte al-Fayed allen Grund, seine schon vor langem ausgesprochene Einladung an jenem Abend zu wiederholen. Seitdem ihre Ehe in die Brüche gegangen war, hatte al-Fayed immer wieder versucht, die Prinzessin und ihre beiden Söhne zu einem Urlaub auf einem seiner Familiensitze zu verlocken. »Warum kommen Sie nicht nach Schottland?« pflegte er Diana zu fragen, wenn sie sich zufällig bei der einen oder anderen Gala trafen. »Warum kommen Sie nicht nach Gstaad?« setzte er nach, wenn sich die Winterurlaubssaison abzeichnete.

Al-Fayed hoffte, daß Diana eines Tages seine Gastfreundschaft annehmen würde, und 1997 bestanden gute Chancen, daß es soweit war. Es war der erste Sommer, den sie ganz für sich hatte, seit sie offiziell geschieden war. Sie hatte deutlich gemacht, daß ihr Privatleben in Zukunft nicht mehr so sehr durch die Hofetikette eingeschränkt sein würde. Al-Fayed war zweifellos bewußt, daß sie als geschiedenes Mitglied der Königsfamilie mit zwei schulpflichtigen Jungen nur eine minimale Auswahl an Urlaubsdomizilen hatte. »Sie konnte nicht mehr die königlichen Besitztümer besuchen«, erläutert eine Freundin von Diana. »Sie konnte nicht mehr nach Balmoral, sie konnte nicht mehr nach Highgrove oder Sandringham. Und sie hatte zwei stramme Burschen als Söhne. Was sollte sie mit den beiden den ganzen Sommer lang anfangen, selbst in einem Palast?«

Wie sich herausstellte, erhielt Diana noch ein anderes Angebot. Ein paar Tage nach der Aufführung von *Schwanensee* hatten Diana und Gulu Lalvani, ein reicher 58-jähriger, in Karachi geborener Geschäftsmann, gemeinsam in Harry's Bar in Mayfair zu Abend gegessen und danach im Annabel's bis weit nach Mitternacht getanzt. Es war das erste Mal, so sagten Beobachter vom Hof, daß Diana nach ihrer Scheidung in aller Öffentlichkeit mit einem Mann einen Nachtclub besuchte. Lalvani, der auf 100 Millionen Dollar geschätzt wird, hatte Diana einen Urlaub in seinem luxuriösen Strandhaus an den weißen Sandküsten von Thailand offeriert.

Doch kurz darauf rief Diana Michael Cole in seinem neuen Stallgebäude in South Kensington an, um sich über St. Tropez zu informieren und darüber, welche Art von Urlaub sie dort erwarte. Sie hatte beschlossen: Nicht Thailand, sondern Frankreich! Obwohl sie keine besondere Vorliebe für Südfrankreich hatte, schien ihr Thailand zu weit entfernt. Es gab noch einen wichtigeren Grund für ihre Wahl: Al-Fayeds vier jüngere Kinder waren ungefähr im gleichen Alter wie Wills und Harry. Und das Wichtigste für Diana war, daß ihre Söhne einen schönen Urlaub hätten.

Am 11. Juni schrieb Diana mit schwarzem Filzstift auf ihrem lachsrot gerahmten privaten Briefpapier ein paar herzliche Zeilen, die mit »Lieber Mohammed« begannen. Sie dankte ihm höflich für seine Einladung nach St. Tropez – Freunde von ihr sind der Ansicht, sie sei die beste Dankesbriefschreiberin gewesen, die sie kannten – und fragte, ob Wills einen Freund mitbringen könne, weil er ihn bereits zum Familienurlaub mit seiner Mutter und seinem Bruder eingeladen hätte. (Al-Fayed hatte nichts dagegen, aber der Freund wurde im letzten Augenblick krank und konnte daher nicht mitkommen.)

Michael Cole antwortete Diana am 2. Juli und beschrieb in allen Einzelheiten, welche Vielfalt von Einrichtungen al-Fayeds Anwesen an der Côte d'Azur ihren Kindern bieten würde, und schlug einen Zeitplan für den Reiseablauf vor. Es gäbe dort alles, was man sich für einen gelungenen Urlaub nur wünschen könne, schrieb er, vor allem absolute Ruhe: Das Grundstück der Familie befinde sich hoch oben auf einer Klippe und könne von anderen Anwesen aus nicht eingesehen werden. »Mr. al-Fayed wird Ihnen einen Helikopter schicken«, informierte Cole Diana. Da er den Wunsch der Prinzessin nach Diskretion kannte, fügte er hinzu: »Wenn wir diese Angelegenheit richtig angehen, wird kein Mensch jemals bemerken, daß Sie weggefahren sind. Unser Ziel ist, daß Sie einen ruhigen, privaten Familienurlaub haben.«

Ungestörtheit war für Diana ein fast schon manisches Anliegen geworden, erst recht, wenn es um Wills und Harry ging, da sie fest dazu entschlossen war, deren Kindheit so normal wie möglich zu gestalten, einschließlich Hamburgern bei McDonalds, Eiskrem bei Harrods und Ferientagen voller Spaß – all dies selbstverständlich innerhalb der Grenzen, die ihnen ihr Status als zweiter und dritter Anwärter in der britischen Thronfolge setzte.

St. Tropez war insofern ein Problem, als es weltweit der wohl ungeeignetste Ort für Abgeschiedenheit ist. Berühmt-berüchtigt als einer der beliebtesten Plätze an der Côte d'Azur, gleichen seine Strände dem Inhalt von Sardinenbüchsen, wimmelt es in den Sommermonaten nur so von millionenschweren Yachtbesitzern, Playboys, Gigolos, Zockern, Schönlingen mit braungebrannten nackten Oberkörpern und Sensationsreportern auf der Jagd nach Berühmtheiten. Bereits in den zwanziger Jahren beklagte sich die französische Romanschriftstellerin Colette darüber, wie überfüllt St. Tropez sei. Ein Cartoon in einer Londoner Zeitung machte sich über Dianas Suche nach einem Urlaubsort lustig; er zeigt sie auf einer einsamen Insel, wie sie Flaschen ins Meer wirft mit dem Notruf: »Ich will allein sein!«

Diana konnte den Beginn ihres Urlaubs kaum erwarten. Die Jungen hatten bereits Schulferien, aber al-Fayed mußte seinen Aufenthalt in St. Tropez zeitlich zwischen den berühmten Halbjahres-Schlußverkauf bei Harrods am 9. Juli und einen regelmäßigen Sommerbesuch bei Verwandten seiner Frau in Finnland legen. Als der Urlaub endlich am Freitag dem 11. Juli begann, konnten die Fotografen Dodi Fayed noch nicht im Sucher haben. Genausowenig war er bereits in Dianas Sicht.

Dianas Tag begann im Kensington Palace mit einer letzten Überprüfung der Sicherheitsvorkehrungen. Sie hatte nach ihrer Scheidung den Schutz durch britische Geheimpolizisten beendet, da sie das Gefühl hatte, diese würden in ihr Privatleben eindringen und es ausspionieren. Die notwendigen Vorkehrungen für die beiden Jungen wurden jedoch von Charles' Sicherheitschef Colin Trimming getroffen, dem furchtlosen Leibwächter, der einst in Sydney einen durchgedrehten Australier niedergerungen hatte, als dieser auf den Prince of Wales losgegangen war und mit Platzpatronen auf ihn geschossen hatte.

Eine Limousine von al-Fayed fuhr zum Kensington Palace, um Dianas Gepäck abzuholen und es zum Flughafen Stansted im Nordosten von London zu bringen. Kurz darauf landete um 11.30 Uhr, mit der Flugfreigabe vom Büro des obersten Kammerherrn im Buckingham Palace, ein creme-, grün- und goldfarbene Sikorsky SK-76, der zu der Helikopterflotte von Harrods gehörte, nahe dem Kensington Palace. Es war vermutlich dieselbe Maschine, die Premierminister Tony Blair in den letzten Tagen seiner Wahlkampagne, die drei Monate zuvor mit einem überwältigenden Wahlsieg der Labour Party geendet hatte, dazu genutzt hatte, kreuz und quer durch Großbritannien zu fliegen. Diesmal brachte sie Diana, Wills, Harry und einen Geheimpolizisten von Scotland Yard (ein zweiter war schon nach St. Tropez vorausgeflogen) nach Barrow Green Court, al-Fayeds Anwesen in Oxted/Surrey.

Um 15.20 Uhr, nach einem leichten Mittagessen, flogen Diana, Wills (15) und Harry (12), begleitet von al-Fayed, seiner Frau Heini und seinen vier Kindern (zwei Jungen im Alter von 14 bzw. zehn Jahren und zwei Mädchen im Alter von 17 bzw. zwölf Jahren), nach Stansted los. Dort gingen sie an Bord von al-Fayeds Firmenjet, einem »Gulfstream IV«, der sie in einem zweieinhalbstündigen Flug nach Nizza bringen sollte. Die Reisegruppe wurde binnen kürzester Zeit zu dem kleinen Hafen St.-Laurent-du-Var gefahren, wo sie an Bord von al-Fayeds Yacht »Jonikal« stieg.

Die lange Seefahrt westwärts nach St. Tropez verschaffte

Diana und den Jungen die Gelegenheit, das bezaubernde Panorama der Côte d'Azur mit ihren ockerfarbenen Dörfern und deren roten Ziegeldächern zu bewundern, die sich an die steilen, pinienbedeckten Ausläufer der Alpen schmiegen. Rosa Wolken zogen am frühen Abend über den Himmel, weiße Segel und Blinklichter waren in der Dämmerung als kleine Punkte auf dem Meer zu erkennen, Palmenalleen markierten die Küste, die von Sandstränden und Badeanstalten gesäumt ist. Keines der königlich britischen Ferienziele im regnerischen England und Schottland konnte sich mit al-Fayeds sonnenüberflutetem Anwesen in St. Tropez' Le Parc vergleichen, einer Enklave von 170 luxuriösen Häusern.

Zu »Castel Ste. Hélène«, al-Fayeds vier Hektar großem Besitz hoch oben auf den Klippen über dem Meer, gehört eine jahrhundertealte cremefarbige Villa mit zehn Schlafzimmern, die früher einmal Eigentum des Erbauers des Suezkanals, Ferdinand de Lesseps, gewesen war. Als die Reisegruppe schließlich um 20.20 Uhr dort eintraf, führte Heini al-Fayed Diana, Wills und Harry zum »Fisherman's Cottage«, einem Gästehaus mit acht Schlafzimmern, das unterhalb vom Hauptgebäude liegt, mit eigenem Butler, Koch, Swimmingpool, Sonnenterrasse und Meeresblick vom Garten.

Einige hundert Stufen führen hinunter zum Meer zu einem privaten Strand und Anlegesteg. Von dort aus bringt eine Barkasse Gäste hinüber zur »Jonikal«, einer 43 Meter langen Motoryacht mit zwölf Schlafkabinen und einer 16 Mann starken Besatzung, einem imposanten italienischen Schiff, das al-Fayed einen Monat zuvor einem Mailänder Textilmagnaten abgekauft hatte. In der Nähe der »Jonikal« lag der Zweimast-Schoner »Sakara« vor Anker, der Traum eines jeden Seglers, ausgestattet mit lackiertem Mahagoniholz, handgemachten Segeln, polierten Messingarmaturen und Davits (Kranen), die, mit britischen Pennies besetzt, das Baujahr des Schiffes kennzeichneten.

An diesem Abend nahmen die Urlauber ein leichtes Nachtmahl in der Villa ein und machten anschließend einen Bummel durch die Altstadt von St. Tropez. Die folgenden zehn Tage genoß die Familie al-Fayed gemeinsam mit ihren Gästen die Vergnügungen und die Privilegien reicher Urlauber am Meer, zu denen auch ihr unmittelbarer Nachbar Bernard Arnault zählte, Chef des

Luxusgüter-Multis »Louis-Vuitton-Moët-Hennessy«. Die jungen Prinzen hatten Spaß daran, mit al-Fayeds Sicherheitsbeamten Unfug zu treiben, darunter früheren Angehörigen der britischen Marine. Sie gingen Segeln, Wasserskilaufen und Sporttauchen oder planschten am Privatstrand und in den Swimmingpools der Villa. Wills, ein exzellenter Sportler, machte gern Kopfsprünge aus neun Metern Höhe vom Hauptdeck der »Jonikal«. An mehreren Abenden spazierten Diana und die Jungen zum Abendessen nach St. Tropez.

Doch sie waren nicht immer allein. Wie sich später herausstellte, hatte Diana kaum ihre erste Nacht in »Castel Ste. Hélène« verbracht, als schon die ersten Reporter der britischen Boulevardblätter unterwegs nach St. Tropez waren. Paparazzi mit riesigen Super-Objektiven waren ebenfalls unter den ersten, die auftauchten, aber es strömten genauso Fotografen von internationalen Nachrichtenagenturen wie *Agence France Press* herbei sowie Reporter von Lokalblättern der Côte d'Azur. Am Ende dieses Nachmittags wurden bereits erste unscharfe Fotos an die Londoner Zeitungen gefunkt; sie zeigten einen Mann, der wie Mohammed al-Fayed aussah, und eine jüngere Frau, die Diana ähnelte, an Bord eines Schiffes namens »Sax-ara«, wie ein Fleet-Street-Redakteur mühsam (aber falsch) entzifferte.

Die brandheißen Schlagzeilen machten ein großes Aufheben um Dianas Wahl ihrer Urlaubsgefährten. Die britische *News of the World* gab den Ton an mit einem Titelfoto von Diana und al-Fayed, wie sie mittags gemeinsam einen Drink auf dem Deck der »Sakara« zu sich nehmen, sowie mit der fetten Schlagzeile: »Di und Sleaze-Row-Magnat: Harrods' Boß segelt mit Prinzessin davon.« – Mit »Di's Befreiungsschlag« war die erste Salve vom *Sunday Mirror* betitelt; in der Story im Blatt selbst wurde Harold Brookes-Baler, Herausgeber von Burke's Adelskalender, mit den Worten zitiert: »Dies ist absolut unverantwortlich von der Prinzessin.«

Dianas enge Freundin Rosa Monckton, Präsidentin von »Tiffany & Co.« in London, die sie darum gebeten hatte, Patin ihrer Tochter zu werden, hatte die Prinzessin »eindringlich davor gewarnt, mit den al-Fayeds in Urlaub zu fahren«. Ihre Warnung überrascht nicht sonderlich angesichts der Tatsache, daß Mohammed al-Fayed mit seinen »gemeinen« Behauptungen dazu beigetragen hatte, die letzte Tory-Regierung zu stürzen, denn Monckton ist die Ehefrau von Dominic Lawson, dem Herausgeber des *Sunday Telegraph*, und dieser wiederum ist der Sohn eines früheren Schatzmeisters der Regierung unter Margaret Thatcher. Aber Diana erhielt ähnliche Ratschläge auch von Freunden, die weniger mit Politik zu tun hatten. Deren Sorgen basierten auf einer einfachen Logik: Wie auch immer die Wahrheit über al-Fayed aussehen mochte – er war in England derart umstritten, daß ein Urlaub mit ihm und seiner Familie unweigerlich zu Unannehmlichkeiten für die Prinzessin führen mußte.

Diana erzählte ihren Freunden, daß sie Mohammed überhaupt nicht so sähe. Sie betrachtete ihn nicht als jenen Geschäftsmann, der von einem Regierungsausschuß negativ beurteilt worden war. Die Prinzessin konnte überraschend naiv sein bezüglich tagespolitischer Ereignisse und war absolut loyal gegenüber denen, die sie gut behandelten. Wenn sie überhaupt irgend etwas über die Untersuchungen des Ministeriums für Handel und Industrie wußte, so sagt ein Freund, »zog sie einfach einen Schleier darüber«.

Am Montag, die gemeinen Anspielungen der Boulevardzeitungen vom Sonntag noch gut im Gedächtnis, unternahm Diana ihren ersten und einzigen Versuch, die Fotografen zu vertreiben. Wills und Harry gingen an diesem Morgen zum Strand, um unter dem wolkenlosen Himmel und der brennenden Sonne Wasserski zu fahren. Als Diana in einem atemberaubenden Einteiler mit Leopardenfellmuster gegen 11.00 Uhr vormittags am Landesteg zu ihnen stieß, hätte sie sich genausogut auf dem Laufsteg einer Modenschau befinden können angesichts der Verschlußsalven der Kameras, die sie auslöste. Die Prinzessin sagte kein Wort zu den Paparazzi, sondern ließ sie ihre Bilder schießen; kurze Zeit später zog sie sich wieder auf al-Fayeds Privatstrand zurück.

Plötzlich tauchte Diana wieder mit einem Leibwächter auf, bestieg mit ihm ein kleines Boot und ließ sich zu einem Motorboot namens »Faney« rudern, das wenige hundert Meter vor der Küste lag, und auf dem sich drei britische Kameraleute und drei britische Reporter aufhielten. Sie ließ sich längsseits vom Boot rudern und fragte sie, wie lange sie noch vorhätten, sie zu beobachten. Die Aufmerksamkeit der Presse war ihr äußerst unangenehm, erzählte James Whitaker vom *Daily Mirror*, weil sie sich Sorgen machte, daß man ihren Söhnen die Ferien verderben würde. Den anwesenden Reportern zufolge begann sie dann einen bemerkenswerten Monolog, in dem sie andeutete, daß sie aufgrund der unaufhörlichen Überwachung eventuell eines Tages ins Ausland ziehen würde. (Ähnliches hat sie gegenüber Annick Cojean von der renommierten französischen Tageszeitung *Le Monde* in einem Interview geäußert, das am 13. Juni geführt und am 27. August veröffentlicht wurde.)

Es war Whitaker, der sie in ein Gespräch verwickelte und ihre Bekenntnisse vernahm: »Meine Söhne bedrängen mich ständig, ins Ausland zu ziehen, damit wir nicht dermaßen dem öffentlichen Interesse ausgesetzt sind. Vielleicht sollte ich das wirklich tun – Großbritannien verlassen und im Ausland leben.« Auf die Frage, warum sie nicht mit den französischen Journalisten spreche, antwortete sie: »Es geht nicht, ich beherrsche die Sprache nicht, deshalb muß ich mit Ihnen reden.« Sie fügte hinzu: »Die Leute verfolgen mich in London, egal wohin ich auch gehe. Von der ersten Minute an, seitdem wir uns hier befinden, werden wir nicht aus den Augen gelassen. Es besteht ein krankhaftes Interesse an mir und den Kindern.« Sie beklagte, daß William infolge dieser ganzen Aufmerksamkeit bereits »ausgeflippt« sei. Dann machte die Prinzessin eine rätselhafte Bemerkung, deren Inhalt für alle Ewigkeit eine Quelle der Spekulationen bleiben wird: »Sie werden bald eine große Überraschung erleben über das nächste, das ich tun werde.« (Whitaker als Hauptzeuge hat sich über diese Bemerkung lange Zeit Gedanken gemacht; letztlich glaubt er, daß sie ganz einfach die Presse verwirren sollte, die sie peinigte.) Diana ließ ihr Boot noch immer auf gleicher Höhe mit dem der Journalisten halten und plauderte weitere gute zehn Minuten mit ihnen, bevor sie abdrehte und sich in Richtung Villa zurückrudern ließ.

Am nächsten Tag ließ Diana vom Kensington Palace eine Erklärung abgeben, daß man sie »falsch zitiert« habe, und die Presse fragte sich, ob die Queen sie unter Druck gesetzt hatte, ihre Bemerkungen über ein künftiges Leben im Ausland rückgängig zu machen. Whitaker berichtet, daß Diana wütend auf ihn war. Sie hatte geglaubt, die Unterhaltung sei nicht für die Öffentlichkeit bestimmt gewesen. Doch andererseits glaubt Whitaker, daß sie genug von der Presse wußte und ihr deshalb klar gewesen sein mußte, daß jedes Interview mit ihr von unschätzbarem Wert war und daher nicht unveröffentlicht bliebe, es sei denn, dies würde strikt untersagt.

Die improvisierte Pressekonferenz machte den Reportern offensichtlich Appetit auf mehr. Diana unternahm ein paar Ausflüge mit der »Jonikal« samt einer Flottille von schnellen Pressebooten in ihrem Kielwasser, die untereinander mit Mobiltelefonen kommunizierten. Sie beging den Fehler, eine FKK-Insel anzulaufen, wo sie in einer Pose fotografiert wurde, als würde sie gerade die Anatomie eines nackten männlichen Sonnenanbeters inspizieren. Das Foto erschien am nächsten Tag auf der Titelseite einer deutschen Boulevardzeitung.

Es kamen anschließend natürlich Fragen auf, wie die Presse Dianas Aufenthalt in Südfrankreich überhaupt herausgefunden hatte. Michael Cole stritt felsenfest ab, daß er irgend jemandem einen Hinweis gegeben hätte, und bezeichnete derartige Andeutungen als verleumderisch. Tatsächlich konnte die undichte Stelle von einer Vielzahl anderer Quellen herrühren, die darüber informiert waren, daß Diana sich in Frankreich aufhielt: den französischen Grenzbehörden, der Präfektur von St. Tropez, dem britischen Konsulat in Nizza, dem britischen Geheimdienst, dem Apparat des Kensington Palace – und auch von Diana selbst. »So ein Aufenthalt in Frankreich«, resignierte Cole, »wird einfach bekannt. Ich will keine Spekulationen darüber anstellen, wieviel Geld dafür den Besitzer wechselte, aber man konnte ihn nicht geheimhalten. Am Sonnabendnachmittag, 20 Stunden nach ihrem Eintreffen, wurde die Katze aus dem Sack gelassen, und das ist eine große Schande.«

Dianas Verärgerung über die Pressehorden in St. Tropez – ganz zu schweigen von den hysterischen Verleumdungen der Paparazzi nach ihrem Tod – ist von einer Tatsache überschattet, die britischen Pressekreisen nur allzu geläufig war: Diana war überaus bereit, mit den Fotografen zusammenzuarbeiten, wenn sie sie nur in einem guten Licht erscheinen ließen. Zweifellos verabscheute sie die schmierigen Paparazzi, die sie bei ihren Londoner Einkaufsbummeln oder beim Besuch ihres Fitneß-Studios verfolgten. Wie den meisten Londoner Verlegern bekannt war, pflegte sie jedoch regelmäßig von ihr favorisierten Reportern Informationen zuzuspielen und gab bestimmten Fotografen Hinweise, wann und wo sie vielleicht ein gutes Foto schießen könnten.

»Es konnte auch von ihrer Stimmung abhängen«, sagt *Daily MIRROR*-Korrespondent James Whitaker. Als am Sonnabend dem 12. Juli die ersten Reporter in St. Tropez eintrafen, tat Diana alles Erdenkliche, um der Presse zu entgehen. Auf dem Dachgarten der Villa tarnte sie sich mit einem »großen pinkfarbenen Handtuch auf ihrem Kopf«, berichtet Whitaker. Im Verlauf der Woche gab die Prinzessin ihre Zurückhaltung auf. »Sie begann sich regelrecht zur Schau zu stellen.« Whitaker vermutet, daß dies eine Reaktion auf Camilla Parker Bowles' bevorstehenden 50. Geburtstag und das damit verbundene Fest war, das Dianas Ex-Mann veranstalten wollte. Diana hoffte, so Whitaker, ihre alte Rivalin möglichst rasch und massiv aus der Presse zu verdrängen. »Je mehr Diana unternahm, desto besser wurde die Ausbeute der Fotografen und desto weiter verbannte es Camilla in den hinteren Teil der Zeitungen.«

In ihrem am 27. August in *Le Monde* erschienenen Interview gibt Diana offen zu, daß sie ihr Ansehen dazu benutze, in sozialen Belangen zu helfen, was Zyniker für den Manipulationsversuch hielten, sich selbst zur Heiligen Diana zu stilisieren. »Die ganze Zeit über im Rampenlicht der Öffentlichkeit zu stehen«, so erzählte sie dem französischen Reporter Annick Cojean, »gibt einem ein besonderes Gefühl von Verantwortung. Fotografien verkünden der Welt eine Nachricht über ein wichtiges Ereignis und betonen sie somit.« Es ist ganz sicher, daß Diana eine sehr weitreichende Beziehung zu den Medien besaß. In der Tat hat Diana persönlich im Laufe des Sommers 1997 Fotografen ausgewählt, was zu den Sensationsbildern in der Boulevardpresse führte. Am Ende war es ein Publicity-Drahtseilakt, der schiefging. Die Veröffentlichung dieser Fotos machte die zunehmend aggressiver werdende Verfolgungsjagd nur noch schlimmer und endete mit den Paparazzi auf Motorrädern, die Dianas Mercedes vom Ritz bis zur Place de l'Alma am letzten Augusttag jagten.

Man muß bezweifeln, ob Diana selbst irgend jemandem Hinweise auf ihre Reise nach St. Tropez gab, denn sie hat es nicht gewollt, daß ihren Kindern der Ferienspaß durch einen Schwarm von Paparazzi verdorben würde. Und es ist Tatsache, daß die Fotografen sie und ihre Söhne in St. Tropez zumindest die überwiegende Zeit nicht verfolgten und daß sie sich durch deren Aufmerksamkeit auch nicht übermäßig belästigt fühlte. Diana genoß innerhalb des Besitzes auf der Klippe eine fast totale Ungestörtheit, abgesehen von wenigen Ausnahmen, als sie sich zu weit in den Garten des »Fisherman's Cottage« hinauswagte und in die Reichweite der Teleobjektive geriet. Sie konnte den Kameras weitgehend entfliehen, wenn sie an Bord der »Jonikal« war, und man folgte ihr und ihren Söhnen auch nicht, wenn sie abends zusammen mit den al-Fayeds durch St. Tropez spazierte. Für die Fotografen ihrerseits bestand ein ungeschriebenes Gesetz, daß sie die Prinzessin abends nicht belästigen wollten, solange sie am Tag gute Fotos von ihr bekamen. Und zu jener Zeit ging Diana, wenn sie sich inmitten ihres ungewollten Publikums befand, fast immer freundlich und relaxed mit ihnen um.

Diana hat damals gesagt, daß sie hoffe, ihren Urlaub »völlig anonym und ungestört« genießen zu können. Diese Bemerkung war entweder naiv oder unaufrichtig. Selbst die führenden seriösen Presseorgane waren der Ansicht, das Privatleben der Mutter von Englands zukünftigem König verdiene eine angemessene Erwähnung in den Schlagzeilen. Man mußte daher davon ausgehen, daß Reporter in St. Tropez auftauchen würden. Und als sie da waren, war es unvermeidlich, daß infolge des freien Zugangs vom Meer her und der Vielzahl von Aktivitäten der al-Fayed-Gruppe in der Öffentlichkeit auch Fotos von der Prinzessin und ihren Söhnen entstanden. Anfänglich gruppierten sich die französischen Fotografen brav auf einem Landungssteg, 20 Meter entfernt vom Landungssteg der al-Fayed-Crew. Von dort aus konnten sie Schnappschüsse von der Prinzessin machen, wie sie am Privatstrand schwamm, wie sie vom Steg ins Wasser sprang oder in einem Boot wegruderte.

Fotografen von britischen und internationalen Agenturen zahlten dagegen große Summen für angemietete Schnellboote und ankerten vor der Küste, um bestes Schußfeld auf den Strand und al-Fayeds Schiffe zu haben, die weiter draußen lagen. Wenn die Prinzessin absolute Ungestörtheit wünschte, hatte sie drei Möglichkeiten: innerhalb des Grundstücks von al-Fayed zu bleiben, Mohammed zu bitten, mit ihr weiter draußen auf dem Meer zu kreuzen, oder ein weiter entfernt liegendes Ziel für ihren Urlaub auszuwählen. In dieser Hinsicht wäre Thailand die bessere Wahl gewesen.

Jean-Louis Macault, der in St. Tropez aufgewachsen ist und einige der weitverbreiteten Fotos von Diana für seine Agentur »MaxPPP« schoß (von der Spaßvögel sagen, der Name bedeute *max*imaler *P*reis *p*ro *P*ixel), behauptete, daß Dianas Kooperationsbereitschaft es unmöglich machte, ein schlechtes Foto von ihr aufzunehmen. Er ist freier Fotograf, der jede Art von Aufträgen – wo auch immer – annimmt: vom Staatsdiner bis zu Schauplätzen von Verbrechen, verbringt jedoch die Sommermonate daheim an der Côte d'Azur. Als er den Anruf erhielt, Diana sei in seiner Heimatstadt, nahm er an, daß sie sich nicht groß in der Öffentlichkeit aufhalten würde, um nicht fotografiert zu werden. Er lag völlig falsch: Die ganze Woche lang unternahm sie wenig, um sich zu verstecken, sagt Macault und macht dabei eine typisch französische Äußerung des Entzückens, irgend etwas zwischen einem Seufzer und einem »Oh, là là!«.

Diana erschien jeden Morgen pünktlich um 11.00 Uhr am Strand, tauchte und schwamm mit ihren Söhnen, tat dies aber an einem Strandbereich, der näher zu den Fotografen lag, und nicht dort, wo sie eher unbelästigt gewesen wäre. Macault, der die Prinzessin nie zuvor aufgenommen hatte, sagt, daß sie manchmal regelrecht mit den Kameras flirtete. Sie habe den Fotografen ein komplizenhaftes Lächeln zugeworfen, wann immer sie ankam oder aus ihrer Sicht entschwand.

Macault bestreitet, daß die Fotografen irgend etwas taten, um sie absichtlich zu erzürnen. Die veröffentlichten Fotos von ihrem Urlaub in St. Tropez scheinen ihm recht zu geben: Kein einziges davon zeigt die Prinzessin in einer defensiven Pose, wie z. B. mit hochgehaltener Hand, um einen unerwünschten Fotografen abzuwehren. Sie scheint zu keiner Zeit gereizt gewesen zu sein oder mit den Fotografen zu schimpfen, noch daß sie vor ihnen davonlief oder sonstwie verärgert vorkam. Laut Macault waren die Fotos, die er aufnahm, so exzellent, daß es keinen Grund dafür gab, daß sich Diana eventuell darüber aufregen würde. Anderenfalls hätte das möglicherweise heftige polizeiliche Aktionen nach sich gezogen und wäre das Ende der täglichen Fotositzung gewesen.

Insgesamt sind die St.-Tropez-Fotos darauf angelegt, das Bild einer wunderschönen Frau zu vermitteln, die eine herrliche Zeit genießt und für ihre Kinder eine gute Mutter ist – genau die Art von Eindruck, den Diana in der Weltöffentlichkeit erwecken wollte, wie sie Freunden erzählte. Ihr Gastgeber ermunterte sie noch dazu, vor den Fotografen zu posieren und nicht zu ablehnend zu ihnen zu sein. Schließlich sei das deren Job, sagte er, sie hätten auch Frauen und Kinder. An Dianas letztem Urlaubstag rief Brian Vine von *Mail on Sunday* bei al-Fayed an, welcher ihm erzählte, daß Diana sich nicht übermäßig über die Fotografen aufgeregt habe.»Sie hat sich keineswegs vor ihnen versteckt und hat sich ihnen gegenüber überaus kumpelhaft verhalten«, sagte er.»Sie unterstützte sie, soweit sie Fotos einer glücklichen Familie machen wollten.«

Aber es gab auch spannungsgeladene Situationen. In der zweiten Wochenhälfte lief die »Faney« mit der britischen Presse aus, um nach der »Jonikal« zu suchen. Die Journalisten waren sich nicht sicher, ob Diana und ihre Söhne überhaupt an Bord waren, doch als sie die Ile de Port-Cros erreichten, ca. 60 Seemeilen von St. Tropez entfernt, stießen sie auf die »Jonikal« und stellten fest, daß sowohl die königliche Familie als auch die al-Fayeds an Bord waren. Was folgte, war eine außergewöhnliche Szene. Die »Jonikal« war flankiert von der »Cujo«, einem ehemaligen Kutter der US-Küstenwache, der jetzt gelegentlich als eine Art Wachboot operierte. Dieses Schiff, das wesentlich größer als die »Faney« ist, begann mit dem Boot der britischen Presse ein Katz-und-Maus-Spiel, sobald es aufkreuzte. Die beiden Boote vollführten einen Sparringskampf, weniger, um näher an die Prinzessin heranzukommen, die gar nicht zu sehen war, als ganz einfach deshalb, weil sich die britischen Journalisten zu langweilen begannen bei dem sommerlich heißen Wartespiel. Doch nach wenigen Augenblicken gaben die Boote ihr Spielchen wieder auf.

In diesem Moment kletterte Mohammed die Außentreppe der »Jonikal« hinunter, um zu schwimmen. Die »Faney« vollführte eine Wende, damit die Fotografen eine bessere Schußposition erhielten, was die »Cujo« sofort zum selben Manöver veranlaßte. Das vereinte Kielwasser der beiden Motorboote warfen Mohammed gegen die Außenseite seines eigenen Schiffs. Als die »Faney« Position bezog – und sehen wollte, ob das ganze Getöse die Prinzessin auf den Plan bringen würde –, schoß die »Cujo« heran und hätte das britische Presseboot um Haaresbreite gerammt, wie Whitaker berichtet.

Nach diesen Manövern alarmierten die al-Fayeds offensichtlich die französische Küstenwache, die aufkreuzte und die Pässe sämtlicher Personen kontrollierte, die sich an Bord von »Faney« und »Cujo« befanden. Sie wurden in keiner Weise verwarnt, berichtet Whitaker, aber etwa 20 Minuten später erhielt die »Faney« telefonisch die Order, das Gebiet zu verlassen.

Nachdem sie weggefahren waren, so sollte Whitaker später erfahren, erschien Diana im Badeanzug und gab einer Gruppe französischer Journalisten eine erstaunliche Vorstellung. Man hatte den Franzosen, die in die Manöver mit der »Cujo« nicht verwickelt waren, erlaubt, sich der »Jonikal« zu nähern. Sie wurden Augenzeuge davon, wie Diana baden ging, indem sie ein herabhängendes Tau griff und sich »wie Jane ohne Tarzan« ins Wasser schwang. Die dankbare französische Presse legte sich später mächtig ins Zeug und sandte Diana ein riesiges Bouquet mit 100 roten Rosen.

Obwohl Mohammed al-Fayed nicht gerade erfreut darüber war, wie Dianas Urlaub mit seiner Familie minutiös dokumentiert wurde, bildete es auch keine Überraschung für ihn. Und wenn er der Meinung war, daß die Belästigungen gegen das Gesetz verstießen, rief er angeheuerte Muskelprotze auf den Plan, die die Angelegenheit für ihn regelten. Er stockte sein Sicherheitskontingent auf 20 Wächter auf. Im Verlauf der Tage versuchte al-Fayed die Identitäten derjenigen Paparazzi herauszufinden, die mit einem Helikopter über »Castel Ste. Hélène« hinweggeflogen waren, um sie von seinen Anwälten gerichtlich belangen zu lassen. Bevor die Ferien zu Ende waren, hatte sein Hausanwalt in Paris, Bernard Dartevelle, das Fundament für eine einstweilige Verfügung wegen Verletzung der Privatsphäre gegen *Paris Match, France-Dimanche* und die Bildagentur »Sygma« zusammen. »Es gibt nur einen einzigen Grund dafür, daß ein Mann in Designerklamotten mitten in der Nacht mit einer Nikon um den Hals durchs Unterholz kriecht, und der ist Geld«, beschwerte sich Michael Cole später. Die Mobilisierung von al-Fayeds Sicherheitsapparat zur Abschirmung von Diana von den Paparazzi war sicherlich gut gemeint. Im nachhinein betrachtet, hat damit möglicherweise eine Reihe von übertriebenen Sicherheitsmaßnahmen begonnen, die Ende August in Paris ganz entscheidend fehlschlugen.

Rückblickend war das Bemerkenswerte an St.Tropez, daß niemand merkte, daß eine Romanze in der Luft lag. *Paris Match* veröffentlichte das Foto einer strahlenden Diana auf seiner Titelseite, wie sie von einem Landungssteg in eine Barkasse sprang, und kitzelte seine Leser mit Schlagzeilen, daß Diana und Mohammed gerade im Begriff ständen, eine Neunziger-Jahre-Version von Jackie Kennedy und Ari Onassis zu bilden. Der Vorspann auf der Titelseite lautete: »Diana: eine ungebundene Frau in St. Tropez. Ein Jahr nach ihrer Scheidung ihr erster glücklicher Urlaub. Die liebevolle Geste eines Millionärs: das Foto, das in Großbritannien einen Skandal verursachte.« Das angesprochene unscharfe Bild zeigt Diana und Mohammed von hinten auf der »Jonikal«: Der Industriemagnat hat seinen Arm fest um Dianas Taille geschlungen, und Dianas Hand liegt freundschaftlich auf Mohammeds Schulter. Das Foto hat jedoch in Großbritannien keinen besonderen Skandal verursacht, da die meisten britischen Verleger und ihre Leser wußten, daß Heini al-Fayed bei dem Urlaub ebenfalls dabei war.

Was Dodi anbelangt, hatte dieser gerade seit einem Jahr eine Beziehung zu dem aus Kentucky stammenden »Wilhelmina«-Model Kelly Fisher. Das Paar hatte geplant, ab dem 15. Juli seinen Sommerurlaub gemeinsam an der Côte d'Azur zu verbringen. In Paris verfolgten sie tags zuvor noch vom Balkon von Dodis Wohnung in der Rue Arsène-Houssaye aus die morgentliche Parade auf den Champs-Elysées, die anläßlich des Nationalfeiertages zur Erinnerung an die Erstürmung der Bastille abgehalten wurde.

Mitten am Nachmittag klingelte das Telefon. Dodi teilte Kelly anschließend mit, daß sein Vater ihn gebeten habe, sich noch um geschäftliche Dinge in London zu kümmern. Dodi flog mit einer Privatmaschine ab und verägerte Kelly mit seiner Aufforderung, ihn während des restlichen Tages nicht mehr anzurufen. Wie sich später herausstellte, war Dodi von Paris nach Nizza geflogen und hatte in Cannes an der Party seines Vaters teilgenommen, die dieser anläßlich des Feuerwerks am Nationalfeiertag dort gegeben hatte.

Um 2.00 Uhr morgens des darauffolgenden Tags erreichte

Kelly schließlich Dodi auf seinem Handy, der gestand, daß er bereits ohne sie zur Côte d'Azur geflogen sei. Wutentbrannt drohte sie an, nach Los Angeles zurückzukehren, doch Dodi versöhnte sie wieder, indem er ein Flugzeug losschickte, das sie gleich am nächsten Tag herbeibefördern würde.

Kelly stieß dann zu Dodi am Nachmittag des 16. Juli an Bord der »Sakara« im Hafen von St. Tropez, und setzte, nachdem sie einen kurzen Segeltörn unternommen hatten, auf die »Cujo« über, auf der sie und Dodi die beiden folgenden Nächte schlafen wollten. Doch Dodi schlich sich wiederholt allein ins »Castel Ste. Hélène« davon mit der Ausrede, daß die Prinzessin keinen fremden Menschen begegnen wolle. Er verärgerte Kelly permanent damit, daß er ihr sagte, nur zu einem schnellen Lunch hinüberzufahren, um dann sechs Stunden später wieder zurückzukehren. Sie berichtet gern davon, daß es Probleme dabei gab, wenn sie die Crew von einem Schiff zum anderen bringen sollte. »Nichts ging richtig voran«, sagte sie. »Ich wußte zwar, daß sein Vater ihm ungeheuer wichtig war und daß Dodi das tun mußte, was dieser ihm auftrug. Trotzdem war ich fuchsteufelswild. Ich hielt mich für ein Mitglied der Familie. Dodis Familie war anwesend, und ich wollte meine Zeit auch mit ihr verbringen. Aber das Rad der Geschichte war bereits ins Laufen gekommen und schleuderte mich von sich.«

Wie es der Zufall so will, hatte Kelly gerade in Nizza ein Engagement als Model vom 18. bis 20. Juli, und Dodi stellte ihr für drei Tage die »Cujo« mit der gesamten Mannschaft zur Verfügung. Als Kelly am vorgerückten Sonntag wieder von dort zurückkehrte, waren Diana und ihre beiden Söhne bereits nach London abgereist. Nach ein paar weiteren Segeltagen brachte die »Cujo« Dodi und Kelly nach Nizza, wo sie am 23. Juli an Bord einer Privatmaschine nach Paris stiegen. Am darauffolgenden Tag kehrte Kelly wie geplant nach Los Angeles zurück. Dodi, so scheint es, hatte jetzt neue Pläne.

Die Presse hatte offensichtlich keine Ahnung von Dodis Auf und Ab. Macault gelang zwar an einem der Ferientage ein Volltreffer, aber er konnte ihn zu diesem Zeitpunkt noch nicht richtig einschätzen. Er schoß eine Fotoserie von Diana und Dodi, wie sie sich in einem Beiboot der »Jonikal« anlächelten. Er hatte keine Ahnung, daß er gerade Fotos von einem Paar aufgenommen hatte, dessen heiße Liebesromanze die Titelseiten weltweit füllen sollte. »Wir dachten, es sei ein Matrose«, sagte Macault.

Diana verliebte sich in St. Tropez in Dodi. Und es geschah ganz spontan. Diana hatte al-Fayeds Einladung in erster Linie deshalb angenommen, weil sie Wills und Harry einen schönen Urlaub bieten wollte. Sie verbrachten eine herrliche Zeit mit al-Fayeds Kindern. Und mitten in der besten Urlaubsstimmung befand sich Diana plötzlich als alleinstehende Frau in der Gesellschaft des charmanten unverheirateten Sohnes ihres Gastgebers.

Dodi gewann ihre Liebe in einem Moment, als Diana seelisch angeschlagen war. Einen Tag nach seiner Ankunft wurde publik, daß Dianas Freund, der extravagante italienische Modedesigner Gianni Versace, von einem Mörder getötet worden war, der ihm vor seinem Palazzo in Miami Beach aufgelauert hatte. Ein weiterer Todesfall, der an ihrem letzten Urlaubstag erfolgte, hat sie möglicherweise ebenfalls tief getroffen: der Tod von Sir James Goldsmith, dessen Tochter Jemima eine enge Freundin von Diana war. Außerdem kochte Diana noch immer vor Wut darüber, daß Charles mehr und mehr öffentlich die Beziehung zu seiner Geliebten Camilla Parker-Bowles zeigte, für die der Prinz von Wales eine glanzvolle Party zu ihrem 50. Geburtstag auf seinem Landsitz in Highgrove gab. Jedermann in Großbritannien dachte, daß Charles das Land auf seine mögliche Heirat mit jener Frau vorbereitete, der Diana die Schuld daran gab, daß ihre Ehe in die Brüche gegangen war.

Was Diana an den al-Fayeds besonders anzog, war die warmherzige Atmosphäre, die in der Familie herrschte. Die Woche in »Castel Ste. Hélène« bestätigte Diana in ihrer Meinung von Mohammed als einem liebevollen Familienoberhaupt. Trotz Dodis Playboy-Image war sie in der Lage, andere Seiten an ihm zu erkennen: die warmherzige mediterrane Seele, die stark an Familientraditionen hing, und seinen völlig unkomplizierten Umgang mit Kindern, einschließlich ihrer eigenen. Kurz gesagt: Der Urlaub verlief in einer zwanglosen Atmosphäre, die Balmoral oder Sandringham völlig abging.

Am Tag nach ihrer Rückkehr nach London äußerte sich Diana noch weitergehend über den Urlaub, als sie einen Tausend-Dank-Brief an den »Liebsten Mohammed« richtete. Ihre Worte offenbaren eine starke Zuneigung und widerlegen damit die

Ansicht, daß al-Fayeds Einladung von Diana nach St. Tropez Teil einer zynischen PR-Kampagne gewesen sei. »Ich vermisse Euch alle ungeheuer«, leitete Diana ihren eigenhändig in Mädchenhandschrift abgefaßten Brief ein, um sich anschließend dafür zu bedanken, daß al-Fayed ihr und den Jungen zu einem »herrlichen und zauberhaften« Urlaub verholfen habe und zu einem »großen Glückserlebnis«. Diana erwähnt Dodi nicht namentlich, doch offensichtlich meint sie auch ihn, wenn sie schreibt: »Ich glaube, daß Eure Familie etwas ganz Besonderes ist.«

Mohammed und Heini erhielten auch von Dianas Söhnen handgeschriebene Dankesbriefe. Wills bedankte sich für den »herrlichen Urlaub« und fuhr fort: »Die ›Jonikal‹ war eine tolle Sache, und ich segelte unheimlich gern auf ihr.« Harry schrieb, daß ihm die Villa gefallen habe und ebenso das köstliche Essen. »Sie beide waren überaus großzügig zu Mummy, William und mir, das haben wir sehr genossen.«

»Sie erzählte mir hinterher, daß dies der schönste Urlaub ihres Lebens gewesen sei«, berichtete eine Freundin. »Sie erlebte eine eng miteinander verbundene glückliche Familie, die Witze erzählte und ihr Zusammensein genoß. Okay, es sind sehr reiche Leute, aber sie vermitteln den Eindruck, als hätten sie genauso viel Spaß, wenn dies nicht der Fall wäre. Dodi war höflich, freundlich, geduldig und vertrauenswürdig. Er gehört nicht zu der Sorte von Leuten, die einen fragen: ›Wieviele Einser hast du in der Schule gehabt?‹«

Da weder Dodi noch Diana sich jemandem anvertraut haben, weiß man nicht, wann genau bei wem der Funke übergesprungen war. Aber die al-Fayeds bemerkten es, daß sie sich schon in St. Tropez sehr gut verstanden. Heini, eine Finnin und seit gut 20 Jahren mit al-Fayed verheiratet, war sich völlig darüber im klaren, daß Diana und Dodi aus zwei verschiedenen Welten kamen. »Aber wenn sie zusammen waren, waren sie es total«, pflegte sie später zu sagen. »Sie hatten Spaß an den gleichen Dingen. Sie liebten es, über Filme zu reden, und hatten dabei auch denselben Geschmack.« Als ihnen einmal jemand empfahl, sich *Art* anzusehen, einen Westend-Theaterhit, verzogen sie beide gleichzeitig das Gesicht und sagten, sie würden sich lieber irgendeinen Film ansehen, bevor sie ins Theater gingen.

Diana und die Jungen wurden am Freitag dem 18. Juli in London zurückerwartet, doch als Wills und Harry ihre Mutter anbettelten, noch das Wochenende in St.Tropez zu bleiben, hatten sie leichtes Spiel. Die Prinzessin, ihre Söhne und ihre Gastgeber packten schließlich ihre Sachen und verließen »Castel Ste. Hélène« bei Sonnenuntergang am Sonntagabend. »Jede Minute wurde gelacht, von frühmorgens bis abends, wenn wir zu Bett gingen«, sollte Heini später sagen. »Aber in Finnland haben wir ein Sprichwort: ›Auf zuviel Gelächter folgen Tränen.‹«

Kapitel 8

# DER KUSS

Wieder daheim, fand Diana mehrere rosa Rosensträuße vor, die ins Kensington Palace geliefert worden waren. Sie stammten von ihrem neuen Verehrer. Obwohl es möglicherweise niemand außer dem Management des Ritz gemerkt hat, konnte man die ersten Anzeichen dafür, daß Diana und Dodi frisch ineinander verliebt waren, vier Tage später am Freitag dem 25. Juli erkennen, als die beiden im Hotel eintrafen, um heimlich das Wochenende miteinander zu verbringen. Dieser Trip war so geheim, daß selbst al-Fayeds Sicherheitsteam nichts davon wußte. Dodi hatte Diana im Kensington Palace abgeholt und war dann mit ihr in einem Harrods-Helikopter nach Paris geflogen. Um das Ganze noch spannender und romatischer zu machen, hatte er ihr nicht verraten, wohin die Reise ging. Sie kamen dort am Nachmittag an und bezogen die Kaisersuite, die pro Nacht 10 000 Dollar kostet. Zu diesem Zeitpunkt war noch kein Sterbenswörtchen über das trauliche Wochenende durchgesickert, und es wurde auch kein einziges Foto geschossen.

Am Abend ihrer Ankunft nahmen sie das Abendessen an einem Ecktisch im »Lucas Carton« ein, dem Drei-Sterne-Restaurant von Alain Senderen, das nur wenige Häuserblocks entfernt von der Place de la Madeleine liegt. Sie fuhren auch zur Windsor Villa im Bois du Boulogne, weil Dodi Diana das hübsche dreigeschossige Herrenhaus zeigen wollte, das sein Vater seit 1986 von der Stadt Paris gemietet und liebevoll restauriert hatte. Als das geheime Wochenende später bekannt wurde, begannen die Boulevardzeitungen in Erinnerung an Dianas Andeutungen in

St. Tropez, sie würde möglicherweise ins Ausland ziehen, darüber zu spekulieren, daß Diana ins Exil gehen und möglicherweise sogar in demselben Haus leben wolle, das der Herzog und die Herzogin von Windsor bewohnt hatten. So unwahrscheinlich dies zu jenem Zeitpunkt auch erschienen sein mag – eines stand fest: Diana und Dodi entwickelten sich rasch zu einer »Einheit«, wie Dodis PR-Managerin es in Los Angeles später nannte.

Sie kehrten am Sonntag dem 27. Juli nach London zurück. Am darauffolgenden Donnerstag reiste Diana bereits wieder ab und machte einen sechstägigen Urlaub mit dem Mann, der nun ihr Geliebter und fast ständiger Begleiter war. Das Paar flog mit einem Hubschrauber zum Flughafen Stansted und nahm die Gulfstream IV nach Nizza. Dort gingen sie an Bord der »Jonikal« und steuerten in Richtung Süden, zuerst nach Korsika, dann nach Sardinien.

Vor Calle di Volpe auf Sardinien stieß die »Jonikal« auf die »Ramses«, ebenfalls eine Familienyacht, wo sie Mohammed al-Fayeds Brüdern Salah und Ali einen Besuch abstatteten. Anschließend machte das Paar Zwischenstation in Monaco und kehrte dann am 6. August kurz vor Tagesanbruch nach Nizza zurück. Einer neuseeländischen Stewardeß zufolge, die sie an Bord bediente, waren die Nächte erfüllt von Champagner und Kaviar, die Stereoanlage spielte Songs von Frank Sinatra und Georg Michael sowie die Filmmusik aus *The English Patient*; unter dem tiefschwarzen, sternübersäten Nachthimmel umarmte sich das Paar voller Leidenschaft. »Es war so paradiesisch wie nur irgend möglich«, berichtete die Stewardeß später *News of The World*.

Als sie nach London zurückflogen und Dodi Diana wieder per Helikopter am Kensigton Palace abgesetzt hatte, war ihre Affäre noch immer ein Geheimnis. Das Paar war bereits wieder auf britischem Boden zurück, bevor irgend jemand erfuhr, daß sie zusammen am Mittelmeer gewesen waren. Irgend jemand – außer zwei Fotografen namens Mario Brenna und Jason Fraser.

Brenna hatte gerade einen Jahrhundertknüller eingefangen: eine Fotoserie, die Diana volle fünf Jahre nach ihrer Trennung von Charles erstmals wieder in den Armen eines Mannes zeigte. Die Bilder wurden für über 2 Millionen Dollar verkauft und brachten somit Brenna, der sie geschossen hatte, und Fraser, einem britischen Fotojournalisten, der ihre Veröffentlichung im

Vereinigten Königreich, den USA und Australien vermarktet hatte, eine Rekordsumme ein.

Brenna, ein Italiener um die vierzig, der in Monaco lebte, hatte sich bereits einen Namen als Prominentenfotograf mit guten Verbindungen gemacht – speziell auf den Jet-set-Tummelplätzen an der Côte d'Azur und der italienischen Riviera. Beliebt bei den Mailänder Laufstegmodels, hatte er als Hausfotograf von Gianni Versace gearbeitet. Er war daher in der beneidenswerten Position, bei den Parties des gerade ermordeten Designers Aufnahmen machen und sie weltweit an die verschiedensten Modemagazine und Illustrierten verkaufen zu dürfen.

Irgendwann Ende Juli erhielt Brenna einen Hinweis darauf (vermutlich von jemandem aus Dianas oder Dodis engstem Freundeskreis), daß das Paar in der ersten Augustwoche auf der »Jonikal« vor der Küste Italiens kreuzen würde. Offenkundig wollten sie, daß ihre noch immer geheime Liebesaffäre in der Öffentlichkeit bekannt würde. Brenna entdeckte die Position der »Jonikal« am 2. August, beschattete die nächsten beiden Tage die Yacht aber nur und machte keine Fotos. Am Morgen des 4. August jedoch schlug er zu und wurde aktiv. Er mietete eine kleine Privatyacht und machte sich ans Fotografieren. Gegen 11.00 Uhr vormittags bestieg das Paar ein Beiboot der »Jonikal«, die etwa eine Seemeile weiter draußen im Meer vor Anker lag, und tuckerte in die flachen Gewässer rund um Porto Cervo. Während sie sich auf dem Boot sonnten und in der Brandung ausgelassen umhertollten, schoß Brenna Fotos von ihnen aus einer Entfernung von weniger als zehn Metern. Sie konnten ihn nicht übersehen.

Gegen Mittag kehrten Diana und Dodi zur »Jonikal« zurück. Brenna beschattete das Boot den restlichen Nachmittag. Kurz vor 17.00 Uhr sah er das Paar ungezwungen auf dem Deck der »Jonikal« stehen. Als sie sich umarmten, präparierte er seine Canon mit einem 800-mm-Objektiv, das er mit einem sogenannten Verdoppler auf 1600 mm umrüstete. Das Licht des Spätnachmittags war wunderbar sanft. Er machte acht Fotos, obwohl er gut 270 Meter entfernt war. Die entscheidendsten davon stellten sich als ziemlich verschwommen heraus, aber dennoch konnte man Diana deutlich erkennen mit ihren blonden, nackenlangen Haaren, demselben roten Badeanzug mit Blumenmuster, den sie in St. Tropez getragen hatte, die Arme um Dodi Fayed geschlungen, dessen Oberkörper nackt war. Brenna nahm am nächsten Morgen den ersten Flug nach Paris und eilte schnurstracks zu den Büros von *Paris-Match* in der Rue Anatole France.

Das Problem war, daß der Redaktionsschluß von *Match* für diese Woche gerade verstrichen war und sie daher nicht in der Lage waren, Brennas Fotos vor Ablauf von zwölf weiteren Tagen zu veröffentlichen. Andererseits war der beste Markt für die Fotos Großbritannien. Und wenn die Bilder zuerst im Ausland erschienen, würden die britischen Zeitungen »sie einfach herausreißen« – d. h., sie würden die Seiten der ausländischen Publikation abbilden, auf denen die Exklusivfotos abgedruckt waren. Das ist eine legale und journalistisch einwandfreie Praktik, bei der man das Originalfoto nicht selbst kaufen muß.

Von Paris aus rief Brenna Jason Fraser an, einen 30-jährigen umtriebigen Londoner Fotografen und Vermittler, der für andere Fotografen bekanntermaßen Höchstpreise auf dem gesamten britischen Konkurrenzmarkt herausholt. Fraser, der mit seiner Frau und seinem Kleinkind gerade beim Grillen war, dachte sofort an die legendären Zeh-Nuckel-Fotos von der Herzogin von York vor ein paar Jahren: Einige Boulevardblätter prangerten den Fotografen wegen Verletzung der Intimsphäre an; und John Bryan, Fergies Finanzberater und Freund, zog vor Gericht, um eine einstweilige Verfügung gegen die Veröffentlichung zu erlangen. Fraser mußte sicher gehen, daß die Fotos nicht die Privatsphäre verletzten, sonst drohten ihm berufliche und finanzielle Probleme.

Zu diesem Zeitpunkt wußten nur Dodis nächste Familienangehörige und engste Freunde, daß er und Diana sich ineinander verliebt hatten. Vor der Küste Sardiniens hatte Dodi seine Presseagentin Pat Kingsley in Los Angeles angerufen und ihr gegenüber erwähnt, wer ihn begleitete. »Sie sind mit Diana zusammen?«, fragte sie ungläubig, worauf er antwortete: »Mehr als das.« »O-kaaay«, atmete die entzückte Pat Kingsley tief durch. Er sagte ihr noch, daß er vermute, daß man ihm und Diana eventuell gefolgt sei und sie fotografiert habe. »Ich bin mir zwar nicht sicher, aber wenn, dann können sie nicht viel gesehen haben«, sagte Dodi. »Wir gaben uns große Mühe, nicht auf dem Deck zu erscheinen, wenn wir in der Nähe der Küste oder anderer Boote waren.«

Am Mittwoch dem 6. August informierte Fraser in aller Ruhe die Bildredaktionen der Fleet Street darüber, daß er Kußfotos zu verkaufen habe. Es sollte nicht lange ruhig bleiben. Ein wildes gegenseitiges Überbieten ging los, und die Nachricht von den Fotos erreichte Harrods genau in dem Augenblick, als Dodi nach seiner Rückkehr aus Sardinien am Nachmittag in das Büro seines Vaters kam. Laut Michael Cole war Dodi sehr konsterniert. Obwohl er im publicitygeilen Los Angeles gelebt hatte, schien er nun von der Heftigkeit des Interesses an seiner neuen Liebesromanze total überrascht zu sein. »Was können wir tun?« fragte er Cole. Cole antwortete, sie sollten erst mal abwarten, was die Fotos zeigen würden. »Wir wissen nicht, woran wir sind«, sagte er zu Dodi. »Wir bewegen uns in unbekannten Gewässern.«

Cole glaubt, daß Dodi die Kreuzfahrt mit Diana so geheim wie möglich zu halten suchte. Anfänglich stritt er sogar ab, daß er und Diana sich geküßt hätten, und behauptete, es sei nur eine Umarmung gewesen. Es kam Cole fast so vor, als wolle Dodi seine Hände schützend über eine Flamme halten, von der er nicht wollte, daß sie von den jetzt um sie tobenden Winden ausgeblasen würde. Aber Cole, der früher für die BBC als Hofberichterstatter am Buckingham Palace akkreditiert gewesen war, wußte, daß sich das Jagdfieber noch steigern würde.

»Wie können Sie Bilder von einem Fotografen ankaufen, der sich an sie herangepirscht hat?« verlangte Cole zu wissen, als er an diesem Tag einen Redakteur anrief, dessen Blatt die Veröffentlichungsrechte an den Fotos erworben hatte. Als der Journalist ihm antwortete, die Bilder seien ein »Volltreffer«, verschlug es Cole die Sprache. »Genauso sprechen diese Paparazzi«, sagt Cole. »Ich weiß Bescheid, ich war Berichterstatter vom Hofe. Diese Kerle sagen: ›Ich *erwischte* Diana, ich *verpaßte* Diana eine, ich *packte* Diana.‹ Es sind immer Männer, nie Frauen. Diese Worte klingen wie ein körperlicher Angriff und sind überdies sexuell anzüglich. Man will sie damit auch in den Schmutz ziehen.‹« Nicht jeder in Dodis Umgebung war jedoch empört. Raine Spencer erzählte einem Reporter: »Ich liebe die ganze [al-Fayed-] Familie. Ich kenne sie alle schon seit 15 Jahren.« Dodi, so bemerkte sie, »hat tadellose Manieren.«

Diana ihrerseits erzählte Freunden, daß sie das Ganze überhaupt nicht berühre. Den Freunden war dies das erste Anzeichen dafür, daß es ihr mit Dodi ernst war. »Normalerweise machte es ihr gewaltig zu schaffen, wenn ihr Privatleben von den Zeitschriften ausgeschlachtet wurde«, sagt eine Freundin. »Sie unternahm fast alles, um sich dagegen zu wehren. Etliche hatten ihr gesagt, daß Dodi wegen seines Vaters recht umstritten sei. Sie antwortete, das würde ihr nichts ausmachen. Sie war nicht an den Geschäften des Vaters, sondern an dem Sohn des Vaters interessiert.« Als sich die Prinzessin von Bord der »Jonikal« begab, hatte Dodis Butler René sie mit den Worten verabschiedet: »Madam, ich hoffe, Sie hatten einen angenehmen Aufenthalt hier, und ich hoffe, ich werde Sie wiedersehen.« Diana antwortete mit einem Augenaufschlag: »Sie werden!«

Vom Tag ihrer Rückkehr nach London an konnte sie es scheinbar nicht mehr ohne ihn aushalten. Am 7. August schickte Dodi eine dunkelblaue Toyota-Limousine, um sie vom Kensington Palace abzuholen. Natalie Symonds, fünf Jahre lang ihre Privatfriseurin, berichtete später dem *Sunday Mirror*: »Als ich sie frisierte, ermunterte sie mich heftig: ›Legen Sie die Haare äußerst pfiffig. Ich brauche viel Pfiff.‹ Sie wollte für Dodi wunderschön aussehen.« Zu ihrer anderen Friseurin, Tess Rock, sagte Diana: »Ich liebe seinen exotischen Akzent, wie er zu mir sagt: ›Diana, du bist richtig schlimm.‹«

Als sie an der Einfahrt von 60 Park Lane ankam, wo sich die Wohnung der al-Fayeds befindet, stieg sie in einem engen blauen Kleid aus, gerade recht für den Besuch eines Nachtclubs. Tatsächlich aber blieben sie zu Hause, und Dodi ließ das Abendessen aus der Küche des Dorchester-Hotels direkt nebenan kommen.

Die ganze Fleet Street brodelte wegen der Romanze. Als Diana Dodi um 23.00 Uhr verließ, um heimzukehren, warteten 50 Fotografen in der Auffahrt. Ein Chauffeur von al-Fayed, der sie schleunigst heimbrachte, fuhr einem Fotografen über den Fuß.

Für die beiden Liebenden markierte dieses Abendessen einen vorübergehenden Abschied: Diana reiste am nächsten Tag nach Bosnien. Als sie dort ankam, erschienen die ersten Geschichten über sie und Dodi auf den Titelseiten. Das Timing hätte nicht schlimmer sein können, denn der Medienzirkus, der zweifelsohne folgen mußte, würde mit Sicherheit alles überschatten, was sie über die Unmenschlichkeit von Landminen zu sagen hatte. Wieder einmal war sie mit dem Teufelskreis konfrontiert, der sie schon ihr ganzes Erwachsenenleben verfolgt hatte: Wie sollte sie einerseits ihre Pflichten als Prinzessin erfüllen und andererseits den aufdringlichen Presseleuten aus dem Weg gehen, die jeden Winkel ihrer Persönlichkeit ausleuchteten?

Dieses Mal blieb Diana jedoch völlig gelassen, zweifellos deshalb, so glaubt eine Freundin, weil sie sich mittlerweile in ihrer Rolle als unabhängige geschiedene Frau und vor allem in ihrer Beziehung zu Dodi wohlfühlte. Als sie sich anläßlich einer kleinen Dinnerparty, die ihr zu Ehren im Vezir's Elephant Hotel in Travnik gegeben wurde, der Öffentlichkeit präsentierte, so erinnert sich Robert Jobson, Hofkorrespondent des *Daily Express*, »schien sie entspannter zu sein als bei irgendeinem anderen offiziellen Auftritt zuvor. Auf mich wirkte sie wie eine Frau, die verliebt war.« Die polnische Journalistin Anna Husarska, die sich unter den etwa ein Dutzend Dinnergästen befand, erzählt, Diana sei »ganz extrem glücklich« gewesen – sie hätte gelacht, Witze gemacht und sei inmitten der internationalen Spekulationen über ihr Liebesleben völlig entspannt gewesen.

Dodi kam indirekt zur Sprache, als sie jemand an ihrem Tisch fragte, ob sie in diesem Sommer etwas Privatleben genossen habe. »Nur einmal, als wir bei Nacht segelten«, antwortete Diana. Ihr Charme verfehlte seine Wirkung auf Hursarska nicht, eine engagierte Reporterin, die es normalerweise Mitgliedern der königlichen Familie übelnimmt, »viel wichtigeren Angelegenheiten« Schlagzeilen zu stehlen. Am Ende von Dianas Reise war Hursarska beeindruckt, wie geschickt Diana »die Energie, die ihr die neue Liebe gab, dazu nutzte, das Schicksal der Opfer von Landminen anzuprangern.«

Mit Jerry White und Ken Rutherford, den Mitbegründern des *Landmines Survivors Network* in Washington, fuhr Diana durchs Land, feuerte bei einem Volleyballspiel von Minenopfern die Akteure an, nahm an der Geburtstagsfeier eines moslemischen Amputierten teil, besuchte Krankenhäuser und Reha-Kliniken – und fegte Fragen nach Dodi von britischen Reportern, die ihr überallhin folgten, einfach vom Tisch. Als einer von ihnen rief: »Wie fühlt man sich so frisch verliebt?«, wurde er von einem

Leibwächter abgeblockt, indem er den Frager tadelnd einen »dummen kleinen Jungen« nannte.

Die Prinzessin kehrte am 10. August nach London zurück, als gerade 2,8 Millionen Briten ihre Exemplare des *Sunday Mirror* aufschlugen, der seine Auflage um 300 000 Exemplare erhöht hatte. In 4,5 cm großen weißen Buchstaben auf königsblauem Hintergrund stand die kurze Schlagzeile: »DER KUSS«, und längs neben einem Farbfoto von etwa 15x18 cm Größe stand die Zwischenüberschrift: »Umschlungen von den Armen ihres Liebhabers, findet die Prinzessin endlich ihr Glück.« Im Innenteil brachte der *Daily Mirror* noch zehn weitere Seiten mit Fotos, die sämtlich von Brenna stammten. Eines davon zeigt Diana und Dodi, wie sie an Deck in der Sonne liegen, wobei die Träger von Dianas blauweißem Badeanzug verführerisch bis zu ihren Ellenbogen herabgezogen sind. Auf einem anderen Foto scheint sich Diana zu Dodi hinüberzubeugen, um ihn zu küssen, aber er ist nicht auf dem Bild zu sehen; wieder auf einem anderen scheint Dodi Diana mit Sonnenöl einzucremen, aber auch hier ist er nicht auf dem Foto.

Die technische Qualität der Aufnahmen war nicht besonders, aber was zählte, war ihr sensationeller Charakter. Der *Sunday Mirror* zahlte 250 000 Pfund Sterling für das Recht am Erstabdruck; *The Sun* und *Daily Mail* zahlten je 100 000 Pfund für die Nachdruckrechte der Fotos am nächsten Tag. Die übrigen Sonntagszeitungen, die leer ausgegangen waren, blieben nicht untätig. *News of the World* brachte eine Titelgeschichte mit der Schlagzeile »MEINE LIEBE ZU DIANA« und einem Foto, das Dodi zeigt, wie er mit nacktem Oberkörper mit einer blonden Frau in einem Badeanzug schmust. Das Problem dabei war, daß die Frau auf dem Bild seine Ex-Frau Suzanne Gregard war. Auf Seite drei brachte die *News* ein großes computersimuliertes Bild des Kußfotos, das ihr der *Sunday Mirror* weggeschnappt hatte.

Dodis düstere Vorahnungen bezüglich des Kußfotos sollten sich schnell bewahrheiten: Es machte ihn auf einen Schlag zur Zielscheibe sämtlicher Schreiberlinge der Fleet Street. Während sich der *Sunday Mirror* im Glück seiner weltweiten Exklusivrechte suhlte und seine Seiten mit seichten Geschichten über Dianas neues Glück füllte, verwendeten seine Konkurrenten ihre Zeit darauf, Skandale über den neuen Mann in Dianas

Leben auszugraben. Alles geschah genauso, wie die Prinzessin es vorhergesagt hatte: »Wer will schon mit mir ausgehen?« hat sie einmal gefragt, und erklärend hinzugefügt, daß das gesamte Privatleben jedes Mannes, der mit ihr ausginge, von neugierigen Reportern von unten nach oben gekehrt werden würde.

*News of the World* ließ auf seinem computersimulierten Kußfoto einen zweiseitigen Bericht über die »beeindruckende Schauspielerin« Denice Lewis folgen, nackt in einem Bett abgelichtet, der enthüllte, daß Dodi, als er 1983 in London eine Affäre mit ihr hatte, es nicht mochte, wenn beim Liebesspiel das Licht eingeschaltet blieb. *Mail on Sunday* ging noch weiter. Ihre Titelgeschichte enthüllte das geheime Wochenende von Dodi und Diana in Paris, doch dann folgte eine zweiseitige Aufdeckung von Dodis Schulden mit der Überschrift: »Dodi, Daddy und all die Rechnungen.« Dic Boulevardzeitung reproduzierte sogar Kopien von Dodis American-Express-Zahlungsbelegen für die Giorgio-Armani-Boutique in Beverly Hills, namens »Nieman Marcus und Victoria's Secret«, einer Boutique für Dessous.

Und so ging es ständig weiter. Die Flut von Verdächtigungen und Gerüchten hat Dianas Liebe zu ihrem neuen Mann jedoch nicht im geringsten geschmälert. Nur wenige Stunden nach ihrer Rückkehr aus Bosnien holte sie Dodi wieder per Helikopter ab und flog mit ihr zu einem romantischen Zwischenspiel ins Landhaus seines Vaters nach Oxted, während die al-Fayeds nach Finnland gereist waren. Die beiden verbrachten den folgenden Tag damit, auf dem gut 20 Quadratkilometer großen Anwesen zu relaxen.

Am 12. August lud Diana Dodi dazu ein, sie beim Besuch ihrer Hellseherin in der Nähe von Chesterfield/Derbyshire zu begleiten. Dies war eine bedeutsame Geste, da Rita Rogers, die ihr von ihrer Ex-Schwägerin Sarah Ferguson empfohlen worden war, ein Dreh- und Angelpunkt in ihrem Leben geworden war. Wie gewohnt, flogen Diana und Dodi in einem Helikopter von Harrods dorthin.

Dodi begann jetzt, größere Vorsichtsmaßnahmen gegenüber der Pressemeute zu treffen. Einem Verwandten zufolge übernahm er nun die Spionageroman-Mentaliät seines Vaters, wenn es um Geheimhaltung und Sicherheit ging. Als er und Diana Richtung Derbyshire abhoben, wurde selbst dem Piloten nicht das Ziel genannt. »Er traute niemandem«, sagt ein Freund von Dodi. Als der Helikopter sein Ziel erreichte, hatte er Schwierigkeiten damit, das richtige Gebäude auszumachen, und erweckte die Aufmerksamkeit der Bevölkerung in der Stadt, wie er suchend über den Häusern schwebte. Als er endlich auf einem Acker in der Nähe von Rita Rogers' Haus landete, hatte sich dort eine Schar Kinder versammelt. Eines von ihnen machte einen Schnappschuß davon, wie Dodi und Diana aus dem Helikopter kletterten. Das ganze Heimlichkeitsgetue hatte nur noch mehr Aufmerksamkeit erregt, und der Schnappschuß des Kindes erschien am nächsten Tag in *The Mirror*.

Als Dianas Besuch bei der Hellseherin in der Fleet Street bekannt wurde, schickten die Nachrichtenredaktionen Fotografenteams los, um ihre Rückkehr nach London festzuhalten. Ein Fernsehteam fuhr intelligenterweise zu den South Downs oberhalb von al-Fayeds Anwesen in Oxted, und es gelang ihm, den Helikopter zu filmen, als er dort am späten Abend jenes Tages landete. Obwohl der Bericht nur wenige Bilder von dem Paar zeigte, war Dodi extrem verärgert. »Wie haben sie das herausbekommen?« fragte er Michael Cole von Harrods. »Sie sind momentan weltweit Spitzenreiter in den Nachrichten«, antwortete Cole. »Die Leute investieren viel Geld und scheuen keine Anstrengungen, Fotos zu bekommen. Das müssen Sie verstehen.«

Am Tag nach ihrer Sitzung bei Rita Rogers verließ Diana Oxted wieder und kehrte zum Kensington Palace zurück. Die Wahrsagerin mußte etwas in den Sternen gesehen haben, denn nun begann Dianas Romanze mit Dodi wirklich zu glühen. Am 13. August wollten sie den Abend in der Stadt verbringen. Diana begab sich um 20.30 Uhr zur 60 Park Lane, die beiden kamen noch rechtzeitig zu einer Filmvorführung in Soho um 23.30 Uhr, und Diana kehrte nicht vor 2.00 Uhr morgens nach Hause zurück. Der nächste Abend verlief ähnlich. Diana kam bei Dodi um 19.43 Uhr an und kehrte erst in den frühen Morgenstunden des nächsten Tages in den Kensington Palace zurück.

Am 15. August wurden Dodi und Diana kurz getrennt, als diese zu einem lang im voraus geplanten Urlaub mit Rosa Monckton nach Griechenland abreiste. Obwohl die beiden ihre Flüge bei Olympic Airways gebucht hatten, benutzten sie auf Dodis dringenden Wunsch al-Fayeds Challenger IV, weil Dodi glaubte, wie Monckton später erzählte, »daß wir so bessere Chancen hätten, den Paparazzi zu entkommen«.

Am dritten Abend ihrer Kreuzfahrt sahen die beiden Frauen einen Fernsehbericht, der schilderte, wie 250 Journalisten die griechischen Inseln abkämmten, um die Prinzessin zu finden; darin hieß es, daß eine griechische Zeitung 280 Millionen Drachmen für ein Foto von Diana geboten habe. Weiterhin vermeldete der Bericht, daß die beiden Frauen fünf Boote und vier Helikopter benutzt und auf Khios, Oinouses, Mykonos und Naxos Zwischenstops eingelegt hätten. Die Wahrheit war jedoch, daß sie Hunderte von Kilometern entfernt auf Hydra waren.

Anstatt Diana mit Genugtuung über ihre gelunge Flucht vor den Medien zu erfüllen, nährte der Bericht nur noch Dianas Hang zur Melodramatik. »Es ist eine regelrechte Hetzjagd, Rosa, es ist eine Hetzjagd«, rief Diana. »Wirst du den Leuten erzählen, wie alles wirklich ist?« Sie nahm Monckton das Versprechen ab, eine Geschichte über »die Hetzjagd« zu schreiben, wie sie weiterhin hartnäckig das Geschehen nannte. Ihre Angst, belagert zu werden, auch wenn das gar nicht der Fall war, wirkte ansteckend. »Sie hat mit mir oft über das Eindringen der Presse in ihr Privatleben gesprochen, wie es ist, von den Paparazzi gejagt zu werden und um jede Sekunde eines ungestörten Privatlebens kämpfen zu müssen«, schrieb Monckton später im *Sunday Telegraph,* der Zeitung ihres Mannes. »Aber nun war ich erstmals gemeinsam mit ihr zusammen den Objektiven ausgesetzt, und ich war zutiefst entsetzt.«

Monckton beschrieb ebenfalls, wie »die Anstrengungen, die wir täglich unternahmen, um den Paparazzi zu entkommen, von Tag zu Tag aufwendiger wurden«. Der Kapitän ihrer kleinen Yacht rief rundum seine Freunde auf den griechischen Inseln an, um herauszubekommen, wo sich die Paparazzi gerade aufhielten, und steuerte dann regelmäßig die entgegengesetzte Richtung an. Aber die Wahrheit ist, daß entgegen aller »Hetzjagd«-Dramatisierungen durch Diana, keiner der Paparazzi wirklich in ihre Nähe kam. Auf Hydra entdeckte ein Tourist Diana, als sie mit Rosa zu ihrem Schiff zurückschlenderte, sprang aus dem Café und machte einen Schnappschuß von ihr. »Das war's«, sagte Diana. »das erscheint morgen überall auf den Titelseiten.« In der Tat, berichtete Monckton, erschien das Bild auf der Titelseite von der *Sun.*

Dianas Paparazzi-Phobie übertrug sich auch auf Dodi. Fotografen begannen damit, 60 Park Lane zu belagern, so daß Dodi vorzog, lieber zu Hause zu bleiben, als mit der Meute konfrontiert zu werden; deshalb versäumte er sogar ein Abendessen mit einem Freund. Er machte sich Sorgen, daß die Prinzessin wegen seiner negativen Presse schlecht über ihn denken würde. Das amerikanische Wochenmagazin *People* (Auflage: 3,2 Millionen Exemplare) titelte eine »Ein Mann für Di«-Geschichte mit der Schlüsselfrage: »Is he a dreamboat or deadbeat?« – »Ist er ein Traummann oder ein Taugenichts?« Die Geschäftsleitung von Harrods begann sogar damit, seinen angeblichen Schulden auf den Grund zu gehen, um alle Mißverständnisse aus dem Weg zu räumen und Dodis Namen reinzuwaschen. Ein Mitglied der Geschäftsleitung nutzte Harrods gute Kontakte zu American Express und erkundigte sich diskret nach Dodis Amex-Konto; er erhielt die Auskunft, das Konto sei nicht im Minus. Der Eigentümer des Club »21« in New York bestritt überdies einen Bericht, daß Dodi ihm 7 000 Dollar für ein Abendessen schulde. Harrods war mit den Nachforschungen über Dodis angebliche Schulden bis zu dem Tag beschäftigt, an dem er starb.

Dodis Ex-Freundinnen waren ein möglicherweise größeres Problem bezüglich seines Ansehens in der Öffentlichkeit. Ganz besonders alarmierte Dodi die Aussicht auf unappetitliche Enthüllungen durch Kelly Fisher.

Kelly behauptet, sie habe von der sprießenden Romanze erst erfahren, als sie am 7. August die britischen Boulevardblätter hinausposaunten und eine Londoner Freundin ihr telefonisch die Neuigkeiten übermittelte. »Sie besuchen sich gegenseitig!« berichtete die Freundin. Es war mitten in der kalifornischen Nacht.

Kelly war bereits aus einem anderen Grund verärgert über Dodi: Er hatte versprochen gehabt, am 4. August nach Los Angeles zu fliegen, um ihr bei einem Fest anläßlich des 20. Hochzeitstages ihrer Mutter und ihres Stiefvaters zur Hand zu gehen, die zu dieser Gelegenheit aus Chicago gekommen waren. Am 5. April hatte Kelly mit Dodi telefoniert, der ihr erklärte, daß er zusammen mit Prinzessin Diana, George Michael und Elton John auf der »Jonikal« sei und daß davon möglicherweise »ein paar Bilder veröffentlicht« würden.

Nun, da der Beweis für Dodis Romanze mit Diana vorlag, versuchte Kelly ihn auf seinem Handy zu erreichen. Als das nicht klappte, rief sie im Wohnhaus der Familie in 60 Park Lane an und bat darum, mit einem der al-Fayeds verbunden zu werden. Mohammed, der zu Kelly immer sehr herzlich gewesen war, kam an den Apparat.»Er forderte mich auf, nie mehr anzurufen«, berichtete Kelly.»Wenn Sie wüßten, was er zu mir sagte, wären Sie sprachlos. Ich will es niemals wiederholen.«

Kelly erzählt, daß sie anschließend versuchte, Dodi über die Telefonzentrale von Park Lane zu erreichen; man teilte ihr von dort mit, daß ihre Anrufe ab sofort nicht mehr durchgestellt würden. Schließlich erwischte sie Dodi doch noch auf seinem Handy.»Er fragte mich, worüber ich so wütend sei«, erzählt sie. »Es war unglaublich. Er sagte nur noch: ›Wir werden miteinander in Los Angeles reden.‹« Als sie erneut versuchte mit ihm zu telefonieren, war ein anderer Mann am Apparat und forderte sie auf, nicht mehr bei Dodi anzurufen.

Keine Pein der Hölle ist schlimmer als der Zorn einer wütenden Frau. Dodi warnte Michael Cole:»Ein Mädchen namens Kelly Fisher könnte uns Ärger machen.« Cole erinnert sich:»Er hat mir erzählt, er sei nie mit ihr verlobt gewesen, hätte auch nie vorgehabt, sich mit ihr zu verloben, aber sie hätten das Weihnachtsfest zusammen verbracht.«

Am Vorabend von Dianas Abreise nach Griechenland hielten Kelly und ihre Prominenten-Anwältin Gloria Allred eine Pressekonferenz in Los Angeles ab, um anzukündigen, daß sie Dodi wegen Auflösung des Eheversprechens verklagen würde. Allred zufolge hatte Dodi im November bei Kellys Eltern um ihre Hand angehalten und ihr später einen 100 000 Dollar-Verlobungsring geschenkt. Kellys Forderung war, daß sie finanziell entschädigt würde, weil sie ihre Modelkarriere auf Dodis Wunsch hin eingeschränkt habe und auch auf sein festes Versprechen hin, ihr mit einem 200 000-Dollar-Scheck einen Ausgleich dafür zu verschaffen, einem Scheck, der später platzte. Dodi machte die Angelegenheit wieder gut mit einem neuerlichen Scheck über 60 000 Dollar.

»Wir gehen damit an die Öffentlichkeit«, sagte Allred, »weil wir uns um Prinzessin Diana und ihre Zukunft sorgen. Wir möchten, daß die Prinzessin, die in der Vergangenheit so schwer gelitten hat, über die Erfahrungen von Miss Fisher mit Mr. Fayed Bescheid weiß, damit sie eine wohlüberlegte Entscheidung bezüglich ihrer Zukunft und der ihrer Kinder treffen kann.« Kelly, fügte sie hinzu, sei bereit, sich mit Diana privat »wo auch immer auf der Welt« zu treffen, um »ihr eine Menge Informationen zu geben, die zu diesem Zeitpunkt noch nicht öffentlich bekannt sind«. Dodi nahm die nächste Concorde nach New York und dann einen Privatjet nach Kalifornien, um herauszufinden, was man in bezug auf das Problem Kelly Fisher tun könnte. Weder er noch Harrods hatten irgendeinen Kommentar zu ihrer Klageandrohung abgegeben. Doch nun lieferten Kellys Pressekonferenz und Dodis Ankunft in Los Angeles jede Menge Munition für die Boulevardpresse. Skrupellose »Journalisten« versuchten, in Dodis Allied Stars-Büro auf dem Sony-Gelände in Culver City einzubrechen und belagerten die Auffahrt zu seinem 8 Millionen Dollar teuren Anwesen in Malibu Prominentenviertel Paradise Cove. Wann immer er das Haus verließ, flammten die Elektronenblitze auf, und die Fotografen sprangen in ihre Autos und jagten ihm nach.

Es war nicht gerade ein Erfolgstrip. Dodi fuhr nach Los Angeles, um die Anwaltskanzlei von Burt Fields aufzusuchen, gemäß der bewährten Philosophie der al-Fayeds: »Du kannst sie nicht in der Presse schlagen, also schlage sie in den Gerichtssälen.« Als Dodi die Century City-Büros verließ, war er schlechtgelaunt. Eine Horde Presseleute war anwesend, und einer von Dodis Leibwächtern drängte einen Fernsehkameramann unsanft aus dem Weg.

Der Schaden war jedoch schon perfekt: Kelly, die vor Wut kochte über Verlautbarungen von Harrods, wonach Dodi sie kaum kannte, hatte ihre Geschichte bereits an die britische Sonntagszeitung *News of the World* und die im selben Verlag erscheinende Tageszeitung *Sun* verkauft, und es war eine saftige Geschichte. Der erste Teil einer viertägigen Serie hatte die Titelseite von *News of the World* beherrscht, als Dodi gerade nach Los Angeles flog.

Nun, drei Tage nach ihrer Pressekonferenz, war der Name Kelly zum festen Begriff in Großbritannien geworden. Die Sonntagszeitung *News of the World* schoß den Vogel ab mit einem Aktfoto der nackten Kelly, die Arme vor den Brüsten gekreuzt, begleitet von einer Schlagzeile auf der anderen Hälfte der Titelseite, auf der sie behauptete: »Dodi wollte mit mir UND Diana ins Bett.« Im Verlauf des Artikels wurde Kelly unter anderem damit zitiert, Dodi habe sie in der Nacht, bevor er seinen Vater und Diana jenseits der Bucht auf der »Jonikal« traf, auf seiner Yacht ohne Kondom geliebt. »Wow, war das ein Risiko«, sagte Kelly. »Ich hätte jetzt schwanger sein können.« Sie behauptete, Dodi habe zu ihr gesagt: »Ich liebe dich über alles und wünsche mir ein Baby von dir.«

Die Titelseiten von *The Sun* warben für Kellys Geschichte mit Riesenschlagzeilen wie: »Dodi ist im Bett ein Versager«, ergänzt durch Zitate von Kelly, in denen sie verkündete: »Er hat keine Ahnung davon, wie man einer Frau Vergnügen bereitet... Immer wenn wir uns geliebt hatten, pflegte Dodi zu sagen: ›Mein Gott, war das großartig.‹ Und ich dachte dann: ›War das alles?‹« Im letzten Teil der *Sun*-Serie veröffentlichte das Blatt ein ganzseitiges Foto von elf kostbaren Schmuckstücken, die Dodi ihr geschenkt hatte, darunter zwei Cartier-Uhren, Halsketten und Ringe, von denen zwei angeblich seiner verstorbenen Mutter gehört hatten. Einem Paar Ohrringen von Bulgari, die das Sternzeichen Fische symbolisierten, war eine Karte beigefügt, auf der stand: »Ich verehre Dich. Du bist für mich das Liebste auf der Welt. Ich liebe Dich so sehr. Dodi.«

Nach Dodis Tod hat Kelly tief bedauert, ihre Geschichte an die Boulevardpresse verkauft zu haben, auch wenn sie weiterhin angeblich mit gutem Recht trachtete, den finanziellen Ausgleich zu erlangen, den Dodi ihr für die Einschränkung der Modelarbeit versprochen habe. (Immerhin: Kelly zog infolge der Tragödie ihre Klage zurück.)

»Es hat sich eben so ergeben, daß er sich in sie verliebte«, resümiert Kelly. »Sie war eine unglaubliche Frau. Ich hätte mich auch wegen ihr abschieben lassen. Aber er hätte mich das nicht aus der Presse erfahren lassen müssen. Wenn es Dodis Märchengeschichte noch schöner macht, daß ich nicht mit ihm verlobt war – na gut. Lassen Sie mich Ihnen etwas erzählen. Als ich mit Dodi zusammen war, war er ein wunderbar liebevoller Mann. Ich liebte ihn wirklich. Ich wünschte, ich könnte ihm jetzt noch sagen, wie glücklich er mich machte. Vielleicht habe ich einige

Fehler gemacht. Vielleicht hätte ich nicht mit der Boulevardpresse sprechen sollen. Das einzige, was ich zutiefst bedauere, ist, daß ich Messer auf ihn warf. Ich wollte auf diese Weise Rache nehmen. Ich wollte ihn verletzen, weil ich verletzt war. Ich konnte nicht wissen, daß dies das letzte war, was er hören sollte.« Judith Dunaway, Kellys Mutter, fügt hinzu: »Er war ein einziger Gentleman, bis er [Kelly] den Rücken kehrte und sie verließ. Es war typisch für Dodi, daß er die Flinte ins Korn warf, wenn eine Situation problematisch wurde.«

Bereits 36 Stunden nach seiner Ankunft in Los Angeles eilte Dodi wieder nach London zurück, um rechtzeitig zu Dianas Rückkehr aus Griechenland da zu sein. Wie seine verschwenderischen Geschenke an Kelly zeigen, liebte er es, Präsente zu machen und so dachte er auf dem Weg zum Flughafen Van Nuys über ein Geschenk für Diana nach. Wie viele einsame Menschen, liebte auch Dodi Tiere. Er war vernarrt in seine Hunde »Bear«, einen Deutschen Schäferhund, »Shoe«, einen Zwergschnauzer, und »Romeo«, einen Riesenschnauzer. Während ihres gemeinsamen Wochenendes in Paris vor ein paar Wochen war Diana in Dodis Wohnung in der Rue Arsene-Houssaye gewesen und hatte »Romeo« in ihr Herz geschlossen.

Zufällig hatte Dodi vor einiger Zeit einen weiblichen Riesenschnauzer bei einem Züchter in Oregon bestellt; eine seiner Hündinnen sollte im Oktober Junge bekommen. »Ich glaube, das wäre ein tolles Geschenk«, sagte Dodi zu Melissa Henning, der Vizepräsidentin von Allied Stars, als sie ihn am frühen Morgen des 19. August, einem Donnerstag, zum Flughafen Van Nuys begleitete. »Klasse, warum nennen Sie das Hundebaby nicht Julia?« witzelte Melissa. Dodi lachte.

Konfrontiert mit all den Geschichten über den Playboy, die Schulden und Kelly Fisher, hätte die Prinzessin guten Grund gehabt, die Beziehung zu beenden. Aber sie tat es nicht. Am Tag ihrer Rückkehr nach London mit Rosa Monckton eilte sie in Dodis Arme, um ihre Liebe in diesem, ihrem letzten Sommer zu genießen.

Die Prinzessin kehrte gegen Mittag aus Griechenland zurück. Um 21.00 Uhr war sie bereits in 60 Park Lane, zu einem gemeinsamen Abendessen mit Dodi; sie blieb dort bis 1.15 Uhr morgens. Am nächsten Abend um 18.40 Uhr reisten sie zu einer letzten Kreuzfahrt im Mittelmeer ab. Wie schon gewohnt, flogen Diana und Dodi mit al-Fayeds Gulfstream IV nach Südfrankreich, das dritte Mal innerhalb von sechs Wochen, und gingen in Nizza an Bord der »Jonikal«. Dodis Presseagentin Pat Kingsley rief ihn regelmäßig auf der »Jonikal« an, um ihn über den Stand der Kelly-Fisher-Affäre auf dem Laufenden zu halten, und vernahm dann oft Gelächter im Hintergrund. Kingsley erinnert sich: »Ich fragte jedesmal: ›Wie ist der Stand der Dinge?‹, und er antwortete dann: ›Alles läuft großartig!‹ – ›Ist sie noch da?‹ – »Na klar. Es könnte nicht besser laufen. Es wird Tag für Tag schöner.«« Kingsley begann, sich Sorgen zu machen, daß Kelly Fishers Berichte an die Presse Dodis immer enger werdende Beziehung zu der Prinzessin trüben könnte. Einmal fragte Kingsley Dodi, wie die ganze negative Publicity Diana beeinflussen würde. »Sie bedauert mich«, antwortete Dodi. »Sie weiß, was ich durchmache.«

Obwohl die negativen Presseartikel insgesamt unerfreulich waren, weiß man nicht genau, ob das Paar wirklich wütend über die Fotos gewesen ist, auf denen es gemeinsam abgebildet war. Dianas Posieren in St. Tropez wie auch Mohammed al-Fayeds Kommentare an die Presse bezüglich »glücklicher Fotos« lassen vielmehr vermuten, daß ihr die Fotos per se nichts ausmachten – solange sie eine gewisse direkte oder indirekte Kontrolle darüber hatte, welche Art von Fotos geschossen wurde. Gegen Bilder, die sie sonnengebräunt, gesund, entspannt und glücklich zeigten, schien sie nichts zu haben. Was sie hingegen haßte, waren irgendwelche Schwachköpfe, die ihr mit Kamera und Motorrad überall hinfolgten und der Meinung waren, sie sei eine leichte Beute für eine schnelle Mark. Diana war offenkundig stolz auf die Aufnahmen, die mit ihrem Einverständnis bei Fotografenterminen gemacht wurden, z. B. mit High-Society-Fotografen wie Terrence Donovav, Patrick Demarchelier oder sehr häufig mit Mario Testino, dessen Aufnahmen im Juli 1997 die Titel- und die Innenseiten von *Vanity Fair* beherrschten. Es war das Rudel Wölfe, das sie haßte, nicht die Fotos.

»Sich den Objektiven zu entziehen, war für Diana zu einer Art von Nervenkitzel geworden«, erklärt Filmregisseur Roland Joffé, ein Freund von Dodi. »Einerseits fliehst du vor diesen Leuten, die dich anekeln, und andererseits suchst du merkwürdigerweise ihre Nähe, weil sie deinen Lebensweg bestimmen. Es entsteht eine Art von Abhängigkeit.« Dies könnte nicht nur Mario Brennas »Kuß«-Foto, sondern auch eine bemerkenswerte Reihe anderer Schnappschüsse erklären, die während dieser letzten Kreuzfahrt von Brennas Londoner Mittelsmann gemacht worden waren. Jason Fraser, der mit seiner Kamera über die Auseinandersetzungen im Nahen Osten und in Nordirland berichtet hatte, bevor er sich weniger strapaziösen (und besser bezahlten) Themen zuwandte, wartete bereits auf dem Landungssteg von St. Laurent-du-Var, als Diana und Dodi am 21. August um 21.50 Uhr dort ankamen. Da das Paar London erst wenige Stunden zuvor verlassen hatte, hätte es schon an ein Wunder gegrenzt, daß Fraser sie sofort nach ihrer Ankunft mit seiner Kamera erwischen konnte, wenn man ihm nicht rechtzeitig einen Tip gegeben hätte. Auch die Geschehnisse der Folgezeit, lassen vermuten, daß Frasers Informant nicht irgendein Gärtner des Kensington Palace, sondern möglicherweise jemand an Bord der »Jonikal« war. Wie sonst hätte es Fraser gelingen können, die ganze Woche lang kreuz und quer im Mittelmeer Fotos zu machen, speziell vor der Küste von Portofino und Sardinien, so daß sie schon am nächsten Tag auf den Titelseiten der Londoner Boulevardzeitungen erscheinen konnten, bis hin zum Tag vor ihrer Abreise nach Paris. Eine Vielzahl anderer Fotografen jagte das Paar ebenfalls, aber nur Fraser und ein Kollege, mit dem er zusammenarbeitete, schienen die beiden zu finden. Fraser weigert sich, darüber Auskunft zu geben, wie es ihm gelang, diese Volltreffer zu landen. Aber er gibt zumindest zu: »Ich erhielt Informationen. Ich wußte immer ganz genau, wann sie wohin fuhren. Aber unter keinen Umständen werde ich je meine Quellen verraten.«

Man weiß, daß Dodi Mario Brenna, der zuvor die Kußfotos geschossen hatte, verdächtigt hat, von irgend jemanden, der mit seinem Vater bei Harrods in London zusammenarbeitet, einen heißen Tip bekommen zu haben. Aber es ist eher wahrscheinlich, daß Diana selbst die Quelle von Fraser, wenn nicht auch von Brenna, war. Als Fotograf mit dem Charme eines Filmschauspielers, wurde er von dem konservativen *Daily Telegraph* beschrieben als »jemand, von dem bekannt ist, daß er in der Gunst von gewissen jungen Mitgliedern der königlichen Familie steht und regelmäßig bei offiziellen Anlässen zugegen ist«.

Fraser macht es nichts aus, wenn man ihn als einen Fotografen beschreibt, der ständig auf der Jagd nach sensationellen Fotos ist, es jedoch meidet, in irgendeiner Weise aggressiv oder offensiv vorzugehen. Obwohl er nicht auf den Lohnlisten der Prominenz steht, die er fotografiert, unterscheidet sich seine Arbeit nicht allzu sehr von der des Versace-Fotografen Mario Brenna: die Aufnahme professioneller Fotos, aber mit dem Einverständnis des Abgebildeten. Fraser behauptet, wenn er die Paparazzi-Arbeit mache, habe er in 75 Prozent der Fälle grünes Licht dafür.

Der Sommer neigte sich seinem Ende zu, und Dodi wollte seiner Geliebten, wie gewohnt, Beweise seiner Zuneigung schenken. Wenn sie nicht zusammen waren, hatte er die Angewohnheit, Diana anzurufen und ihr von den Dingen zu erzählen, die er gerade für sie gekauft hatte. Laut Rosa Monckton war dies etwas an Dodi, das Diana wirklich ärgerte. »Ich will nicht gekauft werden, Rosa«, pflegte sie zu sagen.

Bei ihrer letzten Kreuzfahrt in diesem Sommer war Dodi jedoch willens, gleichermaßen sein Herz wie seine Brieftasche zu öffnen. Er schenkte Diana etwas ganz Besonderes: eine silberne Schmuckplatte von einem Londoner Juwelier (Kostenpunkt: 1300 Dollar), auf der ein Liebesgedicht von ihm für sie eingraviert war. Im Verlauf ihrer Beziehung schenkte Diana Dodi einen silbernen Zigarrenschneider mit der Gravur »Von Diana in Liebe« und ein Paar goldene Manschettenknöpfe mit dem Familienwappen, dem letzten Geschenk von ihrem verstorbenen Vater. »Ich weiß, daß es meinem Vater große Freude bereiten würde«, sagte sie, »sie nun in so sicheren und besonderen Händen zu wissen.«

Dann war da noch der Ring.

Während ihrer Kreuzfahrt legte am Abend des 22. August Dodi mit der »Jonikal« im Hafen von Monte Carlo an. Das Paar ging an Land und spazierte gemeinsam zur Boutique des Juweliers Alberto Repossi im Hotel Hermitage in der Nähe des berühmten Casinos des Fürstentums. Sie hatten das Geschäft schon am 5. August zusammen aufgesucht, einige Ringe angesehen und einen Katalog mitgenommen. Nun schienen sie genau zu wissen, was sie wollten.

Die Prinzessin hatte einen aus der neuen Repossi-Kollektion von Verlobungsringen ausgewählt, die »Dis-Moi-Oui!« [»Sag ›Ja‹

zu mir!«] getauft worden war. Kostenpunkt: 200 000 Dollar. Der Ring, der für Diana geändert werden mußte, war aus Rot- und Weißgold und mit traubenförmig angeordneten Diamanten um einen atemberaubenden Smaragd besetzt. »Wir versuchten, ihnen auch andere Pretiosen zu zeigen«, sagt Repossi, »aber sie hatten sich für diesen Ring entschieden.« Es wurde vereinbart, daß Repossi persönlich den Ring am 30. August nach Paris bringen würde.

Einige Personen, die Diana und Dodi nahestanden, glauben, daß der Hauptgrund für ihren eintägigen Zwischenstopp in Paris am 30. August darin bestand, daß Dodi Dianas Verlobungsring in Repossis Geschäft an der Place Vendôme abholen konnte. Da das Paar bereits im Monat zuvor ein dreitägiges Wochenende in Paris genossen hatte, wäre es wenig sinnvoll erschienen, nur wegen eines Abendessens noch einmal Halt zu machen. Diana wurde Sonntagmittag im Kensington Palace zurückerwartet, um ihre Kinder wiederzusehen, die von einem Urlaub mit ihrem Vater aus Schottland zurückkamen; somit hätte der Besuch in Paris sowieso keine 24 Stunden dauern können. Es steht fest, daß Dodis einzige Verabredung für diesen Samstag in Paris die mit Alberto Repossi um 18.30 Uhr war.

Weder weiß Mohammed al-Fayed, in dessen Beseitz sich der Ring jetzt befindet, ob Dodi Diana den »Ja-Wort«-Verlobungsring an jenem Abend wirklich überreicht hat, noch gibt es irgendein Anzeichen dafür, daß Dodi und Diana sich offiziell verlobt haben. Daß sie fest vorhatten zu heiraten, scheint außer Frage zu stehen. Aber Diana, so glauben Freunde, wollte diese Nachricht erst ihren Kindern mitteilen, bevor sie offiziell bekannt würde. Möglicherweise sollte dies am Sonntag erfolgen, wenn sie Wills und Harry in London wiedersehen würde.

Dodi seinerseits erzählte zwei Männern, die ihm sehr nahe standen, daß er und Diana sich entschlossen hätten zu heiraten. Am Freitag dem 29. August rief Mohammed al-Fayed auf der »Jonikal« an und sprach mit Diana. Sie unterhielten sich über Einkäufe, da sie für Harry Geburtstagsgeschenke besorgen wollte, der am 15. September 13 Jahre alt würde. Sie erwähnte dabei nichts von einer möglichen Heirat. Doch Dodi telefonierte später am Tag noch mit Mohammed. »Wir haben beschlossen zu heiraten, Moo-Moo«, erzählte er und benutzte dabei den liebevollen Kosenamen, mit dem er seinen Vater stets anredete.»Ich bin auf dem Sprung nach Paris, um ihr den Ring zu kaufen.«

Al-Fayed war zwar erfreut, reagierte aber mäßigend. »Langsam, langsam«, sagte er zu Dodi. »Schlittere nicht in irgend etwas hinein. Ich denke, das geht alles viel zu schnell. Werde dir erst darüber klar und sei dir sicher, daß du wirklich die richtige Entscheidung triffst.« Aber Dodi hatte bereits begonnen, sich seine Zukunft mit seiner zukünftigen Prinzessin genau auszumalen. Er erzählte seinem Vater, er wolle mit Diana bei ihrem Zwischenaufenthalt in Paris noch einmal zur Windsor-Villa fahren. »Wenn ich heirate, schenkst du mir dann das Haus?« fragte Dodi. Mohammed antwortete: »Kein Problem.«

Nachdem Diana und Dodi in Paris angekommen waren, rief Dodi seinen Stiefonkel mütterlicherseits, Hassan Yasseen, an, der sich an diesem Wochenende zufällig im Ritz aufhielt. Yasseen, ein saudi-arabischer Geschäftsmann, der früher einmal Pressereferent der saudi-arabischen Botschaft in Washington gewesen war, hatte mit Dodi bereits während der Kreuzfahrt in Kontakt gestanden. »Er war sehr fröhlich und sehr glücklich, und seinen Worten konnte man entnehmen, wie begeistert er war«, erinnert er sich.

Am Samstag dem 30. August um 20.45 Uhr telefonierten Yasseen und Dodi fünf Minuten miteinander. »Er rief mich an und erzählte mir, daß er mit Diana zum Abendessen ausgehen würde und ob ich sie anschließend treffen wolle. Dann könnten wir reden.« Im Anschluß daran berichtet Yasseen, ließ Dodi die Bombe platzen: Ich sagte ›Euere Beziehung scheint ernster zu werden‹, und er antwortete: ›Ja, richtig.‹ Dann fragte ich ihn: ›Hast Du vor zu heiraten?‹ Er sagte: ›Ja, wir werden heiraten.‹« Yasseen war außer sich vor Freude. »Ich sagte: ›Wir freuen uns riesig für dich. Sie ist ein nettes Mädchen und hat ungeheuer Charakter. Wie schön für dich, daß ihr euch ineinander verliebt habt.‹«

Während dieser kurzen Unterhaltung ging Dodi nicht ins Detail, wie z. B. den Ring zu erwähnen, die offizielle Bekanntmachung oder den Zeitpunkt der Hochzeit. Aber er lud Yasseen ein, zusammen mit ihnen nach dem Abendessen im Restaurant Kaffee zu trinken. Yasseen hoffte, dann mehr über die Verlobung zu erfahren. Doch gegen Mitternacht, als Yasseen sie suchte, informierte man ihn am Hotelempfang, daß Mr. Dodi angerufen habe und ausrichten ließe, ob sie nicht statt dessen am nächsten Morgen zusammen frühstücken könnten. »Es ist heute zuviel Pressevolk unterwegs«, hatte Dodi als Begründung genannt. Yasseen hat Dodi nie mehr gesprochen.

Dodi hat über die Hochzeit auch mit zwei Angestellten der Familie gesprochen: mit seinem Butler René und mit Ritz-Direktor Frank Klein. René war über sechs Jahre für Dodi tätig und der einzige langfristig bei der Familie Beschäftigte, der bei beiden Mittelmeerkreuzfahrten von Dodi und Diana dabei war. Dodi hatte René nichts von seinen Absichten erzählt, doch als sich das Paar zurechtmachte, die Wohnung in der Rue Arsène-Houssaye zum Abendessen zu verlassen, teilte er René mit, er beabsichtige, nach ihrer Rückkehr der Prinzessin einen Heiratsantrag zu machen. Am Morgen dieses Tages, als Dodi sich noch auf der »Jonikal« befand, sprach er telefonisch mit Klein über die Windsor-Villa und informierte ihn davon, daß er und Diana sie beziehen wollten, sobald sie verheiratet wären.

Richard Kay, Hofkorrespondent der *Daily Mail* und seit fünf Jahren ein enger persönlicher Freund von Diana, erhielt von der Prinzessin am 30. August gegen 17.30 Uhr Ortszeit [18.30 Uhr MEZ] einen Anruf. Sie erreichte ihn auf seinem Autotelefon, als er gerade seinen Wagen vor einem Schuhmachergeschäft in Chelsea parkte. Diana befand sich im Ritz, während Dodi zu Besorgungen unterwegs war. Sie erzählte Kay, sie hätte vor, sich etwa im November aus dem öffentlichen Leben zurückzuziehen, sobald sie ihre bis dahin eingegangenen Verpflichtungen erfüllt hätte. Der Grund dafür war, so glaubt Kay, daß sie Dodi liebte und wohl vorhatte, ihn zu heiraten.

Rosa Monckton, die ihre Gedanken der letzten Zeit möglicherweise am besten kannte, berichtete, daß Dianas Telefonate mit Dodi »von Lachen erfüllt« gewesen seien, als die beiden Frauen ihre Reise nach Griechenland unternommen hatten. Einmal habe Diana darauf bestanden, daß Rosa sich eine Nachricht von Dodi auf dem Anrufbeantworter anhörte, um »seine wunderbare Stimme« zu vernehmen. Monckton schloß aus allem, daß Diana bei Dodi offensichtlich zu einer »gewissen emotionalen Stabilität« gefunden hatte. Rosa und Diana telefonierten drei Tage vor Dianas Tod noch einmal, während die »Jonikal« vor Sardinien

kreuzte. »Sag mir, bist du selig?« fragte Rosa, und Diana antwortete: »Ja, ich bin selig vor Glück. Bis bald.«
Dodi hielt seine Liebe zu Diana sehr verborgen. Während der beiden Kreuzfahrten im Mittelmeer mit Diana telefonierte er zwar ständig mit Freunden und Verwandten, aber nur wenigen hat er dabei seine wahren Gefühle enthüllt, und wenn, dann nur in Ansätzen. Ein Wort, das fast jeder benutzt, wenn es um Dodi geht, lautet: diskret. »Wie ich Dodi kenne, hat er niemandem auf der Welt etwas davon erzählt,« meinte eine enge Freundin in London, mit der Dodi in dieser Zeit sprach. »Er war sehr auf sein Privatleben bedacht. Er hat nie Namen fallen lassen oder gar gesagt, er ginge mit Soundso aus.« Die Freundin, eine junge verheiratete Frau, mit der Dodi ein rein platonisches Verhältnis hatte, sprach mit ihm das letzte Mal am Donnerstag, zwei Tage vor seinem Tod. »Er sagte: ›Ich bin absolut glücklich.‹ Nicht: ›Ich bin absolut glücklich mit Diana.‹ Er hat mir nie etwas anderes erzählt.« Wenn Dodi sagte, er sei »absolut« glücklich, dann hieß das für ihn, daß er verliebt war, erklärt die Freundin.

Dodi sprach während des Sommers auch verschiedene Male mit seiner Halbschwester Jumana. Er erwähnte, daß er ihr Diana vorstellen wolle, und sie planten, sich in Paris an jenem verhängnisvollen Sonntag zu treffen, der überdies auch noch Jumanas 32. Geburtstag war.

Pat Kingsley sprach mit Dodi letztmals zwölf Stunden vor seinem Tod. »Er war diskret, aber man merkte sehr deutlich, daß die Sommerromanze ganz prächtig gedieh«, erzählt Kingsley. »Er sprach nie von Heirat, aber er machte deutliche Anspielungen darauf.« Bei dieser Unterhaltung informierte Dodi Kingsley darüber, daß er etwa Ende September nach Los Angeles zurückkäme. »Ich habe große Neuigkeiten für Sie«, sagte er. Berufliche oder private, erkundigte sie sich. »Rein private«, antwortete Dodi. »Näheres werde ich Ihnen erst in Kalifornien erzählen, aber sie sind wirklich großartig, und ich denke, Sie werden begeistert darüber sein.«

Michael Cole berichtet, daß er, als Dodi zur Klärung der Probleme mit Kelly Fisher seinen letzten Trip nach Los Angeles unternahm, ihm ins Gewissen geredet habe, seine Finger von Frauen zu lassen, damit nicht die Boulevardpresse Schlagzeilen erhielten, daß er Diana wegen einer neuen Freundin verlassen habe. »Er erhob nicht im geringsten die Stimme, als er sagte: ›Michael, es wird nie mehr eine andere Freundin geben, nie mehr.‹ Er wirkte sehr entschieden dabei. Und normalerweise war er nicht jemand, der Entschiedenheit zeigte.«

Von Dianas Familie hat niemand bestätigt, daß sie vorhatte, Dodi Fayed zu heiraten. Doch die Trauerzeremonie am 6. September in Westminster Abbey wurde auch zu einer überraschenden Bestätigung ihres Glücks. Ihr Bruder, Earl Spencer, schloß seine bewegende Rede auf Diana in der Kirche vor Großbritanniens versammelter Oberschicht und vor einem weltweiten Fernsehpublikum von mehr als zwei Milliarden Menschen mit Worten, die eindeutig ihre Gefühle widerspiegelten. »Ich möchte schließen«, so sagte er, »indem ich Gott danke für die Gnaden, die Er uns in dieser schrecklichen Zeit insofern erwiesen hat, daß Er Diana von uns nahm, als sie am schönsten und strahlendsten war und als sie ihr persönliches Glück gefunden hatte.«

*Als sie ihr persönliches Glück gefunden hatte.* Dieser kurze Satz ist eine Verbeugung vor dem Mann, dem die Prinzessin von Wales kurze sechs Wochen nahegestanden hatte, und er spricht Bände über die Liebe seiner Schwester zu Dodi.

Kapitel 9

# DER LETZTE TAG

Am Morgen vom Sonnabend, dem 30. August, saßen Diana und Dodi zusammen auf dem Oberdeck der »Jonikal« und bewunderten das schäumende Meer vor Sardiniens Costa Smeralda. Entspannt, sonnengebräunt und rundum glücklich, wie Diana Rosa Monckton erzählt hat, plauderten sie, badeten in der Sonne, genossen die letzten Momente ihrer zauberhaften Kreuzfahrt im Mittelmeer.

Dodis Butler René Delorm, der das Paar auf beiden Reisen begleitet hatte, brachte um 9.30 Uhr das Frühstück aufs Deck: Kaffee, Croissants, Marmelade, ein Korb mit Bananen, Äpfeln, Trauben, Orangen und Kiwis. Diana trank wie gewohnt ein großes Glas frischgepreßten Orangensaft und goß heiße Milch in ihren Kaffee. Dodi verzichtete auf den Saft und trank seinen Kaffee schwarz.

»Es war ein ruhiger Morgen. Sie hatten gute Laune«, berichtet René. »Sie sprachen während der ganzen Kreuzfahrt unaufhörlich miteinander. Es war erstaunlich, daß ihnen nie die Gesprächsthemen ausgingen. Sie lachten die ganze Zeit und hielten Händchen.«

Während das Paar in aller Ruhe ausführlich frühstückte, klingelte Dodis Mobiltelefon. Es war Frank Klein in Antibes, der auf Fayeds Anruf vom Vorabend reagierte. Dodi mußte dringend mit Klein sprechen, der abgesehen von der Leitung des Ritz auch für die Windsor-Villa zuständig war, die Mohammed al-Fayed schon 1986 von der Stadt Paris gemietet hatte. Der ältere Fayed hatte angeordnet, das Mobiliar des Herzogs und der Herzogin auszuräumen und versteigern zu lassen, um das Anwesen privat mit seiner Familie zu nutzen. Doch Dodi hatte seinen eigenen Plan für das stattliche Anwesen.

»Frank«, erkundigte er sich, »wie weit sind wir mit der Windsor-Villa?«

Klein informierte ihn, daß die Hinterlasseneschaft der Windsors Ende Juli ausgeräumt worden seien und in knapp zwei Wochen von Sotheby's versteigert würde. Das Haus stünde nun leer.

»Bestens«, sagte Dodi. »Ich habe mit meinem Vater über meinen Einzug gesprochen. Meine Freundin« – er wollte Dianas Namen aus Furcht vor elektronischen Abhörmöglichkeiten nicht nennen – »will nicht in England bleiben.«

Klein erriet sofort, von wem er sprach.

Dann teilte Dodi eine überraschende Neuigkeit mit: »Wir wollen in die Villa einziehen, Frank, weil wir im Oktober oder November heiraten werden.«

»Das ist ja phantastisch, Dodi!« sagte Klein. »Wirklich phantastisch. Ich werde am Montag wieder in Paris sein, und dann sprechen wir über alles.«

Dodi rief seinen Vater gegen 11.00 Uhr vormittags an. Es war ein beschwingtes Gespräch voll aufregender Pläne. Anschließend reichte er Diana den Hörer, die Mohammed erzählte, wie toll die Kreuzfahrt gewesen sei, und daß sie vorhätte, in Paris einige Einkäufe für Harrys bevorstehenden Geburtstag zu erledigen.

Gegen 11.30 Uhr verstaute René das Gepäck des Paares im Beiboot der »Jonikal« und fuhr in Richtung Küste, begleitet von einer Masseurin, die Dodi aus Los Angeles mitgebracht hatte, um seine Rückenprobleme zu behandeln. Kurz nach Mittag stiegen Dodi und Diana zusammen mit zwei Leibwächtern und einer Haushälterin in das Beiboot und fuhren zu einer Anlegestelle beim Hotel Cala di Volpe.

Dort wurde das Paar von Tomas Muzzu erwartet, einem altgedienten VIP-Taxifahrer, der ihr Gepäck im Kofferraum seines weißen Mercedes verstaute, während Diana und Dodi auf den Rücksitzen Platz nahmen. Ein zweites Auto, ein schwarzer Mercedes, transportierte die anderen Mitglieder der Reisegruppe. Es waren keinerlei Paparazzi in Sicht.

Nach einer 30-minütigen Fahrt über gewundene Straßen, die

eine herrliche Aussicht auf die zerklüftete Küstenlinie Sardiniens bot, kamen die beiden Fahrzeuge am Flughafen von Olbia an. Auf dem Rollfeld wartete eine Gulfstream IV, lackiert in Harrods grünen und goldenen Firmenfarben. Bis das Gepäck verladen und die Passagiere an Bord waren, hatte das Flugzeug seine Abflugerlaubnis, die auf 13.04 Uhr festgesetzt worden war, überschritten und mußte dann fast eine halbe Stunde warten, bis es über das Rollfeld donnern und in den klaren blauen Himmel abheben konnte.

Die schnittige Maschine landete exakt um 15.20 am Flughafen Le Bourget, rund 17 Kilometer nördlich von Paris. Von ihren Kollegen in Italien und Großbritannien mobilisiert, wartete schon ungefähr ein Dutzend Journalisten auf die Rückkehr des Paares von Sardinien. Unter ihnen befanden sich Chassery, Oderkerken, Guizard und Rat mit dem Fahrer seines Motorrades, Darmon. Die Teleobjektive waren bereits auf das Flugzeug gerichtet, als es noch ausrollte und am Transair-Terminal zu stehen kam, an dem VIPs abgefertigt werden, die im Hotel Ritz absteigen wollen.

Dodi, der die Paparazzi bereits vom Flugzeug aus wahrgenommen hatte, war sichtlich verärgert und fragte das Transair-Personal, das an Bord kam, ob es ihnen helfen könne, den Kameras zu entwischen. Er und die Prinzessin konnten nur diese eine Nacht gemeinsam in Paris verbringen, bevor Diana nach London zurückkehrte, um ihre Söhne zu begrüßen und Vorbereitungen für deren Rückkehr ins Internat zu treffen. Dodi wollte nicht, daß diese besondere Gelegenheit von einer Herde fotografierwütiger Cowboys vermasselt würde, indem sie versuchten, sie auf ihren Motorrädern einzukreisen und ihnen die Objektive ins Gesicht zu drücken.

Es gab jedoch so gut wie nichts, das man dagegen unternehmen konnte. Sobald sich die Flugzeugtür öffnete, klickten schon die Auslöser der Kameras. Die dabei entstandenen Fotos dokumentieren minutiös jedes Detail ihrer Ankunft. Als erster kommt Trevor Rees-Jones (29), ein früherer Fallschirmjäger und Rugbyspieler, die Gangway herunter, der Fayeds persönlicher Leibwächter war und stolz den Spitznamen »Dodis Schatten« trug. Er wird gefolgt von der Prinzessin von Wales, die eine braune Hose und ein dazu passendes Jackett trägt sowie ein dunkles Oberteil und eine Designer-Sonnenbrille. Sie lächelt und schüttelt dem Bodenpersonal die Hand. Als nächstes kommt Kes Wingfield (32) aus der Maschine, der zweite Leibwächter von Fayed. Als letzter verläßt Dodi den Jet; er trägt ein schwarzes Hemd und eine schwarze Weste sowie dunkle Jeans.

Er wird auf dem Rollfeld von dem stämmigen Henri Paul begrüßt, dessen Haar sich schon lichtet. Dieser trägt einen grauen Anzug und eine sportliche Sonnenbrille. Dodi schüttelt Pauls Hand und neigt sich zu ihm, offensichtlich, um ihn im tosenden Lärm der anderen Flugzeuge besser zu verstehen. Paul spricht, gestikuliert, erklärt scheinbar den Ablauf ihrer Fahrt zurück nach Paris. Ihre Beziehung beruht offenkundig auf einer gegenseitigen Vertrauensbasis.

Auf dem Rollfeld ist neben dem Flugzeug ein schwarzer Mercedes 600 geparkt, mit der Zulassungsnummer 405 JVJ 75, eine schwere, mit allem Denkbaren ausgestattete Luxuslimousine mit schwarzen Ledersitzen und getönten Scheiben. Di und Dodi nehmen auf den Rücksitzen Platz, Rees-Jones vorn auf dem Beifahrersitz. Am Steuer ist Philippe Dourneau (35), ein früherer Ritz-Chauffeur und jetzt von Dodi fest als Fahrer angestellt, um ihn, wann immer er sich in Paris aufhält, zu chauffieren. Dourneau war es gewesen, der Diana und Dodi während ihres geheimen Rendezvous in Paris am Wochenende vom 26./27. Juli gefahren hatte, als es ihnen gelungen war, ein Abendessen im bekannten Drei-Sterne-Restaurant Lucas-Carton zu genießen, ohne daß die Paparazzi etwas davon erfuhren. Das Paar hatte dies bewerkstelligt, indem es das Ritz durch den Hintereingang betrat und verließ, ein Trick von Dourneau, dessen Wirksamkeit Dodi sehr beeindruckt hatte.

Dourneau war stolz auf das Vertrauen, das Dodi in ihn setzte. Wie er später erklären sollte, hatte Dodi ihn wegen seiner »professionellen Eigenschaften« angestellt: Diskretion, Pünktlichkeit, besten Kenntnissen des Großraums Paris und seiner Art, »sanft« zu fahren, auch wenn sie in Eile waren. »Selbst wenn Dodi es sehr eilig hatte, bat oder drängte er mich nie, gegen die Verkehrsregeln zu verstoßen.« Wenn Dodi beispielsweise sein Flugzeug zu verpassen drohte, überschritt Dourneau schon mal die Geschwindigkeitsbegrenzung – »aber immer unter Wahrung der Sicherheit und ohne je einen Unfall zu verursachen«. Er war zweifelsohne ein Top-Mann am Steuer.

Auf der Yacht von Mohammed al-Fayed in St. Tropez; Juli 1997.
*(Foto: James Andanson/Sygma)*

Im Juli 1997 genoß Prinzessin Diana ihren Urlaub in St. Tropez.
*(Foto: Gamma Liaison)*

Vertrautheit und Nähe: Prinzessin Diana und Dodi Fayed am 24. August 1997 auf der »Jonikal«.
*(Foto: James Andanson/Sygma)*

Prinzessin Diana im Northwick Park Hospital, wo sie am 21. Juli 1997 den Grundstein für die neue Kinderklinik legte.
*(Foto: Andrew Shaw/FSP/Gamma Liaison)*

Ein friedlicher Sommertag: Diana und Prinz Harry.
*(Foto: Sipa Press)*

Mohammed al-Fayed, Prinzessin Diana und Dodi an Bord der Yacht »Jonikal«.

Diana und Mohammed al-Fayeds Tochter.
*(Foto: Sygma)*

Diana und Dodi Fayed an Bord der »Jonikal«, 22. August 1997.
*(Foto: Gamma Liaison)*

Am Sonnabend, dem 30. August 1997, trifft Prinzessin Diana im Hotel Ritz in Paris ein. *(Foto: AP/Wide World Photos)*

Dodi Fayed (links), als er am Abend des 30. August das Ritz betritt, gefolgt von Leibwächter Trevor Rees-Jones. *(Foto: AP/Wide World Photos)*

Eine gute Viertelstunde nach Diana und Dodi kommt Henri Paul ins Hotel Ritz. *(Foto: AP/Wide World Photos)*

Dodi Fayed hat seinen Arm um Diana gelegt, während sie mit Henri Paul, dem Fahrer sprechen. Mitternacht ist gerade vorbei. Im Hintergrund: Leibwächter Trevor Rees-Jones. *(Foto: AP/Wide World Photos)*

*Diese Aufnahme von sieben Fotografen, die im Anschluß an die mörderische Motorradjagd durch Paris verhaftet wurden, stammt von einem Video.
(Foto: AP/Wide World Photos)*

*Die Polizei räumt die Trümmer des Unglückswagens weg, in dem Prinzessin Diana in der Nacht auf den 31. August 1997 zu Tode kam.
(Foto: AP/Wide World Photos)*

Ein Blumenmeer vor dem Kensington Palast erzählt von der Liebe der Menschen zu Diana.
*(Foto: Andrew Murray/ Sygma)*

6. September 1997: Gefolgt von Prinz Charles, wird der Sarg in die Westminster Abbey getragen, wo die Trauerzeremonie stattfand.
*(Foto: FSP/Gamma Liaison)*

Queen Elizabeth II. und »Queen Mum« nehmen die Kondolenzbezeigungen entgegen.
*(Foto: FSP/Gamma Liaison)*

Am 3. Oktober 1997, über einen Monat nach dem Unfall im Tunnel: Trevor Rees-Jones (mit Kappe) auf dem Heliport Issy-les-Molineaux bei Paris. *(Foto: AP/Wide World Photos)*

Als sich der Mercedes vom Flugzeug entfernte, folgte ihm ein schwarzer Range Rover mit einem britischen Nummernschild: Dodis Privatwagen in Paris. Sein Fahrer an diesem Tag war Henri Paul, der normalerweise nicht als Chauffeur diente, der aber als amtierender Sicherheitschef des Ritz abgeordnet worden war, um das Paar persönlich am Flughafen in Empfang zu nehmen und für ihre Sicherheit zu sorgen. Neben ihm saß Kes Wingfield, auf den Rücksitzen saßen Dodis Butler, seine Haushälterin und seine Masseurin. Pauls Auftrag, abgesehen davon, sich um das Gepäck des Paares zu kümmern, war die Abschirmung vor den Paparazzi.

Dodi und Diana hatten auf Begleitschutz durch den französischen »Service de Protection des Hautes Personalités« (SPHP) verzichtet, eine spezielle Abteilung des Innenministeriums, die Würdenträger bei Besuchen in Frankreich sichert. Französische Offizielle erklären, daß Diana als früheres Mitglied der britischen Königsfamilie ein Anrecht auf diesen Schutz gehabt habe, wenn sie ihn durch die britische Botschaft angefordert hätte. Aber der SPHP erhielt keine offizielle Mitteilung darüber, daß sich das Paar in Frankreich aufhielt; das Innenministerium war lediglich von ihrer Ankunft für einen »privaten Besuch« in Kenntnis gesetzt worden.

Die Prinzessin besaß ferner das Anrecht auf Sicherung rund um die Uhr durch die »Britain's Royal Protection Squad«, hatte sich aber nach ihrer Scheidung dazu entschlossen, diese ständige Überwachung aufzugeben. Der Hauptgrund dafür war, so sagt eine Freundin, daß sie argwöhnte, daß diese amtlichen Bodyguards, »sie ausspionierten und Rückmeldungen an den Palast gaben. Sie wollte nicht, daß ihr Ex-Mann erfuhr, wohin sie ging und wen sie traf.« Aber selbst ohne unmittelbare Überwachung war MI6, Großbritanniens Geheimdienstarm in Übersee, in der Lage, ihr Leben – wo auch immer – bis zu einem gewissen Grad weiter zu überwachen.

Als der Konvoi der beiden Wagen Le Bourget verließ, eskortierte sie ein Polizeibeamter, der zur Zollabfertigung abgeordnet war, bis zur Autobahn A 1. Danach waren sie auf sich allein gestellt. Die Paparazzi holten sie an der Auffahrt zur Autobahn ein. Rees-Jones berichtete später, Dodi habe den Fahrer gebeten, aufs Gaspedal zu treten, »um die Journalisten abzuschütteln«. Dourneau erinnert sich, daß ihnen mehrere Fahrzeuge folgten, darunter zwei Motorräder und ein schwarzer Peugeot 205. Er blieb mit einer konstanten Geschwindigkeit von 120 bis 130 Stundenkilometern auf der Mittelspur. Einmal, so sagte er später den ermittelnden Polizeibeamten, seien die Motorräder auf gleicher Höhe neben ihnen hergefahren, um Fotos zu machen, wobei ihn die Elektroblitzlichter fast geblendet hätten.

Wingfield, der weisungsgemäß in dem Range Rover saß, nahm wahr, daß die ihnen folgenden Paparazzi ständig ihre Autotelefone benutzten, um offensichtlich andere Fotografen von der Ankunft des Paares in Kenntnis zu setzen. Wingfield bezeugt, daß ein schwarzer Peugeot 205 den Mercedes rechts überholte, sich dann vor ihn setzte und plötzlich abbremste, um ihn zu einer langsameren Fahrt zu zwingen. (Fabrice Chassery, Eigentümer eines anthrazitgrauen Peugeot 205 gab später zu, daß er dem Konvoi gefolgt sei, stritt aber vehement ab, daß er die beiden Autos überholt oder gar ein solch gefährliches Fahrmanöver unternommen habe.) Laut Wingfield erzählte ihm die Prinzessin später, daß sie um die Sicherheit einiger Motorradfahrer besorgt gewesen sei, deren halsbrecherische Fahrweise wie sie sagte, möglicherweise hätte dazu führen können, daß sie stürzten oder mit einem anderen Fahrzeug kollidierten. Was Henri Pauls Fahrkünste anbelangt, sagte Wingfield: »Er fuhr exzellent. Er war ein guter Fahrer, überhaupt ein guter Kumpel.«

An der Porte de la Chapelle gelangte der Konvoi auf den Boulevard Périphérique, die große Ringstraße um Paris, und fuhr in Richtung Westen. Es gelang Dourneau, die Paparazzi durch unvermitteltes Einbiegen in die Ausfahrt Porte Maillot abzuschütteln, und Diana machte ihm Komplimente für diesen geschickten Dreh. Henri Paul fuhr geradeaus weiter nach Paris und lieferte das Gepäck des Paares in Dodis Wohnung in der Nähe des Arc de Triomphe ab, wo die beiden die Nacht verbringen wollten. Paul und Wingfield stießen dann wieder auf den Mercedes beim ersten Stopp des Paares: an der Windsor-Villa, im Bois du Boulogne. Dodi und Diana, die das Anwesen bereits am 25. Juli gemeinsam inspiziert hatten, hielten sich nur etwa 40 Minuten dort auf – gerade solange, wie sie für einen kurzen Rundgang durch ihr künftiges Heim und seinem Park benötigten.

Als Nächstes machten sie am Ritz Halt, wo das Paar um 16.35 Uhr eintraf und von Claude Roulet (46), dem gewandten und aufmerksamen stellvertretenden Geschäftsführer, persönlich begrüßt wurde. Er sagte später, sie hätten glücklich »und sehr verliebt« gewirkt. Sie gingen unverzüglich die mit Teppich belegte Treppe zum ersten Stock hinauf, zur Kaisersuite, einem Luxusappartement, das 10 000 Dollar pro Nacht kostet.

Die Suite mit herrlicher Aussicht auf die Place Vendôme ist mit Möbeln im Empirestil, mit roten Satinsesseln, farbenprächtigen Perserteppichen, Kristallüstern und Messingleuchtern ausgestattet. Sie umfaßt einen Salon, einen Eßbereich, ein eichegetäfeltes Badezimmer und zwei Schlafzimmer. An diesem luxuriösen Zufluchtsort (zu seinen früheren Bewohnern gehörten u. a. Hermann Göring, Winston Churchill, Richard Nixon, Woody Allen und Madonna) erholte sich das Paar nach seiner Reise.

Dianas Shopping-Pläne für Paris scheinen durch das Paparazzi-Chaos beeinträchtigt worden zu sein. Presseberichten zufolge soll das Paar versucht haben, den Mercedes 600 zu verlassen, um Boutiquen an den Champs-Elysées zu besuchen, den Plan aber gleich wieder aufgegeben haben, angeekelt von den sie bedrängenden Paparazzi. In ihren detaillierten Berichten über die Ereignisse an diesem Tag haben weder Dourneau noch die beiden Leibwächter etwas von einem abgebrochenen Shopping-Ausflug erwähnt. Wie auch immer, Diana ist es irgendwie gelungen, für Harry Geburtstagsgeschenke und auch für sich selbst einige Dinge zu besorgen, möglicherweise, indem sie für die Einkäufe jemanden vom Ritz in die schicken Boutiquen der nahegelegenen Rue du Faubourg Saint-Honoré schickte. Die von den Geschäften aufwendig verpackten Einkäufe wurden später ungeöffnet in Dodis Wohnung gefunden; ein Zimmermädchen des Ritz packte sie am Sonntag in Dianas Koffer, und Mohammed al-Fayed ließ sie an Dianas Schwester, Lady Sarah McCorquodale in Lincolnshire, zurückschicken. Einige Zeit nach ihrer Ankunft im Ritz ließ sich die Prinzessin im hoteleigenen Friseursalon, der sich im Untergeschoß nahe dem Fitneß- und Badecenter befindet, frisieren. Dodi nutzte diese Gelegenheit, um eine wichtige Besorgung zu erledigen. Er hatte eine Verabredung mit dem Juwelier Alberto Repossi, der den »Ja-Wort«-Ring nach einer Korrektur seiner Paßform und einigen anderen leichten Änderungen, die Dodi acht Tage zuvor gewünscht hatte, von Monte Carlo herbeigebracht hatte.

Kurz vor 18.30 Uhr sandte Dodi Claude Roulet und Wingfield zu Repossis Boutique voraus direkt gegenüber an der Place Vendôme. Seiner Sicherheitsmanie entsprechend, bestrand Dodi darauf, im Mercedes 600 zu Repossi gefahren zu werden, obwohl die Boutique kaum 100 Meter entfernt vom Haupteingang des Ritz liegt. Rees-Jones begleitete ihn und wartete im Wagen, während Dodi das Geschäft betrat. Dodi nahm den »Ja-Wort«-Ring in Empfang und sah sich noch einen anderen Ring an, der ihm ins Auge gestochen war. Er fragte Repossi, ob er beide Ringe mitnehmen könne, um zu sehen, welcher der Prinzessin besser gefalle. Die Schmuckstücke wurden Roulet übergeben, der Preis und die Zahlungsmodalitäten sollten später zwischen dem Ritz-Management und dem Geschäft geklärt werden.

Diana war bereits von ihrem Friseurbesuch zurück, als Dodi wieder die Suite betrat. Kurz darauf klopfte Roulet an die Tür und übergab Dodi die Ringe, der mit ihnen in ein anderes Zimmer der Suite verschwand. Später gab Dodi Roulet den zweiten Ring zurück. Es war somit der »Ja-Wort«-Ring, den Fayed ausgewählt hatte und den er Diana möglicherweise in dieser Nacht auf den Finger stecken wollte. Was immer Dodi auch geplant haben mag – er hatte keine Zeit mehr, es in die Tat umzusetzen. Der Ring wurde später in seiner ungeöffneten Schatulle in Dodis Wohnung gefunden. (Heute liegt er im gesicherten Schließfach eines Schweizer Banktresors, zusammen mit mehreren Liebesbriefen von Diana an Dodi.)

Diana erledigte von der Kaiser-Suite aus verschiedene Anrufe, darunter einen mit ihrem Londoner Freund und Vertrauten Richard Kay, Hofberichterstatter der *Daily Mail*. Es war gegen 18.30 Uhr. »Sie erzählte mir, sie plane, ihr Leben radikal zu verändern«, schrieb er in der Ausgabe seiner Zeitung vom 1. September. »Sie hatte vor, ihre Verpflichtungen gegenüber wohltätigen Einrichtungen und ihr Engagement für das Verbot von gegen Zivilisten gerichtete Landminen abzuschließen und sich etwa im November völlig aus ihrem formellen Leben in der Öffentlichkeit zurückzuziehen.«

Kay glaubte, daß ihre Beziehung zu Dodi eine »wesentliche Rolle« bei ihrer Entscheidung spielte. »Sie liebte ihn und, was vielleicht noch wichtiger ist, sie war überzeugt davon, daß auch er sie liebte und an sie glaubte. Sie waren im siebten Himmel, wenn man dies alte, aber dennoch unverbrauchte Klischee benutzen will. Ich kann nicht mit Bestimmtheit sagen, daß sie heiraten wollten, aber meiner Meinung nach war es wahrscheinlich.« Bei ihrer langen Unterhaltung ging sie zwar nicht näher auf Dodi ein, fragte Kay aber, warum die Presse ihrem ägyptischen Freund gegenüber so feindselig eingestellt sei. »Geschieht das, weil er ein Millionär ist?« fragte sie naiv, wobei sie einen Fehler in die Gleichung brachte, indem sie den Knackpunkt unberücksichtigt ließ, warum die Briten den geschiedenen moslemischen Playboy für keinen geeigneten Lebenspartner für die Mutter des künftigen englischen Königs hielten. Kay faßte ihre momentane Stimmung in seinem Artikel zusammen: »An jenem Samstagabend war Diana so glücklich, wie ich sie nie vorher erlebt habe. Zum ersten Mal seit vielen Jahren war alles in ihrem Leben wieder voll und ganz im Lot.«

Um 19.00 Uhr verließ das Paar das Ritz durch den Hinterausgang des Hotels und bestieg den Mercedes 600. Den Range Rover, der ihnen folgte, fuhr jetzt Jean François Musa (39), der Manager der Firma »Etoile Limousine«, die mit dem Ritz durch einen Auto-Leasingservice verbunden ist. Henri Paul hatte Musa am Abend zuvor angerufen und ihn gebeten, sich am Sonnabend um 17.00 Uhr im Hotel einzufinden, um den Range Rover als Geleitfahrzeug zu chauffieren. Daher händigte Paul nun Musa die Schlüssel aus, der zusammen mit Rees-Jones und Wingfield dem Mercedes 600 folgte. Ihr Ziel: Dodis Zehnzimmer-Wohnung nahe dem Arc de Triomphe. Als der Konvoi seinen Blicken entschwunden war, hielt Henri Paul seinen Arbeitstag für beendet und verließ das Hotel. Uhrzeit: 19.05 Uhr.

Der Mercedes und der Range Rover bogen zehn Minuten später in die Rue Arsène-Houssaye ein und stießen dort auf eine Schar von Fotografen, die schon bereits auf der Lauer lagen. »Die Paparazzi haben das Paar buchstäblich gemobbt«, sagte Wingfield. »Dies hat die Prinzessin regelrecht in Angst und Unruhe versetzt, obwohl sie die Paparazzi gewohnt war. Diese Paparazzi heulten in ihrem Jagdfieber laut auf, was sie noch angsterregender machte. Ich mußte sie mit Leibeskräften zurückdrängen.«

Als sich die Fotografen zu nah an das Paar herandrängten, legte ein Sicherheitsagent vom Ritz, dessen Aufgabe es war, die Wohnung zu überwachen, seine Hand auf ein Kameraobjektiv und drückte es mit Gewalt weg. Der Fotograf, der von verschiedenen Augenzeugen als Romuald Rat identifiziert wurde, brüllte zum Protest. Ein anderer Fotograf kündigte drohend die englischen Paparazzi an – berüchtigt dafür, noch rücksichtsloser als ihre französischen Kollegen vorzugehen –, und ein weiterer Reporter sagte:»Es wird den Fayeds übel ergehen, wenn Sie uns nicht unsere Arbeit machen lassen: wir werden jedem erzählen, sie seien der Abschaum der Menschheit.« Kurz darauf kamen Rees-Jones und Wingfield aus der Wohnung zurück und versuchten die erhitzten Gemüter zu besänftigen, indem sie Rat und den anderen Reportern mitteilten, daß sie sie arbeiten ließen, wenn sie angemessen Abstand hielten. Zu diesem Zeitpunkt, sagt Wingfield, »war Dodi sehr verärgert über das Benehmen der Paparazzi«.

Diana ihrerseits war zweifellos eingeschüchtert.»Die Prinzessin hatte körperlich Angst vor Romuald Rat«, behauptet eine Quelle, die den Fayeds nahesteht und die Ereignisse jenes Tages genau verfolgte.»Sie hatte ihn vor der Wohnung gesehen. Gewisse Menschen können schon durch ihr Aussehen bedrohlich wirken. Rat mag zahm wie ein Kätzchen sein, aber er ist nun mal ein ziemlich bulliger, häßlicher, vierschrötiger Kerl, und deshalb hatte sie körperlich Angst vor ihm. Sie war verunsichert. Frauen haben ein bestimmtes Feeling für gewisse Menschen.«

In der Zwischenzeit schmiedete Dodi in seiner Wohnung im zweiten Stock Pläne für einen ganz besonderen Abend. Während sich Diana im Grünen Salon zurechtmachte, der direkt vom Marmorfoyer abgeht, schlich Dodi heimlich in die Küche. »René«, sagte er zu seinem Butler, »sorgen Sie für eisgekühlten Champagner.« Ein paar Minuten später kam er erneut an.»René, ich werde ihr heute nacht einen Heiratsantrag machen«, flüsterte er mit einem breiten Lächeln auf seinem Gesicht.

Der Butler war keineswegs überrascht, daß Dodi sich ihm anvertraute.»Er hat mich im Laufe der Zeit schätzen gelernt und wußte, daß mir sein Glück am Herzen lag«, berichtet er.»Manchmal sagte ich zu ihm: ›Warum heiraten Sie nicht, werden häuslich und haben Kinder?‹ Dodi antwortete stets, ›Niemals!‹ Er hatte nie das richtige Mädchen gefunden, bis er der Prinzessin begegnete. Das einzige, was in seinem Leben fehlte, war die richtige Partnerin.«

Das Paar verließ die Wohnung um 21.30 Uhr und fuhr auf den Champs-Elysées in Richtung Place de la Concorde. Ihr ursprüngliches Ziel war Chez Benoît, ein In-Restaurant mit einem Michelin-Stern in der Nähe des Centre Pompidou. Aber die Fotografen bedrängten die Autos derart, daß es Dodi schließlich reichte. »Das ist einfach zuviel«, kochte er. »Die Kerle sind verrückt!« Er trug Dourneau auf, im Restaurant anzurufen, die Reservierung zu stornieren und das Ritz zu informieren, daß er und die Prinzessin dort zu abend essen würden. Uhrzeit: 21.45 Uhr.

Claude Roulet, der stellvertretende Ritz-Chef, stand auf dem Bürgersteig vor dem Chez Benoît, als er Dourneaus Anruf auf seinem Handy erhielt. Der überaus fürsorgliche Roulet hatte die Reservierung unter seinem Namen ausgeführt und wartete nun darauf, das Paar hineinzubegleiten und dafür zu sorgen, daß alles *comme il faut* wäre. Roulet wollte nicht, daß an diesem Abend irgend etwas schieflief. Sein Chef, Ritz-Direktor Frank Klein, war das Wochenende noch in Antibes, und Roulet war in seiner Abwesenheit für alles verantwortlich. Die Vorstellung, daß Fayed und die Prinzessin gerade zum Ritz fuhren und dort niemand auf ihr Kommen vorbereitet wäre, war ihm ein Horror. Daher rief er sofort im Hotel an und informierte das Personal von der unmittelbar bevorstehenden Ankunft des Paares. Doch es war zu spät! Die Autos fuhren gerade vor, als sein Anruf entgegengenommen wurde. Uhrzeit: 21.51 Uhr.

Eine große Gruppe von Paparazzi und *badauds*, wie sie die Franzosen nennen – Passanten, Diana-Fans und Sensationshungrige –, wartete vor dem Hotel, als das Paar ankam. Die Menge war so dicht gedrängt, daß Dodi und die Prinzessin anfangs nicht die Wagentüren öffnen konnten. Dodi war in Rage und bellte Wingfield und Rees-Jones an, warum sie nicht rechtzeitig dem Hotel ihre Ankunft angekündigt hätten, damit die Sicherheitsleute des Ritz den Eingang für sie hätten räumen können, als noch Zeit dafür war. Wingfield, der im Range Rover bei Rees-Jones und Musa mitgefahren war, wies Dodi respektvoll darauf hin, daß er ihnen überhaupt nicht mitgeteilt habe, daß sie zum Ritz unterwegs seien.

Diana stieg als erste aus, Wingfield eng an ihrer Seite. »Ich mußte sie unter Körpereinsatz vor den Paparazzi schützen, die wirklich viel zu nah an sie heranrückten«, sagt er. »Ihre Objektive berührten fast ihr Gesicht... Als sie endlich im Hotel war, sank Diana in einen Sessel und war total demoralisiert, als würde sie gleich zu weinen anfangen.« Dodi blieb noch einige Minuten lang kochend vor Wut im Wagen, bis auch er ausstieg. Seine versteinerten Gesichtszüge und sein verbissener Mundausdruck, deutlich auf den Paparazzi-Fotos und dem Überwachungsvideo des Ritz zu erkennen, spiegelten seine eiskalte Wut wider.

Das Paar durcheilte den Hauptkorridor, vorbei an zwei ziemlich geschmacklosen Statuen schwarzer nubischer Sklaven, die goldene Armleuchter schwingen, und betrat das hoteleigene Zwei-Sterne-Restaurant L'Espadon. Diana bestellte sich als Vorspeise Rührei mit Pilzen und Spargel und als Hauptgericht Seezunge mit Gemüsen der Saison. Dodi bestellte gegrillten Steinbutt und orderte Taittinger-Champagner. Kaum hatten sie bestellt, spürten sie schon die neugierigen Blicke der anderen Gäste auf sich ruhen. Es war nicht nur Dianas Prominenz, die die Aufmerksamkeit auf die beiden lenkte: Ihre Freizeitkleidung schien fehl am Platz. Dodi trug Jeans, ein leichtes graues Hemd, das über dem Gürtel hing, eine leichte braune Wildlederjacke und dazu passende Cowboystiefel. Diana trug ein einfaches schwarzes Oberteil, ein schwarzes Jackett, eine weiße Hose, goldene Ohrringe und schwarze Versace-Pumps – zwar alles Designerprodukte, aber für diese vornehme Umgebung unpassend. Daher beschlossen die beiden, sich auf die Kaiser-Suite zurückzuziehen und das Essen dort servieren zu lassen. Eine weitere abrupte Änderung ihrer Pläne – und nicht die letzte.

Nach dem chaotischen Empfang des Paares vor dem Hotel hatte inzwischen der in dieser Nacht zuständige Sicherheitsbeamte François Tendil Henri Paul auf seinem Mobiltelefon angerufen, um ihn über die Situation zu informieren: Fayed und die Prinzessin seien im Hotel, gut hundert Paparazzi und *badauds* verstopften den Eingang, und der Sohn des Bosses sei fuchsteufelswild. Paul, der befürchtete, daß man ihm womöglich die Schuld an den Sicherheitsmängeln geben könnte, beschloß, ins Hotel zurückzukehren und die Sache selber in die Hand zu nehmen. Uhrzeit: 21.55 Uhr.

Kein Mensch weiß, wo Paul sich gerade befand, als er den Anruf erhielt. Man weiß auch nicht genau, was er nach Dienstschluß unternommen hat. Selbst die Elite-Kriminalbrigade konnte nach wochenlangen Ermittlungen nicht den genauen Ablauf seiner Unternehmungen eruieren, nachdem er das Hotel um 19.05 Uhr verlassen hatte. Eine ranghohe Offizielle des Ritz erzählte Detektiven, sie habe ihn um 19.30 Uhr im Bourgogne gesehen, einer Bar in der Nähe von Pauls Apartment in der Rue des Petits-Champs. Im Polizeiverhör sagte die Managerin jedoch aus, sie habe Paul den ganzen Abend nicht mehr gesehen.»Wir besitzen dieses Café schon seit acht Jahren, und ich sah ihn hier vielleicht ein Dutzend Male«, sagte Myriam Lemaire in einem Interview.»Wenn er kam, pflegte er einen Drink zu nehmen, seine Zeitung zu lesen, und dann ging er wieder. Ich habe ihn nie mit jemandem zusammen herkommen gesehen, und es blieb immer bei diesem einen Drink.«

Ähnlich widersprüchliche Aussagen kommen aus Harry's New York Bar, gleich um die Ecke vom Ritz. Der Geschäftsführer beharrt darauf, Paul sei in jener Nacht nicht dagewesen; zwei Barkeeper behaupten, daß er doch da war, und einer von ihnen sagt, Paul hätte zwei Whisky getrunken. Um die Sache noch zu komplizieren: Pauls Freunde behaupten, er habe nie Whisky getrunken. Hat er oder hat er nicht?

Das Rätselspiel geht noch weiter: In einer Bar in der Rue du Quatre Septembre, die Paul bekannterweise häufig besuchte, behaupten die Angestellten nicht nur, Paul sei in dieser Nacht nicht anwesend gewesen, sondern sogar, daß sie ihn überhaupt nicht gekannt hätten. Es kommt der Verdacht auf, daß der eine oder andere Barbesitzer, eventuelle rechtliche Konsequenzen befürchtend, lieber nicht mit Henri Pauls Alkoholkonsum in der Nacht des 30. August 1997 in Verbindung gebracht werden will.

Es scheint mehr als wahrscheinlich, daß Paul zu irgendeinem Zeitpunkt an jenem Abend heim in sein Apartment in 33, rue des Petits-Champs ging. Er war ein Mann mit starkem Bartwuchs, bei dem nachmittags schon wieder Bartstoppeln sprießten, und dennoch war er frisch rasiert, als er im Ritz auftauchte, und hatte zudem Hemd und Krawatte gewechselt. Hat er zu Hause getrunken? Gut möglich. Kriminalbeamte entdeckten später eine Flasche Martini in seinem Kühlschrank, die zu drei Vierteln geleert war. Wenn er nach Arbeitsschluß dieses Quantum getrunken hat - auf leeren Magen -, läßt sich einiges erklären. Martini enthält 16 Prozent Alkohol, fast eineinhalbmal soviel wie gewöhnlicher Wein.

Eines jedoch steht unumstößlich fest: Paul hat, kurz bevor er ins Hotel zurückkehrte, einen Zwischenstopp in einer Bar namens Champmeslé eingelegt, einem Lesbierinnentreffpunkt in der Rue Chabanais. Trotz seines anderen Geschlechts war Paul dort Stammgast. Die Frauen mochten ihn. Er pflegte auf ein Schwätzchen hereinzukommen, brachte ihnen Blumen mit, aber darüber hinaus lief nichts zwischen ihm und den Frauen. »Ich kannte ihn seit 20 Jahren«, sagt Barinhaberin Josy Champmeslé, eine etwa fünfzigjährige blonde Lesbierin mit toughem Gesichtsausdruck und selbstbewußtem Auftreten. Sie lehnt sich auf den Tresen, hinter dem ein grelles Wandgemälde mit nackten Frauen hängt, und fügt hinzu: »Er war ein netter Kerl, sehr höflich. Er trank Cola, Perrier, manchmal ein Bier.« Josy besteht darauf, daß Paul in jener Sonnabendnacht völlig normal wirkte. »Wenn er betrunken gewesen wäre, hätten wir das gemerkt«, sagt sie.

Paul kam gegen 22.00 Uhr im Champmeslé an, trank jedoch nichts. Er wollte lediglich seinen schwarzen Austin Mini holen, der auf der anderen Straßenseite geparkt war. Vermutlich hatte ihn Tendil gerade angerufen, und er war auf dem Rückweg zum Ritz. Paul hatte gerade nur Zeit, seinen Kopf zur Tür hereinzustecken und anzukündigen: »Bis später, Mädels. Muß los zur Arbeit.«

Ob er in jener Nacht zu Hause oder in einer Bar etwas getrunken hat, spielt keine Rolle. Tatsache ist, daß sein Alkoholkonsum zu diesem Zeitpunkt keineswegs unverantwortlich gewesen war: Er war Junggeselle, hatte an einem Sonnabend nach einem anstrengenden Arbeitstag Feierabend – warum also sollte er nicht ein paar Drinks genommen haben? Henri Paul konnte absolut nicht ahnen, daß er in jener Nacht zurückbeordert werden würde, und erst recht nicht, daß man ihn bitten würde, die Prinzessin und Dodi zu chauffieren. Unverantwortlich hat man sich später verhalten – und dann nicht nur er.

Das Videoband einer Überwachungskamera des Ritz zeigt, wie Paul um 22.08 Uhr am Eingang des Ritz vorfährt. Obwohl vor dem Hoteleingang ausreichend Platz war, um selbst einen Lastwagen einzuparken, vollführt der schwarze Mini einige unnötige Vorwärts- und Rückwärtsmanöver, bevor er zum Stillstand kommt. Der Video-Zusammenschnitt zeigt, wie er ins Hotel hineingeht und in den folgenden ca. zwei Stunden mit mehreren Personen zu verschiedenen Zeiten und an verschiedenen Orten spricht. Es scheint, daß er sich normal benimmt, doch ist das schwer zu entscheiden wegen des Zusammenschnitts der Aufnahmen.

Beide Leibwächter bestehen später darauf, daß ihnen Paul den ganzen Abend lang »völlig normal« erschien. »Er wirkte nicht nervös«, schilderte Rees-Jones. »Er war genauso, wie ich es von ihm gewohnt war.« Wingfield seinerseits berichtete den Ermittlungsbeamten: »Henri Paul trank in meiner Gegenwart kein alkoholisches Getränk. Er hat kein bißchen nach Alkohol gerochen; ich hätte es wahrgenommen, denn er war weniger als einen Meter von mir entfernt. Außerdem: Wenn er uns nur im geringsten betrunken erschienen wäre, hätten Trevor und ich verhindert, daß er das Paar fuhr. Es wäre sowieso undenkbar gewesen. Dodi hätte seinen betrunkenen Zustand erkannt und ihn auf der Stelle entlassen.« Doch Dodi hatte selber Champagner getrunken und hat daher möglicherweise den Alkohol in Pauls Atem nicht gerochen.

Fest steht, daß Paul vor den Augen der Leibwächter etwas getrunken hat. Während Dodi und Diana beim Essen waren, hatten die beiden Engländer gemeinsam an der Vendôme-Bar des Hotels einen Happen zu sich genommen; Paul kam hinzu, aß aber nichts. Wingfield berichtete der Polizei, Paul hätte einen »Ananassaft« bestellt, »den er mit Wasser aus einer Karaffe verdünnte, weil er ihm zu süß war.« Rees-Jones sagte später gegenüber der Polzei aus, daß Paul eine »gelbe Flüssigkeit« getrunken habe.

Untersuchungsbeamte haben festgestellt, daß die »gelbe Flüssigkeit« in Wirklichkeit Pastis war, ein Aperitif auf Anisbasis, der genauso stark ist wie Whisky. Den beiden Engländern kann man nachsehen, daß sie nicht wußten, daß man in Frankreich Pastis generell mit einer Karaffe Wasser serviert und ihn verdünnt, bevor man ihn trinkt (empfohlene Mischung: fünf Teile Wasser auf einen Teil Pastis). Wenn man zwei Gläser Pastis zu der dreiviertel Flasche Martini hinzurechnet, die Paul möglicherweise daheim getrunken hatte, ergibt sich ungefähr die Menge Alkohol, die man später in Pauls Blut analysiert hatte.

Was die beiden Engländer nicht wußten, war mehreren Angestellten des Ritz offenkundig. Einer gab der französischen Tageszeitung *Libération* folgende anonyme Darstellung: »Er wartete in der Vendôme-Bar im Hotel und saß mit den beiden englischen Leibwächtern an einem Tisch in der Nähe des Tresens. Es waren eine Menge Menschen im Raum. Die Leibwächter haben keinen Alkohol getrunken, aber der Sicherheitschef [Paul] trank Aperitifs. Ich sah, wie er zwei Ricard trank [eine beliebte Pastismarke]. Dann standen die drei Männer plötzlich unvermittelt auf. M. Paul stieß mit einem Kellner zusammen und wankte dann hinaus. Unmittelbar, bevor er sich an das Steuer des Mercedes setzte.«

Anderen Ritz-Mitarbeitern fiel Pauls Zustand ebenfalls auf. Ein namentlich nicht genannter Angestellter erzählte mit verfremdeter Stimme im Radiosender *Europe 1*: »Paul wurde eiligst ins Ritz zurückbeordert, weil Fayed dorthin unterwegs war. Er war ganz schön angeschickert, und wir alle merkten es. Jeder wußte, daß er trank, wenn er nicht im Dienst war... Im Ritz ist die Hölle los, wenn die Fayeds anwesend sind.« Ein mit dem Fall befaßter Rechtsanwalt sagt aus, er habe anonyme Anrufe von zwei Angestellten erhalten, die erklärt hätten, sie könnten nicht in der Öffentlichkeit ihren Mund aufmachen, weil sie Angst um ihre Arbeitsplätze hätten, aber daß es für jeden offenkundig war, daß Paul in jener Nacht betrunken war. »Jeder hier weiß, was wirklich geschehen ist, aber wir haben Angst, darüber zu sprechen«, sagt ein langjähriger Angestellter des Ritz. »Monsieur Paul war nicht verantwortlich. Er hat nur Befehle ausgeführt.«

Befehle von wem?

Allem Anschein nach hat Dodi selber Paul damit beauftragte, in jener Nacht zu fahren. Beide Leibwächter haben Untersuchungsbeamten berichtet, daß Dodi den Befehl gab – ungeachtet ihrer eigenen Bedenken bezüglich des Plans. Wingfield, der mit Rees-Jones nach dem Essen wieder nach oben gegangen war, berichtete, daß Dodi um 23.15 Uhr die Tür der Kaiser-Suite geöffnet und ihn gefragt habe, wieviele Paparazzi draußen seien. Ungefähr 30, plus ungefähr 100 Schaulustige, antwortete der Leibwächter. »Mr. Dodi sagte dann zu mir«, so berichtete Wingfield weiter, »daß wir das Hotel in wenigen Minuten verlassen würden gemäß einem Plan, den er entwickelt habe, und der darin bestünde, einen anderen Mercedes mit einem anderen

Fahrer zu benutzen. Ich glaubte, er dachte dabei an François [Musa], aber... Mr. Dodi sagte zu mir, es würde Henri Paul sein. Obwohl ich Henri Paul bis zu diesem Tag nicht gekannt hatte, war ich nicht davon überrascht, daß Mr. Dodi ihn ausgewählt hatte.« Rees-Jones machte darauf aufmerksam, daß es vernünftiger sei, zwei Wagen zu benutzen, und erzählte später, er sei »nicht glücklich« über Dodis Entscheidung gewesen, die beiden Leibwächter zu trennen. Wingfield hielt es ebenfalls für besser, wenn beide Leibwächter das Paar begleiteten. Aber Dodi verwarf diesen Vorschlag. »Der Wagen ist zu klein«, sagte er.

Allerdings waren andere Wagen und Fahrer verfügbar. Wie Musa von »Etoile Limousine« später den Ermittlern mitteilte, konnte er nur den S 280, aber keinen Chauffeur stellen. Aber »International Limousine«, die Konkurrenzfirma, die Dorneaus Mercedes 600 bereitstellte, hatte in jener Nacht eine ganze Wagenflotte am Hotel stehen. »Wir haben ständig 15 Fahrzeuge am Ritz stationiert, jedes mit einem eigenen Chauffeur«, läßt Antoine Merlant, einer der Direktoren der Firma, wissen. »Wir würden nie jemandem erlauben, eines unserer Fahrzeuge zu steuern, der nicht die erforderliche Erlaubnis dazu besitzt. Fayed hätte eine unserer Limousinen benutzen und die Dienste eines unserer Fahrer in Anspruch nehmen können – und hätte das meiner Meinung nach auch tun sollen.« Das Problem war also offensichtlich, daß Dodi fest entschlossen war, niemand anderen als Henri Paul ans Steuer zu lassen. »Er wollte Paul als Fahrer, denn er war der Meinung, daß die Paparazzi ein Sicherheitsproblem darstellten«, behauptet ein Anwalt, der mit dem Fall zu tun hat. »Seiner Meinung nach durfte niemand anderer als der Sicherheitschef fahren.«

Kurz darauf rief Dodi seinen Vater an und erzählte ihm, daß er und die Prinzessin gleich vom Ritz in seine Wohnung fahren würden. Mohammed al-Fayed hielt von diesem Plan überhaupt nichts. »Fahr nicht«, warnte er ihn. »Es sind jede Menge Presseleute draußen, eine Menge Menschen. Warum bleibt ihr nicht einfach im Hotel?«

»Es geht nicht, Moomoo«, antwortete Dodi. »Unser ganzes Gepäck ist in der Wohnung, und wir müssen von dort am Morgen aufbrechen.«

»Seid bitte vorsichtig«, sagte sein Vater. »Laßt Euch nicht hetzen. Es besteht kein Grund zur Eile. Wartet, bis sich die Lage entspannt hat, steigt dann ins Auto und fahrt weg. Versteckt euch nicht, das ist unnötig. Ihr habt Sicherheitsleute bei euch. Wenn sie euch fotografieren wollen, okay, dann wissen wir wenigstens, daß sie euch fotografiert haben. Aber den Hinterausgang zu benutzen, den Fahrer zu wechseln...«

Doch Dodis Entschluß stand bereits fest. Während der letzten Augenblicke scheint er sich zunehmend mehr an seinem Plan begeistert zu haben. Diana, erschöpft von dem langen und stressigen Tag, wartete teilnahmslos ab. Das Überwachungsvideo des Ritz zeigt, wie das Paar Minuten vor der Abfahrt in der rückwärtigen Halle steht. Dodi hat seinen linken Arm beschützend um Diana gelegt. Henri Paul blickt sie an und muntert sie auf. Wingfield beschreibt diesen Moment allerdings so: »[Dodi] war glücklich, ebenso die Prinzessin. Sie machten Witze und lachten. Es mag seltsam klingen, aber ich habe die Prinzessin und Dodi nie glücklicher gesehen als in dem Augenblick, als sie im Begriff standen, ungestört vom Hinterausgang des Hotels abzufahren.«

Kapitel 10

# DER FAHRER

Henri Pauls Leichnam lag noch immer auf einem Steintisch im Pariser Leichenschauhaus, aber er fand keinen Frieden. Blut, Haare, Augenflüssigkeit und Organproben wurden ständig mikroskopisch untersucht, in Teströhrchen und Zentrifugen hin- und hergeschüttelt und mit chemischen Reagenzien vermischt, um herauszufinden, was sie enthielten. Die ersten Ergebnisse, die am Nachmittag des 1. September bekannt gegeben wurden, offenbarten, daß sein Blut mehr als die dreifache beim Autofahren zugelassene Alkoholmenge von 0,5 Promille aufwies. Die Analyse durch ein Polizeilabor ergab 1,87 Promille und eine Kontrollananalyse durch ein Privatlabor wies 1,74 Promille aus. Diese Neuigkeit schlug wie eine Bombe ein.

»Das ändert alles!« erklärte Gilbert Collard, der Rechtsanwalt des Fotografen Christian Martinez. »Wir wissen jetzt, daß [Paul] extrem schnell fuhr, und zwar in einem Fahrzeug, das er nicht beherrschte, und noch dazu in einem Grad von Trunkenheit, der strafrechtlich verfolgt wird. Er gefährdete das Leben von Menschen.« William Bourdon, der Anwalt von Nikola Arsov von der Agentur »Sipa«, pflichtete ihm bei, daß die Fotografen zu »Opferlämmern« gemacht worden seien in einem Anfall von »Showbusiness«-Justiz, und forderte die Einstellung des Verfahrens gegen sie.

Die Anwälte des Ritz und Repräsentanten der Familie al-Fayed, die merkten, daß sich das Blatt plötzlich gegen sie gewendet hatte, begannen einen massiven Gegenangriff. Zuerst bestritten sie entschieden die Richtigkeit der Testergebnisse. Der Sprecher der Familie al-Fayed, Michael Cole, nannte Paul in einer Pressekonferenz am 5. September in London einen »vorbildlichen Mitarbeiter« und führte Ausschnitte eines Videobandes von einer Überwachungskamera des Ritz vor, um zu beweisen, daß Paul sich in der Nacht des Unfalls normal verhalten hatte.[12] »Wir haben Henri Pauls Unternehmungen in den ca. zwei Stunden, die er im Hotel war, so gut wie irgend möglich überprüft und sind froh darüber, daß wir sie sämtlich sowohl per Videoband als auch durch Personen nachweisen können, die sehr detaillierte Schilderungen seiner Wege und Handlungen in jener Nacht abgeben können«, sagte Cole. »Wir sind zufrieden und glücklich, daß ihre Schilderungen seines Betragens akkurat sind und besagen, daß er nüchtern war, daß er nicht nach Alkohol roch, daß sein Gang normal war und daß es keinerlei Anzeichen oder Vermutungen gibt, daß er alles andere als vollständig nüchtern war. Wir versuchen nur zu beweisen, daß dieser Mann nicht 1,75 Promille Alkohol in seinem Blut hatte, sonst wäre er nur noch herumgetorkelt.«

Um seine Skepsis bezüglich der Testergebnisse zu untermauern, führte Cole einen Experten als Zeugen vor: Dr. Peter Vanezis, Ordentlicher Professor für forensische Medizin an der Universität von Glasgow. Vanezis berichtete, er sei auf Wunsch der al-Fayeds nach Paris gefahren, um die Testergebnisse zu überprüfen. Man habe ihm keinen Zugang zu Pauls Leichnam gewährt, sagte er, aber man ließ ihn die Testergebnisse sehen. Er stellte das Prozedere mit den Blutproben in Frage, indem er sagte, die parallelen Tests seien mit ein und derselben Blutprobe vorgenommen worden, die man in zwei Mengen aufgeteilt habe, so daß beide Ergebnisse im Falle einer Verunreinigung beeinträchtigt seien. Vanezis stellte fest, daß angesichts der »gewaltsamen« Todesursache, »die Möglichkeit einer Verunreinigung des Blutes real besteht und ernsthaft in Erwägung gezogen werden muß«. Er mutmaßte, daß eventuell »Teile des Mageninhalts« ins Blut gelangt seien. Weiter fügte er hinzu, daß Analysen von Urinproben oder solchen der Augenflüssigkeit weitaus zuverlässigere Ergebnisse gebracht hätten.

Prof. Vanezis mag dabei nicht bedacht haben, daß die französischen Pathologen zweckmäßigerweise fünf separate Blutproben direkt vom Herzen genommen haben und auch Proben von Urin, Augenflüssigkeit sowie Galle untersucht worden sind. Was den Mageninhalt anbelangt, so war Pauls Magen unversehrt, genauso wie seine anderen Hauptorgane (auch wenn die Aorta einen Riß hatte). Bevor er irgendwelche Fragen der Journalisten beantworten konnte, entschuldigte sich Vanezis und sagte, er müsse sich beeilen, um seinen Flug nicht zu verpassen. Dies war nur ein Anzeichen dafür, daß die Fayed/Ritz-Partei nach jedem Strohhalm griff, um die Aufmerksamkeit weiter auf die Rolle der Fotografen zu fixieren und nicht auf ihren Angestellten.

Ihre hastig errichteten Barrikaden wurden schon bald durch eine Flut neuer Laborergebnisse hinweggespült. Am 10. September verkündete ein Kommuniqué aus dem Büro des Staatsanwalts, daß Tests von einer weiteren Blutprobe, die am 4. September auf Wunsch von Pauls Familie genommen worden war, einen Alkoholpegel von 1,75 Promille ergaben; eine Analyse seiner Augenflüssigkeit ergab 1,73 Promille. Zusätzlich enthüllten weitere Blutuntersuchungen, »therapeutische Mengen« von Fluoxetin (Prozac) und »therapeutisch unbedeutende Mengen« von Tiaprid (Tiapridal), zwei Antidepressiva, die die Wirkung von Alkohol verstärken können. Analysen von Pauls Haaren ermöglichten den Fachleuten, exakt herauszufinden, daß er seit Mai regelmäßig Prozac und seit Juli Tiapridal genommen hatte.[13]

Schließlich berichtete das Privatlabor, das mit noch diffizileren Bluttests beauftragt worden war, am 17. September an Richter Stephan, daß Henri Paul sich »seit mindestens einer Woche« (für einen längeren Zeitraum ist der Test nicht mehr zuverlässig) in einem Zustand von »gemäßigtem chronischem Alkoholismus« befunden habe. Mit anderen Worten: Pauls hoher Blutalkoholpegel am 31. August war nicht das Ergebnis einer eintägigen Sauftour, sondern resultierte auch aus regelmäßigem Dauerkonsum von Alkohol.

Die Autopsie hatte allerdings ergeben, daß Pauls Leber nicht durch längerfristigen Alkoholismus geschädigt war. Dies ist einer der Gründe dafür, daß die Ermittlungsbehörden lange Zeit nicht der These folgten, daß er wirklich ein Alkoholiker war.

Der Beweis war nun unwiderlegbar: Henri Paul hatte unter dem doppelten Einfluß von Alkohol und starken verschreibungspflichtigen Medikamenten am Steuer gesessen. Die Fayeds änderten daraufhin sehr schnell ihre Taktik und schütteten tonnenweise Jauche auf das Ansehen ihres früheren Mitarbeiters.

Ihr Sprecher Michael Cole berichtete *CNN* am 11. September, daß »Mohammed geschockt ist. Er ist entsetzt. Er ist außer sich darüber, daß ein Mann in diesem Zustand in ein Auto steigen und sich in solcher Verfassung zur Arbeit begeben konnte... Wir verurteilen jeden auf das Schärfste, der trinkt und dann Auto fährt oder sogenannte Drogencocktails einnimmt. Ich kenne [Paul] nicht... Aber da ich Mohammed kenne, bin ich absolut davon überzeugt, daß er, wenn er nur das Geringste von seiner Trunksucht gewußt hätte oder von einem Alkoholproblem, wenn Sie so wollen, ihn auf der Stelle hochkantig gefeuert hätte, weil er Dodi oft umherfuhr und auch andere VIP-Gäste.«

Der gerade ums Leben gekommene Henri Paul, jetzt plötzlich als Monster, Verrückter und de facto als Mörder dargestellt, geriet nun ins Zentrum der Ermittlungen – und wurde zur vielgeschmähten Zielscheibe der öffentlichen Meinung. Dies war eine Ironie des Schicksals für einen äußerst zurückgezogen lebenden Menschen, der bereits den endgültigen Preis für seine Fehler bezahlt hatte und der, trotz seiner plötzlichen weltweiten Prominenz, eine unbedeutende und zum Psychopathen abgestempelte Figur blieb. War er ein verantwortungsloser Mörder oder ein gelegen kommender Sündenbock? Diese Entscheidung ist noch offen.

Henri Paul, am 3. Juli 1956 als Kind einer einfachen Familie aus der Arbeiterklasse in Lorient in der Südbretagne geboren, wird von Freunden als loyaler, schwer arbeitender, ehrgeiziger und wißbegieriger Mann beschrieben, der stolz war auf seinen Aufstieg von bescheidenen Wurzeln zu einer Position mit großer Verantwortung in einem der angesehensten Hotels der Welt. Sein Vater Jean Paul (65) war ein Gemeindearbeiter, seine Mutter Gisèle (67) Hausfrau. Henri wuchs mit seinen vier Brüdern in einem bescheidenen zweistöckigen Haus in der Rue Louis Blériot in den Außenbezirken der Hafenstadt mit 100 000 Einwohnern auf.

Obwohl nicht der älteste Sohn, war er trotzdem Gisèles Liebling, der einzige, der es in seinem Leben zu etwas gebracht hatte und den sie zärtlich »mein Großer« nannte, wenn er auf ein Wochenende aus Paris kam. Als der Skandal wegen seines betrunkenen Zustands in der Unfallnacht losbrach, bezog Gisèle

Stellung für ihren Jungen, angesichts der weitverbreiteten Schmähungen, denen er durch die Presse nach seinem Tode ausgesetzt war. »Mein Sohn war kein Alkoholiker«, verteidigte sie ihn gegenüber der Tageszeitung *Le Figaro* am 11. September. »Er muß nun stellvertretend als Täter für die Prominenten herhalten, die er gefahren hat. Kann sich jemand vorstellen, daß die Prinzessin von Wales und Dodi Fayed damit einverstanden gewesen wären, in ein Auto mit einem betrunkenen Fahrer einzusteigen?... Ich habe es nicht nötig, ihn zu verteidigen. Ich wollte, jede Mutter hätte einen Sohn wie ihn.«[14]

In vielerlei Hinsicht war Henri Paul in der Tat ein idealer Sohn. Er machte seinen Hochschulabschluß in den Fächern Mathematik und Naturwissenschaften am Lycée St. Louis und gewann als Klassik-Pianist Preise im örtlichen Musikkonservatorium. Seine wahre Leidenschaft war indes das Fliegen. Seit seinem 19. Lebensjahr besaß er eine Fluglizenz und arbeitete eine Zeitlang als Fluglehrer; überdies qualifizierte er sich in einem umfassenden Ausbildungskursus für Instrumentenflug. (Seine erste Pilotenlizenz, ausgestellt am 27. Juni 1976, trägt ein Bild von ihm mit hippielangen Haaren und einem Vollbart.) Paul leistete seinen einjähren Militärdienst 1979 auf dem französischen Luftwaffenstützpunkt in Rochefort ab; seine reduzierte Sehfähigkeit schloß jedoch aus, daß er seinen Traumberuf als Kampfpilot ausüben konnte. Statt dessen wurde er dem Sicherungsdienst des Stützpunktes zugeteilt und gewann dabei Erfahrungen, die ihm später im Ritz beste Dienste leisten sollten. Er quittierte den Dienst im Rang eines Reserveleutnants der Luftwaffe.

Nach seinem Militärdienst zog Paul 1980 nach Paris um und startete sein Berufsleben mit einer sechs Jahre dauernden Tätigkeit als Verkäufer von Bootsausrüstungen bei »Emeraude Marine«, einem Geschäft in der Rue des Petits-Champs, das auf Katamarane spezialisiert war. Sein großer Durchbruch erfolgte 1982, als ihn ein Freund namens Jacques Pocher, ein Beamter der Pariser Polizei-Ermittlungsbehörden, mit Claude Roulet vom Ritz in Kontakt brachte. Der Hoteldirektor Frank Klein hatte Roulet, seinen Stellvertreter, gebeten, jemanden zu suchen, der beim Aufbau einer Sicherheitstruppe für das Ritz hilfreich sein könnte. Auf Pochers Empfehlung wurde Paul anfänglich als Sicherheitsberater für den Architekten eingestellt, der die Renovierungsarbeiten des Hotels beaufsichtigte.

1986 war der neue Sicherheitsdienst schließlich installiert, und Paul wurde als sein stellvertretender Direktor angestellt. Als Sicherheitschef Jean Hocquet am 30. Juni 1997 in Rente ging, wurde Paul zum führenden Kopf des 20-Mann-Teams. Zum Zeitpunkt des Unfalles mußte er nur Klein, Roulet und dem Hotelmanager Franco Mora Rechenschaft ablegen. Freunde und Ritz-Angestellte sagen, daß er mit Klein gut zurechtkam und sein Vertrauen genoß. Klein schätzte seine Diskretion, seine Einsatzbereitschaft und seine absolute Loyalität. Der stellvertretende Sicherheits-Chef war nicht der Mann, der zu irgendeinem Befehl eines Vorgesetzten je »Nein« gesagt hätte.

Paul genoß in gleichem Maße das Vertrauen der Polizei und der Geheimdienste, mit denen er im Rahmen der Sicherheitsvorkehrungen für prominente Gäste des Hotels, regelmäßig zu tun hatte. Manche Quellen behaupten sogar, er sei ein Informant bzw. freier Mitarbeiter von Frankreichs Auslandsgeheimdienst »Direction Générale de la Sécurité Extérieure« (DGSE) gewesen. Offizielle der DGSE verleugnen seine Verbindung zum Geheimdienst, und erst recht bestätigen sie ihn nicht. Doch Yves Bonnet, ehemaliger Chef der Dienststelle für Gegenspionage, der »Direction de la Surveillance des Territoire« (DST), sagte in einem Interview, es sei nicht ungewöhnlich, daß jemand in einer solchen Position in einem führenden Hotel von den Geheimdiensten darauf angesprochen und darum gebeten würde, Informationen über die Gäste zu liefern. »Das war völlig normal.« Tatsächlich enthielten Pauls private Adreßbücher, die Ermittlungsbeamte in seiner Wohnung und in seinem Büro fanden, Kontaktnummern der DST und des »Renseignements Généraux«, einem Zweig der französischen Staatspolizei, der geheime Informationen sammelt. Paul, bis 1992 Reserveleutnant bei der Luftwaffe, besaß zudem einen Ausweis, der ihm freien Zutritt zum Justizministerium gewährte, das sich in direkter Nachbarschaft vom Ritz befindet. Freunde sagen, daß er gelegentlich derartige Tätigkeiten andeutete, aber nie ins Detail ging.

Claude Garrec (40), ebenfalls aus Lorient stammend, war wohl Henri Pauls bester Freund. (Noch am 3. September standen sein

Name sowie die Namen von Pauls Ex-Freundin und ihrer Tochter auf dem Briefkasten von Pauls Wohnung.) Die beiden Männer hatten seit ihrem Kennenlernen 1976 fast immer in ständigem Kontakt miteinander gestanden. Paul pflegte Garrec und drei weitere Freunde so gut wie jeden Mittwoch zum Abendessen im Restaurant Grand Colbert in der Rue Vivienne zu treffen. An den Samstagabenden ging Paul, der Junggeselle war, meistens zum Abendessen zur Familie Garrec in deren Pariser Wohnung. Garrec traf Paul und andere Freunde gelegentlich beim Bowling, und die beiden Männer waren regelmäig am Sonnabendvormittag zum Tennisspielen verabredet.

An Pauls letztem Lebenstag, dem 30. August 1997, holte ihn Garrec von seiner Wohnung ab und fuhr zu den städtischen Tennisplätzen der im Südwesten gelegenen Vorstadt Issy-les-Moulineaux. Sie spielten von 10 bis 11 Uhr Tennis. »Henri gewann den ersten Satz, ich den zweiten«, sagt Garrec, Verwaltungsangestellter in einer Druckerei mit strahlend blauen Augen und kurzgeschnitten ergrauenden Haaren. »Er war ein durchschnittlicher Sportler, der für ungefähr eine Stunde Kondition hatte, und das war es dann auch schon.« Gegen 11 Uhr verließen sie die Tennisanlage und gingen zu einem Zeitungsstand an der Place de la Madeleine, um einige Zeitungen zu erstehen. Paul kaufte wie gewohnt die linksliberale Pariser Tageszeitung *Libération* und *Ouest-France*, die regionale Tageszeitung seiner bretonischen Heimat.

Anschließend besuchten sie den Pélican, eine Brasserie in der Nähe von Pauls Wohnung, auf ihren üblichen Drink nach dem Tennisspiel. »Henri trank dort gewöhnlich ein oder zwei Bier«, sagt Garrec, »aber diesmal trank er nur ein Cola, weil er, wie er sagte, am Nachmittag noch arbeiten müsse. Er sagte, er müsse die Prinzessin und ihren Freund am Nachmittag von Le Bourget abholen, aber er sprach darüber wie von einer Routinesache.« Die beiden trennten sich um 12.30 Uhr. Das war das letzte Mal, daß Garrec Paul gesehen hat.

Wie die meisten Freunde von Paul ist auch Garrec über den Unfall entsetzt und sprachlos darüber, daß er derart betrunken war. »Es ist natürlich nicht gut, zu trinken und Auto zu fahren. Ich will das nicht in Schutz nehmen – aber wie konnte es geschehen?« wundert er sich. »Vielleicht ließ er sich an diesem einen Abend gehen – oder jemand ermutigte ihn zum Trinken. Vielleicht hat er einen Fehler begangen, aber er war trotzdem ein guter Kumpel.«

Paul war ein Genußmensch, liebte Essen und Trinken, berichtet Garrec. Bei den Mahlzeiten trank er gewöhnlich einen oder zwei Pastis als Aperitif, trank jedoch selten Wein am Tisch. Gelegentlich genehmigte er sich einen Bourbon, trank jedoch nie Scotch. »Selbst wenn er relativ viel getrunken hatte, blieb er doch immer bei klarem Verstand. Ich habe nie erlebt, daß es ausuferte. Er lallte oder torkelte nie und benahm sich auch nicht daneben. Er war normalerweise der erste, der sich vom Tisch erhob. Für gewöhnlich stand er gegen 22 Uhr auf und ging heim. Er gehörte absolut nicht zu denen, die sich bis 3 Uhr morgens vollaufen lassen.«

Barkeeper in der Nachbarschaft des Ritz und in der Nähe seiner Wohnung stellen Paul als mäßigen Trinker dar, der mal ein Perrier oder einen Orangensaft bestellte und dann wieder gelegentlich ein Bier oder einen Pastis. Und selten mehr als einen, darauf bestehen alle. Leonard Amico, ein amerikanischer Schriftsteller, traf Paul gelegentlich im Bourgogne. »An Wochentagen saß er gewöhnlich am Tresen, trank ein Bier oder zwei und las seine Zeitung«, sagt Amico. »An Wochenenden trank er mehrere Gläser, wie wir alle.« Paul war in mehreren Bars bekannt. Die Vermutung liegt daher nahe, daß er gern einen Zug durch die Bars unternahm: Er trank immer nur ein oder zwei Bier in einer Bar und wechselte dann zur nächsten und übernächsten weiter.

Die vornehmen Tränken des Hotels Ritz gehörten dazu. Claude Roulet hat den Ermittlungsbeamten zwar pauschal dargestellt, daß Paul »nie bei der Arbeit trank«. Doch einige Angestellte erzählen, daß er im Hotel trank: »Er suchte ein- oder zweimal alle drei Wochen oder so die Hemingway-Bar auf für einen Drink oder zwei«, sagt einer. »Gelegentlich ließ er sich einen speziellen Cocktail zubereiten, und bei Firmentreffen trank er ebenfalls.« (Das Foto eines grinsenden Henri Paul auf einer solchen Party vor einigen Jahren, bei der er einen Pancho-Villa-Schnauzbart zur Schau trägt und scheinbar ein Glas Bourbon schwingt, wurde am 3. September auf der Titelseite von *The Mirror* riesengroß abgedruckt.) Einige Angestellte des Ritz, die verständlicherweise in der Öffentlichkeit nicht reden wollen, geben privat zu, daß Paul bekannt dafür war, daß er einen Hang zur Flasche hatte.

Von allen Seiten heißt es, Paul sei ein unterhaltsamer Kumpel mit einem gewinnenden Wesen gewesen. Er spielte gern für seine Freunde auf dem Klavier, alles vom Jazz bis zur Klassik. Er war sehr belesen und intellektuell interessiert, konnte bei fast jedem Thema mitreden – selbst bei Filmen, die er nie gesehen hatte, aufgrund seiner Lektüre der Rezensionen. »Sein Hauptgesprächsthema war die Fliegerei – sie war seine wahre Leidenschaft«, berichtet Garrec. »Aber er war über fast alles gut informiert. Er las Zeitungen, Magazine, Romane, Essays – letztere bevorzugte er besonders. Er hatte ein erstaunliches Gedächtnis und war sehr lebhaft. Er sprach fließend Englisch und etwas Deutsch.«

Garrec beschreibt Paul als einen »sehr besonnenen« Autofahrer. »Im Auto war er der erste, der sich angurtete. Er besaß ein kleines Auto, einen Austin Mini mit Automatik.

Autos und Geschwindigkeiten interessierten ihn nicht sonderlich. Alle paar Monate fuhren wir gemeinsam nach Lorient. Für gewöhnlich wollte er nicht fahren. Wenn er es doch tat, gab er auf alles acht. Um mit einem Flugzeug nachts mit 250 Stundenkilometern abheben zu können, muß man sich selbst total unter Kontrolle haben.« In der Tat flog Paul viel lieber, als daß er Auto fuhr, mietete sich manchmal eine kleine Maschine auf dem privaten Flugfeld von Toussus-le-Noble, gut 30 Kilometer südwestlich von Paris, und flog an Wochenenden heim nach Lorient. Dort besuchte er seine Eltern und ging mit einer Reihe von Jugendfreunden aus, mit denen er noch in Verbindung stand.

Jean-André Cahuzac, der Paul einige Jahre lang Flugstunden gab, bestätigt seine außergewöhnlichen Fähigkeiten als Pilot. »Sie müssen bedenken, daß es keine Chance für Improvisationen gibt, wenn man ein Flugzeug durch den Nebel steuert«, sagt er. »Das ist etwas, das absolute Disziplin erfordert. Paul war alles andere als ein Clown.« Seine 605 Flugstunden sowie seine Qualifikation für Instrumentenflug beweisen seine Fähigkeiten und seine Erfahrung im Cockpit. Nur zwei Tage vor seinem Tod bestand Paul die medizinische Untersuchung, die für die Erneuerung seiner Fluglizenz notwendig war. Seine Reflexe und sein gesundheitlicher Allgemeinzustand wurden für gut befunden, auch wenn der Bericht festsetzte: »Auflage, eine Brille für Weitsichtigkeit zu tragen.« (Er trug seine Brille in der Nacht zum 31. August.)

Mit einer Größe von 1,67 Metern und einem Körpergewicht von 76 Kilogramm zwar nicht fett, aber stämmig, sowie einer beginnenden Glatzenbildung konnte der ergrauende Paul sowohl wie ein harter Geselle als auch wie ein Teddybär wirken. Er hatte lange Zeit einen Schnurrbart getragen, der ihm das Aussehen eines lateinamerikanischen Banditen verlieh, hatte ihn jedoch vor ungefähr einem Jahr abrasiert. Als er Dodi in Le Bourget im taillierten grauen Anzug und mit dunkler Sonnenbrille begrüßte, wirkte er auf den Fotos wie ein Geheimpolizist, der gleich eine Drogenrazzia durchführen würde. Auf dem Video der Ritz-Überwachungskamera, aufgenommen kurz vor seiner letzten Fahrt, verleiht ihm die Brille ein professorales Aussehen, wie das eines Universitätsdozenten, der sich mit seinem Lieblingsstudenten unterhält. Bilder von seinem letzten Urlaub im Juli in Spanien zeigen ihn relaxed in der Badehose und mit offenem Hemd, Brust und Beine tief gebräunt, ein verschmitztes Lächeln auf seinem kugelrunden Gesicht.

»Er konnte richtig frech sein und war ein talentierter Redner«, sagt Garrecs Geschäftspartner Robert Prunier (49), ein weiteres Mitglied von Pauls engstem Freundeskreis. »Er konnte sich mit jedem über alles unterhalten. Er hatte Spaß daran, etwas Schockierendes zu Personen zu sagen, die er kaum kannte, um sie zu provozieren und sie dann dazu zu bringen, mit ihm zu lachen. Er konnte jeden, der ihm begegnete, sehr schnell einschätzen.

Henri Paul konnte über alles und nichts plaudern, aber meist drehten sich seine Gespräche um seine Arbeit im Ritz«, sagt Prunier. »Er liebte seinen Job. Er erzählte uns oft Geschichten über erstaunliche oder lustige Dinge, die sich im Ritz ereigneten. Er erzählte auch gern Dinge über Dodi, aber an dessen Vater war er mehr interessiert.«

Dominique Mélo (40), ein früherer Mitschüler und Flugkamerad von Paul aus Lorient und jetziger Psychologieprofessor in Rennes, erzählt, daß er »immer ein offenes Wesen hatte. Das hat jeden für ihn eingenommen.« Sein Interesse an Büchern war weitgespannt. »Als wir im Juli gemeinsam auf Urlaub in Spanien waren«, erzählt Mélo, »las er gerade ein Buch über die Mystik der

Heiligen Theresa. Als er damit fertig war, las er ein volkskundliches Werk über Tattoos. Das letzte Buch, das er gelesen hat, war ein Handbuch der Psychoanalyse.«

»Pauls Lebensphilosophie«, so sagt Mélo, »bestand darin, nicht in den jeweiligen Lebensumständen zu verharren. Wir stammten alle aus Familien der Arbeiterklasse, aber er lehrte uns, Individuen zu sein und nicht unserer Klasse verhaftet zu bleiben. Dies war der Grund dafür«, glaubt Mélo, »daß Paul von der Prinzessin fasziniert war. Er sagte, er bewundere ihre Art, aus ihren Lebensumständen und ihrer Klasse auszubrechen und sie selbst zu sein. Er sprach immmer sehr respektvoll von Diana.«

Bei der Erwähnung des 31. August atmet Mélo tief durch. »Wir wissen nicht, was geschah.« Er macht eine Pause. Man merkt deutlich, daß er in den letzten Tagen viel darüber nachgedacht hat. »Ich meine, die Erklärung ist folgende: Es ist 19 Uhr, er denkt, er wird für heute nicht mehr in seinem Job gebraucht. Es steht ihm frei, etwas zu trinken, Leute zu treffen, über seinen Urlaub zu sprechen, in Bars herumzuhängen. Dann erhält er einen Anruf. Von wem? Hat er den Befehl erhalten, ins Ritz zurückzukommen, oder ging er aus freien Stücken? Sagte er: ›Okay, ich werde kommen und mich persönlich darum kümmern‹? Das wäre ganz seine Art gewesen. Als er dort ist, hat Dodi möglicherweise gesagt: ›Ach, M. Paul ist hier? Ich möchte ihn sehen.‹ Dann sagt Dodi vielleicht: ›Ich will, daß nur Sie uns fahren.‹ Also sagt Henri zu sich selbst: Okay, ich verstoße gegen das Gesetz und tue, was der Sohn des Chefs von mir verlangt. Meinte er, dies für einen Gast des Ritz tun zu müssen, oder erfolgte es auf freundschaftlicher Basis? Niemand weiß das.« Aus dem verständlichen Wunsch heraus, den Ruf seines verstorbenen Freundes zu schützen, blieb Mélo zurückhaltend sofern es um Pauls Zuflucht zu Antidepressiva ging, indem er vage andeutete, daß dies mit dem »Streß und Druck aufgrund seiner beruflichen Verantwortung« zu tun gehabt habe. Aber Mélo wußte vielleicht mehr über die Angelegenheit, als er zu diesem Zeitpunkt zu sagen wagte. Seine Frau, die zufällig ebenfalls den geschlechtsneutralen Namen Dominique trägt, war die Ärztin, die Henri Paul Prozac und Tiapridal verschrieb. In einer Aussage, die den Ermittlungsakten Ende Dezember hinzugefügt wurde, berichtete Dr. Mélo der Polizei, daß sie die Medikamente verschrieben hatte, um Paul zu helfen, mit seiner Depression fertig zu werden, die durch das Ende einer langen Beziehung zu einer Frau verursacht worden sei. »Die Behandlung schlug gut bei ihm an«, erklärte sie. »Sie verschaffte ihm die nötige Energie für seine Arbeit und einen gewissen Lebensgenuß, obwohl er immer noch depressive Momente hatte und unter dem Gefühl extremer Verlassenheit und Einsamkeit litt, das ihn manchmal dazu verleitete, zu Hause zu trinken.«

Es gibt keinen Zweifel, daß Paul von dem Bruch seiner Beziehung zu Laurence Pujol (32) hart getroffen wurde, einer früheren Sekretärin in der Personalabteilung des Ritz, mit der er vier Jahre lang zusammengelebt hatte. Paul hatte Pujols Tochter sehr gern, die aus einer früheren Beziehung stammte. Samantha, die heute elf Jahre alt ist, soll über ihre Trennung sehr bekümmert gewesen sein. Pujol war zwar schon 1992 ausgezogen, aber ihre Beziehung dauerte noch bis April 1995 fort. Paul hat Laurence oder Samantha danach nicht wiedergesehen. Ihr letzter Kontakt bestand in einem Anruf an Pauls 40. Geburtstag am 6. Juli 1996.

Pujol, eine kleine zartgliedrige Blondine mit großen blaßblauen Augen und einem kleinen geschwungenen Mund, umfaßt ihre Kaffeetasse mit beiden Händen, während sie über ihr Leben mit Henri Paul spricht. Sie ist angeschlagen, noch immer erschüttert über Henris Tod, von Zweifeln zerfressen, ob es richtig war, ihn zu verlassen, aber voller Bewunderung für den Mann, der für sie und Samantha »wie ein Licht« war. Sie hatten sich im Dezember 1988 im Ritz kennengelernt: Nach einer intensiven Umwerbung durch Henri zog Pujol im April 1989 in seine Wohnung ein. Als langjähriger Junggeselle war er zuerst skeptisch darüber, daß plötzlich ein Kind eine Rolle in seinem Leben spielen sollte, doch kurze Zeit später war er bereits total vernarrt in das damals zweieinhalbjährige Kind.

»Er betete Samantha an«, erzählt Pujol. »Sie spielten oft stundenlang zusammen. Manchmal, wenn ich früh zur Arbeit mußte, ließ er ihr das Badewasser ein, bereitete ihr das Frühstück, kämmte ihr die Haare und brachte sie zur Schule, ganz so wie eine Mutter.« Abends, wenn er von der Arbeit heimkam, pflegte er sie auf seine Knie zu setzen und spielte Kinderlieder auf seinem Keyboard. Als Samantha schon etwas älter war, brachte er ihr Computerspiele bei, gab ihr Musikunterricht und nahm sie sogar zum Fliegen mit, wenn er sich eine Maschine mietete. »Ich hatte nie Angst, wenn sie mit Henri flog«, sagt Pujol. »Er war sehr verantwortungsbewußt.«

Aber er hatte auch eine draufgängerische Ader, gemischt mit einer Vorliebe für handfeste Späße, die ihn manchmal zu unerwarteten Dingen verleitete. »Einmal, als er mich in seinem Flugzeug mitnahm«, erinnert sich Pujol, »ließ er einfach den Steuerknüppel los und sagte: ›Ich habe keine Kontrolle mehr über die Maschine. Schnell! Übernimm du!‹ Ich schrie vor Angst auf. Er sagte mir nicht, daß er auf den Autopilot umgeschaltet hatte. Ein anderes Mal setzten wir gerade zur Landung an, als er plötzlich sagte: ›Mist! Ich kriege die Landung nicht hin!‹ Er zog gerade noch rechtzeitig hoch, bevor wir den Boden berührten. Er blickte zu mir herüber, um die Panik in meinem Gesicht zu sehen, und brach in Gelächter aus. Dann umkreiste er das Flugfeld und landete ganz normal.« Man kann ahnen, daß das Katz- und Mausspiel mit den Fotografen bei hoher Geschwindigkeit in der Nacht, in der die Tragödie passierte, möglicherweise von dieser Charaktereigenschaft bestimmt war.

Paul war gegenüber Mutter und Tochter dermaßen aufmerksam, daß die Beziehung für Pujol schließlich erdrückend wurde. Er war »besitzergreifend«, »moralistisch«, »dominant« – alles aus Liebe zu ihnen. »Er konnte nicht dagegen an«, sagt Pujol und sieht dabei wie ein durchgebrannter Teenager aus in ihren engen grauen Jeans, schwarzen Turnschuhen und einem ausgebeulten langärmeligen Sweatshirt. »Für ihn war es ganz natürlich, uns dermaßen zu lieben. Er konnte uns einfach nicht weniger lieben.« Sie macht eine Pause, um ihr Auge zu wischen. »Oder ich bin vielleicht diejenige, die nichts verstand.«

Kurz nach ihrem Auszug 1992 begann Paul damit, ihr Blumen und kleine Briefe zu schicken, sie zum Abendessen einzuladen. Von Zeit zu Zeit trafen sie sich. Paul nahm Laurence und Samantha zu wunderbaren Ferien mit: nach Israel, in die Türkei, nach Griechenland und nach Orlando, wo sie ein Weihnachtsfest in Disney World verbrachten. Dann entschied Laurence, daß sie mehr Abstand brauchte. Sie gab Samantha zu ihrem Vater nach Paris und zog in eine kleine Stadt in der Nähe von Rennes in der Bretagne, wo sie niemanden kannte. »Ich wollte einfach mal eine Pause einlegen. Wir versuchten zwar ständig, wieder zusammen zu kommen. Aber unsere Zeit war abgelaufen.«

»Henri war verletzt, aber er war sensibel und stark«, sagt Pujol. »Er war fähig zur Selbstanalyse. Ein Rückschlag wie dieser gab ihm erst recht den Anstoß dazu, weiter an sich selbst zu arbeiten.« Sie nippt an ihrem Kaffee und wiederholt: »Er war verletzt.« Könnte das seinen Gebrauch von Antidepressiva erklären? »Ich fiel fast vom Stuhl, als ich von den Drogen hörte«, sagt sie. »Ich verstehe das alles überhaupt nicht. Es gibt einfach zu viele Dinge, die ich nicht weiß.«

Sie ist gleichermaßen entsetzt über die Behauptung, daß Paul in dieser Nacht betrunken gewesen sei. »Es ist mir egal, was die Journalisten sagen«, beharrt sie. »Henri war kein Alkoholiker. Ich habe nie erlebt, daß er eine ganze Flasche getrunken hätte. Er nahm gern einen Aperitif, wenn man ihm einen im Restaurant anbot. Wenn wir von der Arbeit nach Hause kamen, nahmen wir gewöhnlich einen kleinen Drink zu uns. Normalerweise trank er Bourbon mit viel Wasser und ohne Eis. Aber zum Abendessen tranken wir Wasser.«

Wenn Freunde zum Abendessen kamen, oder bei besonderen Anlässen wie Silvester, dem Eintreffen des Beaujolais Nouveau, bei Hochzeiten und Geburtstagen, war das etwas anderes. »Manchmal trank er bei Festen mehr als üblich«, sagt Pujol. »Das sind Gelegenheiten, bei denen jeder tüchtig ißt, trinkt, tanzt und mit den anderen lacht. Henri spielte dann oft den Clown. Er war gut darin.« Aber er konnte jederzeit mit seinem Alkoholkonsum umgehen, betont sie. »Selbst wenn Henri zwei oder gar drei Aperitifs trank, blieb er völlig unbeeinträchtigt davon. Er ging gerade, wußte genau, was er tat, und wenn er das Gefühl hatte, es sei zuviel, dann hörte er auf.«

Doch Alkohol hat sein Verhalten verändert. »Wein machte ihn lustig«, sagt Pujol, und zum ersten Mal erscheint der Ansatz eines Lächelns auf ihrem Gesicht. »Er wurde gewöhnlich sehr ausgelassen und machte Gags, um die Leute zum Lachen zu bringen. Manchmal täuschte er vor, er sei wirklich betrunken, aber er war es nicht. Er war ein Witzbold. Er machte viel Unfug, aber er sprach nie zusammenhanglos, wenn er Alkohol getrunken hatte.« Natürlich war Pujol nie dabei, wenn er Antidepressiva mit Alkohol einnahm. In diesem Zustand war wohl seine normale Fähigkeit, zu merken, wann er genug hatte, weggeblasen durch das starke Gemisch verschiedener Chemikalien, die dann in seinem Blut zirkulierten und jene Art von überschäumender Euphorie erzeugten, die Menschen das Gefühl verleiht, sie könnten alles bewerkstelligen.

Man könnte noch lange nach einer Erklärung dafür suchen, warum der normalerweise zuverlässige und verantwortungsbewußte Monsieur Paul sich dazu bereit erklärte, sich in jener Nacht ans Lenkrad zu setzen. Ein Motiv könnte sein, was Pujol seinen »Respekt vor Rangordnungen« nennt – vielleicht ein Ergebnis seiner Militärausbildung und seiner Erfahrungen im Sicherungswesen, wo Aufträge und Befehle nicht in Frage gestellt werden dürfen. »Er unterwarf sich der Hierarchie und dem Management«, sagt Pujol, die als ehemalige Ritz-Angestellte ein Insiderwissen von den Machtverhältnissen im Hotel hat. »Falls Fayed Henri gebeten hat zu fahren und wenn Henri es zusagte, dann muß er sich auch dazu in der Verfassung gefühlt haben. Andererseits: Wenn Fayed etwas will, kann es zwar als Bitte vorgetragen sein, aber es *muß* dann getan werden. Fayed schnalzte immer mit den Fingern und änderte ständig seine Pläne.«

Paul war wahrscheinlich nie über den Verlust von Laurence und Samantha hinweggekommen. Doch seit kurzem traf er sich mit einer blonden Frau Mitte 20, einer Künstlerin aus seiner bretonischen Heimat. Er war sehr diskret, was diese Beziehung anbelangte, und seine Freunde wußten nur wenig über diese Frau. »Ich glaube, er wollte sicher sein, daß es eine Dauerfreundschaft war, bevor er sie uns vorstellt«, sagt Mélo. »Schließlich sind wir keine Teenager mehr, sondern alle in den Vierzigern.« Die Frau traf Paul oft an Sonntagen zum Mittagessen oder auf einen Drink. Am 31. August wartete sie auf ihn im Bourgogne, nichts ahnend von der nächtlichen Tragödie. Aber Monsieur Paul erschien nicht.

Die Blondine scheint nicht die einzige Frau in seinen letzten Monaten gewesen zu sein. Am 2. September, nur 48 Stunden nach dem Unfall, klopfte eine andere junge Frau an die Tür seiner Wohnung. Pauls Vater und Mutter waren gerade dort, um sich der Angelegenheiten ihres Sohnes anzunehmen. Die Frau gab ihnen ihren Zweitschlüssel zu seiner Wohnung mit der Bemerkung, sie brauche ihn nicht mehr; dann ging sie, ohne noch etwas zu sagen.

Am 3. September um 15.15 Uhr klopfte es erneut an der Tür.

Dieses Mal waren es zwei Polizeibeamte mit einem Durchsuchungsbefehl. Jean Paul ließ sie herein und forderte sie auf, die Räume zu inspizieren. Ihr Bericht beschreibt die Wohnung detailliert: ein Wohnzimmer, ein Eßzimmer, Küche, zwei Schlafzimmer und ein Badezimmer. Im Kühlschrank fanden sie die zu Dreivierteln geleerte Flasche Martini, eine ungeöffnete Flasche Champagner und eine größere Menge nichtalkoholischer Getränke. Sie entdeckten keine leeren Bier- oder Weinflaschen. Doch auf dem Kaffeetisch, unter einem Haufen verstreuter Papiere und Visitenkarten, fanden sie einen Notizzettel, auf dem stand: »M. Henri Paul, wir haben für Sie eine Flasche, vielmehr mehrere Flaschen, Four Roses.« Eine spätere Durchsuchung seiner Wohnung brachte einen großen Vorrat an Bier- und Weinflaschen sowie ein Dutzend Schnapsflaschen in seiner Hausbar zum Vorschein.

Es scheint so, daß Paul bei seinen Untergebenen nicht rundum beliebt war, einige von ihnen hielten ihn für einen kleinen Tyrannen. »Er war Kleins Augen und Ohren und vergeudete seine Zeit damit, mit den Leuten herumzuschimpfen und sie zu entlassen«, sagt ein Angestellter. Am 3. September durchsuchte die Polizei Pauls Büro im Ritz nach Hinweisen auf seinen Lebenswandel. In seiner Schreibtischschublade fanden sie einen handschriftlichen Brief von einem offenkundig verärgerten Angestellten. Er begann mit: »Ihr alle von der [Geschäfts-] Leitung seid durch und durch gemein« und endete mit: »Ihr seid alle ein Haufen nichtsnutziger Kerle, und der Bretone ist der schlimmste von allen.« Ein Polizeibeamter faßte das Wesentliche des Briefes dahingehend zusammen, daß »ein Individuum mit dem Spitznamen ›der Bretone‹ Millionen scheffelt und den ganzen Tag lang Alkohol trinkt«. Es wurde zwar kein Personenname genannt, aber es ist naheliegend, daß mit »Bretone« Henri Paul gemeint war, denn er stammte aus der Bretagne. Von den Autoren dieses Buches zu Pauls Problemen mit anderen Hotelangestellten befragt, erklärte später ein höherer Ritz-Offizieller: »Wie alle, die mit Sicherheitsfragen befaßt sind, hatte auch Henri Paul seine Feinde.«

Die Polizei stieß noch auf eine weitere Überraschung in Pauls Schreibtischschublade: zwei Stadtpläne von Paris mit dem Titel *Paris Plan Gay 1996*, auf denen Homosexuellen-Treffpunkte eingezeichnet sind. Die Polizisten wußten nicht, was sie davon halten sollten. Der Ritz-Angestellte, der sie ins Büro begleitet hatte, war ebenfalls sehr erstaunt und sagte, daß Paul seines Wissens nicht homosexuell gewesen sei. Abgesehen davon, daß er häufig die Lesbierinnenbar in der Nähe seiner Wohnung besuchte, deutete in der Tat nichts darauf hin, daß er irgendwelche Neigungen in dieser Richtung hatte. Sein längeres Verhältnis mit Pujol und seine jüngste Liaison mit der jungen Blondine sprechen für seine heterosexuelle Veranlagung. Es ist denkbar, daß er die Stadtpläne als Service für homosexuelle Gäste des Ritz bereithielt. Auf jeden Fall hat diese Entdeckung die immer mysteriöser werdende Vita des Monsieur Paul noch um ein Geheimnis reicher gemacht.

Als die Polizei Laurence Pujol eine Woche nach dem Unfall verhörte, konzentrierte man sich auf zwei Fragen: Ob er Alkoholiker und ob er homosexuell veranlagt gewesen sei. Pujol wußte natürlich nichts von der Entdeckung des *Paris Plan Gay*, hat aber ihre eigene Erklärung für das spezielle Interesse der Ermittlungsbeamten an diesen beiden Fragen. »Sie wissen doch, wie Gerüchte entstehen«, sagt sie. »Im Hotel wußten die Kollegen, daß er Junggeselle war. Er war sehr diskret bezüglich seines Privatlebens, daher wußte auch niemand, daß wir zusammenlebten. Irgend jemand hat Gerüchte in die Welt gesetzt. Darüber lachte er nur. Er war ein Spaßvogel, er liebte es, die Leute zu veräppeln. Wenn jemand gesagt hätte: ›Hey, Henri, ich habe gehört, du bist schwul‹, dann hätte er geantwortet: ›Na klar, hast du das nicht gewußt?‹ Er hielt sowas für komisch.«

Pauls sexuelle Neigungen stehen selbstverständlich in keinem Zusammenhang mit seiner Arbeit. Doch mit dem Trinken ist es etwas anderes – erst recht für jemanden, der manchmal Gäste chauffieren muß. Es steht fest, daß das Chauffieren nicht in Pauls offizieller Stellenbeschreibung festgehalten war, obwohl er von 1988 bis 1992 jedes Jahr in Stuttgart spezielle Mercedes-Fahrkurse absolvierte.[15]

Roulets Darstellung zufolge hatte sich Paul um Sicherheitsbelange zu kümmern, und zwar unter der Oberaufsicht von Jean Hocquet, dem der direkte Kontakt zu Hoteldirektor Frank Klein oblag und der verantwortlich war für alle Entscheidungen bezüglich der Sicherheit. Paul (Jahresgehalt: etwa 200 000 Francs, entspricht ungefähr 60 000 DM) machte die Kleinarbeit: das

Sicherheitspersonal beaufsichtigen, die Zusammenarbeit mit verschiedenen »offiziellen Diensten« (wohl auch mit Geheimdiensten) koordinieren, sich um die Besetzung und Führung des Sicherheitspersonals kümmern. Nach Hocquets Pensionierung Ende Juni übernahm Paul sämtliche Sicherheitsaufgaben, bis ein neuer Chef der Abteilung benannt würde. Es war eine große Belastung für ihn, aber er hat sich nie bei den Chefs darüber beklagt.»Monsieur Paul verrichtete seine Arbeit engagiert und ehrgeizig«, berichtete Roulet den Ermittlungsbeamten, »er machte sogar oft aus freien Stücken Überstunden«.

Es war charakteristisch für Henri Paul, daß er sich entschied, in besagter Nacht schnellstmöglich ins Ritz zurückzukehren. Desgleichen, daß er starb, während er Überstunden machte. Sein Ehrgeiz, die Probleme selber in den Griff zu bekommen, wurde zu seinem persönlichen Problem. In seinem blinden Gehorsam gegenüber Befehlen, die von hoch oben kamen – von niemand geringerem als dem Sohn des Chefs –, setzte er sich hinter das Steuer eines Wagens, den er in seiner Verfassung nicht beherrschen konnte. Henri Pauls Körperchemie, ein Aufeinandertreffen von Suff und Ehrgeiz – Alkoholismus plus Arbeitswut –, muß sich in einem katastrophalen Ungleichgewicht befunden haben. Wenn man das Prozac und das Tiapridal mit einbezieht, die einen euphorischen Zustand bei gleichzeitiger Verlangsamung der Reflexe hervorrufen, wird einem klar, daß Henri Paul früher oder später einen Unfall verursachen mußte.

Die Fotografen bemerkten am Abend des 30. August sein »bizarres« Verhalten, als er sie veralberte und wie ein Hahn im Korb herumstolzierte. Musa empfand, daß er ungewöhnlich »gesprächig« war. Der Chauffeur Philippe Dourneau berichtete den Ermittlungsbeamten, daß er »leichtsinniger als gewöhnlich« gewesen sei. Ein Ritz-Chauffeur, der anonym in *Radio Europe 1* interviewt wurde, sagt, es sei offensichtlich gewesen, daß Paul »gebechert« hätte und daß er »naßforsch und selbstsicher wirkte und zu allem bereit war, weil er den Sohn des Bosses fahren sollte«. Ein anonymer Angestellter des Ritz rief am 31. August um 11 Uhr vormittags im Büro der wöchentlich erscheinenden *VSD* an, also über 24 Stunden früher, bevor die ersten Blutanalysen veröffentlicht wurden, und erzählte einem Reporter, daß Paul »stockbesoffen« gewesen sei, als er sich ans Lenkrad setzte.

Wie konnte es geschehen, daß die Offiziellen des Ritz nicht merkten, daß er in jener Nacht infolge seines Alkoholkonsums volltrunken war oder daß er ein chronisches Alkoholproblem hatte? Es ist unvorstellbar, daß sie zugelassen hätten, daß er fuhr, wenn sie seinen Zustand erkannt hätten. Doch konnten sie seinen Zustand erkennen? Er hatte am 30. August nicht nur nachweislich eine beträchtliche Menge Alkohol konsumiert, sondern es gab auch deutliche Anzeichen dafür, daß er ein Gewohnheitstrinker war, wenn auch ein kontrollierter.[16]

Als Sicherheitschef Jean Hocquet am 30. Juni in Rente ging, beschloß das Management des Ritz, einen neuen firmenfremden Chef zu berufen, statt Henri Paul diese Führungsstelle anzuvertrauen. Auf die Frage, warum Paul nicht dazu befördert wurde, antwortet eine Sprecherin des Ritz: »Er war zufrieden mit seinem Job. Ich weiß nicht, ob er überhaupt die neue Verantwortung wollte.« Mag sein. Doch paßt diese Aussage wenig zu der Einschätzung, die sein Freund Dominique Mélo von ihm vermittelt, nämlich der eines ambitionierten, ehrgeizigen Mannes, der sich entschieden hatte, »nicht in seinem momentanen Leben zu verharren«, sondern soweit aufzusteigen, wie es seine Talente ermöglichten. Wenn solch ein Mann – in Wirklichkeit schon zum zweiten Mal[17] – übergangen wird, scheint dies weniger ein mangelndes Interesse seinerseits anzudeuten, sondern eher Bedenken, die die Geschäftsleitung bezüglich seiner Fähigkeiten für diese Spitzenposition erhob. Hatte seine Trinkerei irgend etwas damit zu tun?

Es ist durchgesickert, daß einige Offizielle des Ritz über Pauls Trinkerei Bescheid wußten und daß die Ermittlungsbeamten, als sie davon erfuhren, am 4. September mit der Befragung von Hotelangestellten begannen. Zusätzlich befragte man Offizielle des Hotels, darunter Klein, Roulet sowie Manager Franco Mora bezüglich der Ereignisse des verhängnisvollen Sonnabends und nahm die Angestellten der Vendôme-Bar im Hauptquartier der Kriminalpolizei mehrere Stunden in die Mangel.[18]

Die Resultate dieser Befragung sind in einem 3500-Seiten-Bündel von Aussagen und Dokumenten zusammengefaßt, das am 26. Dezember den Ermittlungsakten beigefügt wurde. Das neue Material enthält den Beweis dafür (basierend auf Aufzeichnungen der Computer-Registrierkassen im Ritz), daß Paul tatsächlich im Hotel zwei Pastis zu sich genommen hat. Die Aussage eines Angestellten der Vendôme-Bar bestätigt das, was mehrere Mitarbeiter bereits anonym gegenüber Reportern über Pauls Trinkverhalten geäußert haben. »Ich habe Henri Paul bei mehreren Gelegenheiten betrunken an der Hotelbar gesehen«, sagte der Barkeeper. »Es war bekannt, daß Henri Paul einen Hang zum Trinken hatte.« In der Nacht des Unfalls, sagte der Zeuge weiter, konnte Paul »das Gleichgewicht nicht halten, seine Augen glänzten, er war aufgeregt. Henri Paul wankte zum Ausgang.« Der Zeuge fügte hinzu, Offizielle des Hotels hätten ihn gebeten, nicht der Polizei zu erzählen, daß Paul an der Bar getrunken hatte, um »die königliche Familie« nicht in Verlegenheit zu bringen. In einer anderen Aussage äußerte Pauls früherer Vorgesetzter Jean Hocquet gegenüber den Ermittlungsbeamten, daß Paul als Verantwortlicher für die Sicherheit sich in jener Nacht nie hätte ans Steuer setzen dürfen, aber daß es ihm unmöglich war, Anweisungen von Dodi Fayed abzulehnen.

Es ist noch nicht klar, welche Konsequenzen solche Aussagen nach sich ziehen können. Doch als sie mit ihren Ermittlungen begann, konnte die Polizei die Möglichkeit nicht ausschließen, daß Offizielle des Ritz zu einem bestimmten Zeitpunkt zum Ziel der Ermittlungen werden könnten. Selbst wenn man das Management des Ritz nicht strafrechtlich belangen kann, könnte das Hotel dennoch zur Zielscheibe für zivilrechtliche Aktionen von Rees-Jones oder der Familien von Prinzessin Diana und Henri Paul werden. Zusätzlich zu allen gesetzlichen Haftungsverpflichtungen, die das Hotel eventuell erfüllen muß, riskiert das Ritz auch, daß sein gerühmtes Renommée für perfekten Service in den Augen seiner anspruchsvollen Klientel angekratzt wird.

Niemand konnte abstreiten, daß die ganze Angelegenheit ein Skandal war, im Ausmaß mit der Größe des Ritz vergleichbar. »Es war ein schwerer Schlag für das Hotel«, sagt eine dem Management nahestehende Quelle. »Es ist aus ihrer Sicht ein Alptraum.« Wie auch immer die endgültigen rechtlichen Konsequenzen aussehen mögen – es steht fest, daß der stellvertretende Hoteldirektor Claude Roulet in Abstimmung mit Manager Musa von »Etoile Limousine« dabei mitgeholfen hat, die von Dodi ausgeheckte Flucht vom Hinterausgang auszuführen. Die Schuldzuweisung an das Hotelmanagement wäre noch eindeutiger, wenn man beweisen könnte, daß es wahrgenommen hat, daß Paul im Hotel Alkohol getrunken hat, bevor er sich ans Steuer setzte. Daß Paul tatsächlich im Hotel Alkohol getrunken hat, wird nicht mehr bestritten. »Er hatte zwei Ricard in der Vendôme-Bar, während er dort mit den Leibwächtern saß, das stimmt«, gibt ein ranghoher Offizieller des Ritz zu. »Es ist absolut gegen die Bestimmungen, daß Angestellte an den Bars trinken. Er hätte das nicht tun dürfen.« Was weiß er von den Antidepressiva und der »chronischen« Trinkerei, die nach Pauls Tod durchgeführte Analysen nachweisen? »Ich hatte davon nicht die geringste Ahnung«, sagt dieser Offizielle. »Ich habe ihn nie für depressiv gehalten. Es gab keinen Hinweis auf Alkoholismus. Als ich von den Analyseergebnissen erfuhr, war ich schockiert und überrascht. Ich fragte mich: Wie war so etwas möglich?«

Die Anwälte der Fotografen, die verständlicherweise darauf aus sind, ihre Mandanten von einer eventuellen Schuld reinzuwaschen, behaupten, daß das Ritz möglicherweise verantwortlich für den Unfall ist. »Er war dermaßen betrunken, daß man es nicht übersehen konnte, die Leute sahen es«, behauptet William Bourdon, der Anwalt des Fotografen Nikola Arsov. »Die wirkliche Frage ist, warum man ihn nicht davon abhielt? Das Ritz trägt die volle Verantwortung. Das französische Gesetz schreibt vor, daß jeder, der glaubt, daß eine Person – infolge ihres momentanen Zustandes – jemand anderen in Gefahr bringen könnte, alles in seinen Kräften Stehende tun muß, um dieses Risiko auszuschalten. Wenn er zum Auto schwankte und niemand etwas unternahm, um ihn aufzuhalten oder die Passagiere zu warnen, dann wirft dies wichtige Fragen auf.« Für Jean-Marc Coblence, den Rechtsanwalt von Rat, Darmon und Arnal, ist die Sache klar: »Selbstverständlich trägt das Ritz die Verantwortung... Das Ritz und die Fayeds müssen möglicherweise mit einer öffentlichen Anklage wegen Totschlags rechnen.«

Diese Ansicht vertreten nicht nur die Anwälte der Paparazzi. Aram J. Kevorkian, ein amerikanischer Anwalt, der in Paris praktiziert, sieht ebenfalls mögliche strafrechtliche Folgen auf das Ritz zukommen. »Der Fahrer ist tot, und somit kann er nach französischem Recht nicht mehr für die Todesfälle verantwortlich gemacht werden«, sagte er gegenüber der *New York Times* am 14. September. »Aber den Ermittlungsrichtern steht es frei, die

Leute im Ritz zu verhören, warum sie ihm erlaubten, das Auto zu fahren, das das Hotel in jener Nacht von einer Leasingfirma geliehen hatte, und sie können gegen sie auch als Verdächtige Ermittlungen anstellen, wenn sie es für erforderlich halten.« Jede Zivilklage gegen das Hotel, sagen Anwälte, würde auf die in Frankreich beheimatete Ritz-Gesellschaft abzielen, der Frank Klein vorsteht, und weniger auf seinen Besitzer Mohammed al-Fayed.

Die Anwälte der Fayeds, die anfangs alle Schuld auf die Fotografen geschoben und die Richtigkeit der ersten Laborergebnisse abgestritten hatten, gaben schließlich doch zu, daß Pauls betrunkener Zustand zu dem Unfall beitrug. Aber sie bestanden noch immer darauf, daß die Paparazzi die Hauptursache waren. »Wenn die neuesten Bluttests korrekt sind, kann ich nicht bestreiten, daß Paul mitverantwortlich ist, der sich nicht ans Steuer eines Autos hätte setzen dürfen mit einem solchen Alkoholpegel«, sagte der Fayed-Anwalt Bernard Dartevelle am 11. September in einem Interview mit *Associated Press*. Aber, fügte er hinzu, »ich würde sagen, es ist eine untergeordnete Verantwortung. Die Hauptverantwortung liegt bei den Paparazzi, die die aggressive Verfolgungsjagd auf den Mercedes durchführten«.

Die Fotografen, insistiert Dartevelle, waren der »fundamentale und entscheidende« Faktor bei dem Unfall. Zusammen mit der Behauptung, daß »es Pauls Initiative war, das Auto zu fahren« – die Leibwächter sagten später, es sei Dodis Idee gewesen –, erklärte der Anwalt: »Wir verurteilen jeden auf das schärfste, der trinkt und dann Auto fährt, oder der einen solchen Drogencocktail konsumiert... Offensichtlich hätte M. Paul nicht am Steuer sitzen dürfen. Aber er war scheinbar der einzige, der sich über seinen tatsächlichen Zustand im klaren war.«

Dartevelles Sozius Georges Kiejman erklärte seinerseits gegenüber *Reuters* am 3. September: »Die Trunkenheit des Fahrers ist ein Punkt, aber nicht der einzige. Im französischen Fallrecht [das auf Präzedenzfällen beruht] genügt es als Beweis, daß die Verfolgungsjagd eine Rolle bei dem Unfall spielte.« Kiejman führte dieses Argument in einem Interview mit dem *Figaro*, das am selben Tag veröffentlicht wurde, weiter aus: »Wenn Prinzessin Diana und Dodi Fayed nicht ihre Verfolger hätten abschütteln müssen, hätten sie eine andere Route ausgewählt, um zur

[Fayed-] Wohnung in der Nähe der Champs-Elysées, und benachbart zum Etoile, zu gelangen. Die Verfolgung durch die Fotografen bleibt weiterhin mit Sicherheit die ursprüngliche und entscheidende Ursache des Unfalls.«

Diese Behauptungen scheinen etwas an den Haaren herbeigezogen zu sein. Die Anwälte Fayeds sahen sich plötzlich in der Defensive. Was anfänglich klar und deutlich gegen die Fotografen zu sprechen schien, war mit einem Mal erheblich komplexer geworden – und sollte noch komplexer werden, als die Ermittlungsbeamten später enthüllten, daß ein anderer Hauptfaktor für den Zusammenstoß verantwortlich war.

Zu diesem Zeitpunkt hatte sich das Hauptaugenmerk von den Paparazzi auf Henri Paul verlagert. Hinter Paul stand das Ritz. Und hinter dem Ritz stand Mohammed al-Fayed, dessen Traum von einer Hochzeit seines Sohnes mit der Prinzessin von Wales im Alma-Tunnel zerplatzt war. Die bittere Ironie war, daß Mohammed al-Fayed, der seinen ältesten Sohn verloren hatte, sich als Besitzer des Ritz nun selbst mit zumindest einem gewissen Maß an Verantwortung für den Unfall konfrontiert sah.[19] »Wenn es Verantwortung zu tragen gilt«, sagt al-Fayeds Sprecher Michael Cole, »wird Mohammed sie mit der gleichen Würde und Tapferkeit tragen, wie er sein eigenes Leid ertragen hat.«

In der Zwischenzeit wurde Henri Paul endlich ein kurzer Moment der Würde zuteil. Seine Beisetzung war mehrere Male verschoben worden, weil Anwälte die Ergebnisse der toxikologischen Untersuchungen anzweifelten und nach neuen verlangten. Am 12. September gab Richter Hervé Stephan endlich den Leichnam zur Bestattung frei, aber mit der Auflage an Pauls Familie, daß sie den Leichnam nicht verbrennen lassen durfte, wie sie vorhatte, damit man ihn für weitere eventuell notwendige Untersuchungen exhumieren könnte.

Am Sonnabend, dem 20. September, drei Wochen nach dem Unfall, wurde Henri Paul in seiner Heimatstadt Lorient beigesetzt. Pauls Familie stand, bevor sie die Kirche Sainte-Thérèse betrat, im Halbkreis um einen polierten Sarg aus hellem Holz, der mit Lilien geschmückt war. Jean Paul, ein ungewöhnlich großer Mann mit grauen Haaren, die schon dünner wurden und die er streng zurückgekämmt trug, und mit einer großen dunklen Brille, die seine Augen bedeckte, überragte die anderen gleich einem Eichenbaum. Er hielt die Hand seiner Frau Gisèle fest umklammert, die schwarze Kleidung trug und ihr schwarzes Haar zu einem strengen Knoten frisiert hatte. Es war kein Laut zu hören, bis auf das Surren und Klicken der Kameras. Nach einer stillen Gedenkminute betraten sie die Kirche und nahmen ihre Plätze in der ersten Reihe ein. Garrec, Mélo sowie alle alten Freunde und Nachbarn von Paul waren anwesend, des weiteren etwa 15 Angestellte des Ritz, die die vierstündige Fahrt von Paris in einem gemieteten Bus zurückgelegt hatten, um sich von ihrem früheren Kollegen zu verabschieden. Laurence Pujol und Samantha blieben aus Scheu vor Belästigungen durch die Journalisten fern.

»Seit dem Drama im Alma-Tunnel sind wichtige Fragen aufgekommen über den Hang zur Sensationslust«, hob Gemeindepfarrer Léon Théraud an. »Wir müssen uns alle darüber Gedanken machen, denn jeder von uns spielt dabei eine Rolle... Jesus verurteilt sämtliche Wertungen, Gerüchte und Lügen, die wir über andere wiederholen, ohne uns von ihrer Wahrheit zu überzeugen, ohne den Gesamtzusammenhang zu berücksichtigen.« Henri Paul, so sagte er, »war sehr human, großzügig, angenehm und zuverlässig... Sein Lachen wird in den Herzen seiner Freunde und seiner Familie weiterhin widerhallen.«

Auch Frank Klein, Claude Roulet und Jean Hocquet saßen in der blumengeschmückten Kirche und waren möglicherweise nachdenklich geworden über die Worte des Priesters. Es war das Wenigste, was das oberste Ritz-Management tun konnte. Monsieur Henri, der »beispielhafte« Angestellte von einst, war mittlerweile zu einem Problem und Negativposten für sie geworden. Es war der hartherzige Schlußstrich unter der Existenz eines Mannes, der für seine Arbeit gelebt hatte.

Kapitel 11

# DIE PAPARAZZI

Obwohl die Nachricht von Pauls betrunkenem Zustand die Verantwortlichkeit der Fotografen zu vermindern schien, behandelte sie die Polizei weiterhin wie kriminelle Verdächtige. Sechs Fotoreporter sowie ein Motorradfahrer von einer Bildagentur waren im Tunnel gegen 1.30 Uhr nachts geschnappt und dann zum Verhör auf das Polizeirevier des 8. Arrondissements am Boulevard de Courcelles gebracht worden.[20] Vor dem Revier wurden sie in seperate Polizeiwagen gesetzt und dann einer nach dem anderen in das Büro zitiert. Der diensthabende Beamte verkündete jedem, der zu ihm gebracht wurde: »Sie werden vorläufig festgenommen wegen Verdacht auf fahrlässige Tötung und unterlassene Hilfeleistung an Menschen in Gefahr.« Jeder von ihnen wurde anschließend dazu aufgefordert, den Unterbringungsbefehl zu unterschreiben.

Nikola Arsov war wie vor den Kopf geschlagen. Er hatte den Mercedes überhaupt nicht verfolgt und war der letzte gewesen, der im Tunnel eintraf, lange nachdem die Krankenwagen vor Ort und Stelle gewesen waren. »Fahrlässige Tötung? Unterlassene Hilfeleistung?« protestierte er. »Das unterschreibe ich nicht!« Andere murrten ebenfalls, aber schließlich unterschrieben doch alle. Es gibt weder Miranda-Rechte[21] in Frankreich noch Anspruch auf einen Anwalt in den ersten 20 Stunden nach einer Festnahme. Für diese Zeit waren die Paparazzi auf Gedeih und Verderb der Polizei ausgeliefert. Und die französische Polizei kann hart sein.

»Sie nahmen uns Schuhe, Brillen, Uhren, Brieftaschen ab, einfach alles«, sagt Langevin. »Wir mußten uns bis auf die nackte Haut ausziehen und auf alle Viere niederknien, und sie schauten in unseren After, ob wir darin Filme versteckt hätten. Es war demütigend. Wir sind keine Kriminellen. Aber für sie waren wir die Schuldigen, bereits vorverurteilt.«

Zur obligatorischen Blutprobe wurden die Fotografen aufs andere Seineufer ins Hôpital du Val de Grâce in der Nähe des Jardin du Luxembourg gebracht. Dann fuhr der Konvoi von Polizeiwagen in Richtung Norden entlang dem Boulevard Saint-Michel und über eine Brücke zur Ile de la Cité, der großen Insel in der Mitte der Seine. Die Cité ist den Touristen bestens bekannt als Standort der Kathedrale Notre-Dame. Ihr weiteres berühmtes Wahrzeichen ist der Justizpalast, das Zentrum der Pariser Justizbehörden. Im Südflügel des Palastes, parallel zum Flußufer, befindet sich unter der Hausnummer 36, Quai des Orfèvres, das Hauptquartier der Kriminalpolizei.

»Als ich erkannte, wohin wir unterwegs waren, sagte ich zu mir selbst: ›Sie ziehen wirklich alle Register‹«, berichtet Langevin. »Wir wurden in Einzelzellen gesteckt und durften nicht miteinander kommunizieren. Sie informierten uns überhaupt nicht. Um 4.00 Uhr am Sonntagmorgen kamen sie, um einen nach dem anderen von uns herauszuholen, machten Verbrecheraufnahmen von uns und stellten uns anschließend vor einem Spiegelfenster in einer Reihe auf, damit uns Augenzeugen identifizieren könnten.«

Nach dieser ›Parade‹ wurden die Gefangenen zum Verhör in die Büros der Kriminalbrigade geschafft. In dieser Nacht hatte nur eine Handvoll Beamte Dienst. Sie hörten sofort damit auf, sich mit den Fällen, die sie gerade bearbeiteten, zu beschäftigen und stürzten sich auf das, was mittlerweile zu einem Tötungsdelikt geworden war – obwohl man die Fotografen von Dianas Tod erst viel später an jenem Tag unterrichtete.

Die ersten Verhöre fanden in einem großen offenen Raum statt, in dem mehrere Schreibtische standen. Die sachlich wirkenden Kriminalbeamten waren höflich zu den Fotografen, baten um deren Schilderung der Ereignisse am 30./31. August und gaben die Aussagen in ihre Computer ein. Dann druckten sie sie aus und lasen sie gemeinsam mit den Verhörten durch, die anschließend gebeten wurden, die Richtigkeit der Protokolle mit ihrer Unterschrift zu bestätigen.

Langevins erstes Verhör dauerte anderthalb Stunden. Anschließend fühlte er sich wirr im Kopf. »Inzwischen war es später Vormittag«, sagt er. »Ich hatte so gut wie nicht geschlafen. Es gab keinen Kaffee. Die Zelle hatte lediglich eine Holzpritsche als Bett, kein Bettzeug. Die ganze Zeit über war Neonlicht an. Die Zellentür war vom Boden bis zur Decke aus Glas, so daß sie uns ständig beobachten konnten. Der arme Martinez war in einer Zelle, die so klein war, daß er sich auf dem Bett nicht mal ausstrecken konnte. Die Toiletten befanden sich auf dem Gang, so daß wir an die Tür klopfen mußten, wenn wir sie benutzen wollten. Einmal bat ich um Wasser, doch ein Polizist sagte: ›Trink das Klo-Wasser, wenn du Durst hast.‹ Unser Essen bestand aus zwei hartgekochten Eiern, aus Brot zäh wie Plastik, aus Schmelzkäse und einem Apfel, alles in einem kleinen Kunststoffbeutel. Eines der beiden Eier war faul.« Einem Franzosen mußte ein solches Mahl wie eine grausame und unmenschliche Bestrafung vorkommen.

Nach 20 Stunden in Arrest durften die Fotografen erstmals ihre Anwälte empfangen, aber es war nicht viel mehr als eine Formalität, da die Anwälte zu diesem Zeitpunkt noch keinen Einblick in die Akten erhielten und bis dahin noch keine formellen Anklagen erhoben worden waren. Nach 24 Stunden verlängerte die Staatsanwaltschaft die Inhaftierung um weitere 24 Stunden; sie nahm die gesetzliche Höchstgrenze in Anspruch, einen Verdächtigen ohne Anklageerhebung festzuhalten.

Es folgten weitere Verhöre infolge dessen, daß die Ermittlungsbeamten damit begannen, die Aussagen abzugleichen, Widersprüche aufzulösen und Kernpunkte zu klären. Da die zwanzig konfiszierten Filmrollen inzwischen entwickelt worden waren, konnten sie auf den Abzügen exakt feststellen, welcher Fotograf sich wo befunden und welche Art von Aufnahmen er gemacht hatte. Auf den Bildern waren auch die Standorte und Aktionen anderer Fotografen zu erkennen. Nicht zuletzt offenbarten sie die exakte Position des Autowracks und der Opfer, bevor und nachdem die hintere Tür geöffnet worden war.

Mit den Fotos in der Hand konnten sich die Beamten jetzt mit jedem einzelnen Fotografen zusammensetzen, um ihn mit Widersprüchen in den Aussagen zu konfrontieren, um ihm weitere Erklärungsversuche abzuzapfen, ihn nach der Identität dieses oder jenes Paparazzo zu fragen, der ihnen möglicherweise entwischt war. Zu einem Fotografen sagten sie beispielsweise: »Sie behaupten, Sie seien erst einige Zeit nach dem Unfall eingetroffen, aber Ihre Fotos belegen, daß das Auto noch immer qualmt und daß keiner Ihrer Kollegen auf dem Bild ist. Waren Sie der erste am Unfallort, wie Ihre Fotos andeuten?« Antwort: »In der Tat, ich schätze, daß ich wirklich einer der ersten dort war.«

Die Fotos sprachen teilweise aber auch für die Beschuldigten: zugunsten von Romuald Rat, der zugegebenermaßen als allererster am Unfallort und derjenige gewesen war, der die Hintertür geöffnet hatte, wobei mehrere Augenzeugen behaupteten, er sei im Wageninneren »herumgekrochen«, um Aufnahmen zu machen, stellte sich heraus, daß er weder ein einziges Foto vom Wageninneren, noch Großaufnahmen von den Opfern gemacht hatte. Der Elektronik-Blitz des ›bedauernswerten‹ Arsov war ausgefallen, und sein Film war deshalb leer; somit konnte man ihm nicht nachweisen, überhaupt ein Foto geschossen zu haben. Sämtliche Fotos von Langevin, die aus einiger Entfernung mit einem Teleobjektiv gemacht worden waren, zeigten die Rettungssanitäter und schienen somit seine Behauptung zu untermauern, er sei erst einige Zeit nach dem Unfall eingetroffen.

Am bedeutsamsten von allem ist sicherlich, daß sich auf keinem der zwanzig konfiszierten Filme auch nur ein einziges Foto fand, das während der Verfolgungsjagd aufgenommen worden ist.[22] Die Bildsequenzen beginnen sämtlich mit der Szenerie vor dem Ritz, und danach folgen unmittelbar die Fotos vom Unfallort. Dies ist ein offenkundiger Beweis, der alle Augenzeugenberichte zu widerlegen scheint, daß Motorräder den Mercedes umkreist hätten und daß dabei unablässig wie mit »Machinengewehren« Fotos geschossen worden seien, ferner, daß der Fahrer von ihren Blitzlichtern geblendet worden sei. Es läßt sich nicht ausschließen, daß der eine oder andere Fotograf dies tat, doch mit Sicherheit keiner von denen, die in jener Nacht festgenommen worden waren.

Die Ergebnisse der ersten Befragungsrunde, sowohl von Fotografen als auch von Augenzeugen, faßte die Kommissarin Martine Monteil, Leiterin der Kriminalbrigade, am 1. September in einem Bericht für den Staatsanwalt, in dem sie sich über die Rolle der Fotografen weit vorsichtiger ausdrückte als in jenem Bericht, den sie um 2.00 Uhr morgens am 31. August im Tunnel erstellt hatte. In ihrem neuesten Bericht, der die ersten Blutprobenergebnisse von Henri Paul berücksichtigte, stellte sie fest: »Die genauen Umstände, warum M. Paul die Kontrolle über den Wagen verlor, können während der Dauer der vorläufigen Festnahme [d.h. innerhalb der 48-Stunden-Frist, die Beschuldigte ohne Haftbefehl festgehalten werden können] nicht herausgefunden werden, trotz der zahlreichen Befragungen von Augenzeugen und Paparazzi. *Keine der bisher gehörten Aussagen gibt uns die Möglichkeit, festzustellen, ob sich eventuell ein Fahrzeug so weit dem Mercedes genähert hat, daß es ihn touchierte oder ihn aus seiner Fahrspur drängte.*[23] Zu diesem Zeitpunkt nahm niemand mehr an, daß ein Fotograf mit dem Wagen zusammengestoßen war oder ihn anderweitig behindert hatte.

Nichts von all diesem änderte jedoch die unmittelbare Lage der sieben Festgenommenen. Sie erwarteten, Montag nacht freigelassen zu werden. Statt dessen kamen um Mitternacht Wärter zu ihnen, nahmen erneut eine Leibesvisitation vor, legten ihnen Handschellen an und brachten sie in ein Gefängnis, daß sich im Bauch des angrenzenden Justizpalastes befindet. Sie wechselten von der Polizeigewalt in die der Justiz.

Ihre neuen Zellen unterschieden sich erheblich von den winzigen Knastzellen, die sie am Quai des Orfèvres belegt hatten. »Dies war ein altes, höhlenartiges Gefängnis mit großen gewölbten Steindecken, wo jede Stimme und jeder Schritt widerhallte wie bei Kafka«, schildert Langevin. »Die Zellen waren skandalös: naßkalte Dinger, mit Holzböden, Waschschüsseln und offenen Plumpsklos.«

Arsov erinnert sich daran, daß das ganze Verlies »nach Pisse stank – es war nicht gerade ein Hotel, wohin man uns gebracht hatte«. Ganz und gar nicht! Es ist eines der ältesten und primitivsten Gefängnisse von Paris, seine Steinwände grenzen an jene der berühmten Conciergerie, wo Marie-Antoinette im Kerker geschmachtet hatte, als 1793 die Guillotine auf sie wartete.

Am Dienstagmorgen wurden von den Inhaftierten Fingerabdrücke abgenommen und neuerliche Verbrecherfotos gemacht, dann wurden sie vor den Richter gebracht. »Wir wurden durch unterirdische Tunnel geführt, wie durch die Abwasserkanäle von Paris«, erzählt Langevin. »Die Tunnel waren mit Wegweisern zu den verschiedenen Gerichtssälen ausgeschildert. Sie nennen dieses Labyrinth die ›Souricière‹ [literarisch für ›Mauseloch‹].«

Die Fotografen wurden einer nach dem anderen Richter Hervé Stephan vorgeführt, einem Ermittlungsrichter, dem der Fall gerade erst zugewiesen worden war. Aufgrund der ersten Polizeiberichte sowie der Vernehmungsprotokolle sowie eines Berichts der Staatsanwältin Maud Coujard, entschied Stephan, alle sieben Männer unter ›Formelle Untersuchung‹ zu stellen (dies entspricht in etwa einer Anklage) wegen fahrlässiger Tötung und unterlassener Hilfeleistung an Menschen in Gefahr.

Fahrlässige Tötung wird nach Art. 221-6 des französischen Strafgesetzbuchs so definiert: »den Tod eines anderen zu verursachen durch Ungeschicklichkeit, Unvorsichtigkeit, Unaufmerksamkeit, Vernachlässigung oder Nichtbefolgung der Beachtung gesetzlich vorgeschriebener Sicherheitsvorkehrungen«. Unterlassene Hilfeleistung, eine Verletzung von Frankreichs sogenanntem Guter-Samariter-Gesetz (Art. 223-6), wird definiert als vorsätzliches Versäumen, einer Person in Gefahr zu helfen, oder als vorsätzliche Unterlassung, Hilfe zu holen. Obwohl beides strafrechtlich verfolgte Anklagepunkte sind, werden sie nach französischem Recht nur als Vergehen und nicht als Verbrechen angesehen und mit bis zu fünf Jahren Gefängnis und einer Geldstrafe von bis zu 500 000 Francs [rund 150 000 DM] bestraft. (Im Fall einer Verurteilung aus beiden Gründen würden die beiden Strafen zusammengezogen, wobei die Gesamtstrafe ebenfalls 500 000 Francs betragen darf.)

Die Staatsanwältin Coujard hatte aufgrund der ersten Berichte von Polizei und Augenzeugen befürwortet, Rat und Martinez weiterhin zu inhaftieren. Von beiden Männer war in einigen Aussagen speziell erwähnt worden, sie seien besonders aggressiv, vorgegangen, hätten mit der Polizei gestritten oder Beamte gestoßen, den Zugang zu den Opfern behindert und wie verrückt Bilder geschossen, anstatt zu helfen zu versuchen. Obwohl Rat und Martinez diese Aussagen vehement bestritten, schien Coujard dazu entschlossen, ein Exempel an ihnen zu statuieren. Stephan lehnte ihren Antrag ab, die beiden Männer weiterhin hinter Gittern zu halten, forderte aber von Rat und Martinez je 100 000 Francs Kaution, zog ihre Presseausweise und Führerscheine ein und verbot ihnen, das Land zu verlassen. Die anderen wurden auf ihr Schuldanerkenntnis hin entlassen, doch wurde ihnen ebenfalls untersagt, das Land zu verlassen oder miteinander Kontakt zu halten. Am Freitag dem 5. September stellten sich Chassery, Oderkerken und Benhamou, die den Tunnel verlassen hatten, bevor die anderen verhaftet wurden, freiwillig den Behörden. Gegen sie wurde aufgrund derselben Beschuldigungen ein Ermittlungsverfahren eingeleitet. Die Polizei suchte weiterhin nach anderen, die möglicherweise vom Unfallort geflüchtet waren.[24]

Die zehn Fotografen, gegen die Ermittlungsverfahren liefen, stritten felsenfest ab, daß sie nahe genug an dem Mercedes waren, um sein Verhalten zu beeinträchtigen, eine Behauptung, die die Ermittlungsbeamten schließlich akzeptierten. Sie sagten, man könne sie genausowenig wegen unterlassener Hilfeleistung belangen. Einer von ihnen, Arnal, hatte tatsächlich versucht, eine Notfallnummer anzurufen; die anderen behaupteten alle, daß »andere« das schon getan hätten und sie deswegen keine überflüssigen Anrufe hätten zu machen brauchen. Niemand außer Rat hatte einen Erste-Hilfe-Kurs besucht, und Rat behauptet, er versuchte zu helfen, indem er Diana den Puls gefühlt hätte; die anderen sagen, daß sie es unterließen, die Opfer zu berühren, weil das mehr Schaden anrichten könnte, als ihnen zu helfen.

Was die Behauptung anbelangt, sie hätten mit der Polizei und den Sanitätern Auseinandersetzungen gehabt, so scheint es, daß Rat und Martinez tatsächlich genörgelt hatten, als die Polizisten versuchten, sie zurückzudrängen. Aber beide Männer bestreiten Berichte, sie hätten einen Beamten gestoßen, und bestehen darauf, sie seien den Sanitätern nicht im Weg gewesen. Dr. Mailliez, der erste Arzt, der am Unfallort eintraf, bestätigt, daß die Fotografen »in keinster Weise« seine Arbeit behindert hätten, obwohl er ihr unablässiges Fotografieren für »unpassend« hielt.

Dies ist in der Tat der Haupteinwand gegen die Paparazzi. Die ersten Augenzeugen am Unfallort, die verständlicherweise entsetzt waren vom Anblick des zertrümmerten Autos und der blutenden Opfer, waren schockiert darüber, daß es diese Männer wagten, vom Ort des Schreckens Fotos zu machen. Aber genau das ist nun einmal der Job von Fotografen. Sie haben Presseausweise, die ihnen erlauben, polizeiliche Absperrungen zu ignorieren und jede Art von Unglück zu dokumentieren. Sie machen ständig Fotos von Unfällen, Bombenanschlägen, Hungersnöten und Schlachtfeldern. Das mag viele Menschen schockieren und abstoßen, und erst recht, wenn das Opfer eine Berühmtheit wie Prinzessin Diana ist, aber daran ist nichts Ungesetzliches. »Die öffentliche Meinung hat das alles völlig falsch interpretiert«, sagt Laszlo Veres. »Es war kein Fotograf, der das Auto auf 160 Stundenkilometer beschleunigte. Es saß auch kein Fotograf am Steuer. Natürlich machten wir hinterher Aufnahmen, aber ich wüßte nicht, warum Fotografen von einem Unfallort keine Bilder machen sollten. Das ist schließlich unser Job.«

Doch in den letzten Jahren hat sich der Job der Fotografen verändert. Das Ende des Kalten Krieges und seiner weitreichenden globalen Spannungen hat die Presseverleger in Europa und den USA veranlaßt, sich mehr auf sensationelle Begebenheiten zu stürzen, die früher von der Presse kaum erwähnt wurden. Der wachsende Kult um Berühmtheiten hat mittlerweile viele Fotografen dazu veranlaßt, einen sogenannten Leute-Journalismus zu betreiben, sich auf Personen des öffentlichen Interesses zu konzentrieren, auf all den Glitzer und Glamour, um sich ihren Lebensunterhalt zu verdienen. Die Tatsache, daß das berühmte »Kuß-Foto« von Dodi und Diana des italienischen Paparazzo Mario Brenna angeblich über 2 Millionen Dollar einbrachte, zeigt deutlich, wie gefragt die Produkte des Sensationsjournalismus momentan sind.

»Sie drängen uns regelrecht dazu, diese Art von Showbiz-Fotos zu machen und machen die Personen zu Nachrichten«, sagt Langevin, eigentlich ein Frontfotograf von Kriegen und Revolutionsunruhen weltweit. »Wenn man die Neuigkeiten dokumentiert, wie ich es getan habe, so bedeutet dies, das Ereignis ohne Schnörkel zu fotografieren, ohne Spezialeffekte oder theatralische Inszenierung. Doch der Markt für diese Art von Fotojournalismus schrumpft zusammen wie eine vertrocknende Weintraube. Die Leute wollen heute keine Illustrierte mehr mit Kriegsfotos auf dem Titelblatt kaufen. Sie wollen Glanz und Gloria. Das ist schon seit zehn bis zwölf Jahren so.«

Tom Haley (47) von der Bildagentur »Sipa«, ein amerikanischer Pressefotograf in Paris, stimmt dem zu. »Man hat mir schon oft geraten, mit dem Nachrichtengeschäft aufzuhören, weil es sich nicht rentiere«, erklärt er. »In den letzten Jahren hat sich der ›Leute-Journalismus‹ etabliert, und die Illustrierten zahlen horrende Summen dafür. Manchmal rege ich mich über diese Ungerechtigkeit maßlos auf – überlegen Sie mal, was für dieses Zeug bezahlt wird im Vergleich zu dem, was wir [seriösen Pressefotografen] verdienen. Wir arbeiten weit weg von unseren Familien, riskieren oft sogar unser Leben und müssen trotzdem kämpfen, um finanziell über die Runden zu kommen. Ich verstehe einfach nicht, warum für solches Zeug dermaßen viel Geld bezahlt wird. Wenn diese Entwicklung überhaupt für irgend etwas gut ist, dann höchstens für eine Verbesserung unserer Honorare.«[25]

Roger Thérond, Verleger von Frankreichs bekanntester Glamourillustrierten *Paris Match* (wöchentliche Auflage: 800 000 Exemplare), hat sich ebenfalls die Frage gestellt, ob es nicht notwendig sei, angesichts dieses Unfalls die Prioritäten des Bildjournalismus zu überdenken. »Wir sind alle dafür verantwortlich«, sagte er. »Der ganze Trend gerät uns außer Kontrolle. Für das Publikum, die Verleger und die Fotografen ist die Zeit gekommen, über all dies nachzudenken.«

Der Verleger der konkurrierenden Promi-Illustrierten *Gala* (Auflage: 320 000 Exemplare) bezweifelt, daß sich die Branche entscheidend verändern wird. »Die einzige Auswirkung dieser Tragödie ist, daß Diana jetzt nicht mehr unter uns ist, um sich zu beschweren«, sagt Jean Lesieur.[26] »Die Tragödie wird nichts ändern, weil der Markt einfach zu groß ist. Es tauchen dort immer mehr Paparazzi auf. Sie sind jung, skrupellos und haben Spaß an ihrem Job. Wenn Sie ein eingefleischter Nachrichtenfotograf sind und feststellen, daß seriöse Neuigkeiten die Zeitungen heutzutage nicht mehr interessieren, dann wenden Sie sich ebenfalls dem Sensationsjournalismus zu. Man braucht dafür keine anderen Qualifikationen als skrupellos und gerissen zu sein. Das bedeutet, man hätte diese Männer nie verhaften dürfen. Es ist einfach skandalös, daß man sie dafür angeklagt hat, obwohl sie nur ihren Job gemacht haben. Sie können sie Tiere nennen, können behaupten, daß sie keinen Anstand haben, aber worin besteht der Unterschied zwischen jemandem, der ein Foto von der sterbenden Prinzessin Diana macht, und jemandem, der in Soweto aufnimmt, wie Menschen mit einem brennenden Autoreifen um den Hals ermordet werden? Was ist mit Fotos von Zapruder, der aufnahm, wie Kennedy erschossen und wie seine Schädeldecke abgerissen wurde? Die Fotos sind grauenvoll, aber heute hält sie jeder für eine wichtige historische Dokumentation. Wo soll man die Grenze ziehen?«

Die Beobachter des Fotomarkts behaupten, daß der Hauptfaktor für den Boom von Paparazzi-Fotos in Frankreich der wachsende Erfolg der Wochenzeitschrift *Voici* war. 1987 als mehr oder weniger konventionelles Frauenmagazin gestartet, verkaufte es sich eher schleppend, bis die Herausgeber Ende der achtziger Jahre umdachten und zu einem durch nichts eingeschränkten Klatschjournalismus überliefen. Im Nu stieg die Auflage sprunghaft an, brachte es bis 1996 auf eine wöchentliche Auflage von ca. 750 000 Exemplaren und lag damit nur knapp hinter dem fest etablierten *Paris-Match*.

Diese Verkaufszahlen spiegeln den wachsenden Hunger nach Informationen über Prominente seitens der französischen Leserschaft, der in gleichem Ausmaß auch in allen anderen europäischen Ländern und in den USA festzustellen ist. Einer Meinungsumfrage zufolge, die im wöchentlich erscheinenden *L'Express* abgedruckt war, gibt jeder zweite Franzose an, zumindestens gelegentlich Zeitungen und Illustrierte zu lesen, die sich hauptsächlich um das Leben von Prominenten drehen.[27] Hätte Diana den Unfall überlebt, weisen Insider der Branche hin, dann hätten Publikationen wie *Voici, Paris-Match* und zahllose Boulevardblätter vermutlich Millionen geboten für genau die Fotos, die jetzt in den Polizeiakten ruhen und die von der öffentlichen Meinung als moralisch gleichrangig mit Kinderpornographie bewertet werden.

Andererseits ist es nicht der Run auf Hochglanzfotos von Prominenten für die Boulevardpresse allein, der diese Art von photographischem Wüten gefördert hat, der sich an jenem verhängnisvollen Wochenende in Paris abspielte. A. M. Rosenthal, Kolumnist der *New York Times*, schrieb am 3. September in einem der intelligentesten Kommentare zu dieser Affäre: »Die Paparazzi, wie sie gern genannt werden wollen, verfolgten das Paar wie die Schakale ihre Beute. Sie wußten, daß ein durchs Autofenster geschossenes ›Top-Bild‹ etwa von einem Kuß oder von einer Umarmung zigtausend Dollar bringen konnte und daß selbst jedes andere Bild ausreichen würde, um genug Honorar zu erzielen für ihr Benzin und für die Wartezeit bis zur nächsten Zusammenrottung der Schakale, bis zum darauf folgenden Tag.«

Der Grund für diese Honorare, schrieb Rosenthal, ist, daß »die Bilder von bestimmten Zeitungen, Zeitschriften und Fernsehsendern angekauft werden, um Leser und Anzeigenkunden mit ihrer Veröffentlichung anzulocken: Geld ausgeben, um Geld zu verdienen.« Obwohl mit dem Finger hauptsächlich auf die Boulevardpresse gezeigt wurde, schrieb Rosenthal, ist es übel, »wenn seriöse Journalisten nicht zugeben, daß auch genug Publikumszeitungen und Hochglanzillustrierte diese Art von Fotos abdrucken, und zunehmend nicht nachrecherchierten oder gemeinen Klatsch aus der eigenen Gerüchteküche veröffentlichen.«[28]

*Le Monde* bekräftigte diese Auffassung in einem Leitartikel vom 3. September, überschrieben mit »Ball der Heuchler«. Wie die angesehene französische Tageszeitung feststellte, forderten die Filmstars, Politiker und internationalen Medien, daß die Köpfe der Fotografen rollten und kommentierte dies wie folgt: »Auch ein Teil der Presse zögert nicht, den passenden Sündenbock in ihren eigenen Reihen zu suchen. Dies ist die gleiche Presse, die unter anderen Umständen nicht zögert, sich skrupellos genau dieser Fotografen zu bedienen...[Diese Fotografen] schießen sicherlich über ihr Ziel hinaus. Aber die letzten, die sie deshalb tadeln sollten, sind jene Medien, die sich großzügig ihrer Arbeit bedienen und jene Prominente aller Art, die sich vor die Kameras stellen, wie es ihnen gerade beliebt.«

Der konservative Schriftsteller Jean-François Revel (*Ohne Marx oder Jesus*), einer der bedeutendsten politischen Philosophen Frankreichs und Mitglied der angesehenen Académie Française, brachte das Argument auf den Punkt, indem er die letztliche Verantwortung dem einzelnen Nachrichtenkonsumenten zuschrieb. »Woran tragen die Fotografen schuld?« schrieb er in Frankreichs wöchentlichem Nachrichtenmagazin *Le Point* am 6. September. »An der Degenerierung unserer Zeit, die visualisierte Nachrichten bevorzugt? Sind sie nicht eher die Symptome dieses Kulturverfalls als deren Ursache?« Revel prangerte die zunehmende Tendenz der Presse an, Nachrichten mehr als »Begebenheiten« zu behandeln denn als »Informationen«. »Man wendet ein, das Publikum bevorzuge Personen, die seinen eigenen Belangen nahestehen, die rundum aus einer Anballung von hirnlosen Dummheiten bestehen«, schrieb er mit der ihm eigenen Verve. »Wie kann es angesichts des schwindenden Interesses der Öffentlichkeit an Dingen, die wesentlich sind, überraschen, daß sich die Leute nur noch mit Klatsch und Tratsch beschäftigen? Der Skandal ist nicht, daß sie [die Journalisten] die Neuigkeiten ausfindig machen, sondern ist die Bedeutungslosigkeit der Neuigkeiten, die sie herausfinden. Die Quelle dieser Schande ist im Herzen des Menschen zu finden, nicht in den Objekten, mit denen es seine Sehnsüchte stillt. Die letzte Verantwortung für eine Sucht liegt weder in der Droge, noch bei dem kleinen Dealer und auch nicht beim Drogenkartell: Die eigentliche Verantwortung trägt der Süchtige selbst.«

Von den zehn Fotografen, die zur Zielscheibe der Ermittlungen wurden, waren nur wenige echte Paparazzi – solche, die mit Superweitwinkelobjektiven hinter Büschen lauern, die ihre Opfer mit unter dem Trenchcoat verborgenen Kameras abschießen oder aus Helikoptern oder die sich als Klempner oder Postbote verkleiden, um Zugang zu ihnen zu erlangen.[29] Hartgesottene Paparazzi – in der Branche auch »Stalkarazzi« [»Pirschjagdreporter«] genannt – hängen nicht vor dem Ritz herum und warten darauf, daß Diana oder Madonna auftauchen. Sie planen ihre Streifzüge weit im voraus, investieren oft beträchtliche Mengen Geld, Zeit und Ausrüstung in ihr jeweiliges Projekt. Das sind die Typen, die bereit sind, mit ihren weitreichenden Teleobjektiven, so berühmte Aufnahmen wie Mario Brennas »Kuß-Foto« zu machen oder ganze Tage und Nächte zusammengekauert hinter Palmen zu verbringen, um der Herzogin von Yorks Zehenlutscheskapade in St. Tropez zu erhaschen, die angeblich mehr als zwei Millionen Dollar einbrachten.

Die Verlockung, solche außergewöhnlichen Honorare zu erzielen, ist nur ein Teil dessen, was so legendäre französische Paparazzi wie Daniel Angéli, Pascal Rostain und Bruno Mouron anspornt, alle drei schon seit 30 Jahren im Geschäft. Sie sind Großwildjäger, die für die Jagd leben. »Paparazzi sind wie Mafiakiller, niemand entkommt ihnen«, schrieben Rostain und Mouron

1988 in ihrem Reißer *Paparazzi*, der zum Beispiel von solchen Abenteuern handelt wie der Verfolgung von Prinzessin Stéphanie von Monaco in ihrem Urlaub auf Mauritius, um sie ausgelassen und barbusig in der Brandung zu fotografieren. Angéli seinerseits begeistert sich noch immer an der Geschichte, wie er sich stundenlang hinter einem Felsen versteckt hatte, bis es ihm schließlich gelang, den italienischen Großindustriellen Giovanni Agnelli zu fotografieren, als dieser nackt von seiner Yacht aus ins Meer tauchte. Für kampferprobte Veteranen wie Angéli lohnt es sich nicht, selber von Diana Fotos zu schießen, wie sie aus dem Ritz kommt, aber ihre Agenturen schicken für alle Fälle hungrige jüngere Fotografen zu so etwas los.

Die Fotografenmeute, die Diana und Dodi am 30. Augst verfolgte, bestand zur Mehrzahl aus sogenannten People-Fotografen – solchen, die sich Prominente und Filmstars zum Ziel suchen, aber nicht auf Teufel komm raus durch Verfolgungsjagden, Hinterhalte oder Vorspiegelung falscher Tatsachen. In vielen Fällen arbeiten sie nämlich mit dem stillschweigenden Einverständnis ihrer Zielobjekte. Einige französische Prominente sind bekannt dafür, daß sie selbst von sich sogannte Pseudo-Paparazzifotos arrangiert haben.

Jacques Langevin (44), ein Mann mit leiser Stimme und einem Gelehrtenaussehen, das ihm eine Brille mit runden Gläsern und Nickelgestell sowie seine die Stirn fliehenden braunen Haare verleihen, ist ein seriöser Nachrichtenmann durch und durch. Er wurde am 30. August per Zufall zum Ritz geschickt, weil er bei Sygma gerade Wochenendbereitschaft hatte. Dennoch verteidigt er das Recht der Fotografen auf Glamourthemen, wenn sie sich anbieten. »Es gibt zwei unterschiedliche Aspekte desselben Berufs«, sagt er. »Man kann mehr oder weniger seriöse Informationen präsentieren oder total oberflächliche, doch beides ist miteinander verwandt. Es ist keine Schande, Fotos von Personen zu machen. Es ist zwar nicht mein Lebenstraum, aber ich halte mich für einen vielseitigen Fotografen.« Seine preisgekrönten Arbeiten von so unterschiedlichen Anlässen wie den Kriegen in Ruanda, dem Libanon, in China, am Golf und den Olympischen Spielen in Atlanta bezeugen Langevins Vielseitigkeit – und seinen Mut: 1989 wurde er von einer Kugel ins Bein getroffen, als er die Revolution in Rumänien fotografisch dokumentierte.[30]

Romuald Rat (25) leidet »unter einem Namen, den man sich sowohl auf Englisch als auch auf Französisch [wie auch auf Deutsch. A.d.Ü.] leicht merken kann«, sagt ein in den Fall involvierter Anwalt. Zusammen mit Martinez ist Rat derjenige, den die Augenzeugen eines besonders anstößigen Verhaltens im Zusammenhang mit dem Unfall bezichtigen. Diese Zeugen, darunter einige der Fotografen, behaupten ferner, daß Rat derjenige gewesen sei, der am Nachmittag an dem Handgemenge mit den Leibwächtern vor Dodis Wohnung beteiligt gewesen sei. Mehr als über alles andere war die öffentliche Meinung entsetzt über die Vorstellung, daß er die Frechheit besessen hätte, die Hintertür des Mercedes zu öffnen und die sterbende Prinzessin zu berühren. Für den Rest seines Lebens wird sich möglicherweise manch einer daran erinnern, daß Romuald Rat es war, der sich in den zertrümmerten Mercedes beugte und seine Hand auf Dianas Nacken legte, um ihren Puls zu fühlen.

Der bloße Gedanke daran, daß Rat Diana berührte und zu ihr sprach, so sagt eine Quelle, die dem Paar nahestand, »läßt einen erschauern«. Laut dieser Quelle hat Rats Benehmen an diesem Tag der Prinzessin »körperliche Angst eingejagt«. »Der Gedanke ist unerträglich, daß er der Kerl war, wegen dem sie sich Sorgen gemacht hatte und daß er angeblich in Englisch zu ihr gesagt hat: ›Bleiben Sie ruhig, Hilfe ist schon unterwegs.‹ Er hätte nicht zu jemandem gesprochen, der im Koma lag; malen Sie sich einmal aus, daß sie bei Bewußtsein war...«

Rat selbst erklärt, daß es eine spontane humane Handlung war, der Versuch, ihr größtmöglich Hilfe und Trost zu geben. Er schilderte diesen Moment in einem Interview mit dem Fernsehsender *France 2*: »Ich rannte zum Wagen, erkannte, daß es ein Mercedes war, und sagte mir, daß *sie* das sein müßten. Nach einigen Sekunden hatte ich mich wieder im Griff und versuchte ihnen zu helfen, einfach zu sehen, ob sie noch am Leben waren... Ich habe nicht persönlich den Rettungsdienst herbeigerufen, weil ich jemanden sagen hörte: ›Ich habe die Feuerwehr alarmiert.‹ Daher habe ich darauf verzichtet, das selbst zu machen, und eine der Autotüren geöffnet.« Anschließend, wie Rat später der *BBC* berichtete, »versuchte ich ihren Puls zu ertasten, und als ich sie berührte, bewegte sie sich und atmete. Daher sprach ich sie auf Englisch an, indem ich sagte: ›Ich bin bei Ihnen, bleiben Sie ruhig, gleich kommt ein Arzt.‹« Er sagt, er habe erst mit dem Fotografieren begonnen, nachdem die ersten Notfallsanitäter eingetroffen seien. Was den Vorwurf anbelangt, er oder andere Fotografen hätten dem Rettungspersonal im Weg gestanden, sagte Rat in der Sendung »*20/20*« von *ABC*, daß diese Behauptung »lächerlich und unvorstellbar« sei.[31]

Rat, ein kraftstrotzender hochgewachsener junger Mann von rund 1,80 Metern, scheint den Augenzeugen und der Polizei in jener Nacht als besonders bedrohlich und einschüchternd vorgekommen zu sein. In allen Berichten wird er als fiebrig erregt und als über die Maßen aufgeregt beschrieben. Interessanterweise bezeugen jene Menschen, die ihn gut kennen und mit ihm zusammenarbeiten, daß er normalerweise recht ruhig ist und mit leiser Stimme spricht. Ein Redakteur von Pascal Rostains Agentur »Sphinx«, für die Rat arbeitete, bevor er zu »Gamma« wechselte, beschreibt ihn als »einen sehr höflichen Mann, liebenswürdig und sehr sensibel. Er verdient es, verteidigt zu werden. Er ist ein ›People‹-Fotograf, aber einer, der sehr schöne Bilder einfängt, wie z. B. die Fotos von Jacques Chirac auf Réunion Anfang August. Er entspricht nicht dem Bild eines aggressiven und gewöhnlichen Paparazzo.«

»Romuald ist ein netter Kerl, mit ihm gibt es nie ein Problem«, sagt ein Luxuswagen-Chauffeur, der oft Stars in Frankreich herumfährt. »Wann immer er einen Star fotografiert, schenkt er mir Abzüge von den Fotos.« Jemanden auf einem Motorrad zu verfolgen und durch das Autofenster hindurch zu fotografieren ist nicht Rats Stil, sagt diese Quelle. »Er kam gewöhnlich zu mir und fragte mich, wohin wir als nächstes unterwegs seien. Leuten wie ihm gebe ich bereitwillig Tips, die uns nicht belästigen und uns keinen Streß machen. Während der Fahrt machen sie nie Fotos. Sie fragen nur, wohin wir als nächstes reisen, und dann sausen sie vor uns los, um sich einen guten Standort zu sichern. Sie besitzen ihr eigenes Netzwerk von Informanten unter Polizisten, Hausmeistern, Leibwächtern und Chauffeuren. Wenn ich mit Typen wie Rat das geringste Problem hätte, würde ich nicht mit ihnen zusammenarbeiten.« Rat ist noch immer fassungslos darüber, was ihm passiert ist, sagt der Chauffeur. »Er erzählt seinen Freunden, daß er nur sehen wollte, wie er Prinzessin Diana helfen könne, und aus diesem Grund hat er jetzt all diese Probleme.«

Christian Martinez (41) von der Agentur »Angéli«, ein echter Paparazzo, wird von einem ihn bewundernden Kollegen charakterisiert, er habe »die Präzision eines Scharfschützen«. Martinez, kleingewachsen, gedrungen und breitschultrig, mit kurzgeschnittenem braunem Haar, Knopfaugen und Muskelpaketen, die jahrelanges Gewichttraining bezeugen, ist mit 15 Jahren Branchenzugehörigkeit ein alter Hase, der für sein Draufgängertum bekannt ist. »Wenn man Fotografie aus dem Hinterhalt betreibt«, sagt Langevin über Martinez, »kann man nicht halbherzig vorgehen. Man muß entschlossen handeln. Das kann zu Auswüchsen führen.« Aber auch zu einigen sehr erfolgreichen Coups wie dem Foto von Cindy Crawford und Richard Gere, als sie bei einem Volksfest im Jardin des Tuileries auf einem Pferd reiten.

Obwohl Martinez für seine Hartnäckigkeit bewundert wird, äußert sich eine Menge seiner Kollegen verschnupft über ihn. Ein Zeitungsredakteur, der früher mit ihm zusammenarbeitete, sagt: »Martinez ist sehr professionell – aber manchmal setzt er sich zu sehr ein und geht zu weit.« Ein französischer Reporter, der bei vielen Aufträgen mit ihm zusammengearbeitet hat, nennt ihn einen »brutalen, niederträchtigen Kerl, der jederzeit zu Handgreiflichkeiten bereit ist«.

Martinez ist stolz darauf, dieses Image eines toughen Mannes zu haben. In seinem ersten Verhör am 31. August um 10.30 Uhr morgens, nach einer schlaflosen Nacht in einer Gefängniszelle, die so klein war, daß er sich auf der Pritsche nicht mal richtig ausstrecken konnte, charakterisierte er sich selbst den Ermittlungsbeamten gegenüber als »kribbligen Menschen, der beim geringsten Anlaß in Aktion tritt.« Martinez gab zu, daß zwischen ihm und Rat im Alma-Tunnel harte Worte gefallen seien, weil Rat versucht habe, ihn und andere davon abzuhalten, Nahaufnahmen von den Opfern zu machen. Er gestand ferner, zu einem Polizeibeamten gesagt zu haben »Leck mich! Sogar in Bosnien haben sie uns arbeiten lassen!« (Die Bemerkung scheint nichts anderes als eine rhetorische Floskel gewesen zu sein: Martinez war nie auch nur in der Nähe von Sarajewo.)

Aber dieser großspurige kleine Paparazzo hat auch seine menschliche Seite. Er zeigte während des Verhörs in zunehmendem Maße Emotionen, als der Inspektor unablässig auf dem Thema unterlassene Hilfeleistung herumhackte.

»Frage: ›Haben Sie irgend etwas unternommen, um den Verletzten zu helfen?‹

Antwort: ›Ich kann mich vage an Leute erinnern, die sich um die Verletzten kümmerten. Zudem habe ich keine Ahnung von Erster Hilfe. Ich erinnere mich, daß ich [erst dann] anfing, Fotos vom Wageninneren zu machen, als andere Leute [die ich für Sanitäter hielt] damit begannen, den einzelnen Menschen im Auto zu helfen... *Ich war total hilflos in dieser Situation. Ich denke, das wäre bei jedem anderen Opfer genau so gewesen. Die Tatsache, hinter einer Kamera zu stehen, ist eine Hilfe, eine Art Leinwand, sie erlaubt einem, eine Distanz einzuhalten.*‹

Frage: ›Haben Sie den Leuten geholfen, die versuchten, die Verletzten zu behandeln?‹

Antwort: ›Nein, und auch kein anderer Fotograf. Wie hätten wir das tun können? Vielleicht [empfanden wir] einen gewissen Respekt. Es hätte eine Menge Beherztheit verlangt, Leute zu behandeln zu versuchen, denen wir noch vor ein paar Minuten gefolgt waren, und auch eine Menge Respekt. *Ich war durch die persönliche Beziehung zwischen mir und den Menschen in dem Wagen wie gelähmt.*‹«[32]

An dieser Stelle, so heißt es in der Niederschrift, brach Martinez in Tränen aus.

Serge Benhamou (44), der mit dem bekannten High-Society-Fotografen Laszlo Veres zusammenarbeitet, ist weniger ein Paparazzo als ein männliches Groupie. »Benhamou ist nicht bösartig«, sagt Langevin. »Er bewundert die Objekte seiner Kamera. Er liebt Filme, Glamour, Stars. Er bewundert diese Menschen wirklich.« Er ist als hartnäckiger Verfolger bekannt, trotz der begrenzten Geschwindigkeitsleistung seines Honda-Lada-Motorrollers, der nur 80 Kubik hat. Ein langjähriger Prominentenchauffeur berichtet, daß Benhanou »stets auf einem Motorroller fährt, und wenn die Autos dann schneller werden, speziell außerhalb der Innenstadt, auf der Ring- oder der Schnellstraße, hat er Probleme, mit dem Autokonvoi mitzuhalten. Innerhalb von Paris ist er jedoch immer direkt hinter einem und sehr gut informiert über jeden Schritt [den die Leute tun]. Daher vermute ich, daß er Informanten an den richtigen Stellen hat.«

Benhamou, ein pummeliger Mann mit kugelrundem Gesicht, den seine Kollegen »Ben« nennen, war dem Mercedes am 31. August vom Hinterausgang des Ritz gefolgt und einer der ersten gewesen, die im Alma-Tunnel eintrafen. Wie er später gegenüber der Polizei aussagte, war er völlig durcheinander, als er den Unfall wahrnahm, und verließ den Schauplatz, bevor die anderen verhaftet wurden. Ein gehässige Interpretation seiner Handlungsweise lautet, daß er einige spektakuläre Fotos aufgenommen hat und sich davonmachen wollte, solange es noch gut möglich war. Doch klingen seine Erklärungen, nachdem er sich am 5. September selber der Polizei gestellt hatte, insofern schlüssig und wahr, daß er sich schnell wieder entfernt habe, weil er es »nicht mehr aushalten konnte«. Er sagte der Polizei, er wolle die Fotos, die er aufgenommen hatte, nicht sehen, »weil ich Aufnahmen machte und die Leute jetzt tot sind. Das ist eine schreckliche Erinnerung.« Bevor er den Tunnel verließ, hatte Benhamou seinen Partner Laszlo Veres angerufen, der gerade auf seinem Motorroller die Champs-Elysées entlang fuhr, und bat ihn, an seiner Stelle weiterzumachen.[33]

Veres (50) hatte in jener Nacht gemeinsam mit Benhamou das Ritz observiert: Veres an der Vorderseite, Benhamou am Hintereingang. Aber Veres nahm die Jagd nicht auf. »Jemand erzählte uns, sie [Dodi und Diana] seien vom Hinterausgang weggefahren«, berichtete er in einem Interview, »also machte ich mich auf den Heimweg. Während ich unterwegs war, rief er [Benhamou] mich auf meinem Mobiltelefon an und sagte: ›Diana hat gerade einen Unfall gehabt.‹ Ich dachte, es sei ein banaler Blechschaden, aber ich fuhr hin, um ihn mir anzusehen, und war verblüfft, als ich das Auto sah. Ich machte aus ca. 30 Metern Entfernung einige Aufnahmen von dem gesamten Unfallort.« Obwohl er auf seinem schwarzen Piaggio-Motorroller einer der letzten war, die am Unfallort eintrafen, geriet er sogleich ins Netz der Polizei, zusammen mit sechs anderen.

Veres, ein gebürtiger Ungar, betreibt eine eigene freie Agentur, die spezialisiert ist auf Prominenten- und Modefotos. Er ist ein

Hüne von einem Mann, mit einem Bart wie ein alter Seebär, und bekannt für seine »erfindungsreichen« Methoden, Fotografien von Promis wie Stephanie und Caroline von Monaco zu machen – gewöhnlich ohne deren Erlaubnis. Heiße Verfolgungsjagden sind jedoch nicht seine Sache: Veres hinkt stark infolge einer Fußmißbildung, die, so lautete ein Gerücht, vor einigen Jahren noch dadurch verschlimmert wurde, daß Alain Delons Auto mit ihm während einer fruchtlosen Verfolgungsjagd zusammenstieß. »Er ist gerissen, barsch und verschlossen, aber im Grunde ein feiner Kerl«, sagt ein amerikanischer High-Society-Journalist, der mit ihm zusammengearbeitet hat. Veres ist wohl am besten bekannt geworden durch seine Fotos von der mittlerweile verstorbenen Christina Onassis, einer persönlichen Freundin von ihm, die oft auf dem Rücksitz seines Motorrollers mit ihm umherfuhr.

Serge Arnal (35) ist ein weiterer Promi-Spezialist, der in jener Nacht am Ritz herumhing in der Hoffnung, eine Prinzessin auf seinen Film bannen zu können. »Unser Fotograf war ein reiner ›People‹-Fotograf, der für gewöhnlich Feste und Parties besucht«, sagt Arnals Chef Bruno Kalin, Leiter der Agentur »Stills«. »Sein Job war lediglich, vor einem Hotel auf einen Star zu warten. Der Fahrer fuhr zu schnell. Sie waren dort, um Fotos von einem Märchen zu machen und nicht von einem Horrorfilm.«

Arnal, der Di und Dodi in seinem schwarzen Fiat Uno mit Martinez als Beifahrer verfolgte, behauptet, den Mercedes aus den Augen verloren zu haben, als der »auf der geraden Strecke brutal beschleunigte« zwischen Place de la Concorde und Alma-Tunnel. Er fuhr auf der Schnellstraße weiter, kam nach einigen Minuten bei dem Wrack an, fuhr langsam an dem verknäulten rauchenden Blechhaufen vorbei und parkte dann 30 Meter weiter hinten auf der Straße. Martinez sprang aus dem Fiat und eilte zum Wrack. Arnal, der den Ermittlungsbeamten erzählte, er könne »kein Blut sehen«, blieb zurück. Er wählte auf seinem Handy die Notrufnummer 112 (der einzige Fotograf, der sich dieser Mühe unterzog), doch sei die Verbindung schlecht gewesen. »Ich geriet in Panik«, schilderte er. »Ich erinnere mich, daß ich den Mann in der Zentrale anschrie, daß hier ein Unfall passiert sei, aber ich konnte den Ort nicht präzise beschreiben.«

Fabrice Chassery (30) und David Oderkerken (26) arbeiten für »LS Presse«, eine Paparazzi-Agentur, wie sie im Buche steht.

Speziell Chassery ist bekannt für die gnadenlose Verfolgung seiner Opfer in seinem anthrazitgrauen Peugeot 205. »Wenn er mit seinem Auto in der Nähe ist«, erzählt ein Profichauffeur, der es oft mit prominenten Kunden zu tun hat, »dann tun wir uns schwer, ihn abzuhängen; er ist ständig hinter uns und hat einen wilden Fahrstil.« Chassery und Oderkerken, die in seperaten Autos kurz nach Rat im Tunnel ankamen, sowie Martinez und Arnal füllten mehrere Filmpatronen und verschwanden genau in dem Augenblick, als die Polizei damit begann, die Fotografen von dem Autowrack zurückzudrängen. Sie fuhren direkt zum Büro von Laurent Sola, dem Chef der Agentur, und lieferten ihre Filme zur weiteren Bearbeitung ab.

Sola hatte die Bilder im Nu entwickelt. Er wählte fünf Fotos aus, auf denen Diana von Ärzten behandelt wird, scannte sie in seinen Computer ein und übermittelte sie an seinen Agenten in London. Es sprach sich sofort herum, daß »LS Presse« die Unfallfotos von Diana besaß, und darauf begannen in Solas Büro Anrufe aus aller Welt einzugehen. Wie er berichtete, bot eine bekannte amerikanische Boulevardzeitung, die in Supermärkten verkauft wird, an, sie unbesehen für 250 000 Dollar zu kaufen.[34] Bestellungen aus Großbritannien, Spanien, Italien und Deutschland summierten sich auf mehr als 1 Million Pfund Sterling.

Um 5.44 Uhr schließlich verbreitete die offizielle französische Nachrichtenagentur *Agence France Presse* die Meldung von Dianas Tod. Oderkerken und Chassery riefen sofort bei Sola an und baten ihn, die Fotos nicht zu verkaufen. Der Leiter einer anderen französischen Bildagentur riet ebenfalls davon ab, die Bilder zu verkaufen. Sola erklärte sich schließlich dazu bereit, die Aufträge zu stornieren, und verzichtete damit auf einen Millionenverdienst. Er löschte sämtliche Computerdaten der Fotos und händigte später die Negative der Polizei aus. Die Beamten begannen am Sonnntagnachmittag damit, die übrigen französischen Bildagenturen eine nach der anderen aufzusuchen, um ihre Leiter davon in Kenntnis zu setzen, daß der Besitz oder die Veröffentlichung von Fotos des Unfalls zu einer Haftstrafe von bis zu drei Jahren Gefängnis und einer Geldstrafe von bis zu 300 000 Francs (knapp 100 000 DM) führen könne, wegen Behinderung der Ermittlungen. Die Agenturchefs wurden darüber hinaus vor dem Versuch gewarnt, Beweismittel zu vernichten.

In der Zwischenzeit versuchten die britischen Behörden, jene Kopien der Unfallfotos, die schon nach England gelangt waren, aufzuspüren. Gegen 3 Uhr morgens brachen am Montag dem 1. September unbekannte Eindringlinge in die Londoner Wohnung des »Sipa«-Fotografen Lionel Cherruault (37) ein. Während Cherruault und seine Frau Christine schliefen, gingen diese ganz speziellen nächtlichen Besucher im angrenzenden Raum an die Arbeit und stahlen Kreditkarten, Bargeld sowie Schlüssel aus der Handtasche von Frau Cherruault. Dann gingen sie die Treppe hinunter in Cherruaults Büro und entfernten behutsam zwei externe Laufwerke sowie einen Laptop, ließen dabei jedoch die Negative des Fotografen, seine Akten und weitere elektronische Ausrüstungsgegenstände unberührt. »Sie waren ganz offensichtlich auf der Suche nach Computerbildern«, sagt Cherruault. »Der Rest hat sie nicht interessiert.« Die Einbrecher luden ihre Beute in Christines blauen Mitsubishi und fuhren in die Nacht davon.

Cherruault bemerkte den Einbruch gegen 3.30 Uhr und rief sofort die Polizei. Zwei Beamte kamen innerhalb der nächsten halben Stunde, nahmen die Einzelheiten auf und suchten nach Fingerabdrücken. Doch es gab keine. Am nächsten Tag erschien ein Kriminalbeamter in der Wohnung. »Ich muß Ihnen etwas mitteilen«, sagte er und hielt dabei ein Bündel Papiere fest in seiner Hand. »Ich habe gerade diesen Bericht gelesen. Ich muß Ihnen bestätigen, daß bei Ihnen nicht eingebrochen wurde.«

»Sie meinen, das waren die Männer in Grau?« fragte Cherruault und benutzte eine Umschreibung für den britischen Geheimdienst.

»Nennen Sie sie, wie Sie wollen«, antwortete der Beamte. »Bei Ihnen wurde jedenfalls nicht eingebrochen.«

Das Auto wurde 24 Stunden später in der Nähe des Stonebridge Parks, einer städtischen Sozialwohnungssiedlung im Norden von London, aufgefunden. Von dem Auto waren sämtliche Fingerabdrücke abgewischt worden. Man weiß nicht genau, wer hinter dieser Operation steckt, aber die Professionalität ihrer Durchführung und die Art ihrer Zielrichtung weisen auf den MI5 hin, die Inlandsabteilung des britischen Geheimdiensts. Cherruault ist der Meinung, daß sein Status als französischer Fotograf mit Wohnsitz in London die »Männer in Grau« vermuten ließ, daß er als Kanal für Unfallfotos von Diana diene. »Wenn sie einfach an die Tür geklopft und gesagt hätten, wer sie sind, hätte ich sie bereitwilligst die Wohnung durchsuchen lassen«, sagt er. »Es gab keinerlei Grund für eine derartige Form von Beschlagnahme und erst recht nicht dafür, meine Frau und meine Kinder zu erschrecken und uns alle irre zu machen.«

Trotz dieser ungewöhnlichen Anstrengungen, die Verbreitung der Fotos von Dianas Unfall zu unterbinden, entgingen ihnen etliche davon, und einige Medien hatten den Mut, sie zu veröffentlichen. Am 1. September veröffentlichte die deutsche *Bild-Zeitung* ein Unfallfoto auf ihrer Titelseite, auf dem man schwach die Insassen erkennen konnte sowie die Rettungssanitäter; die Aufnahme war hinter dem Wagen aufgenommen worden. Italiens wöchentlich erscheinendes Nachrichtenmagazin *Panorama* verwendete in der Ausgabe vom 5. September ein Unfallfoto auf dem Titel und druckte ein weiteres im Innenteil ab. Der Herausgeber des Magazins, Giuliano Ferrara, ein enger Vertrauter des früheren italienischen Regierungschefs Silvio Berlusconi und Ex-Minister in dessen Regierung, rechtfertigte seine Entscheidung als einen Protest gegen die »Scheinheiligkeit« rund um Dianas Tod. »Gestern noch wollten die Leser Fotos von Dianas Kuß sehen..., heute vergießen sie Krokodilstränen.« Ein weiteres angebliches Foto von Diana am Unfallort wurde später im Internet installiert und sofort auf der Titelseite der unbedarften französischen Tageszeitung *France Soir* am 19. September reproduziert. Das Bild stellte sich schließlich als Fälschung heraus.

Nikola Arsov wird von niemandem bezichtigt werden können, seine Diana-Fotos an die Boulevardpresse verkauft zu haben: Er hatte im Eifer des Gefechts vergessen, seinen Elektronen-Blitz einzuschalten, und deshalb war auf keinem der Bilder auch nur das Geringste zu erkennen. Arsov (38), der aus Mazedonien stammt und vor 20 Jahren nach Frankreich auswanderte, ist ein ehemaliger Zahnarzthelfer, der sieben Jahre lang als Motorradfahrer für »Sipa« arbeitete, bevor er vor einem Jahr selber die Kamera in die Hand nahm. Während seiner noch kurzen Karriere als Fotograf hat er eine bereits große Bandbreite von Aufgaben bestritten, vom Filmfest in Cannes und dem Besuch von Papst Johannes Paul II. im Juni 1997 in Frankreich bis hin zum

Ferienaufenthalt des britischen Premierministers Tony Blair in Frankreich im August.

Arsov, der mit seinem jungenhaften Gesicht, seinen zerzausten braunen Haaren und seiner unbefangenen Art jünger wirkt, als er ist, ist noch immer wütend darüber, daß er zum Gegenstand polizeilicher Ermittlungen wurde. »Ich begreife nicht, warum wir als Kriminelle behandelt wurden«, rätselt er. »Jeder andere Fotograf hätte das gleiche getan. Fernsehkameramänner hätten es ebenfalls getan, wenn sie anwesend gewesen wären. Ich bin kein Paparazzo. Ich habe gerade erst Tony Blair fotografiert. Was zum Teufel soll das alles? Die Welt ist total in Unordnung!«

Goksin Sipahioglu (70), Gründer und Chef der Agentur »Sipa«, erinnert sich an Arsovs Entlassung aus dem Gefängnis am Nachmittag des 2. September. »Ich machte mich zusammen mit seiner Freundin auf den Weg zum Gerichtsgebäude, um ihn abzuholen«, erzählt er in seinem modernistisch mit schwarzen Möbeln eingerichteten Büro und lehnt sich in seinem Sessel zurück. »Er brach zusammen und weinte. Er weinte aus verschiedenen Gründen: wegen der Belastung, der Müdigkeit, der Tragödie, die er erlebt hatte. Lady Di ist jemand, den wir alle liebten. Er hatte einen Schock.«

Sipahioglu, ein früherer türkischer Journalist, mit einer Löwenmähne von weißen Haaren, weist die Beschuldigung strikt zurück, daß die Fotografen und Bildagenturen an Dianas Tod die Schuld tragen. »Ich fühle mich nicht verantwortlich dafür, weder gesetzlich noch moralisch«, sagt er. »Ich bin voll Trauer, daß jemand gestorben ist, den wir alle verehrten. Aber wenn man Lady Di wird, wird man eine Person in der Öffentlichkeit. Sie hat die ganze Zeit vor den Kameras posiert, in St. Tropez ebenso wie in Bosnien. Wir dürfen uns darüber nichts vormachen.«

Desungeachtet: War das Fotografieren von toten und sterbenden Menschen im Alma-Tunnel nicht doch in irgendeiner Form unangebracht, ja sogar makaber? Selbst wenn die Fotografen den Unfall nicht verursacht haben – hätten sie nicht mit mehr Würde und Zurückhaltung darauf reagieren sollen? Sipahioglu schüttelt bedächtig den Kopf. »Als Eddie Adams das berühmte Foto von dem Mann in Vietnam aufnahm, der gerade per Kopfschuß liquidiert wurde, hat ihn da jemand gefragt: ›Warum haben Sie diese Hinrichtung nicht verhindert?‹ Nein, sondern er wurde für dieses Foto preisgekrönt. Man kann einen Fotografen nicht davon abhalten, Bilder zu machen, wenn er einen Unfall mitbekommt.«

Die Ironie der Geschichte, sagt der »Sipa«-Chef, besteht darin, daß die weltweit am häufigsten fotografierte Person ihr Leben in einer wahnwitzig schnellen Parforcejagd riskierte, damit man nicht noch weitere 20 Fotos von ihr machen konnte. »Tatsache ist«, stellt er fest, »daß ein Foto von zwei Menschen in einem fahrenden Auto mitten in der Nacht nicht den geringsten Wert besessen hätte. Absolut uninteressant! Das ist auch der Grund dafür, warum kein einziger Fotograf während der Verfolgungsjagd Aufnahmen gemacht hat. Sie wollten nur herausbekommen, wo das Paar die Nacht verbrachte.«

Nicht daß Sipahioglu das Geschäft der Paparazzi in Schutz nehmen will. Er selbst fing als seriöser Nachrichtenreporter für die türkische Presse an, wo er Ereignisse wie die Krise um Kuba und die russische Invasion in der Tschechoslowakei im Jahre 1968 dokumentierte. »Wir sind weltweit die zweitgrößte Bildagentur«, stellt er fest, »aber dieser Paparazzikram macht nur ca. ein Prozent unseres Geschäfts aus. Nach dieser Tragödie hoffe ich, daß die Zeitungen aufhören werden, die Nachfrage nach solchen Stoffen weiter hochzutreiben. Aber ich fürchte, daß sie jetzt noch mehr und immer mehr kaufen werden.« Und er fügt hinzu: »Das einzige, das ihren Heißhunger dämpfen könnte, ist, daß es keine Persönlichkeiten wie Lady Di mehr gibt.«

Kapitel 12

# DIE ERMITTLER

Man kann sie ein kurioses Paar nennen. Er ist groß, schüchtern, höflich und hat eine leise Stimme. Sie ist klein, blond, unverfroren und eigensinnig. Er besitzt wenig soziale Kontakte und hat keine Hobbies. Sie macht Urlaub in exotischen Ländern, reitet Araberpferde, sammelt erlesene Weine und gibt Cocktailparties für 100 Gäste. Als Duo führen Richter Hervé Stephan (43) und Richterin Marie-Christine Devidal (44) die Ermittlungen im Todesfall von Prinzessin Diana. Sie sind es, die den Überblick haben über sämtliche Verhöre, die Sammlung der Beweisstücke, die Laboruntersuchungen, die Expertenanalysen. Sie sind es auch, die der Staatsanwaltschaft die kompletten Akten, die bereits jetzt mehr als 3 000 Seiten umfassen, zur Verfügung stellen werden. Und sie sind es auch, die darüber entscheiden werden, vermutlich im Herbst 1998, ob die zehn Verdächtigen formell angeklagt werden oder nicht und ob ihnen der Prozeß gemacht wird. Wenn man den enormen Druck berücksichtigt, der auf ihnen lastet – von der französischen und der britischen Regierung, von der königlichen Familie, den Zivilklägern sowie von den aufgewühlten Emotionen der Öffentlichkeit, die dieser Fall hervorgerufen hat –, lastet wirklich eine schwere Aufgabe auf den beiden.

Stephan und Devidal sind zwei der insgesamt 550 Untersuchungsrichter Frankreichs. Bereits Napoleon bezeichnete den *Juge d' instruction* als »den mächtigsten Mann Frankreichs«. In seinem Beruf sind mehrere Funktionen vereint: diejenige des Detektivs, des Staatsanwalts, des Richters und der Geschworenen. Er hat die eigenständige Kompetenz, Telefone anzapfen zu lassen, Durchsuchungen, Verhöre, Festnahmen sowie Untersuchungshaft anzuordnen. Er ist es, der die»Ermittlungen leitet, unterstützt von Kriminalpolizisten, Geheimdiensten und weiteren spezialisierten Behörden, und er ist es auch, der darüber entscheidet, ob ausreichende Verdachtsmomente vorliegen, um gegen einen Verdächtigen den Prozeß zu eröffnen.

Angesichts ihrer umfassenden Befugnisse, besitzen die französischen Untersuchungsrichter längst nicht das Ansehen und den sozialen Status, der derartigen Richtern in anderen Ländern zugebilligt wird. Sie sind überwiegend zwischen 20 und 30 Jahre alt, verdienen pro Jahr zwischen 200 000 und 400 000 Francs (also etwa 60- bis 120 000 DM) und rangieren in der Hierarchie des französischen Rechtssystems ziemlich weit unten. Lästerer verspotten sie als »les petits juges« (»die kleinen Richter«), aber dies hat einige von ihnen nicht davon abgehalten, gegen die Oberen und Mächtigen Ermittlungen zu führen: In den letzten Jahren haben französische Untersuchungsrichter gegen Regierungsmitglieder, Parteiführer und führende Leute der Wirtschaft Anklageverfahren eingeleitet und sie in manchen Fällen der Korruption, anderer strafbarer Handlungen und sonstiger Beschuldigungen überführt.

Eine Handvoll dieser Richter wurde bei der Handhabung prestigeträchtiger Fälle zu regelrechten Medienstars. Der berühmteste von ihnen, der pistolenschwingende Jean-Louis Bruguière (alias »*Le Cowboy*«, jener Mann, der den weltweit gesuchten Terroristen Carlos aufspürte, war Agenten des libyschen Staatschefs Muhammar el-Ghaddafi bei einem Flugzeug-Bombenattentat auf der Spur und hat hochrangige Vertreter der iranischen Regierung mit einer Reihe von Dissidentenermordungen in Frankreich in Zusammenhang gebracht.

Obwohl er weitaus weniger als diese Richter in den Vordergrund tritt, hat sich Stephan ebenso hochrangiger Ziele angenommen. Im September 1997 schreckte er nicht davor zurück, gegen Justizministerin Elisabeth Guigou zu ermitteln, nachdem der Oberbürgermeister von Paris, Jean Tiberi, und seine Frau Xavière gegen sie Verleumdungsklage erhoben hatten. Es war eine couragierte Unternehmung und charakteristisch für einen Richter, dessen Unabhängigkeit und Durchsetzungskraft von vielen respektiert wird.

Stephan arbeitet in Raum Nr. 58 im zweiten Stock des Justizpalasts; ein einziges großes Fenster ermöglicht den Blick auf den von Bäumen gesäumten Boulevard du Palais. (Devidals Büro befindet sich weiter unten auf dem Gang in Raum Nr. 65.) Stephans Amtszimmer ist klein, beengt und schummrig beleuchtet mit Neonlichtern an der Decke. Auf seinem Schreibtisch stapeln sich die Akten, die Zimmerwände sind mit einer angeschmuddelten gelblichen Tapete beklebt. Diese Schäbigkeit wird nur leicht durch ein paar schwer definierbare Bilder gemildert. Der auffälligste Gegenstand im Bürozimmer ist ein an quadratischer Metallrahmen an der Wand mit Schlitzen, in denen farbig gekennzeichnete Karten stecken. Die Karten symbolisieren Verdächtige von mehr als 100 Fällen, die Stephan, wie alle total überlasteten französischen Untersuchungsrichter, gleichzeitig bearbeiten muß. Rote Karten stecken für Kriminalfälle, grüne für Vergehen, usw.

Richter wie Stephan und Devidal sind typische Vertreter des »inquisitorischen« französischen Rechtssystems, das von der richterlichen Suche nach Wahrheit bestimmt ist. Auch bei diesem Fall – der offiziell als »Tödlicher Verkehrsunfall, 31. August 1997, 0.30 Uhr« geführt wird – sind es die beiden Untersuchungsrichter, die weitgehend über das Schicksal der Verdächtigen entscheiden werden. Und sie tun dies unter einem Mantel offizieller richterlicher Geheimhaltung, der es den Journalisten sehr schwer macht, dem Verlauf der Ermittlungen zu folgen. Den Richtern ist streng verboten, Kontakte zur Presse zu haben.

Stephan wird von Kollegen und Anwälten, die mit ihm zu tun haben, einstimmig als seriös, verschwiegen, unparteiisch und professionell beschrieben. Anders als viele Richter, hat er beträchtliche Erfahrungen als Staatsanwalt gesammelt, hauptsächlich in Versailles von 1991 bis 1994, bis er zum leitenden Untersuchungsrichter am Landgericht (*Tribunal de Grande Instance*) in Paris berufen wurde. Daher versteht er den Standpunkt der Staatsanwälte und kommt mit ihnen wesentlich besser zurecht als die meisten Richter, die zu ihnen oft im konkurrierenden Verhältnis stehen. Ein Staatsanwalt, der mit Stephan in der Vergangenheit häufig zu tun hatte (aber nicht in unserem Fall), beschreibt ihn als »ruhig, höflich und umgänglich«.

Hervé Stephan, 1,80 Meter groß, mit einer Habichtsnase, blauen Augen und längeren braunen Haaren, ist verheiratet, hat vier Kinder und, in den Worten eines Freundes ausgedrückt, »keine besonderen Interessen außer seiner Arbeit. Er ist der Prototyp des Durchschnittsfranzosen.«

Seine am meisten populär gewordene Strafsache ist wahrscheinlich der Prozeß gegen Florence Rey (21), einer Anarchistin von eigenen Gnaden, die gemeinsam mit ihrem Liebhaber Audry Maupin (damals 23) im Oktober 1994 einen mörderischen Amoklauf vollführte, bei dem drei Polizisten, ein Taxifahrer und Maupin selbst getötet wurden. Stephan, der unter enormem Druck der Polizei stand, ihre toten Kameraden zu rächen, indem er einige Freunde des Paares wegen Mittäterschaft an den Morden verhaften sollte, fand keine Beweise für deren Beteiligung und weigerte sich standhaft, bei der geforderten Hexenjagd mitzumachen.

Trotz des Schweigens von Florence Rey, die während der ersten Verhöre kein einziges Wort sprach, gewann Stephan dennoch ihr Vertrauen, konnte sie zur Zusammenarbeit bewegen und letztlich zum Ausdruck des Bedauerns. »Er ermittelt auf eine sehr humane Art«, sagt ein Richterkollege, der auch ein persönlicher Freund von ihm ist. »Hervé liegt die Würde derjenigen, die vor ihm stehen, am Herzen. Er schafft ein Klima, unter dem die zu Verhörenden mehr aussagebereit sind, da er jemand ist, der sie respektiert.«

Marie-Christine Devidal wird allgemein als kribbelig, halsstarrig und temperamentvoll beschrieben. Selbst Freunde, die ihren scharfen Verstand loben und ihre hartnäckige Entschlossenheit, einem Fall auf den Grund zu gehen, geben zu, daß sie manchmal »übertrieben aggressiv« sein kann. »Stephan ist ziemlich groß und fällt auf, aber er ist derart schüchtern, daß er dazu neigt, sich beim Gehen hinter den Leuten zu verstecken«, sagt ein Rechtsanwalt, der beide Richter gut kennt. »Marie-Christine ist das genaue Gegenteil. Keiner, der sich einen Araberhengst kauft und ihn selbst trainiert, ist schüchtern!«

Devidal steht im Ruf einer »Law-and-order-Richterin«. Ein Freund sagt: »Sie ist stets auf der Seite des Opfers und nicht auf der des Täters. Sie ist nicht das, was man einen ›sozialen‹ Richter nennt.« Devidal und ihr Ehemann, der tunesische Geschäftsmann Moncef Haddad, verbrachten das Wochenende in der Normandie, als Diana tödlich verunglückte. Als sie die ersten atemberaubenden Fernsehberichte über die Rolle der Paparazzi sah, reagierte sie, so wird berichtet, mit der ihr eigenen Direktheit. »Wenn diese Banditen das wirklich getan haben«, soll sie gezischt haben, »werde ich sie alle einsperren.«

Devidal hielt die Chance für gekommen, genau dies zu tun, als sie im Pariser Gerichtsgebäude um 16.00 am Sonntag ankam. Da sie die Richterin war, die offiziell an diesem Abend Dienst hatte, hätte man normalerweise ihr den Fall zuteilen müssen. Aber der Tod von Diana, Prinzessin von Wales, war alles andere als ein normaler Fall. Die britische Regierung und die königliche Familie verlangten ganz genau zu wissen, was geschehen war; eine schockierte und aufgebrachte Öffentlichkeit forderte, daß die Köpfe der Fotografen rollten. Außerdem schwebten über der Tragödie sensationelle Mordverschwörungstheorien, ausgehend vom Mittleren Osten und im Nu ganze Webseiten im Internet füllend. In gewissem Sinne stand die Integrität des französischen Justizsystems – und damit die gesamte französische Regierung – vor Gericht.

Wenn je ein Ermittlungsverfahren einen routinierten, unpolemischen Richter mit kühlem Kopf benötigte, dann die »Diana-Affäre«. Als am 2. September die Benennung des Richters durch den obersten Vizepräsidenten des Gerichts erfolgte, ging der Fall an Hervé Stephan. »Sie wählten Stephan aus, weil er besonnen und nicht aus der Ruhe zu bringen ist und mit beiden Beinen auf dem Boden steht«, sagt eine Quelle aus dem Büro der Staatsanwaltschaft. »Auf Devidal trifft dies weniger zu. Sie ist von schwieriger und reizbarer Natur.«

Quellen im Justizpalast zufolge war Devidal angeblich nicht sehr glücklich über Stephans Ernennung, weil sie glaubte, daß sie an der Reihe sei und ungerechterweise übergangen worden wäre. Stephan, der in den ersten Tagen der Ermittlungen täglich mit 50 Anrufen bombardiert wurde, beschloß, zwei Probleme zu lösen – eine übergewaltige Flut an Arbeit und eine nörgelnde Kollegin –, indem er darum bat, daß seine langjährige persönliche Freundin Devidal ihm bei diesem Fall zur Seite gestellt würde. Sie wurde am 5. September offiziell ernannt. Es war ein respekteinflößendes Team.

An der Spitze der kriminalpolizeilichen Seite der Ermittlungen, den beiden Richtern direkt untergeordnet, steht Martine Monteil (47), Chefin der Elitebrigade der Pariser Kriminalpolizei. Blond, attraktiv, elegant in Chanelkostüme gekleidet, mit Seidenschals und goldenen Ohrringen derselben Provenienz ist diese Tochter und Enkelin von Pariser Polizisten eine durch und durch professionelle Beamtin. Kollegen sagen ihr »eine Faust aus Eisen in einem Handschuh aus Stahl« nach, kein unsinniges Image, das noch durch den am meisten ins Auge springenden Gegenstand in ihrem Büro am Quai des Orfèvres verstärkt wird: eine 7,63 mm-Mauser, die als Lampensockel dient. Obwohl sie sich als Frau in einem absoluten Männerjob nicht leichttat, erklomm Monteil die höchsten Karrierestufen der Pariser Polizei durch ein Zusammenspiel von Intelligenz, harter Arbeit und Intuition, die es ihr ermöglichten, eine Vielzahl von Fällen zu lösen, die ihre männlichen Kollegen verzweifeln ließen. Nachdem sie ihren Jura-Abschluß gemacht hatte und als Klassenbeste 1976 die staatliche Polizeiakademie abschloß, arbeitete sie sieben Jahre im Rauschgiftdezernat, bevor sie sukzessive zur Leiterin der Sittenpolizei, des Erpressungsdezernats und schließlich im Februar 1996 zur Chefin der Kriminalbrigade ernannt wurde.

Die »Crim«, wie sie umgangssprachlich genannt wird, ist jene Abteilung der Kriminalpolizei, die sich mit Verbrechens- und Terrorismusfällen sowie mit ungeklärten Todesfällen beschäftigt. Sie umfaßt 110 Beamte und ist, den Worten eines Staatsanwalts zufolge, »die beste Dienststelle, wenn es um physische Beweisstücke geht. Sie sind die absoluten Spitzenleute Frankreichs, die echten Profis.«

Ihr Hauptquartier in einem fünfstöckigen Flügel des weitverzweigten Justizpalasts erhebt sich am Seineufer auf der Ile de la Cité. Man ist dort ungemein stolz auf die hohe Erfolgsquote: Im Durchschnitt klärt die Brigade sechs von zehn Verbrechen und erzielt damit eine höhere Quote als der legendäre Scotland Yard. Ein Teil ihres Erfolgsgeheimnisses ist Teamarbeit, und zwar in Gruppen von fünf bis acht Beamten. »Sie arbeiten wie in einer Osmose«, sagt eine Kripo-Quelle, »und machen immer zwei oder drei Dinge gleichzeitig.«

Ihr Hauptquartier sieht aus, wie man sich die klassische Einrichtung eines überlasteten Reviers in einem Gangsterviertel vorstellt: Die Korridore sind verschmutzt, von der Decke blättert die Farbe ab, die Büros sind klein und beengt, die Wände voller Aktenregale, die Schreibtische randvoll von Kaffeetassen, überquellenden Aschenbechern, Papierbergen und Aktenordnern. Die Szenerie unterscheidet sich nur wenig von den Büros ihrer Vorgänger im 19. Jahrhundert – z.B. des hartnäckigen Inspektors Javert in Victor Hugos *Les Misérables* – mit Ausnahme der Computer, auf denen die Beamten die Protokolle erfassen, während sie Zeugen verhören. »Im Hauptquartier der ›Crim‹ sieht es wie auf dem Jahrmarkt aus, überall liegen Papiere, Akten und Fotos verstreut herum«, sagt ein Insider des Justizpalasts. »Aber es geht nichts verloren. Es ist zwar eine sehr altmodische, aber dennoch sehr systematische Dienststelle.«

Die »Crim« wurde am 31. August von Maude Coujard (31), der zierlichen hübschen stellvertretenden Bezirksstaatsanwältin, auf den Plan gerufen. Sie kam auf ihrer BMW zur Unfallstelle, angetan mit einem weißen Motorradhelm sowie mit engen Jeans und einer schwarzen Lederjacke. Als ehemalige Untersuchungsrichterin hatte Coujard hinreichend Blut und verstümmelte Leichen gesehen während ihrer zweijährigen Tätigkeit bei der 8. Kammer für Kriminalfälle am Pariser Gericht sowie auch bei ihrer derzeitigen Tätigkeit bei der 1. Kammer für Gesundheitswesen, Verkehrsunfälle, Rauschgift. Als für den Wochenenddienst zuständige Staatsanwältin, wurde Coujard zum Tunnel beordert, sobald ihr die erste Meldung über den Unfall durch Polizeifunk übermittelt wurde.

Nachdem die junge Staatsanwältin die grauenvolle Szenerie betrachtet und sich mit Polizeibeamten besprochen hatte – darunter der Pariser Polizeichef Massoni, der Direktor der Kriminalpolizei, Patrick Riou, und die Chefin der Kriminalbrigade, Monteil –, unternahm sie die ersten Schritte einer Ermittlung, die zu einer der am genauesten beobachteten in der französischen Justizgeschichte werden sollte. Coujard ordnete sofort eine Autopsie von Henri Paul an, die Befragung der ersten Augenzeugen, die Überprüfung der Zulassung des Mercedes und seiner Inspektionsnachweise sowie die Verhaftung der sieben Fotografen. Sie überstellte den Fall dann der Elitetruppe von Monteils Beamten.

Die allerersten Ermittlungen hatten nur Minuten nach dem Unfall mit dem Eintreffen der Beamten Dorzée und Gagliardone begonnen, den beiden ersten Polizisten am Unfallort. Ihre Berichte, die das Verhalten der Fotografen scharf kritisieren, weil sie ihnen den Zugang zum Auto verstellt und sich aggressiv benommen hätten, wurden noch bestärkt durch die Aussagen der ersten vier Augenzeugen: der Berufskraftfahrer Olivier P. und Clifford G. und des Liebespaars Gaëlle L. und Benoît B.

Lt. Bruno Bouaziz, der Leiter der Nachtbrigade, faßte die ersten Ergebnisse in seinem Bericht vom 31. August zusammen:

»Augenzeugen berichteten dem ersten Polizisten am Unfallort, daß der Wagen der Prinzessin mit hoher Geschwindigkeit fuhr und von Zweiradfahrzeugen verfolgt wurde. Andere sahen, wie der Mercedes von einem Ford Mondeo zu einer langsameren Geschwindigkeit gezwungen wurde, so daß die Fotografen auf den Motorrädern Aufnahmen machen konnten. Der Mercedes, der offensichtlich seinen Verfolgern entkommen wollte, schleuderte am Tunneleingang nach links, der Fahrer verlor die Kontrolle über sein Fahrzeug und prallte gegen einen Pfeiler in der Tunnelmitte.«

Nachdem die Chefin der Kriminalbrigade, Monteil, ihre ersten Ermittlungen im Tunnel angestellt hatte, konzipierte sie um 2.00 Uhr morgens einen ersten Bericht, in dem sie angibt, der Mercedes sei von Journalisten »verfolgt und belästigt« worden, was zum Verlust der Kontrolle über den Wagen geführt hätte. Der Bericht schilderte auch die Gier der Paparazzi, Fotos zu ergattern, wobei sie »selbst die geringsten Hilfeleistungen unterließen«, und vermerkte die Festnahme von sieben von ihnen.

In der Zwischenzeit fotografierten Beamte, die unter starken Flutlichtern arbeiteten, das Auto aus jedem Blickwinkel, maßen die Kratzer und Bremsspuren, berechneten Winkel und Flugbahnen, fertigten die erste Detailskizze vom Unfallort und machten eine erste Bestandsaufnahme.

Zu ihren anfänglichen Aufgaben gehörte es, die Gegenstände einzusammeln, die im Mercedes oder um ihn herum auf dem Boden verstreut lagen. Das Verzeichnis dieser Gegenstände – von anonymen Händen aus der Intimität von Hosentaschen und Leichnamen gerissen und in einen Plastiksack geworfen –, spricht eine ergreifende Geschichte vom Leben, deren Uhr abgelaufen war.

DIANAS GEGENSTÄNDE:
- Eine goldene Jaeger-Lecoultier-Uhr mit weißen Steinen,
- ein Armband mit sechs Reihen weißer Perlen und einem Verschluß in Form eines Drachen,
- ein Goldring mit weißen Steinen,
- ein goldener Ohrring (am 22. Oktober fanden die Ermittlungsbeamten den anderen Ohrring unter dem Armaturenbrett des Autowracks),
- ein Paar schwarze Versace-Pumps, Größe 40,
- ein schwarzer Ralph-Lauren-Damengürtel, Größe 30.

DODIS GEGENSTÄNDE:
- 1000 Francs in Form von fünf 200-Francs-Noten,
- eine viereckige Cartieruhr mit braunem Krokodillederarmband,
- ein funktionsfähiger Breitling-Chronometer ohne Armband,
- ein weißes metallenes Uhrenband mit Breitling-Markenzeichen,
- eine Citizen-Uhr, nicht funktionsfähig (die Zeiger waren auf 24.00 Uhr stehen geblieben),
- ein rehbraunes ledernes Zigarrenetui mit einer Zigarre ohne Banderole,
- eine flache Metallmarke samt Metallkette mit der Inschrift: »D. Fayed, Blutgruppe B positiv«,
- ein goldener Zigarrenschneider der Marke Asprey.

HENRI PAULS GEGENSTÄNDE:
- 12 560 Francs,
- ein Führerschein, ausgestellt am 24. August 1979,
- eine magnetische Kennkarte des Hotel Ritz mit Foto,
- eine Kennkarte des Justizministeriums mit Foto,
- eine Visa-Kreditkarte,
- ein Zinssparbuch,
- eine American-Express-Karte,
- eine Diners-Club-Karte,
- ein Casio-Taschenrechner,
- zwei Schlüsselbunde.

TREVOR REES-JONES GEGENSTÄNDE:
- Ein Hodgkinson-Telekom-Piepser,
- ein schwarzes Lederadreßbuch mit Adressen in den USA,
- ein Visakartenbeleg auf den Namen Trevor Rees-Jones,
- ein blaues Bic-Feuerzeug,
- ein Bund von sechs Schlüsseln mit einem *Canal-Plus*-Schlüsselring

Entgegen weitverbreiteten Presseberichten wurde der »Jawort-Ring« von Repossi in jener Nacht nicht in dem Wagen aufgefunden: Er lag in Dodis Wohnung und sollte dort mit größter Wahrscheinlichkeit noch in jener Nacht an Dianas Finger gesteckt werden. Im Widerspruch zu anderen hartnäckigen Gerüchten wurde im Wagen auch kein Kokain oder sonstwelche anderen Drogen gefunden. Ein Geheimnis umgibt das 250 000 Pfund Sterling (gut 700 000 DM) teure Bulgari-Rubinhalsband, von dem Mohammed al-Fayeds Gefolgschaft fest behauptet, daß die Prinzessin es in jener Nacht getragen habe und daß es von ihrem Leichnam »gestohlen« worden sei. Die französische Polizei erklärt, das Halsband sei nicht im Wagen gefunden worden, und zweifelt an, ob überhaupt ein solches Halsband am Unfallort hätte geraubt werden können angesichts der vielen Augenzeugen, die bereits unmittelbar nach dem Unfall anwesend waren. Die Auffassung der Polizei scheint von Fotos gestützt zu werden, auf denen die Prinzessin aus dem Ritz herauskommt und eindeutig kein Halsband trägt.

Wichtiger als diese persönlichen Gegenstände waren aus der Sicht der Ermittlungsbeamten die dinglichen Beweise, die sie auf der Straße entdeckten. Am Tunneleingang verzeichneten sie eine einzelne, 19 Meter lange Bremsspur auf der linken Fahrbahn. Sie begann in der Mitte der Straße, krümmte sich zum Gehweg auf dem Mittelstreifen und wies dann wieder nach rechts. In einem Abstand von etwa zehn Metern fanden sich weitere Bremsspuren, erst vom rechten Reifen allein und ungefähr drei Meter lang, dann zwei parallele Spuren, die direkt auf den Ort des Aufpralls auf den 13. Pfeiler zuliefen. Die Gesamtlänge der Spur bis zum Pfeiler betrug 32 Meter.

Die zweiten Bremsspuren beschreiben eine Kurve, die nach rechts führt und gering die gepunktete Mittellinie kreuzt, bevor sie nach links und direkt auf den Pfeiler zubiegt. Kratzer am Bordstein und am 3. Pfeiler lassen vermuten, daß der Mercedes sie gestreift hat, bevor er wieder zur Mitte fuhr, dann plötzlich nach links ausbrach und den Punkt des Zusammenstoßes erreichte.

Ermittlungsbeamte fanden ungefähr zehn bis zwölf Meter nach dem Tunneleingang auf der rechten Fahrbahn Splitter von rotem und weißem Glas. Diese Bruchstücke, notierte Polizeimajor Jean-Claude Mulès in einem um 2.30 Uhr morgens aufgenommenem Bericht, lagen »so gruppiert, daß man die Zone bestimmen konnte, wo sie hingefallen waren«. Einige Meter weiter fanden Polizisten Glasstücke vom rechten Außenspiegel des Mercedes und das dunkelgraue Plastikgehäuse des Spiegels, das Farbspuren trug.

All diese Trümmerreste wurden bis zu 60 Meter vor dem 13. Pfeiler gefunden, eine viel zu große Entfernung (und noch dazu teilweise auf der Gegenfahrbahn), als daß sie erst beim Aufprall entstanden sein konnten. Die Polizei vermutet daher, daß es wohl eine erste Kollision mit einem zweiten Fahrzeug in der Nähe des Tunneleingangs gegeben hat, durch die der schnellfahrende Mercedes außer Kontrolle geriet. Bereits zum Zeitpunkt, als sie mit ihrer Arbeit fertig waren und den Tunnel um 5.00 Uhr morgens für den Verkehr wieder freigaben, scheint diese Annahme sehr ernst genommen worden zu sein. Die erste Polizeiskizze des Unfallorts vom 31. August stellt die Zone mit den Glassplittern als »wahrscheinliche Kollisionszone dar. Auf Fotos der Polizei von demselben Straßenabschnitt wird er als »die wahrscheinliche Zone, in der das Fahrzeug außer Kontrolle geriet« bezeichnet.

Die erste Untersuchung des Fahrzeugwracks unterstützte diese Theorie. Der Bericht von einem Experten der Kriminalbrigade vom 1. September führte die »Farbspuren oder -flecken« die an dem Mercedes gefunden wurden, im einzelnen auf. Er notierte zwei lange gräuliche Kratzer, einen von 1,26 Metern Länge und der andere 80 Zentimeter lang, die vom rechten vorderen Kotflügel zur vorderen Beifahrertür verlaufen. An dieser Türe fanden sich ein 4 Zentimeter langer und ein 1 Zentimeter breiter vertikaler roter Strich. Ein ähnlicher, aber kleinerer roter Strich fand sich an der rechten Hintertür, direkt am Türgriff. Ein roter Fleck fand sich auch an der hinteren Stoßstange. In dem Bericht ist der Tachostand mit 0 aufgeführt (entgegen weitverbreiteten Presseberichten, daß er bei 196 km/h stehengeblieben wäre). Merkwürdigerweise erwähnt dieser Bericht nicht die soeben horizontalen weißen Striche, die man auf den Fotos vom Auto deutlich auf der rechten Seite direkt hinter der hinteren Beifahrertür und auf der gleichen Höhe wie der Türgriff erkennen kann.

Aussagen der ersten vier Augenzeugen[35], die in jener Nacht am Quai des Orfèvres befragt wurden, bestärkten die Kollisionstheorie zwischen dem Mercedes und einem anderen Fahrzeug. Benoît B. und seine Freundin Gaëlle L. fuhren in ihrem Renault 5 in Richtung Osten durch den Tunnel, als ihre Aufmerksamkeit durch das Quietschen von bremsendem Gummi geweckt wurde. »Ich vernahm das Reifengeräusch und dann einen kleinen Aufprall«, berichtete Benoît. »In diesem Moment sah ich auf der Gegenfahrbahn zwei Fahrzeuge. Das erste, eine dunkle Limousine, beschleunigte brutal in dem Moment, als der Mercedes, der ihr auf derselben Fahrbahn folgte, das heißt, auf der rechten Spur, außer Kontrolle geriet. Ich sah, wie er schleuderte, gegen einen Pfeiler fuhr... Dann drehte er sich, prallte gegen die Mauer und kam in der entgegengesetzten Richtung zum Stehen. Ich glaube, daß der Mercedes, der sehr schnell fuhr, mit der Limousine kollidierte und außer Kontrolle geriet. Als wir auf gleicher Höhe mit dem Autowrack waren, sah ich ein Motorrad oder eine große Vespa... an dem Mercedes vorbeifahren... Das Motorrad verlangsamte, beschleunigte dann und fuhr davon.«

Gaëlle, die sich auf dem vorderen Beifahrersitz befand, schilderte dieselbe Szene von ihrem Blickwinkel aus. »Ich sah ein dunkles Auto, so etwas wie einen [Renault] Clio oder [Renault] Super 5, das ziemlich langsam fuhr. Er behinderte [*gênait*] den Mercedes, der sich ihm mit hoher Geschwindigkeit näherte... Ich bin mir nicht sicher, ob der Mercedes das erste Fahrzeug berührte. Der Mercedes stieß mit dem Pfeiler auf dem Mittelstreifen zusammen und krachte dann gegen die Tunnelwand.«

Olivier P. und Clifford G., die beiden dienstfreien Berufschauffeure, sahen, wie sich die beiden Fahrzeuge dem Tunnel näherten, aber nicht den Aufprall. Sie standen auf der Place de la Reine Astrid, einem grasbewachsenen Dreieck ungefähr 45

Meter vom Tunneleingang entfernt, mit Blickrichtung nach Südosten. »Ich sah einen Mercedes sehr schnell, ich schätze 150 Stundenkilometer, in Richtung Alma-Tunnel fahren, der von einem Motorrad verfolgt wurde. Vor dem Mercedes fuhr ein anderes Fahrzeug her, den Typ kann ich nicht bestimmen. Es hatte eine dunkle Farbe und versuchte, den schwarzen Mercedes zu langsamerer Fahrt zu bringen... In diesem Moment hörte ich, wie der Fahrer des Mercedes schaltete, um zu beschleunigen und an dem Auto vorbeizufahren. Dann fuhr der Mercedes in den Tunnel hinunter, und ich hörte einen starken Krach.«

Clifford beschrieb die Szene mit ähnlichen Worten: »Der Mercedes befand sich hinter einem anderen Fahrzeug. Das Fahrzeug vor ihm fuhr mit normaler Geschwindigkeit. Daher beschleunigte der Mercedes stark, um nach links auszuscheren und an dem Auto vorbeizufahren.« Auch dieser Augenzeuge sprach von einem Motorrad, das dem Mercedes unmittelbar folgte.

Als die Welt die Nachricht von Prinzessin Dianas Tod erfuhr, meldeten sich weitere Augenzeugen. Am Sonntagmorgen frühstückte Jean-Pascal Peyret gerade in seiner Wohnung in Versailles, 15 Kilometer südwestlich von Paris, als sein 13-jähriger Sohn ins Zimmer rannte und verkündete, daß Diana im Alma-Tunnel ums Leben gekommen war. Peyret (41), Präsident einer Kommunikations- und Marketingfirma, war entsetzt. In der Nacht zuvor waren er und seine Frau kurz vor 0.30 Uhr von einem Abendessen anläßlich eines Jahrestages im Hotel Bristol zurückgekommen und hatten hinter sich einen gewaltigen Krach gehört, als sie durch den Alma-Tunnel fuhren. In der Annahme, der Lärm müßte von Dianas Unfall hergerührt haben, rief er jetzt die Ortspolizei von Versailles an. Sie notierten seinen Namen und seine Rufnummer. Innerhalb von fünf Minuten klingelte sein Telefon.

»Monsieur Peyret?« fragte der Anrufer. »Hier ist die Kriminalbrigade. Danke, daß Sie mit uns Kontakt aufgenommen haben. Wir haben ihren Anruf nämlich schon erwartet.« Peyret fand diese Bemerkung seltsam und auch irgendwie besorgniserregend.

Peyret fuhr in Begleitung seiner Frau und seines Sohnes in seinem dunkelblauen Saab-Cabrio nach Paris. Als sie 36, Quai des Orfèvres erreichten, parkten sie den Wagen vor dem Gebäude und stellten sich den beiden Polizeibeamten vor, die sich in den Wachhäuschen aus Plexiglas auf beiden Seiten des Eingangs befanden. Einer der Beamten überprüfte ihre Namen anhand einer Liste und ließ sie durch die schweren Holztüren passieren. Sie wurden in den zweiten Stock hinaufeskortiert, wo Peyret und seine Frau getrennt befragt wurden. Ihr Sohn mußte auf einer Bank im Flur warten.

Peyrets Aussage drehte sich mehr darum, was er gehört, und weniger darum, was er gesehen hatte. Er sagte, er sei durch den Tunnel und dann die Tunnelrampe hinaufgefahren, als er hörte, was er für einen Unfall hielt. Es seien zwei Aufpralle gewesen, sagte er, einer von »relativer« Wucht und der andere ein lauter »metallischer« Knall. Sein Bericht scheint die Theorie zu bestätigen, daß es eine erste Kollision, gefolgt von dem tödlichen Aufprall, gegeben hatte.

In einem Interview führte Peyret später weiter aus, was er schon der Polizei erzählt hatte. »Ich fuhr mit ungefähr 80 Stundenkilometern«, sagte er. »Wir müssen uns etwa 45 Meter vor dem Mercedes befunden haben. Ich hörte zwei Zusammenstöße. Es ist absolut möglich, daß der erste eine Kollision mit dem zweiten Wagen war. Dieser erste Knall klang nach Auto gegen Auto. Der zweite war ein tieferer Klang, wie wenn ein Auto auf einen Lastwagen prallt.«

Peyret fügte eine weitere wichtige Beobachtung hinzu: Sekunden, nachdem er den lauteren Knall gehört hatte, fuhr an seinem Wagen ein Motorrad vorbei, auf dem ein einzelner Fahrer mit weißem Helm und dunkler Jacke saß. Dies entspricht dem Bericht von Benoît B., der direkt nach dem Unfall ein Motorrad an dem Wrack hatte vorbeifahren sehen. »Das Motorrad überholte uns«, sagte Peyret, »aber ich kann nicht sagen, daß es flüchtete. Ganz offensichtlich hat er sich am Unfallort befunden und hielt nicht an.« Doch Peyret kann sich nicht daran erinnern, daß nach dem Unfall ein Auto an ihm vorbeifuhr. Er nahm an, daß sein Saab das letzte Auto war, das vor dem Mercedes durch den Tunnel fuhr. »Die Polizei sagte uns, es sei ein Wunder gewesen, daß wir nicht betroffen wurden«, sagte er. »Wenn wir zwei Sekunden später dran gewesen wären, wären wir zerschmettert worden.«

Zur Zeit, als Peyret seine Aussage um ungefähr 13.30 Uhr beendete, waren die Flure der Kriminalbrigade erfüllt von Spekulationen bezüglich eines Zusammenstoßes des Mercedes mit einem anderen Fahrzeug. Peyrets Sohn, der auf dem Gang saß, bekam diese Gerüchte mit. »Papa«, flüsterte er. »Die Bullen sprechen davon, daß ein zweites Fahrzeug an dem Unfall beteiligt war. Denken sie vielleicht, daß du das warst?« Tatsächlich aber gab es keinen Grund zur Sorge. Während Peyret und seine Frau ihre Aussagen machten, hatte eine heimliche Untersuchung des geparkten 1997er Saab, der sich in tadellosem Zustand befand, ergeben, daß er unbeschädigt war.

Peyret hatte außerdem überhaupt nicht mitbekommen, daß sich zwischen ihm und dem Mercedes noch ein weiteres Fahrzeug befunden hatte. Mohammed M. und seine Freundin Souad M. waren Augenzeugen des Unfalls gewesen und hatten am nächsten Morgen die Polizei darüber informiert, als sie erfuhren, wer die Opfer waren. In jener Nacht waren sie in Mohammeds hellgrauem Citroen BX auf dem Heimweg in die westlichen Vororte von Paris gewesen, als sie die quietschenden Reifen des Mercedes hinter sich gehört hatten.

Souad, die auf dem vorderen Beifahrersitz gesessen hatte, war herumgewirbelt, um zu sehen, was geschehen war. »Ich sah einen großen Mercedes quer über die Straße auf den Gehsteig und gegen einen Betonpfeiler schießen«, erzählte sie der Polizei. »Unser Wagen befand sich etwa 30 bis 40 Meter vor dem Mercedes, als dieser aufprallte. Mein Freund Mohammed beschleunigte sofort, damit wir nicht am Heck getroffen würden. Nach diesem ersten Aufprall drehte sich das Fahrzeug um seine eigene Achse und schleuderte auf den anderen [rechten] Gehweg. Ich konnte deutlich den über dem Steuerrad zusammengesunkenen Körper des Fahrers erkennen.«

»In diesem Moment«, fügte Souad hinzu, »sah ich andere Fahrzeuge hinter dem Mercedes auftauchen, vielleicht sechs oder sieben, und ich hatte genug Zeit festzustellen, daß sie dem Wrack auswichen. Ich kann nicht sagen, ob irgendeines dieser Fahrzeuge anhielt, um zu helfen.« Sie konnte sich auch nicht daran erinnern, daß irgendeines der Autos hinter ihnen ihren BX überholte.

Im Vergleich mit Peyrets Aussage hatten Souads Beobachtungen erheblich mehr Gewicht. Wenn das am Unfall beteiligte Auto sich unter den »sechs oder sieben« Fahrzeugen befand, die sie nach dem Unfall um den Mercedes herumfahren sah, dann fuhr das Auto offensichtlich nicht in der Richtung weiter, in die der Saab und der BX fuhren, das heißt nach Westen in Richtung Place du Trocadero. Falls doch, dann fuhr der Fahrer ziemlich langsam – was kaum zu jemanden passen würde, der von einem schrecklichen Unfallort flieht.

Souads Freund Mohammed hatte den Unfall in einem völlig anderen Blickwinkel verfolgt, nämlich im Außenspiegel. »Ich fuhr mit ungefähr 80 bis 90 Stundenkilometern«, berichtete er den Beamten, »als ich vom Quietschen bremsender Reifen hinter mir aufgeschreckt wurde. Ich befand mich in diesem Augenblick im Tunnel, auf dem ebenen Teil kurz vorm Aufstieg zur Rampe. Das Quietschen war so laut, daß es mein Autoradio übertönte. Ich blickte in den linken Außenspiegel. Ich war auf der rechten Fahrbahn. Ich sah einen großen Mercedes am tiefsten Teil des Tunnels, der quer über die Fahrbahn schoß. Er fuhr sehr schnell, ich würde sagen mindestens 150 Stundenkilometer. Der Mercedes schlingerte in einem 45 Grad-Winkel zum mittleren Gehsteig. Ich kann mich daran ziemlich deutlich erinnern, weil seine Vorderlichter auf die nach Osten führende Fahrbahn leuchteten... Ich blickte weiter in den Spiegel und sah, wie der Mercedes sich wieder fing und in die richtige Richtung fuhr, doch plötzlich hörte ich ein gewaltiges Krachen und sah einen Teil des Autos wegfliegen, als der Wagen an den Mittelpfeiler knallte. Er prallte ab und richtete sich wieder nach rechts, doch dann konnte ich ihn nicht mehr im Spiegel sehen.« Mit anderen Worten: Mohammed konnte nicht auf die rechte Fahrbahn sehen. Wenn es ein »zweites Auto« hinter ihm gab, konnte er es daher nicht wahrnehmen. Er war davon überzeugt, daß sich zwischen ihm und dem Mercedes kein weiterer Wagen befand.

Die ersten Aussagen enthielten interessante Hinweise, aber auch viele Widersprüche und Ungenauigkeiten. Was aus ihnen deutlich hervorging, war, daß es ein langsamer fahrendes Auto vor dem Mercedes gab, daß Henri Paul nach links gezogen hatte, um daran vorbeizufahren, und daß er möglicherweise mit dem zweiten Fahrzeug zusammenstieß, bevor er die Kontrolle über den Wagen verlor.

Anfänglich gab es, trotz der konkreten Beweise, erhebliche

Skepsis bezüglich der ursächlichen Funktion eines zweiten Wagens. Die Vorstellung, daß es möglicherweise ein Fotograf war, der absichtlich versuchte, den Mercedes zu einer langsameren Fahrt zu veranlassen, wie einige Zeugen spekulierten, wurde buchstäblich von Anfang an ausgeschlossen. Die Fahrzeuge aller inhaftierter Fotografen waren untersucht worden und frei von irgendwelchen Kollisionsschäden. Außerdem waren die Ermittlungsbeamten schon früh davon überzeugt, daß keiner der zehn Männer, gegen die ermittelt wurde, nahe genug gewesen war, um direkt auf den Mercedes zu stoßen.

Theoretisch könnte der mysteriöse zweite Wagen von einem anderen Fotografen gefahren worden sein (oder auch von irgend jemandem sonst in ihrem Auftrag), aber die Ermittlungsbeamten sahen keine Möglichkeit, daß ein Journalist auf Verfolgungsjagd in einem kleinen Wagen den schnell fahrenden Mercedes hätte überholen können; es schien auch keinesweges glaubwürdig, daß sich ein Fotograf schon im voraus am Fahrweg des Mercedes stationiert hatte, da Henri Paul eine unerwartete und indirekte Route zurück zu Dodi Fayeds Wohnung gewählt hatte. (Pauls Ziel schien es gewesen zu sein, die Fotografen auf der Schnellstraße abzuhängen, und dann in einer Schleife durch den Pariser Westen zurück zu Dodis Wohnung zu fahren.)

Außerdem konnten sich die Ermittlungsbeamten nicht vorstellen, wie ein kleines Auto auch nur einen leichten Stoß von einem 1,9 Tonnen schweren Mercedes in hoher Geschwindigkeit überstehen sollte, ohne auf die rechte Tunnelmauerseite zu prallen oder sonstwie außer Gefecht gesetzt zu werden. Und wie hätte es vermeiden sollen, nicht mit dem zertrümmerten Mercedes vor sich zusammenzustoßen? Oder wenn es dem zweiten Fahrzeug irgendwie gelungen wäre, vor dem Aufprall hinter den Mercedes zu schlüpfen, warum hatten dann nicht Mohammed M. oder Jean-Pascal Peyret oder irgendein anderer Zeuge es gesehen?

Die Möglichkeit eines rückwärtigen Entkommens durch Zurückstoßen oder eine Kehrtwendung konnte man deshalb ausschließen, weil die Fotografen und andere Augenzeugen innerhalb von Sekunden eintrafen und ein solches Manöver beobachtet hätten. Der Fotograf Martinez schilderte der Polizei ausdrücklich, daß kein Auto zwischen ihm und dem Mercedes war, als er und Arnal in Arnals dunkelgrauem Fiat Uno am Unfallort ankamen (der von der Polizei untersucht wurde und keine Kollisionsspuren aufwies).

In den Frühstufen der Untersuchungen war daher die Meinung der Ermittlungsbeamten geteilt: Die einen glaubten und die anderen bezweifelten die Theorie bezüglich eines zweiten Autos – wobei die Zweifler anfangs in der Mehrzahl waren. Zwei Wochen nach dem Unfall beispielsweise sagte ein Polizist, die Ermittlungsbeamten seien der Ansicht, daß »die Vorstellung, daß ein Auto oder Motorrad mit dem Mercedes in Berührung kam, zu 98 Prozent falsch« sei. Den Zweiflern schienen die ersten Alkoholtestresultate von Henri Paul hinreichend zu genügen, um den Unfall zu erklären. »Dies ist die Geschichte von einem betrunkenen Fahrer, der zu schnell fuhr und die Kontrolle über sein Fahrzeug verlor – Ende der Geschichte«, verkündete ein Ermittlungsbeamter, als die Resultate bekannt wurden.

Längst nicht so kategorisch, reflektiert die Chefin der Kriminalbrigade, Martine Monteil, diese Denkweise deutlich in ihrem Bericht vom 1. September: »Keine der bisherigen Aussagen«, schrieb sie, »erlaubt uns die Feststellung, ob ein Wagen so nahe an dem Mercedes gewesen ist, daß er ihn berührte oder in seine Bahn geriet. Unter den Punkten, die wir bei der Erklärung dieses Unfalls berücksichtigen, sollten wir folgende notieren: Das Fahrzeug bewegte sich mit enormer Geschwindigkeit; der Chauffeur fuhr nicht regelmäßig diesen Autotyp (schnell und schwer); das Fahrzeug scheint sich den Inspektionsberichten zufolge in allerbestem Zustand befunden zu haben (Reparaturen und Untersuchungen wurden im Juni 1997 durchgeführt); die beiden toxikologischen Analysen des Fahrers ergaben einen Blutalkoholspiegel von 1,87 und 1,74 Promille.«

Aber die legendäre Gründlichkeit der Kriminalbrigade, ganz zu schweigen von der Beharrlichkeit der Untersuchungsrichter Stephan und Devidal, machte es erforderlich, daß die Ermittlungsbeamten nach weiteren möglichen Erklärungen für den Unfall suchen mußten. Die Richter, darauf bedacht, jegliche Spekulationen bezüglich Terroranschlägen und Mordkomplotten auszuschließen, waren wild entschlossen, jedem erdenklichen Hinweis nachzugehen.

In der Tat konnte man auch andere Möglichkeiten in Erwägung ziehen. Am Anfang stellten einige Ermittlungsbeamte Theorien auf, daß möglicherweise ein Motorrad mit dem Mercedes in Kontakt kam und eventuell mit dem Lenker an dessen Rückspiegel geriet. Dies könnte die Glassplitter und das Plastikgehäuse vom Spiegel erklären, die man im Tunneleingang gefunden hatte.

Aber es erklärte nicht die roten Glasscherben (genaugenommen Polykarbonatplastik), das weiße Glas vom rechten Vorderlicht des Mercedes oder die Kratzer an der rechten Seite des Autowracks. Jede Kollision mit einem Motorrad, die einen derartigen Schaden bei dieser Geschwindigkeit angerichtet hätte, hätte mit Sicherheit das Zweiradfahrzeug zum Sturz gebracht und wahrscheinlich seinen Fahrer getötet.

Oder geriet andererseits ein Motorrad in die Bahn des Mercedes? Die spektakulärste Behauptung in dieser Beziehung stammte von François Lévi (53), einem arbeitslosen ehemaligen Hafenlotsen aus Rouen. Lévi (dessen Name eigentlich Lévistre lautet) behauptete, daß er von der Parallelstraße, dem Cours Albert 1$^{er}$, auf die Schnellstraße bog und dann in den Tunnel hineinfuhr. Im Rückspiegel, so behauptete er, hätte er verfolgt, wie sich der Mercedes von hinten näherte mit zwei Motorrädern in seiner Nähe und einem weißen Auto vor ihm. Wie er der Nachrichtenagentur *Reuters* am 4. September berichtete (im wesentlichen eine Wiederholung seiner Aussage vom 1. September), »sah ich das Auto in der Mitte des Tunnels mit einem Motorrad zu seiner Linken, das Gas gab und dann nach rechts direkt vor das Auto einschwenkte. Als das Motorrad ausbog und bevor das Auto außer Kontrolle geriet, gab es einen Lichtblitz. Aber dann war ich schon aus dem Tunnel raus und hörte zwar noch den Zusammenstoß, habe ihn aber nicht gesehen. Ich fuhr sofort an den Gehsteig heran, aber meine Frau sagte: ›Laß uns hier wegfahren. Das ist ein Terroranschlag!«« In der Version, die er der Polizei erzählte, fügte Lévi hinzu, er habe ein großes Motorrad mit zwei Personen gesehen, die unmittelbar nach dem Unfall den Tunnel verlassen hätten.

Das Problem an Lévis Geschichte ist, daß er zuerst die britische *Sunday Times* kontaktierte und dann erst den Ritz-Präsidenten, Frank Klein. Klein brachte ihn mit Mohammed al-Fayeds

Rechtsanwalt Bernard Dartevelle zusammen, der Lévis Behauptungen sofort an die Presse hinausposaunte als Beweis dafür, daß die Paparazzi den Unfall verursacht hätten. Als Lévi seine Polizeiaussage um 15.30 Uhr am 1. September zu Ende gebracht hatte, schien diese Version weit mehr den Interessen von Fayed/Ritz zu dienen, als den Ermittlungsbeamten bei der Tatsachenaufklärung zu helfen. Diese Aussage widersprach den Aussagen anderer Zeugen und erwähnte nicht die Anwesenheit des Citroën BX, der hinter ihm gewesen sein müßte. Die Polizei schloß schließlich das Fazit, daß Lévi ein sehr unzuverlässiger Zeuge war. So unglaubwürdig seine Geschichte auch zu sein schien – Lévi war bei weitem nicht der einzige Zeuge, der behauptete, er habe Motorräder hinter dem Mercedes herrasen sehen. Der kalifornische Geschäftsmann Brian Anderson bekundete, er sei in einem Taxi auf der Schnellstraße in Richtung Alma-Tunnel unterwegs gewesen, als der Mercedes sie überholt habe mit zwei Motorräder dicht hinter sich; eines davon schien zu versuchen, »das Auto zu überholen«. Ähnlich berichtet Thierry H. (49), ein technischer Berater mit Wohnsitz in Paris, daß er auf der Schnellstraße von einem Mercedes mit hoher Geschwindigkeit überholt worden sei, dem »vier bis sechs« Motorräder dicht gefolgt seien. »Diese Motorräder«, sagte er, »folgten dem Auto unmittelbar und einige versuchten, neben dem Auto auf gleiche Höhe zu gelangen.«

Drei der vier ursprünglichen Augenzeugen, Benoît B., Olivier P. und Clifford G., berichteten von Motorrädern dicht hinter dem Mercedes. Benoît, so erzählt man, beschrieb ein Motorrad, das unmittelbar nach dem Unfall um das Auto herumfuhr und dann seinen Weg fortsetzte. Jean-Pascal Peyret erzählte, ein Motorrad sei an ihm vorbeigefahren, als er nur Sekunden nach dem Zusammenstoß den Tunnel verließ.

Am 23. September meldete sich ein weiterer Augenzeuge und machte die detaillierteste Aussage von allen bezüglich dieses geheimnisvollen Motorrads. Grigori R. (29), ein Berufsfotograf (an jenem Abend außer Dienst und definitiv nicht an der Verfolgungsjagd beteiligt), beschrieb Richter Stephan, was er sah, als er in den Tunnel in östlicher Richtung in seinem blauen VW Passat nur wenige Augenblicke vor dem Unfall hineinfuhr. Grigori, der offensichtlich nicht weit hinter dem Auto von Benoît B. und

Gaëlle L. fuhr, sah anfangs, vor dem Unfall, nichts auf der nach Westen führenden Fahrbahn, weil seine Sicht durch die Anordnung der Mittelpfeiler eingeschränkt war.

»Gerade als ich in den Tunnel hinunterfuhr, hörte ich einen gewaltigen Knall«, berichtete er Richter Stephan. »Die Wagen [vor ihm] bremsten stark, und auch ich bremste ab und schaltete die Warnblinkanlage ein. In diesem Augenblick sah ich auf der gegenüberliegenden Fahrbahn ein großes Auto, das zum Stillstand gekommen war. Ich sah nur den letzten Sekundenbruchteil seiner Bewegung.«

Grigori beschreibt weiter, was er für »die wichtigste Beobachtung« hielt, die er in dieser Nacht gemacht hatte. »Ich sah ein Motorrad in dieselbe Richtung wie der Mercedes fahren«, sagte er. »Es war ein ziemlich großes Motorrad mit einem runden gelben Vorderlicht. Ich hatte den flüchtigen Eindruck von irgend etwas Weißem, aber ich kann nicht sagen ob es ein Helm oder der Benzintank war... Ich bin mir so gut wie sicher, daß nur ein Mann auf dem Motorrad saß, aber ich weiß es nicht hundertprozentig.«

»Dieses Motorrad«, fuhr er fort, »fuhr sehr schnell davon, nachdem es, wie beschrieben, [am Mercedes] vorbeigefahren war. Wenn ich darüber nachdenke und die kurze Zeitspanne bedenke, erscheint es unwahrscheinlich, daß das Motorrad anhielt, bevor es davonfuhr. Ich denke, der Fahrer hatte nur soviel Zeit, langsamer zu fahren oder scharf zu bremsen... Auf jeden Fall sah ich kein Fahrzeug an dem Mercedes vorbeifahren von dem Moment an, als ich den Mercedes sah, und dem Moment, in dem das Motorrad um ihn herumfuhr.«

Es scheint daher nicht zu bestreiten, daß zumindestens ein Motorrad dem Mercedes sehr nah folgte, als der Unfall geschah, und daß es nicht anhielt. Wer auf dem Motorrad saß, und ob er irgend etwas mit dem Unfall zu tun hatte, bleibt vorläufig ein Geheimnis. Nichts beweist, ob es ein Fotograf gewesen ist oder nicht. Aber eines ist sicher: Es war keiner von den zehn, die in Arrest kamen und gegen die ermittelt wird.

Die Ermittlungsbeamten hatten noch eine andere Unfallursache zu erwägen: technische Probleme am Mercedes selbst. Wie Monteil in ihrem Bericht vom 1. September festgehalten hatte, ergaben das Wartungsbuch und die anfangs durchgeführte Untersuchung, daß er sich in tadellosem Fahrzeugzustand befunden hatte, als der Unfall geschah. Die vorderen Airbags waren korrekt aufgegangen (sicherlich retteten sie Rees-Jones das Leben), Lenkung und ABS schienen einwandfrei funktioniert zu haben. Da waren jedoch zwei besorgniserregende Tatsachen: Ein Chauffeur, der den Wagen früher am selben Tag gefahren hatte, berichtete der Polizei, daß eine Warnleuchte am Armaturenbrett permanent Probleme mit den Bremsen angezeigt habe. Der Mann sagte, er habe Jean-François Musa, den Direktor von »Etoile Limousine«, darauf hingewiesen, bevor sich Henri Paul ans Steuer setzte. Musa bestätigte das später gegenüber den Ermittlern, sagte aber, er habe nicht geglaubt, daß das Licht tatsächlich eine Fehlfunktion anzeigte. Der andere mögliche Grund zur Besorgnis war die Tatsache, daß das Auto am 20. April 1997 gestohlen und nach Ersatzteilen ausgeschlachtet worden war. Als man es am 6. Mai in einer Pariser Vorstadt wiederfand, war es so schwer beschädigt, daß sich die Reparaturarbeiten auf nicht weniger als 114 666,44 Francs (knapp 35 000 DM) beliefen.

Der Mercedes S 280, ein 1994er Modell, war von der Firma »Etoile Limousine« im August 1996 für die fast ausschließliche Nutzung durch die Gäste des Ritz angeschafft worden. Der S 280 wird in Frankreich neu für 347 000 Francs (gut 100 000 DM) verkauft. Er hat eine Sechs-Zylinder-Maschine mit 195 PS und 2 799 Kubikzentimeter Hubraum, wiegt 1,9 Tonnen, erreicht eine Höchstgeschwindigkeit von 210 km/h und kann innerhalb von elf Sekunden von 0 auf 100 beschleunigen. Unser spezielles Modell hatte zwei vordere Airbags (seitliche Airbags wurden erst bei den Modellen ab 1996 standardmäßig eingebaut), Automatik-Getriebe, Servolenkung, ABS, Klimaanlage und schwarze Ledersitze. Es hatte 10 000 Kilometer auf dem Tacho, als »Etoile« ihn erwarb, und 47 657, als der Unfall passierte. Sein Buchwert vor dem Unfall betrug 210 000 Francs (gut 60 000 DM); einige makabere Souvenirjäger haben für das Wrack Millionen von Dollar geboten.

Am 1. September befragten die Ermittlungsbeamten Musa wegen des Diebstahls und der Reparatur des Wagens. Musa legte ihnen mehr als 40 Seiten Rechnungen von der Vertragswerkstatt »Bousquet-Bauer Mercedes« vor, die das Auto repariert hatte, sowie Dokumente, die bezeugten, daß es seine Polizei-Inspektion [eine Art TÜV] am 7. Juli 1997 mit Bravour bestanden hatte. »Das Auto wurde vor dem Restaurant Taillevent gestohlen, wo es fürs Ritz eingesetzt war,« erklärte Musa später in einem Interview. »Es wurde von Profis wegen Ersatzteilen gestohlen, überwiegend kleinen elektronischen Motoren, Schaltern und Kreisen.« Unter den Vorrichtungen, die herausgerissen wurden, befanden sich auch die zur Steuerung der elektronischen Fensterheber, der Servolenkung und des Antiblockiersystems. Zusätzlich rissen die Diebe die Verkleidung und die innere Mechanik der Türen heraus und stahlen die Räder und Reifen.

Entgegen weitverbreiteten Presseberichten besteht Musa darauf, daß das Auto nie einen Unfall hatte und auch nicht »durch und durch wiederhergestellt« werden mußte. »Es gab absolut keinen Unfall, keinen Zusammenstoß irgendeiner Art«, sagt er. »Die Karosserie war unberührt, ebenso die Mechanik von Lenkung, Bremsen oder des Antriebs. Der Wagen stand einen Monat bei »Bauer Mercedes« und wurde in einwandfreiem Zustand zurückgegeben.«

Musa bestätigte in dem Interview, daß das Auto bei der Pariser Präfektur als »Grande Remise-Fahrzeug« registriert war, also als Miet-Limousine, die nur von bestimmten Chauffeuren gefahren werden darf, die die dafür erforderliche Genehmigung besitzen. Folgende Voraussetzungen müssen erfüllt werden, um eine solche Genehmigung zu erhalten: Besitz eines gültigen Führerscheins, ein offizieller Brief vom Arbeitgeber, der die Anstellung des Antragstellers als Chauffeur bestätigt, eine spezielle medizinische Untersuchung bei Antragstellung und danach alle fünf Jahre eine Nachuntersuchung. »Henri Paul«, sagte Musa, »besaß diese Lizenz nicht.«

Das Autowrack wurde auf einem Tieflader vom Tunnel zu einem Polizeiabstellplatz am Boulevard MacDonald im Pariser Norden transportiert. Am 11. September besuchten die Untersuchungsrichter Stephan und Devidal für eine Inspizierung den Abstellplatz. Obwohl der erste Expertenbericht besagte, der Mercedes sei einschließlich der Bremsen in gutem technischen Zustand, ordnete Stephan an, ihn Stück für Stück auseinanderzunehmen sowie jeden Quadratzentimeter zu studieren.

Das Ziel war nicht nur, hundertprozentige Sicherheit über den technischen Zustand des Wagens zu erlangen, sondern auch seine Aufprallgeschwindigkeit so genau wie irgend möglich zu ermitteln, indem man den Verformungsgrad der verschiedenen Teile mißt. Eine Überprüfung des Datenspeichers des elektronischen Bremssystems, so hoffte man überdies, würde präzise Aussagen darüber zulassen, wann und wie die Bremsen eingesetzt wurden und wie sie reagierten. Stephan ordnete ferner eine chemische Analyse der Farbpartikel an, die man auf der rechten Seite und am rechten Außenspiegel des Mercedes gefunden hatte, um die Identität jenes Autos feststellen zu können, mit dem es angeblich zusammengestoßen sein sollte.

Dies war genau die richtige Aufgabe für die Fahrzeugabteilung des »Institut du Recherche Criminelle de la Gendarmerie Nationale« (IRCGN), eine hochspezialisierte, 160 Mann umfassende Forschungsabteilung, die unter militärischem Befehl steht und im Fort von Rosny-sous-Bois untergebracht ist, zehn Kilometer östlich von Paris. Die Fahrzeugabteilung, die 1987 gegründet wurde, ist weltweit eines der qualifiziertesten Labors für die Identifizierung von Fahrzeugen anhand von Farbe, Glas, Reifenspuren und anderer forensischer Daten. »Anhand weniger Spuren und mit akribischer Teamarbeit können wir Leute noch anderthalb Jahre nach einer Unfallflucht aufspüren«, erklärt Oberstabsfeldwebel Gilles Pouilly, der Gründer und Leiter der Fahrzeugabteilung.

Noch bevor sie das gesamte Wrack erhielten, untersuchten Experten der Abteilung schon seine wichtigsten Teile sowie die im Tunnel gefundenen Glassplitter. Sie bestätigten im Nu, daß das weiße Glas vom rechten Vorderlicht des Mercedes stammte. Das rote Polykarbonatplastik mußte länger analysiert werden. Indem sie die Scherben unter einem Mikroskop untersuchten und sie dann wie ein Puzzle zusammensetzten, war es ihnen möglich, fast das gesamte Teil zu rekonstruieren, was sich dann als die Abdeckung eines linken Schlußlichts herausstellte. Sie verglichen es anschließend mit Hunderten von Mustern, die sie archiviert haben, und weiteren Tausenden in Kfz-Katalogen. Bis zum 12. September, also weniger als zwei Wochen nach dem Unfall, hatten sie den Gegenstand definitiv identifiziert: »Ein Schlußlicht, hergestellt von ›Seima Italiana‹, das zu einem Fiat

Uno gehört, der zwischen Mai 1983 und September 1989 hergestellt wurde.«

Sechs Tage später tauchten zwei neue Augenzeugen mit einer Geschichte auf, die die These eines Zusammenstoßes mit einem Fiat Uno zu stützen schien. Georges und Sabine D. berichteten den Ermittlern, sie hätten die Alma-Brücke, vom 7. Arrondissement kommend, zwischen 0.20 und 0.25 Uhr überquert und seien dann Richtung Westen zu der Straße gefahren, die parallel zur Schnellstraße verläuft. Als sie sich in die Schnellstraße einfädelten, so sagten sie, seien sie von einem weißen Fiat Uno überholt worden. Der Fahrer, den sie als einen etwa vierzigjährigen, braunhaarigen »europäischen Typ« beschrieben, habe sich äußerst ungewöhnlich verhalten, indem er im Zickzack gefahren sei, sich mehrmals umgeblickt und plötzlich nach rechts gezogen habe, um am Straßenrand zu parken. Georges und Sabine berichteten der Polizei weiter, im hinteren Teil des Fahrzeugs habe ein großer Hund gesessen, und daß der Fiat laute Geräusche verursacht habe, als sei sein Schalldämpfer bei einem Unfall beschädigt worden.

In der Hoffnung, damit die These von der Kollision zwischen dem Mercedes und dem Fiat bestätigt zu sehen, drängte Stephan die Gendarmen, ihre Farbanalyse zu einem endgültigen Ergebnis zu bringen.

Dies war jedoch ein weitaus komplizierterer Prozeß und erforderte wesentlich mehr Zeit als die Glasuntersuchungen. Die Farbproben, die von den Kratzern auf der rechten Seite und vom rechten Außenspiegel genommen wurden, ebenso wie die Splitter, die man auf der Straße fand, mußten einer spektrographischen Analyse unterzogen werden, dann mit chemischen Reagenzien vermischt werden, um die genauen Moleküle zu bestimmen, aus denen sich die Farbe zusammensetzte. Als dann die chemische Signatur der Pigmente feststand, mußten sie die Beamten mit Tausenden von Mustern vergleichen, die sie vorrätig oder in ihren Computern gespeichert haben. Dieser Schritt würde sie im Erfolgsfall zum Hersteller der Farben führen, der wiederum mitteilen könnte, wann und an wen diese spezielle Farbe verkauft worden war. Auf diese Art und Weise, wenn alles optimal verliefe, wäre es eventuell möglich, das genaue Modell und Baujahr, ja sogar den Herstellungsort des zweiten Wagens herauszufinden. Aber es würde Wochen dauern, bis die Ergebnisse vorlägen, erzählte man Stephan.

Ende September begannen die Gendarmen, sich auf etwas ganz Bestimmtes zu konzentrieren. Am 2. Oktober, lange bevor sie ihren offiziellen Bericht vorlegten, teilten sie den beiden Untersuchungsrichtern ihre ersten Ergebnisse mit: Die Farbe war Weiß (um genau zu sein, ein in Italien hergestelltes Produkt mit der Bezeichnung »bianco corfu«), und sie war für zehn verschiedene Auto-Modelle und -Fabrikate verwendet worden, einschließlich vier Fiat-Modelle. Zu diesen vier zählte auch der Fiat Uno. Nähere Einzelheiten, die die verschiedenen Möglichkeiten reduzieren sollten, würden innerhalb von zwei Wochen erwartet, informierte man Stephan.

Die Entdeckung, daß die Farbe Weiß war, erstaunte so manchen. Praktisch alle Zeugen, die ein zweites Auto im Tunnel oder sich ihm nähern gesehen hatten, beschrieben es als »dunkelfarbig«. Der erste Expertenbericht über den Mercedes, datiert vom 1. September, beschrieb zwei lange »gräuliche« Kratzer sowie zwei kleine rote Flecke. Die Ermittlungsbeamten hatten bislang das mysteriöse Auto als dunkelblau, schwarz oder rot beschrieben. Doch jetzt erklärten die Gendarmen, daß die Farbe Weiß war.

Das dunkle Aussehen der Spuren am Mercedes, so erklärte man, sei zurückzuführen auf die Grundierung aus Rostschutz und Spachtelmasse, die oft blau oder blaugrün seien. Die Tatsache, daß jeder das Auto für dunkel hielt, unterstellten die Ermittlungsbeamten, könne bedeuten, daß das Auto »sehr schmutzig« gewesen war oder daß das Licht im und am Tunnel den Augenzeugen bei der Farbwahrnehmung einen Streich gespielt haben mag. Vielleicht ist es so. Aber die plötzliche Behauptung, daß »dunkel« in Wirklichkeit »weiß« ist, hatte die Qualität eines Orwellschen Nachrichtengipfels, der nur düstere Andeutungen für die haben konnte, die insbesondere an die Verschwörungstheorien glaubten.

Versehen mit den ersten Ergebnissen der Gendarmerie, beorderten die Untersuchungsrichter die Polizei damit, mit der Überprüfung der Registrierung von mehr als 112 000 Fiat Uno zu beginnen, die in Frankreich zugelassen sind, seit das erste Modell 1983 in Turin vom Fließband rollte. Indem sie sich auf weiße Autos (einschließlich der von »undefinierbarer Farbe«), konzentrierten, die zwischen Mai 1983 und September 1989 zugelassen wurden, den Daten, die zu den Schlußlichtfragmenten passen, engten sie die Auswahl auf ca. 40 000 Autos ein. Sie konnten die Anzahl weiter auf 10 000 vermindern, indem sie alle Fahrzeuge ausschlossen, die ins Ausland verkauft worden, Totalschaden erlitten hatten oder anderweitig aus dem Verkehr gezogen waren.

Am 21. Oktober traf der langerwartete Bericht mit der Farbanalyse auf Stephans mehr als gefülltem Schreibtisch ein. Trotz seiner akribisch dokumentierten 100 Seiten fügte er den früher gewonnenen Ergebnissen kaum Neues hinzu: weiße Farbe, die von zehn verschiedenen Fahrzeugtypen stammen konnte, einschließlich des Uno. Man teilte Stephan mit, es würde noch viele weitere Wochen dauern, wenn nicht weitere Monate, bis die Gendarmen die Auswahl weiter reduzieren könnten. Angesichts der früheren Versprechen in bezug auf das genaue Baujahr und die Herstellfirma fanden die beiden Untersuchungsrichter die vorgelegten Ergebnisse etwas enttäuschend.

Doch der Bericht enthielt eine andere wichtige Einzelheit: Die dunkle graue horizontale Linie, die man am vorderen rechten Kotflügel des Mercedes vorgefunden hatte, war von der Sorte Hartgummi verursacht worden, die bei der Produktion der Stoßstangen für Fiat Unos verwendet wird. Der Gummi wurde zwar bei verschiedenen anderen Fabrikaten und Modellen ebenfalls benutzt, doch die Höhe der Linie entsprach genau der einer Fiat-Uno-Stoßstange: 46 Zentimeter. (Tatsächlich war die Markierung etwas niedriger, abhängig vom Gewicht des Fahrers und von der Ladung des Fiat.) Zudem wurde diese Sorte von Stoßstange nicht mehr hergestellt, was es den Untersuchungsbeamten ermöglichte, die Auswahl der Unos erneut einzugrenzen.

Basierend auf diesen neuesten Untersuchungsergebnissen, leitete Stephan eine intensive Suche ein, Wagen für Wagen. Die Ermittlungsbeamten hatten zuerst den Bezirk Hauts-de-Seine im Visier, eine Vorstadtregion im Pariser Westen. Der Grund für diese Wahl war simpel: Es schien logisch, daß alle Autos, die nachts um diese Uhrzeit in westlicher Richtung auf der Schnellstraße fuhren, mit ziemlicher Sicherheit in diese Gegend unterwegs waren. Daher beschloß man, dort die Jagd aufzunehmen, dann die westlichen Teile von Paris abzukämmen und, wenn notwendig, von der Hauptstadt ausgehend, sternförmig das ganze Land abzusuchen.

Am 4. November schickte die Kriminalbrigade Untersuchungsteams von je fünf Mann zu vier verschiedenen Polizeistationen, verstreut über die Region Hauts-de-Seine. Vorher waren bereits Briefe an die 1 800 Halter von Fiat Unos in dieser Gegend verschickt worden, die den von den Gendarmen festgelegten Kriterien entsprachen. Jeder Halter wurde aufgefordert, an einem bestimmten Tag zu einer bestimmten Zeit mit seinem Fiat Uno und den Zulassungspapieren zu erscheinen, mußte dann ein Formular ausfüllen und sich einem Verhör unterziehen, in dem man ihn unter anderem nach seinem Aufenthaltsort in der Nacht vom 30. auf den 31. August befragte. Die Beamten untersuchten jedes Auto ganz genau, blickten in den Kofferraum hinein, um zu sehen, ob das Auto umlackiert worden war, und inspizierten besonders genau die linke hintere Stoßstange und das linke Rücklicht, ob Anzeichen für eine Beschädigung oder kürzliche Reparatur vorhanden waren.

In der Zwischenzeit kontaktierte die Polizei Hunderte von Werkstattbesitzern in der Hoffnung, daß einer von ihnen einen Kunden benennen könnte, der einen Fiat Uno zu einer verdächtigen Reparatur am Wagenheck gebracht hatte. Trotz ihrer rigorosen methodischen Vorgehensweise wußten die Beamten, daß sie nach einer Stecknadel im Heuhaufen suchten. »Es ist ein Lotteriespiel«, sagte einer. »Wir brauchen großes Glück, um den Jackpot zu knacken und das Auto zu finden.«

Ende November sah es so aus, als ob den Ermittlern genau das gelungen wäre. Ihre Suche brachte einen weißen Fiat Uno zutage, der vor kurzem am Heck repariert und rot umlackiert worden war und sich im Besitz eines Mannes befand, der regelmäßig Hunde transportierte. Da die Zeugen Georges und Sabine D. berichtet hatten, sie hätten einen weißen Uno mit einem Hund auf dem Rücksitz gesehen, dachten die Ermittlungsbeamten, sie hätten den richtigen Wagen gefunden.

Der Besitzer, ein Hunde-Trainer für eine private Sicherheitsgesellschaft, hatte keinerlei Vorstrafen, war aber laut seinem Dossier »der Polizei bekannt«. Zur Zeit des Unfalls, so gab er zu

Protokoll, war er auf seinem Posten als Nachtwächter in den westlichen Vororten von Paris, wobei er am Abend des 30. August an seiner Arbeitsstätte ankam und sie um 7.00 Uhr am nächsten Morgen verließ. Wenn die von ihm gemachten Angaben über seinen Aufenthaltsort zutrafen, so konnte er nicht der Fahrer sein, den Georges und Sabine D. am Sonntag kurz nach 0.25 Uhr aus dem Alma-Tunnel hatten kommen sehen. Außerdem berichteten diese beiden Zeugen, sie hätten eine Person »europäischen Typs« am Steuer gesehen, doch dieser Mann ist ein Asiate.

Obwohl die Ermittlungsakten keinen Beweis enthalten, der das Alibi des Wagenbesitzers stützt, schlossen die Ergebnisse der Untersuchung durch die Gendarmerie die Möglichkeit aus, daß er in den Zusammenstoß verwickelt war: Eine Analyse der weißen Farbe unter der Überlackierung des Fiat ergab, daß die Farbe chemisch verschieden war von den Farbpartikeln, die an dem Mercedes gefunden worden waren. Die Aussage des Mannes und die Dokumente, die mit seinem Wagen zusammenhingen, wurden schließlich in einen Ordner mit dem Vermerk »außer Verdacht geraten« abgelegt – eine ungewöhnliche Klassifizierung, wie Quellen meinten, die mit der Vorgehensweise der französischen Polizei bestens vertraut sind.

Bis Ende Dezember hatten die Ermittler nahezu 800 Uno-Halter befragt und mehr als 3 000 Fahrzeuge in der Region Paris überprüft. Einige Wagen waren ins Ausland verkauft worden, was es so gut wie unmöglich machte, ihre Spur zu verfolgen. Ein Halter sagte, er habe seinen Uno in einer Straße in Madrid einfach stehenlassen.

Viele der Zulassungsdaten stellten sich als ungenau und nicht auf dem neuesten Stand heraus, wodurch Zweifelsfragen aufkamen, bei denen der »Schuldige« möglicherweise durchs Fangnetz schlüpfen konnte. Einige der Autos – und der Halter – waren regelrecht verschwunden. »Wenn ich der Kerl wäre«, sagte ein abgekämpfter Gendarmeriebeamter, »hätte ich das Auto verkauft, verschrottet oder stehlen lassen.«

Die Kriminalpolizei versuchte durch Hinweise in der Presse die Empfehlung zu geben, daß der Fahrer besser beraten sei, sich freiwillig zu stellen, als darauf zu warten, in ihr Netz zu geraten. Aller Wahrscheinlichkeit, ließen sie durchscheinen, würde er nur dafür bestraft werden, eine Unfallstelle verlassen zu haben (Höchststrafe zwei Jahre Haft und 200 000 Francs [knapp 60 000 DM] Geldstrafe). »Der Grund, warum sich der Fahrer nicht meldet«, spekulierte ein Ermittlungsbeamter, »ist möglicherweise, daß er keine Erlaubnis hatte, diesen Wagen zu fahren, oder nicht will, daß irgend jemand erfährt, daß er darin saß, aus familiären oder anderen Gründen.«

Zu den vorstellbaren Gründen zählen: Der Fahrer war in jener Nacht mit seiner Geliebten zusammen und will nicht, daß seine Frau davon erfährt; er hatte keinen Führerschein, war auf der Flucht vor dem Gesetz, ein illegaler Immigrant oder ein Minderjähriger; er war betrunken oder auf einem Drogentrip; das Auto war gestohlen oder nicht versichert. Oder er trug wirklich die Schuld an dem Unfall. In diesem Fall könnte der Fahrer wegen fahrlässiger Tötung belangt werden, worauf eine Höchststrafe von vier Jahren Gefängnis und 400 000 Francs (entspricht rund 120 000 DM) steht.

Obwohl nunmehr kein Ermittlungsbeamter mehr daran zweifelte, daß ein Fiat Uno bei dem Unfall eine Rolle gespielt hat, wurden die Gendarmen in Rosny-sous-Bois in zunehmendem Maße skeptischer bezüglich der Chancen, das Auto zu finden, als sich die Wochen dahinzogen. Die Bluthunde von der Kriminalbrigade behielten etwas mehr Hoffnung und begannen, ihre Suche auf andere Regionen der Umgebung von Paris auszudehnen, noch bevor sie mit der Region Hauts-de-Seine fertig waren. Doch jeder erkannte, daß es eine Grenze dafür gab, wieweit sie gehen konnten. Schließlich konnte ein Fahrzeug, das auf einer Pariser Schnellstraße im August am Ende der Feriensaison unterwegs war, ebensogut aus einem anderen Land gestammt haben. »Wir können nicht sämtliche Fiat Uno von Europa überprüfen«, sagte eine Quelle aus dem Büro der Staatsanwaltschaft. »Die Chancen sind nicht groß genug, daß es gerechtfertigt wäre, sämtliche Polizeibeamten in Frankreich für die nächsten zehn Jahre mit diesem Fall zu beschäftigen!« Stephan seinerseits trug den Untersuchungsbeamten auf, sie sollten weitermachen.

Als die intensive Jagd fortschritt, begannen einige französische Richter, Rechtsanwälte und die Polizei über den außerordentlichen Aufwand an Zeit, Geld und Personen zu murren, der für die Untersuchung eines Verkehrsunfalls aufgewendet wurde. »Es schien einfach paradox, warum ein solcher Riesenaufwand an Nachforschungen betrieben werden sollte«, sagte Jean-Claude Bouvier, Generalsekretär der linksgerichteten Richtervereinigung. »Ich habe noch nie erlebt, daß man so viele Ressourcen auf einen Autounfall verwendet hat. Das ist absurd und unangebracht angesichts der Tatsache, daß es bei der Finanzierung hapert und daß Richter Probleme damit haben, auch Untersuchungen in anderen Fällen durchführen zu müssen. Wenn so viele Mittel um eine Person aufgewendet werden, müßte man dies bei jedem tun. Es ist mir egal, ob sie zur königlichen Familie gehörte oder nicht.«

Andere Kritiker wiesen darauf hin, daß allein die Nachforschungen nach dem Fiat fast ein Viertel der Beamten der Kriminalbrigade in Anspruch nehmen. Wenn man alle Aspekte dieses Falles berücksichtigt, waren zeitweise 60 der 110 Ermittlungsbeamten der »Crim« an der Untersuchung beteiligt (obwohl diese Zahl natürlich sehr schwankte). Presseberichte setzten die Gesamtkosten der Untersuchung auf 2 Millionen Francs (rund 600 000 DM) an; und ein verärgerter Ermittlungsbeamte beschwerte sich, daß dies »das teuerste Ermittlungsverfahren bei einem Verkehrsunfall in der Geschichte werden würde«.

Als sich diese Kontroverse auf dem Höhepunkt befand, traf ein Kollege Stephan auf dem Gang und witzelte, daß er »der teuerste Richter in Frankreich« geworden sei. »Den Teufel bin ich«, zischte Stephan zurück. »Bis jetzt hat die ganze Ermittlung den Steuerzahler nur 26 000 Francs [rund 8 500 DM] gekostet!« Diese Zahl entsprach den Beträgen, die dem Justizministerium von der Fahrzeugabteilung der Gendarmerie gestellt worden waren, und der Überstundenbezahlung der verschiedenen Ermittlungsbeamten, die alle Staatsbeamte waren und sowieso ihre normalen Gehälter bezogen hätten, ganz egal, an welchen Fällen sie gerade arbeiteten. »Wenn sie nicht damit beschäftigt gewesen wären, hätten sie Kaffee getrunken und Zigaretten geraucht«, stichelte ein Jurist, der die ganze Debatte für verfehlt hielt.

Michel Lernout, Generalsekretär der Zentralen Richtervereinigung und ein persönlicher Freund von Stephan, argumentiert, daß Stephan keine andere Wahl hatte und alle Hebel in Bewegung setzen mußte angesichts der außergewöhnlichen Umstände des Todes von Prinzessin Diana. »Selbstverständlich hätte man nicht einen solchen Aufwand betrieben, wenn es sich um einen ganz normalen Verkehrsunfall gehandelt hätte«, sagt er. »Aber dies ist kein gewöhnlicher Unfall. Das Opfer ist schließlich die Prinzessin von Wales. Es lastet ein großer Druck auf dem Untersuchungsrichter, wirklich jedem Hinweis nachzugehen. Wenn er weniger täte, würde man ihn beschuldigen, er würde nicht gründlich genug vorgehen.« Lernout glaubt, daß der Grund dafür, warum Stephan so emsig nach dem Besitzer des Fiat suchen läßt, der ist, daß er »den Vorwurf vermeiden will, er würde sich bei der Untersuchung zurückhalten, um eine mögliche Verschwörung zu verschleiern. Solange er nicht den Besitzer findet, werden die Leute weiterhin munkeln, daß es vielleicht ein Geheimdienstagent aus diesem oder jenem Land gewesen ist.«

In der Tat hatte dieser Verdacht von Anfang an über den Ermittlungen geschwebt. Ermittlungsbeamte behaupteten, sie würden dem wenig Glauben schenken. Quellen aus Stephans unmittelbarer Umgebung erklärten, es sei keine »Hypothese« und daß er sie sehr ernst nehme. Von Staatsanwältin Coujard hieß es, sie fände das »lachhaft«. Viele verwirrende Fragen sind jedoch bislang unbeantwortet. Abgesehen von der Frage nach der Identität und Rolle des Fiat-Fahrers, existiert jenes ominöse Motorrad, das an dem Mercedes vorbeigefahren und Sekunden nach dessen Crash verschwunden ist; da gibt es die bezeugten Lichtblitze, die auf keinem der Fotos zu sehen sind, die sich im Besitz der Polizei befinden; es laufen Mutmaßungen um, die zwar heftig, aber nicht immer überzeugend abgestritten wurden, daß die Prinzessin schwanger gewesen sei. Dies allein schon hätte in den Augen der Verfechter der Verschwörungstheorie ein starkes Motiv dafür bedeutet, sie aus dem Weg zu räumen, bevor ihr Zustand und ihre bevorstehende Hochzeit mit Dodi Fayed bekannt würden.

Was auch immer die Ermittlungsbeamten mit all dem anfingen, es herrschte eine ungewöhnliche Atmosphäre in den Korridoren der Kriminalbrigade. Ermittlungsbeamte begannen plötzlich ihre Aktenschränke und Büros nachts abzuschließen, obwohl außer ihren eigenen Kollegen niemand mehr auf den Korridoren war. Und ein Insider aus dem Justizpalast teilte vertraulich mit: »Auf diesem Fall lastet ein schreckliches Geheimnis.«

Kapitel 13

# Auf Suche nach verlorenen Erinnerungen

Französische Richter sind keine Topfpflanzen. Abgesehen von der Oberaufsicht über die spezialisierten Gendarmerie- und Kriminalbeamten krempeln sie auch mal selber die Ärmel hoch und machen sich die Hände schmutzig. Zwei Tage, nachdem Stephan zum leitenden Untersuchungsrichter in Dianas Fall bestellt worden war, begab sich Stephan ins Pariser Leichenschauhaus, um persönlich die neuerlichen Blutentnahmen von Henri Pauls Leichnam zu überwachen. Stephan, äußerst verärgert darüber, daß vom Fayed-Lager und von Henri Pauls Familie die Gültigkeit der ersten Alkoholtests angezweifelt wurden, war fest entschlossen, dafür zu sorgen, daß man die neuen Analysen nicht mehr würde angreifen können.[36] Zusätzlich zur persönlichen Überwachung der Prozedur – einem höchst ungewöhnlichen Schritt für einen Ermittlungsrichter – ordnete er an, daß die Durchführung fotografisch gebührend dokumentiert wurde. Die Resultate, die die ursprünglichen Werte bestätigten und verfeinerten, ergaben zweifelsfrei, daß Henri Pauls Blutalkohol um mehr als das Dreifache über der zulässigen Höchstgrenze für Autofahrer lag. »Jetzt reicht's!« murrte ein Mitglied der Fayed-Organisation. »Mit jedem Test, den sie an dem Kerl vornehmen, wird er betrunkener.«

Am 9. September suchten Stephan und Devidal zum ersten Mal den Tunnel auf und inspizierten die Unterführung, um sich mit den Gegebenheiten des Unfallorts vertraut zu machen. Dies war der erste Schritt zu einer Teilrekonstruktion des Unfalls, die am 29. September in Anwesenheit der beiden Richter sowie von Staatsanwältin Coujard, der Chefin der Kriminalbrigade Monteil und einem Dutzend Experten der Polizei durchgeführt wurde. Das Ermittlungsteam traf um 20.30 Uhr ein, nachdem die Polizei den Tunnel für den Verkehr gesperrt und seine Umgebung abgeriegelt hatte. Um 21.15 Uhr fuhr ein Tieflader, auf dem sich das verknäulte Wrack des Mercedes unter einer schwarzen Plastikabdeckplane befand, in den Tunnel ein.

Mit Hilfe eines Krans positionierten Arbeiter das Schrottfahrzeug an drei verschiedenen Stellen: in der Nähe des Tunneleingangs, wo der Mercedes außer Kontrolle geraten war, am 13. Pfeiler, dessen Kante sich keilförmig in das Vorderteil des Wagens gebohrt hatte, und mit der Front zur Mauer an der rechten Tunnelseite, wo das schleudernde Fahrzeug schließlich zum Stehen kam. Drei andere Autos wurden langsam durch den Tunnel geschickt, um verschiedene Situationen nachzustellen. Weitere ließ man in der Gegenrichtung fahren, um genau herauszufinden, was Augenzeugen aus verschiedenen Blickwinkeln gesehen haben konnten. Mit Hilfe eines Winkelmeßgerätes auf einem gelben Dreifuß maßen die Techniker Winkel und Flugbahnen, um die exakten Bewegungen des Mercedes in den letzten Sekunden vor dem Unfall berechnen und rekonstruieren zu können.

Eine Zeitlang erwogen die Richter später noch eine totale Rekonstruktion des gesamten Unfallgeschehens, beginnend am rückwärtigen Ausgang des Ritz. Dann entschieden sie sich wieder dagegen, hielten sich aber die Möglichkeit offen, eine Computersimulation zu veranlassen.

Gegen Ende September konzentrierten die beiden Richter ihre Untersuchungen darauf, die wichtigsten Augenzeugen zu befragen, zum Teil mehrfach. Keiner von diesen schien wichtiger als der Leibwächter Trevor Rees-Jones (auch »Dodis Schatten« genannt), einziger Überlebender des Unfalls und dadurch die einzige Person, die möglicherweise darüber aussagen konnte, was sich in den kritischen letzten Augenblicken im Inneren des Mercedes und unmittelbar außerhalb von ihm abgespielt hatte. Aber der schneidige junge Rugbyspieler und frühere Fallschirmjäger konnte länger als zwei Wochen nach dem Unfall überhaupt nicht sprechen.

Seit den frühen Morgenstunden des 31. August befand sich Rees-Jones auf der Intensivstation des Krankenhauses Pitié-Salpêtrière auf dem Weg der Genesung. Das erste medizinische Bulletin gab an, daß er eine »mittelschwere Gehirnquetschung, ein schweres Oberkiefer-Gesichtstrauma und eine Lungenquetschung« erlitten hatte, überdies einen komplizierten Bruch seines rechten Handgelenks. Am 4. September unterzog sich der Leibwächter einer zehnstündigen Operation, um sein zerschmettertes Gesicht wiederherzustellen; drei Wochen später mußte er erneut operiert werden, um seinen linken Backenknochen wieder auszurichten. Ein Bulletin vom 10. September beschreibt ihn als »auf dem Weg der Besserung« und bei vollem Bewußtsein, aber immer noch unfähig zu sprechen. Sechs Tage später sagten die Ärzte, er sei nicht mehr länger ans Beatmungsgerät angeschlossen und könne jetzt »sprechen, würde aber schnell ermüden«.

Als Stephan daran ging, den Leibwächter zu befragen, wurde er von medizinischen Experten gewarnt, nicht zuviel zu erwarten. Opfer von schweren Schädeltraumen, sagten sie, würden häufig an einer Teilamnesie leiden, einem Zustand, der sich durch die starke Zufuhr von Narkosemitteln während seiner beiden Operationen noch intensiviert haben dürfte. Der Zustand wurde von Dr. Philippe Azouvi, einem Spezialisten für posttraumatische Therapie am Krankenhaus Garches, überaus deutlich erklärt. »Solche Gedächtnislücken entstehen ganz allgemein nach einem Schädeltrauma, das ausreichend schwer ist, um einen Verlust des Bewußtseins eintreten zu lassen«, sagte er. »Diese Amnesien sind auf eine Gehirnerschütterung zurückzuführen. Eine zu schnelle Beschleunigung oder Verlangsamung des Gehirns überanstrengt die Zellen, die nicht länger funktionieren und auch keine Informationen mehr speichern. Die Erschütterung blockiert somit den Vorgang, Erinnerungen zu speichern.« Azouvi sagte, er gehe davon aus, daß die Umstände unmittelbar vor und nach dem Unfall für Rees-Jones »definitiv verloren« seien.[37]

Stephan kam am Dienstag dem 19. September um 11.45 Uhr im Krankenhaus an, begleitet lediglich von seiner Sekretärin. Sie wurden vom Sicherheitspersonal des Krankenhauses zum ersten Stock in die Intensivabteilung geführt. Professor Jean-Jacques Rouby traf auf sie vor dem Krankenzimmer von Rees-Jones, das rund um die Uhr von zwei uniformierten Polizeibeamten bewacht wurde, und erklärte ihnen Grundsätzliches. Der Patient ermüde sehr rasch, erklärte er, daher müsse die Dauer der Befragung von Rees-Jones' Zustand abhängig gemacht werden. Dies bedeute, daß der Arzt anwesend sein müsse, um den physischen Zustand des Patienten zu überwachen. Dies war eine höchst ungewöhnliche Konstellation, aber Stephan erklärte sich damit einverstanden und vereidigte Rouby als Zeugen.

Rouby war nicht der einzige, der vereidigt werden mußte. Trevors Stiefvater Ernest Jones und seine Mutter Gillian (»Gill«) Blackborn Rees mußten ebenfalls anwesend sein, weil der Patient Schwierigkeiten mit der Artikulation hatte und sie ihn am besten verstehen konnten. Ferner war ein Dolmetscher anwesend, der Stephans Fragen übersetzte. Die Eltern gaben Trevors schwerverständliche Antworten wieder, die dann ins Französische übersetzt wurden. Wegen all dieser Komplikationen wurde die gesamte Befragung auf Kassette aufgenommen, was nicht der normalen Vorgehensweise entspricht, und die endgültige Niederschrift wurde handschriftlich draußen auf dem Gang vorgenommen, damit sie Rees-Jones lesen und unterschreiben konnte.

Stephan, der generell in der dritten Person sprach, stellte 30 Fragen, bis Rouby den Patienten nach 25 Minuten für zu müde erklärte, um fortzufahren. Hier die gesamte Niederschrift:

FRAGE: Erinnert er sich daran, was nach der Abfahrt vom Ritz geschah?
ANTWORT: Ich erinnere mich, daß ich in dieses Auto gestiegen bin, ansonsten erinnere ich mich an nichts.
FRAGE: Was den Unfall betrifft, hat er keine Erinnerung, was geschah?
ANTWORT: Nein.
FRAGE: Kann er sich an irgend etwas erinnern, was vorher im *Ritz* geschah?
ANTWORT: Ja.
FRAGE: Kann er es mir erzählen?
ANTWORT: Als wir [beim Hotel] ankamen, waren zahlreiche Fotografen dort und viele Kameras, was uns

belästigte. Das hat die Prinzessin und Dodi wirklich aufgeregt... Ich ging zu den Fotografen. Ich bat sie zurückzugehen. Sie versuchten durch den Haupteingang ins Ritz zu gelangen... [Das Paar] wollte sein Abendessen einnehmen und wir [Wingfield und Rees-Jones] hatten schon gegessen. Dodi änderte den Plan. Die Prinzessin, Dodi, Henri Paul und ich gingen durch den Hinterausgang hinaus. Dort waren weitere Fotografen im Hintergrund.

FRAGE: Von diesem Zeitpunkt an kann er sich an nichts von der Fahrt erinnern?

ANWORT: Ich kann mich erinnern, daß wir verfolgt wurden, das ist alles.

FRAGE: Wohin war man unterwegs?

ANTWORT: Wir fuhren zu den Wohnungen.

FRAGE: Auf den Champs-Elysées?

ANTWORT: Ja.

FRAGE: Erinnert er sich, wie weit man verfolgt wurde und von wem?

ANTWORT: Da waren zwei Autos und ein Motorrad. Ich kann mich nicht an den Weg erinnern.

FRAGE: Kann er irgendwelche Einzelheiten bezüglich der Autos und des Motorrads nennen?

ANTWORT: Mir schien, es gab ein weißes Auto mit einer Heckklappe und drei Türen, aber sonst kann ich mich an nichts weiter erinnern.

FRAGE: Folgten die Autos bereits von der Abfahrt vom Ritz an?

ANTWORT: Ja.

FRAGE: Erinnert er sich, wie Henri Paul herbeigerufen wurde und von wem?

ANTWORT: Dodi rief ihn, damit er uns vom Hinterausgang des Hotels wegfahren konnte.

FRAGE: Kann er mir sagen, warum?

ANTWORT: Nein. Es war Dodi, der den Plan änderte, nicht ich.

FRAGE: Und was war der ursprüngliche Plan?

ANTWORT: Eigentlich war vorgesehen, vom Vorderausgang mit zwei Wagen wegzufahren, damit wir die

Fotografen so weit wie möglich auf Distanz von uns halten konnten. Sie waren nun mal da. Ich dachte, es wäre besser, zwei Wagen zu nehmen statt nur einen.
FRAGE: Kennt er die Place de la Concorde?
ANTWORT: Gleich beim Ritz?
FRAGE: Nein. Neben dem Ritz befindet sich die Place Vendôme. Die Place de la Concorde befindet sich an den Champs-Elysées.
ANTWORT: Ich kann mich nicht erinnern. Jeder fuhr schnell.
FRAGE: Erinnert er sich, wer [dem Mercedes] am nächsten war, als er die Autos und das Motorrad wahrnahm?
ANTWORT: Ich kann mich nicht erinnern. Es wechselte.
FRAGE: Es wechselte während der Fahrt?
ANTWORT: Ja.
FRAGE: Kann er sich erinnern, ob irgendwelche Fotos gemacht wurden?
ANTWORT: Ich weiß nicht.
FRAGE: Würde er das weiße Auto wiedererkennen?
ANTWORT: Ich glaube nicht.
FRAGE: War dieses Auto hinter ihnen, als man das Ritz verließ?
ANTWORT: Es kreuzte die Straße, als wir wegfuhren, und folgte uns dann.
FRAGE: Hat er es vorher schon gesehen?
ANTWORT: Ich weiß nicht.
FRAGE: Kann er sich an Fahrzeuge anderer Fotografen erinnern? Zum Beispiel an diejenigen, die während des Tages gefolgt waren?
ANWORT: Ja.
FRAGE: Was waren das für Wagen?
ANTWORT: Da waren ein Jeep und zwei Motorräder und ein kleines dreitüriges Auto. Ich denke, das Auto hatte eine dunkle Farbe.
FRAGE: Kann er sich an das Verhalten der Prinzessin und Dodi Fayeds gegenüber den Journalisten um sie herum erinnern?
ANTWORT: Sie waren nicht erfreut. Sie kamen zu nahe.

FRAGE: Selbst während der Hinfahrt von Le Bourget?
ANTWORT: Sie folgten uns.
FRAGE: Und später, am Ritz, waren sie dort auch da?
ANTWORT: Ja, immer.
FRAGE: Kann er sich an irgendeinen Vorfall mit den Fotografen erinnern?
ANTWORT: ...Es geschah nicht uns. Es war ein Mann, der die Wohnung bewachte [ein Sicherheitsagent des Ritz]. Er stellte sich vor den Fotografen und stieß ihn, dann wurde der Fotograf wütend, und ich versuchte das Ganze zu schlichten.
FRAGE: Kann er sich daran erinnern, wie Monsieur Paul sich in jener Nacht verhielt, da er ihn schon zuvor kannte?
ANTWORT: Er erschien mir okay.
FRAGE: Kann er sich daran erinnern, daß Dodi ihn [Paul] bat, den Rückweg zur Wohnung abzuändern?
ANTWORT: Nein.
FRAGE: Also hat er keine Erinnerung an den Unfall selbst?
ANTWORT: Nein.

Der Leibwächter hatte sich alle Mühe gegeben, aber die Ergebnisse waren enttäuschend. Abgesehen von seiner Bestätigung, daß es Dodi gewesen war, der die Abfahrt vom Hinterausgang geplant und den Fahrer ausgewählt hatte, und einige vage Erinnerungen an die Fahrzeuge, die er zu Beginn der Fahrt wahrgenommen hatte, konnte Rees-Jones dem Richter nichts erzählen, was dieser nicht schon wußte.

Eine zweite Befragung, die am 3. Oktober im Krankenhaus durch zwei Polizeibeamte erfolgte, dauerte erheblich länger und war ein wenig erfolgreicher. Rees-Jones konnte sich nun an die Fahrt über die Rue de Rivoli erinnern, zwei Häuserblocks vom Hotel entfernt. Als ihm die Ermittler Fotos von den Fotografen zeigten, konnte er zwei von ihnen identifizieren, die dem Paar tagsüber gefolgt waren und in jener Nacht am Ritz herumlungerten. Er wiederholte, daß es Dodi gewesen sei, der den Fluchtplan ausgeheckt habe und sagte, daß er selbst den Einsatz von zwei Autos empfohlen habe, man aber nicht auf ihn gehört habe.

Rees-Jones konnte noch weitere Einzelheiten über die Tagesereignisse und die Vorgänge am Hotel kurz vor der Abfahrt liefern. Er erinnerte sich, wahrgenommen zu haben, daß Henri Paul zwei Gläser mit einer »gelblichen Flüssigkeit« leerte, bestand aber erneut darauf, daß er ihm »okay« vorgekommen sei in jener Nacht. »Zu keinem Zeitpunkt meines Gesprächs mit Paul«, so erklärte Rees-Jones, »ließ er erkennen, daß er nicht im Dienst war. Er war im Ritz, also war er für mich auch im Dienst.« Diana, sagte Rees-Jones, hatte mit der Organisation des Abfahrtsverlaufs nichts zu tun, sondern wartete »passiv« ab. Als man ihn fragte, warum er den Sicherheitsgurt angelegt habe, was Leibwächter normalerweise nicht tun, erklärte Rees-Jones, er könne sich nicht daran erinnern, sich angeschnallt zu haben, aber »für gewöhnlich lege ich im Stadtverkehr keinen Gurt an, es sei denn, daß wir gezwungen sind, schnell zu fahren«. (Fotos zeigen, daß er bei der Abfahrt vom Ritz noch nicht angeschnallt war.) Die Ermittlungsbeamten, die vermuteten, daß seine frühere Beschreibung eines weißen »dreitürigen« Autos sich möglicherweise auf einen Fiat Uno beziehen könnte, zeigten ihm drei Fotos von Unos; der Zeuge sagte jedoch aus, sie »würden ihn an nichts erinnern«. Auch diesesmal konnte er keinerlei Informationen über die kritischen letzten Umstände beisteuern.

Am 4. Oktober, nach 34-tägigem Klinikaufenthalt, verließ Trevor Rees-Jones schließlich das Krankenhaus Pitié-Salpêtrière in einem Hubschrauber der französischen Regierung und wurde zu einem Heliport bei Issy-les-Moulineaux am südwestlichen Stadtrand von Paris geflogen. Mit dunkler Sonnenbrille, einer Baseballkappe und leichten Turnschuhen sowie einem dicken Gips um seinen rechten Arm begab er sich ohne fremde Hilfe zu einem größeren Hubschrauber, den Mohammed al-Fayed zur Verfügung gestellt hatte und der ihn nach England zurückbrachte. Anschließend an seine Rückkehr verbrachte er die meiste Zeit im Haus seiner Eltern in Oswestry, rund 250 Kilometer nordwestlich von London. Seine Mutter, eine ausgebildete Krankenschwester, unterstützte ihn bei seiner körperlichen Rehabilitation.

Ein Kollege von ihm aus al-Fayeds Sicherheitstruppe in London beschreibt, daß Rees-Jones auf einem »sehr langsamen Weg der Besserung« ist. Obwohl die französischen Ärzte zustandebrachten, was seine Eltern als »absolutes Wunder« bezeichneten, nämlich sein Gesicht wiederherzustellen, hat er immer noch eine ganze Reihe körperlicher Probleme. Er hat ein Drittel seines früheren Körpergewichts verloren, seine linke Augenhöhle ist geschädigt, und er trägt eine große Operationswunde im Gesicht. Er benötigt umfangreiche zahnärztliche Behandlung, eine Sehhilfe, um mit einem Augenmuskelproblem fertig zu werden, und intensive Physiotherapie für seine Schulter und die beschädigte Wirbelsäule.

Rees-Jones kehrte Ende Oktober für kurze Zeit nach Paris zurück zwecks einer ambulanten Untersuchung durch die Ärzte des Pitié-Salpêtrière, die ihm ein einwandfreies Gesundheitszeugnis ausstellten. Auf eigene Initiative kam er am 6. November erneut nach Paris, diesmal per Eurostar durch den Kanaltunnel und zusammen mit einigen Freunden aus seiner Heimatstadt. Sie befuhren mit ihm die Strecke vom Ritz zum Alma-Tunnel, in der Hoffnung, seinem Gedächtnis auf die Sprünge helfen zu können. »Seine Erinnerung bleibt auf dem Nullpunkt, fürchte ich«, sagt ein Mitglied aus al-Fayeds Organisation. »An was er sich erinnern kann, und das ist nicht viel, hat er bereits den Franzosen erzählt.« In der Tat hat Rees-Jones, als er ein letztes Mal am 19. Dezember für eine weitere Befragung durch Stephan nach Paris kam, seinen früheren Aussagen gegenüber dem Ermittlungsrichter kaum etwas hinzufügen und sich noch immer nicht an den Unfall erinnern können.

Während seiner Erholungszeit bleibt Rees-Jones weiterhin auf al-Fayeds Gehaltsliste mit einem angeblichen Jahreseinkommen von 23 000 Pfund Sterling [knapp 65 000 DM]. Ihm Nahestehende berichten, der Leibwächter habe nichts gesagt, das vermuten ließe, er fühle sich an dem Unfall mitschuldig, aber einer von ihnen bekennt: »Wenn ich in seiner Haut steckte, würde ich mich sicherlich ziemlich mies fühlen wegen dem, was passiert ist.« Seitdem Rees-Jones in der Ermittlung vom 16. Oktober formell zum Zivilkläger wurde, hat er ein Anrecht auf Schadensersatz von denen, die man verantwortlich machen kann – darunter möglicherweise auch al-Fayeds Ritz.

Was den anderen Leibwächter, Kes Wingfield, anbelangt, verhörten ihn die französischen Ermittlungsbeamten am 2. September etwa fünf Stunden lang. Wingfield (32), ein früheres Mitglied des S.A.S-Kommandos und seit fünf Jahren Teil von al-Fayeds Sicherheitstruppe, lieferte einen sehr detaillierten Bericht von den Ereignissen des Tages. Er schilderte die hautnahe Verfolgung durch die Paparazzi während der Fahrt von Le Bourget nach Paris, den Streit mit den Fotografen vor Dodis Wohnung, die Menschenmengen vor dem Ritz und die Änderung der Abfahrtspläne. Ebenso wie Rees-Jones sagte er, das Ganze sei allein Dodis Idee gewesen, und betonte die Tatsache, daß er diesbezüglich Bedenken angemeldet habe. Was Henri Paul betrifft, der offenkundig die Leibwächter zur falschen Annahme verleitete, sein Pastis sei Ananassaft, beharrte Wingfield darauf, daß Pauls Benehmen »vollständig normal« gewesen sei. Doch Wingfield, dessen Gedächtnis im gleichen Maße exzellent zu funktionieren scheint, wie das von Rees-Jones durcheinander ist, kann über die entscheidende Fahrt nichts berichten, weil er gemeinsam mit Jean-François Musa ein Ablenkungsmanöver in eine andere Richtung ausgeführt hatte.

Man weiß, daß Mohammed al-Fayed glaubt, es sei ein eminenter Fehler gewesen, daß dem Mercedes nicht ein zweites Fahrzeug zur Unterstützung gefolgt war. Wie ein ranghoher Offizieller seiner Sicherheitstruppe rundheraus zugibt, »wichen sie vom üblichen Schema ab«. Nach seiner Rückkehr nach England war Wingfield zeitweilig »versetzt« und nicht mehr dem unmittelbaren Personenschutz zugeteilt, sondern allgemeinen Überwachungsaufgaben rund um al-Fayeds Besitz in Oxted. »Der [Flucht-]Plan war völlig akzeptabel, wenn die Chefs der Meinung waren, es sollte so seinen Gang nehmen«, sagt ein Mitglied der Sicherheitstruppe. »Dodi Fayed – der Sohn des Bosses – wünscht, daß etwas so und nicht anders getan wird. Was sollte Kes da tun? Etwa in London anrufen, um von dort das Ganze rückgängig machen zu lassen?«

In den ersten Oktobertagen legten die beiden Richter den Schwerpunkt ihrer Ermittlungen auf ein erneutes Verhör der Fotografen. Jacques Langevin von »Sygma« wurde von Stephan an einem ungewöhnlich warmen Nachmittag herbeizitiert und quälte sich schwitzend durch ein fünfstündiges Verhör. Es war derart heiß, so erinnert sich Langevin, daß sein Anwalt schon bald seine schwarze Robe auszog und auch der Richter sich seines Jacketts entledigte und in Hemdsärmeln weiterarbeitete.

Stephan konzentrierte sich bei diesem Verhör auf drei Punkte: auf Langevins berufliche Vergangenheit und Karriere als Fotograf, auf die Geschehnisse außerhalb vom Ritz am 30. August und auf die Situation im Tunnel nach dem Unfall. Der Richter legte ihm mehrere Fotos vor, vergrößerte Einzelbilder von den Überwachungsvideos des Ritz, welche die Anwälte von Fayed zur Verfügung gestellt hatten, und fragte Langevin, ob er bestimmte Leute, die in jener Nacht vor dem Hotel versammelt waren, identifizieren könne. Stephan schien besonders daran interessiert zu sein, eine ganz bestimmte Person, möglicherweise einen Engländer, zu identifizieren, der nicht zu der Gruppe französischer Fotografen gehörte.

Das Verhör verlief nicht immer im angemessenen Ernst. »Ich erzählte ihm einige lustige Geschichten aus meinem Erfahrungsschatz als Journalist«, amüsiert sich der Fotograf. »Manchmal mußte er regelrecht lachen. Er wirkte weder einschüchternd noch arrogant.« Eine dieser Stories drehte sich um Langevins Einkerkerung in Peshar (West-Pakistan) anläßlich eines Reportageauftrags. »Ich wurde von deren Kriminalbrigade verhört«, erzählte er dem Richter, »genauso wie hier.« Stephan lachte. »Nicht ganz genau so wie hier, hoffe ich doch«, gab er zurück. Mitten im Verhör machte Stephan eine Pause und rauchte eine Zigarette.

Als das Verhör um 19.30 Uhr beendet war, informierte Stephan Langevin darüber, daß er seine richterlichen Verfügungen aufheben würde, was bedeutet, daß es Langevin nicht länger untersagt war, das Land zu verlassen oder mit den anderen in diesen Fall verwickelten Journalisten zu sprechen. »Ich danke Ihnen, Herr Richter«, sagte der Journalist. »Sie müssen sich nicht bedanken«, antwortete Stephan mit festem Händedruck. »Schließlich beschuldigen uns eine ganze Menge Leute, daß wir mit euch zu hart umgesprungen sind.«

Langevin empfand diese Äußerung als Ermutigung. Da er erst zehn Minuten nach dem Unfall im Tunnel eintraf, als die Sanitäter bereits voll in Aktion waren, hatte er das sichere Gefühl, daß man die Anklagen wegen fahrlässiger Tötung und unterlassener Hilfeleistung in seinem Fall schließlich fallen lassen würde. Doch wird er, ebenso wie die anderen neun, lange darauf warten müssen, bis sie ihr endgültiges Schicksal erfahren: Insidern aus dem Justizpalast zufolge ist die endgültige Entscheidung, ob gegen die Verdächtigen Anklage erhoben wird oder nicht, kaum vor Oktober 1998 zu erwarten. Mit dem lastenden Verdacht, und mit den Erinnerungen an jene schreckliche Nacht, läßt sich nur schwer leben. Jacques Langevin wäre ein kleiner Gedächtnisverlust hochwillkommen.

Kapitel 14

# Spuren und Trümmer

Jean Pietri versteht etwas von Geschwindigkeit und Flugkurven. Pietri (70), ein pensionierter Ingenieur und ehemaliger Oberstleutnant der Reserve mit 40 Jahren Erfahrung in der französischen Rüstungs-, Luftfahrt- und Automobilindustrie, hat Flugzeuge durch heftige Stürme geflogen und Autos bei Geschwindigkeiten von bis zu 210 Stundenkilometern getestet. Er hat in seinem Leben eine Menge Flugzeug- und Verkehrsunfälle gesehen. Und als beratender Ingenieur des Konzerns »P.S.A«, des Herstellers von Peugeot- und Citroën-Automobilen, hatte er von 1966 bis 1980 vielfach Gelegenheit, jene Faktoren zu erwägen, die Fahrzeuge außer Kontrolle geraten und auf entgegenkommende Lkws, Steinmauern oder die stattlichen, aber oft todbringenden Pappeln prallen lassen, die die französischen Landstraßen säumen. Aber irgend etwas an diesem Unfall fesselt ihn ganz speziell.

Seine braunen Augen leuchten unter einem Schopf grauer Haare, und eine Handvoll Filzstifte ragt aus der Tasche seines Tweed-Jacketts, als Pietri sich im Büro des Pariser Chefs von *Time* über eine Zeichnung der Unfallstelle beugt. Die Bremsspuren haben es ihm angetan. Ein einziger Blick auf diese gebogenen schwarzen Linien verrät ihm bereits eine Menge über das, was in jener Nacht passiert ist. »Was sind Bremsspuren?« fragt er rhetorisch. »Rückstände von geschmolzenem Gummi. Bei starkem Bremsen kann der Gummi so schlüpfrig werden wie Eis.« Für Pietri sind die beiden Spuren – eine 19 Meter lange, deren Kurve nach links und dann zurück nach rechts führt, und eine andere, 32 Meter lange, die von der Straßenmitte direkt auf den 13. Pfeiler zuführt – gleichsam eine mathematische Kurvendarstellung der entscheidenden letzten Sekunden.

»Die zweite Spur ist aufschlußreich«, sagt er, zieht einen verschlossenen Füllfederhalter aus der Tasche und fährt mit dem dicken Ende die Linie entlang.»An dieser Stelle, sehen Sie, hat er die Kontrolle wiedererlangt. Das Fahrzeug ist stabilisiert, er hat anscheinend jede Menge freien Raum vor sich. Aber er fährt nicht zurück auf die rechte Fahrbahn. Warum? Er hatte keinen Platz, weil sich auf dieser Fahrbahn ein anderes Auto befand.«

Pietri deutet mit seinem Füller auf die Stelle, wo die zweite Bremsspur einsetzt. Sie beginnt mit einer einzelnen Markierung auf der rechten Seite.»Dies ist sein rechter Vorderreifen, der als erster zu rutschen beginnt«, sagt er.»Das läßt auf eine Linksdrehung des Lenkrades schließen, gefolgt von heftigem Bremsen. Zu diesem Zeitpunkt befindet sich der Mercedes in einer Schwingungsbewegung, begleitet von einem Schmelzen der Reifen, besonders des linken. Das ist es, was ihn gegen den 13. Pfeiler hat prallen lassen.«

Der ehemalige Testfahrer ist verblüfft über Henri Pauls Leistung am Steuer.»Dieser arme Kerl mag ein paar Drinks intus gehabt haben, aber seine Reflexe funktionierten noch bestens.« Pietri staunt:»Er muß an dem zweiten Wagen vorbei, hat aber nur ein paar Zentimeter Abstand zu ihm. Er hat keinen Spielraum für einen Fehler, es bedarf äußerster Präzision, um vorbeizukommen. Er touchiert zwar das andere Fahrzeug, aber er schafft es dennoch. Beachtliche Reflexe! Er hatte den Wagen völlig unter Kontrolle, bis zur letzten Linksdrehung des Steuers.«

Natürlich war an der Geschichte noch mehr dran: die Rolle des zweiten Fahrzeugs, der genaue Hergang der Kollision, die Aussagekraft der Trümmer auf der Straße, die Aufprallgeschwindigkeit des Mercedes, die Auswirkungen der charakteristischen Bauweise des Tunnels, besonders ausgeprägt in seiner Linkskurve und seinem starken Gefälle am Eingang. Pietri fand all dies hochinteressant und erklärte sich bereit, aufgrund der genauesten verfügbaren Daten über den Unfall, von Mercedes-Benz und Fiat zur Verfügung gestellter Informationen sowie eigener Inspektionen der Unfallstelle ein umfassendes Gutachten zu erstellen.

Die Untersuchungen vor Ort begannen unverzüglich. Wir winkten einem Taxi in der Avenue Montaigne und baten den Fahrer, uns zuerst zur Place de la Concorde zu fahren und dann die Schnellstraße am Flußufer entlang zum Alma-Tunnel zu nehmen. Der Fahrer, ein Nordafrikaner mit moslemischer Gebetskappe, blickte verwundert. Wir baten darum, in einem großen Kreis herumgefahren zu werden, um wieder dort zu enden, wo wir losgefahren waren. Er zuckte mit den Achseln. Er mußte den Fahrpreis nicht bezahlen.

An der Place de la Concorde machten wir unsere erste wichtige Wahrnehmung: An der Einmündung auf den Cours de la Reine gab es keine Verkehrsampel, was bedeutet, daß der Mercedes in unverminderter Geschwindigkeit auf die Schnellstraße gefahren und dort sehr stark beschleunigt haben könnte, als er den ersten Tunnel erreichte, der unter den kurz hintereinander liegenden Brücken Pont d'Alexandre III und Pont des Invalides hindurchführt.

Pietri meinte, daß die schnurgerade Strecke durch diesen langen Tunnel mit ihrem sanften Gefälle am Eingang und einem leichten Anstieg am Ausgang den Mercedes nur wenig langsamer hätte werden lassen, dieser im Verlauf des letzten, 480 Meter langen Abschnitts vor der Alma-Brücke aber reichlich Zeit gehabt hätte, wieder zuzulegen. Im Gegensatz zur ersten Unterführung macht die Schnellstraße zum Alma-Tunnel hinunter eine Linkskurve. Der Ingenieur lächelte und bemerkte: »Bei dieser Kurve und diesem Gefälle ist es ausgeschlossen, den Tunnel in hoher Geschwindigkeit zu passieren.«

Als wir langsam durch den Tunnel fuhren, stellten wir fest, daß die Anordnung der Mittelpfeiler es unmöglich machte, die Autos auf der nach Osten führenden Fahrbahn zu sehen, bevor sie etwa auf gleicher Höhe mit uns waren. Unser Taxi verlangsamte sein Tempo, so daß wir den 13. Pfeiler genau betrachten konnten. Es waren Graffiti darauf, und an seinem Sockel lagen ein paar Sträuße verwelkter Blumen. Abgesehen davon, daß der Beton an seiner nordöstlichen Kante etwas beschädigt war, wies er überraschend wenig Schäden auf, wenn man bedenkt, mit welcher Wucht der Mercedes dagegengeprallt war. »Stahlbeton«, sagte Pietri. »Man bräuchte schon eine Atombombe, um ihn zu fällen.«

Wenn diese soliden, aber lebensgefährlichen Pfeiler durch

Leitplanken aus Metall abgeschirmt gewesen wären, ist es gut möglich, daß der Mercedes daran hätte entlanggleiten oder von ihnen abprallen können, ohne daß es zu jenem furchtbaren frontalen Aufprall gekommen wäre. Warum also gibt es keine Leitplanken? Der sozialistische Abgeordnete François Loncle stellte genau diese Frage in einem Brief vom 3. September an den Pariser Polizeipräsidenten Philippe Massoni. Massoni antwortete, der Alma-Tunnel sei »eine städtische Straße, die der Stadt Paris untersteht«, und für die Entscheidung über derartige Sicherheitsmaßnahmen sei der Bürgermeister zuständig. Es ist erwähnenswert, daß der jetzige Staatspräsident Jacques Chirac von 1977 bis 1995 Oberbürgermeister von Paris war.

Selbstverständlich trägt Chirac nicht persönlich Schuld – weder daran, daß es keine Leitplanken gibt, die gesetzlich nicht zwingend in Stadtgebieten mit Geschwindigkeitsbegrenzung vorgeschrieben sind, noch daran, daß die Einfahrt in den Tunnel ein Gefälle und eine Kurve aufweist. Der 142 Meter lange und 15 Meter breite Alma-Tunnel wurde zwischen 1954 und 1956 im Rahmen der Bemühungen errichtet, das Nachkriegs-Paris zu modernisieren und von Verkehrsstaus zu befreien. Die Ingenieure, die ihn konstruierten, waren zu der Kurve gezwungen, um die Metro-Linie 9 und deren Station Alma Marceau zu umgehen. Pariser Offizielle behaupten, daß der Tunnel nicht besonders gefährlich sei. Dem zentralen Unfallamt der Stadt zufolge hat es seit Januar 1994 sechs Unfälle mit Personenschaden gegeben (darunter einer mit Todesfolge), den Unfall vom 31. August nicht mitgezählt. Diese Zahlen, so die Offiziellen, lägen im »Pariser Durchschnitt«. In mindestens vier der sechs Fälle wurde der Unfall durch überhöhte Geschwindigkeit verursacht. Dies bestätigt Pietris Beobachtung: Es ist keine geeignete Stelle zum Druck aufs Gaspedal.

Das Taxi setzt uns an der Place de l'Alma neben der goldenen Fackelstatue ab, die zum Brennpunkt des Pariser Diana-Kultes geworden ist. Noch immer häufen sich an ihrem Sockel Blumen und handgeschriebene Zettel. »Diana, Du hast meinem Leben einen Sinn gegeben«, heißt es auf einem. Auf der anderen Seite der Seine zählt eine Anzeigentafel am beleuchteten Eiffelturm weiterhin die Tage bis zum Jahr 2000. Im Chez Francis, dem glasumschlossenen Jugendstil-Restaurant, das den Platz beherrscht, füllen sich allmählich die Tische. Und während es langsam dunkler wird, stellt Pietri fest, daß sich die Lichtverhältnisse jetzt hervorragend dazu eignen, um zu überprüfen, wie andere Augenzeugen die Straße unter nächtlichen Bedingungen gesehen haben mochten.

Wir überqueren die Straße, wobei wir sorgsam auf den schnellen Pariser Verkehr achtgeben, und gehen zur Place de la Reine Astrid. Dieses grasbewachsene Dreieck, das nach einer belgischen Königin benannt ist, die 1935 im Alter von 29 Jahren bei einem Autounfall in der Schweiz ums Leben gekommen ist, liegt am Rande der Place de l'Alma, rund 50 Meter von der Tunneleinfahrt entfernt. Genau hier standen die beiden Hauptzeugen, die Chauffeure Olivier P. und Clifford G., als sie sahen, wie sich der Mercedes mit hoher Geschwindigkeit näherte, dann nach links ausscherte, um ein »dunkelfarbiges« langsameres Fahrzeug zu überholen.

Zu unserer Überraschung stellten wir fest, daß der Blickwinkel äußerst begrenzt ist. Vorbeifahrende Autos verschwinden bereits aus der Sicht, bevor sie in den Tunnel gelangen, weil die sich absenkende Straße von einer Stützmauer verdeckt wird. Zur Linken wird das Sichtfeld durch eine Reihe von Bäumen eingeschränkt. Tatsächlich können Olivier und Clifford von hier aus nur einen etwa 100 Meter langen Abschnitt der Straße gesehen haben.

Von diesem Standplatz aus ist es zudem äußerst schwierig, die Farben der Autos zu unterscheiden. Infolge eines durch Straßenlaternen und durch Scheinwerfer sich nähernder Autos verursachten Blendungseffektes hält man jedes Auto für dunkel, bis es sich auf gleicher Höhe mit dem Beobachter befindet. Als so ein Auto nach dem anderen vorbeifährt, stellen wir zu unserem Erstaunen fest, daß, was wir zunächst für Schwarz oder Dunkelbraun hielten, sich oft als Rot, Grün oder Weiß herausstellt. Überdies ist es aufgrund der Perspektive praktisch unmöglich zu sehen, ob ein sich näherndes Auto auf der rechten oder linken Fahrbahn fährt. Woraus folgt: Abgesehen von der Feststellung, daß sich der Mercedes mit hoher Geschwindigkeit näherte, waren die Zeugenaussagen von Olivier und Clifford bezüglich der Farbe des zweiten Autos, der Fahrbahn, auf der die Wagen fuhren, sowie ihrer jeweilige Position während der letzten zehn bis 15 Meter vor der Einfahrt in den Tunnel in hohem Maße unglaubwürdig.

Und noch etwas fällt uns auf: An den Ästen der Bäume, die die Seine säumen, hängen Hunderte von glitzernden weißen Lichtern, die ständig an- und ausgehen. Sie wirken wie Christbaumlichter, sind aber das ganze Jahr über in Betrieb, um das Flußufer für die Touristen zu illuminieren. Diese Lichter könnten die Erklärung für eine verwirrende Zeugenaussage bieten.

In seiner ersten Aussage vom 31. August hatte Clifford ein Motorrad mit zwei Passagieren beschrieben, von dem »in Richtung des [Mercedes] Bilder geschossen worden« seien. Bei einer erneuten Befragung durch Richter Stephan am 17. September war er sich nicht länger sicher in bezug auf das, was er gesehen hatte. »Wenn ich den Polizisten gesagt habe, ich hätte zwei Personen auf dem Motorrad gesehen, und der Beifahrer hätte Bilder geschossen, dann kann ich heute nicht mehr bestätigen, daß es zwei Personen waren... Auch kann ich nicht bestätigen, daß ein Beifahrer Bilder geschossen hat.« Wahrscheinlich handelt es sich um einen unabsichtlichen Fehler, der in der Aufregung des Augenblicks einem Zeugen unterlaufen ist, der anschließend an der Unfallstelle gewesen war und beobachtet hatte, wie schändlich sich die Fotografen verhalten hatten. Doch eine Erklärung für seine Unsicherheit könnten die weißen Lichter gewesen sein, die in seiner Blickrichtung genau hinter dem Mercedes und dem Motorrad geflackert haben mußten.

Wir überqueren die Zufahrtsstraße zur Schnellstraße und befinden uns nun auf einer langen, grasbewachsenen Verkehrsinsel, welche die Hauptverkehrsader von der Parallelstraße, dem Cours Albert 1$^{er}$, trennt. Hier ging David L., ein Pariser Student, mit seiner Freundin Marie-Agnès C. und deren Eltern am 31. August in einer Entfernung von etwa 90 Metern von der Tunneleinfahrt spazieren. Von hier aus ist die Sicht wesentlich besser als von der Place de la Reine Astrid. Zur Linken bietet sich ein ungehinderter Blick zum Invalides-Tunnel. Zur Rechten ist die Einfahrt zum Alma-Tunnel deutlich zu sehen, wenig jedoch vom Inneren infolge der Straßenkurve. Ein weiteres wichtiges Detail ist, daß aus dieser Perspektive viel leichter zu erkennen ist, auf welcher Fahrbahn sich ein herankommendes Fahrzeug befindet. Angesichts dieser Tatsachen dürften die Aussagen von David und Marie-Agnès weitaus verläßlicher sein als die der beiden Chauffeure mit ihrer begrenzten Sicht.

Zusammengefaßt sahen die beiden jungen Leute einen sich mit sehr hoher Geschwindigkeit auf der *linken* Spur nähernden Mercedes, in einer gewissen Entfernung gefolgt von einem Motorrad mit zwei Personen. Sie erwähnten beide ein zweites Fahrzeug auf der rechten Spur, das von dem Mercedes überholt wurde; David berichtete den Ermittlern, daß die Eltern seiner Freundin den Eindruck gehabt hätten, daß es zwischen den beiden Fahrzeugen in der Nähe des Tunneleingangs zu einer Kollision gekommen sei. Ihre Aussage war von großer Bedeutung, wie wir später noch im einzelnen sehen werden, und paßt zu einer Folge von Ereignissen, die Pietri später aufgrund einer Reihe wissenschaftlicher Berechnungen nachwies. Für den Moment genügte es, festzuhalten, daß diese Augenzeugen vermutlich von allen die beste Sicht gehabt hatten, um die Bahn des Mercedes in den letzten Sekunden vor der Einfahrt in den Tunnel zu beobachten.

Vom Grünstreifen aus überquerten wir die Schnellstraße (ein verrücktes und gefährliches Unterfangen, aber für unsere Ermittlungen absolut erforderlich). Wir gingen auf dem 1,5 Meter schmalen Fußweg auf dem Mittelstreifen weiter in Richtung Tunneleinfahrt, wobei auf beiden Seiten die Autos an uns vorbeirauschten. Pietri blieb stehen und blickte zurück, um die herankommenden Fahrzeuge zu beobachten. »Sehen Sie«, sagte er, sein Gesicht vor Aufregung gerötet, »dort ist eine Lücke im Straßenbelag, etwa 40 Meter vom Eingang entfernt. Man kann sehen, wie die Scheinwerferlichter runtergehen, wenn die Autos darüberfahren«. Tatsächlich senkten sich die Lichter und hoben sich dann wieder. »Bei hoher Geschwindigkeit«, meinte der Ingenieur, »ist dies ein irritierendes Moment.« Das gleiche galt für das starke Gefälle zur Tunneleinfahrt. »Ein Trampolin-Effekt«, sagte er und schüttelte den Kopf. »Ein Auto, das hier zu schnell fährt, kann seine Bodenhaftung verlieren oder sogar ganz von der Straße abheben, wie ein Skispringer.«

Wir schafften es bis zum dritten Pfeiler, wo uns die hupenden Autos, die an uns vorbeirasten, zur Überzeugung brachten, daß es selbst im Interesse der Wissenschaft sinnlos ist, bei der Untersuchung eines Autounfalls zu sterben. Während wir uns vorsichtig zur Tunneleinfahrt zurückbewegten, nahmen wir wahr, daß uns das künstliche Licht im Tunnel täuschte, indem es schwarze

Autos blau und weiße grau erscheinen ließ. Im Tunnel selbst, wie außerhalb von ihm, war offensichtlich nachts kein Verlaß auf die Wahrnehmung von Farben.

Wir gingen wie Holmes und Watson die Avenue George V hinauf und sprachen aufgeregt über unsere Entdeckungen. Bevor wir uns voneinander verabschiedeten, kehrten wir bei Fouquets auf den Champs-Elysées ein und tranken an der gutbesuchten Bar einen Espresso. Pietri zeichnete Diagramme auf eine Serviette, stellte darauf Berechnungen an und redete pausenlos von Dingen wie »Rotationsgeschwindigkeit«, »Oszillation«, »Trägheitsmoment« und »Fliehkraft«. »Es gibt mehrere Spielarten«, faßte er zusammen, strich sich übers Kinn und studierte seine Skizzen. »Und jedesmal, wenn man eine neue Vermutung ins Spiel bringt, kann sich das Ganze völlig ändern. So ist die Methodik der Wissenschaft. Man darf nicht an einer fixen Vorstellung festhalten.«

Um genau herauszufinden, was geschehen sei, sagte er, müsse man noch viel mehr bedenken, beobachten und rechnen. Aber die Räder im Kopf des Ingenieurs drehten sich bereits und der Fall Diana sollte ihn in den nächsten Wochen geradezu zwanghaft beschäftigen. Anfang Dezember, nach zahlreichen weiteren Besichtigungen des Tunnels sowie unzähligen Faxen und Telefonaten zwischen uns, lieferte Pietri seinen 52seitigen Bericht[38] ab über die physikalischen Hintergründe für den Tod von Prinzessin Diana und Dodi Fayed.

Hier folgt eine Zusammenfassung dessen, was Pietri herausgefunden hat:

### Die Geschwindigkeit des Mercedes, als er sich dem Tunnel näherte

Die Entfernung von der Place de la Concorde bis zur Tunneleinfahrt beträgt 1,2 Kilometer. Die Strecke gliedert sich in drei Abschnitte.
1. Place de la Concorde bis Pont Alexandre III – 390 Meter.
2. Tunnel zwischen Pont Alexandre III und Pont des Invalides – 330 Meter.
3. Pont des Invalides bis Alma-Tunnel – 480 Meter.

Der letzte Streckenabschnitt ist schnurgerade und bietet, trotz der langen Untertunnelung zwischen den beiden Brücken, ausgezeichnete Sicht und beste Fahrbedingungen. Pietri nimmt an, daß Henri Paul verständlicherweise so schnell gefahren sein dürfte, wie es unter diesen Umständen nur irgend möglich war: »Der Fahrer des Mercedes«, schrieb er, »versuchte den Abstand zwischen sich und den Verfolgern so zu vergrößern, daß er außer ihrer Sichtweite geriet. Begünstigt durch die kerzengerade 1,2 Kilometer lange Strecke zwischen Concorde und Alma dürfte er versucht haben, seinen Wagen auf die höchstmögliche Geschwindigkeit zu bringen.« Die relativ leichten Gefälle und Steigungen am Anfang und Ende des Invalides-Tunnels hätten das Fahrzeug nicht nennenswert verlangsamt oder sonstwie beeinträchtigt.

Angesichts der Motorleistung des S 280 (Beschleunigung von 0 auf 100 km/h in 11 Sekunden; Höchstgeschwindigkeit 215 km/h), so Pietris Schlußfolgerung, »widerspricht nichts der Hypothese von einer sehr hohen Geschwindigkeit – etwa 160 km/h auf dem letzten, 480 Meter langen Abschnitt vor dem Gefälle hinunter zum Alma-Tunnel.«[39] Bei dieser Geschwindigkeit hätte der Mercedes 44 Meter pro Sekunde zurückgelegt.

### Die dem Alma-Tunnel eigene Gefahr bei hoher Geschwindigkeit

Die Bauweise des Alma-Tunnels mit seiner Kurve und dem Gefälle, so behauptet Pietri, macht es unmöglich, ihn mit Geschwindigkeiten von 100 oder mehr Stundenkilometern »ohne schwerwiegende Risiken« zu passieren. Dies gilt nicht für die geradlinige Invalides-Unterführung mit ihrem mäßigen Gefälle, wo Geschwindigkeiten von bis zu 160 bis 170 Stundenkilometern möglich sind. Daß der voraufgegangene Tunnel relativ unproblematisch mit hoher Geschwindigkeit zu durchfahren war, so vermutet Pietri, könnte Paul zu der falschen Annahme geführt haben, auch der Alma-Tunnel stelle kein Problem dar. Ein fataler Irrtum! Nur ein erfahrener Berufskraftfahrer könne das Gefälle hinab zum Tunnel mit einer Geschwindigkeit von mehr als 100 km/h durchfahren, sagt Pietri, und das auch nur, indem er die Kurve von der linken zur rechten Fahrbahn hin anschneide, um deren Krümmung aufzufangen. Henri Paul hatte zwar ein spezielles Fahrertraining bei Mercedes in Stuttgart absolviert, doch selbst wenn er die Kunstfertigkeit besessen hätte, diesen riskanten Abschnitt zu meistern, stand ihm nicht die entscheidende

Voraussetzung dazu zur Verfügung: eine freie rechte Fahrbahn. Deshalb, behauptet Pietri, wäre der Mercedes auch dann im Tunnel verunglückt, wenn er nicht mit dem Fiat kollidiert wäre. Allein schon die Gegenwart eines Autos auf der rechten Fahrbahn hätte einen verheerenden Unfall unvermeidbar gemacht. Pietri schreibt: »Der Fahrer des Mercedes wurde durch etwas auf der rechten Fahrbahn behindert, das in Wirklichkeit die Katastrophe hervorrief.«

### Der Abstand zwischen dem Mercedes und dem Fiat Uno

Von der Stelle der vermutlichen Kollision in der Nähe der Tunneleinfahrt verfolgt Pietri die beiden Fahrzeuge zurück bis zu der Stelle, wo der Mercedes an der Place de la Concorde in die Schnellstraße einbog. Vorausgesetzt, daß der Fiat Uno ebenfalls an der Place de la Concorde[40] auf die Schnellstraße bog, und vorausgesetzt, daß der Fiat konstant mit 80 km/h fuhr (der Durchschnittsgeschwindigkeit von Autos auf dieser Schnellstraße), berechnet Pietri den Abstand zwischen den beiden Fahrzeugen wie folgt:

1. An der Place de la Concorde: 507 Meter.[41]
2. Am Eingang des ersten Tunnels: 388 Meter.
3. Beim Verlassen des ersten Tunnels: 240 Meter.

Erst auf der Hälfte der Wegstrecke zwischen dem ersten Tunnel und der Einfahrt zum Alma-Tunnel gerät der Fiat in Sichtweite des Mercedes (das kleinere Auto befand sich wahrscheinlich bereits im Invalides-Tunnel und war damit nicht sichtbar, als der Mercedes in die Schnellstraße einbog). Der Mercedes braucht jetzt nur noch ungefähr 10 Sekunden bis zur Einfahrt in den Alma-Tunnel. Dies hätte Henri Paul noch immer genug Zeit gelassen, auf die linke Fahrbahn zu wechseln und den Fiat zu überholen. Wenn man den Berichten von David L. und Marie-Agnès C. glauben kann, befand er sich wohl tatsächlich auf der linken Fahrbahn. Pietri allerdings vermutet, daß er auf der Mittellinie der beiden Fahrbahnen fuhr.

Als der Mercedes 150 Meter von der Tunneleinfahrt entfernt ist, befindet sich der Fiat Uno ungefähr 75 Meter vor ihm. Das kleinere Auto fährt jetzt auf dem mäßig abfallenden 100 Meter langen Abschnitt vor der Kurve in den Tunnel. In weniger als vier Sekunden werden sie kollidieren.

Warum? Eine Erklärung ist, daß Henri Paul nicht in der Lage war, dem Fiat auszuweichen, weil seine überhöhte Geschwindigkeit in diesem kritischen Moment den Vorderrädern ihre Griffigkeit genommen hatte.

### Der Trampolin-Effekt

Jedes Fahrzeug, das auf den Scheitelpunkt eines Gefälles stößt, neigt aufgrund seines Trägheitsmoments dazu, von der Straße abzuheben (in Wirklichkeit ist es die Straßenführung, die unter dem Fahrzeug eine Art Hindernis erzeugt). Ist die Geschwindigkeit groß genug, hebt das Fahrzeug tatsächlich vom Boden ab. In den meisten Fällen bleibt das Fahrzeug aber am Boden, doch der Druck seines Eigengewichts verringert sich und damit seine Bodenhaftung. Dieser Effekt betrifft am stärksten die Vorderräder, die die Lenkung bestimmen. Wenn ein Fahrer in diesem kritischen Moment die Richtung ändern muß (z. B., um eine Kurve zu passieren oder einem Hindernis auszuweichen), muß er das Lenkrad stärker als üblich einschlagen, damit das Fahrzeug entscheidend reagiert. Der vordere Bereich des Wagens verliert dann stärker als normal die Straßenhaftung der Reifen. Unter diesen Umständen, schreibt Pietri, »kann das Fahrzeug plötzlich aus seiner normalen Bahn katapultiert werden«. Nach Pietris Berechnungen müßte ein Wagen mit einer Geschwindigkeit von 100 km/h auf dem relativ starken, 50 Meter langen Gefälle in den Alma-Tunnel bereits auf einer Strecke von 20 Metern die Lenkkraft der Vorderräder verlieren; bei 160 km/h betrüge die Länge 32 Meter.

### Wie es zur Kollision kam

Pietris Schlußfolgerung ist, daß der Fahrer des Mercedes, der infolge der Zentrifugalkraft nach rechts zog und dessen Reifenhaftung aufgrund des Trampolin-Effekts vermindert oder möglicherweise völlig aufgehoben war, den Wagen total übersteuert hat bei dem Versuch, eine Kollision mit dem Fiat zu vermeiden. Trotz aller Bemühungen im letzten Bruchteil einer Sekunde kann Paul die Kollsision mit der linken Heckseite des Fiat Uno nicht verhindern. Der Mercedes drückt anschließend wieder mit seinem vollen Gewicht auf die Vorderräder, wodurch das Fahrzeug nach links geworfen wird. Und genau in diesem

Moment – jedoch nicht vor der Kollision – tritt Paul auf das Bremspedal, was die erste, 19 Meter lange Bremsspur hinterläßt. Doch warum ist es nur die Spur eines Reifens? Weil das Auto wieder nach rechts zurückgesteuert wird, da Paul verzweifelt versucht, einem Aufprall auf die Mittelpfeiler zu entgehen, einer Richtungsänderung, die die Belastung auf dem rechten Reifen ungemein verstärkt.

### Wo die Kollision stattfand

Ausgehend vom Fundort der Trümmer auf der Fahrbahn berechnet Pietri, daß die Kollision tatsächlich etwa fünf Meter *außerhalb* der Tunneleinfahrt stattgefunden hat, mindestens zehn Meter östlich von der auf der Polizeiskizze eingetragenen »wahrscheinlichen Kollisionszone«. Wie ist diese Abweichung möglich? Die »wahrscheinliche Kollisionszone« ist der Bereich, in der das weiße Glas des Frontscheinwerfers des Mercedes und das rote Kunststoffglas vom Rücklicht des Fiat gefunden wurden. Aber die Grundgesetze der Physik, sagt Pietri, lehren uns, daß sich diese Fragmente mit der selben Geschwindigkeit bewegten wie die Fahrzeuge selbst zum Zeitpunkt der Kollision. Sie behielten daher im Fallen ihre Vorwärtsbewegung bei und rollten bzw. rutschten dann ein Stück weit auf dem Boden, bevor sie zum Liegen kamen. In seiner Schätzung der »Roll«-Entfernung, wobei er den Luftwiderstand berücksichtigt, kommt Pietri bei einer angenommenen Geschwindigkeit von 100 km/h auf eine Gesamtstrecke von zehn Metern, die die verschiedenen Bruchstücke zurücklegten, bzw. von 13 Metern bei 130 km/h oder 16 Metern bei 160 km/h.

Wenn Pietris Berechnungen stimmen, dann fand die Kollision bereits statt, bevor der Mercedes in den Tunnel einfuhr. Diese Version wird gestützt durch die Aussagen von David L. und Marie-Agnès C., jenen Zeugen, von deren Position aus am besten zu sehen war, was geschah, als der Mercedes sich der Unterführung näherte.[42] »Ich sah, wie sich ein großes dunkles Fahrzeug näherte, das sehr schnell auf der linken Fahrbahn fuhr«, erzählte David Richterin Devidal am 24. September. »In dem Moment, als es an mir vorbeifuhr, wandte ich mich zu den Personen, die bei mir waren, und machte die Bemerkung, daß es verrückt sei, so schnell zu fahren. In diesem Augenblick hörte ich deutlich das Geräusch eines leichten Zusammenpralls, dann ein sehr scharfes Bremsen... und dann einen viel größeren Lärm hinter mir [d.h. aus dem Tunnel].« In seiner ursprünglichen Aussage vom 4. September hatte David von »einem großen dunkelfarbigen Auto auf der rechten Fahrspur, [das] von einem anderen Auto [dem Mercedes] überholt wurde«, gesprochen. Der junge Mann blickte in diesem Moment in die entgegengesetzte Richtung, sagte aber, daß die Eltern seiner Freundin, die zum Tunnel sahen, »sich daran erinnern, daß dieses Auto auf der rechten Fahrbahn von dem Fahrzeug der Prinzessin überholt wurde. Sie meinen sogar, daß es in dem Augenblick zur Kollision kam, als es vorbeifuhr. Sie sagten, der Überholvorgang habe in der Nähe [d. h. außerhalb] des Tunnels stattgefunden.«

Die Lage der Trümmer, so schreibt Pietri in seinem Bericht, deutet darauf hin, daß »es zum Kontakt zwischen den beiden Autos kam, als sich der Mercedes auf der Mitte der Doppelfahrbahn befand; der vermutete Fiat Uno fuhr in diesem Moment am linken Rand der rechten Fahrbahn [geriet aber nicht über die Mittellinie].«

### Was geschah bei der Kollision zwischen Mercedes und Fiat?

Als er merkte, daß der Fiat ihm im Weg war, scherte der Mercedes plötzlich nach links aus, aber nicht genug, um einen seitlichen Kontakt zu vermeiden. Sein vorderer rechter Kotflügel traf den Fiat hinten links, wobei der Scheinwerfer des Mercedes und das rechte Rücklicht des Fiat zersplitterten. In diesem Moment, sagt Pietri, hätte der Aufprall des schweren Mercedes gegen das hintere Ende des Fiat bewirkt, daß sich das Vorderteil des kleineren Fahrzeugs um ca. 5 Grad nach links gedreht und damit Henri Pauls Manövrierraum noch weiter eingeschränkt hätte, so daß sich die beiden Wagen streiften. Dieser seitliche Kontakt zertrümmerte den rechten Außenspiegel des Mercedes und riß dessen Kunststoffassung ab. (Um es zu verdeutlichen: Von diesem Moment an war es Paul nicht mehr möglich, den rechten Außenspiegel zu nutzen.) Während dieses Streifvorgangs, der nach Pietris Berechnungen weniger als eine Sekunde dauerte, fuhr der Mercedes etwa 26 Meter weiter, bevor er den Fiat rechts hinter sich ließ.

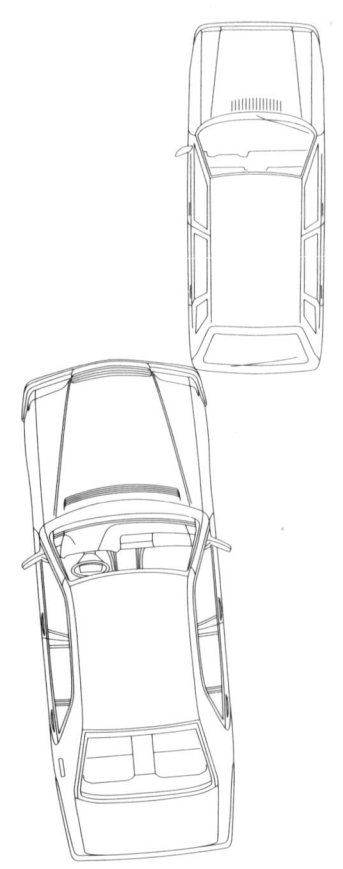

**Abb. 1**. Beim Versuch, dem langsamer fahrenden Fiat Uno auszuweichen, stößt der beschleunigende Mercedes hinten links gegen den Fiat, und zwar etwa fünf Meter außerhalb vom Tunneleingang. Der Aufprall läßt weiße Glassplitter von der Vorderlampe des Mercedes und rote Splitter vom Rücklicht des Uno in den Tunnel hineinfliegen, wo sie auf der rechten Fahrbahn zum Liegen kommen.

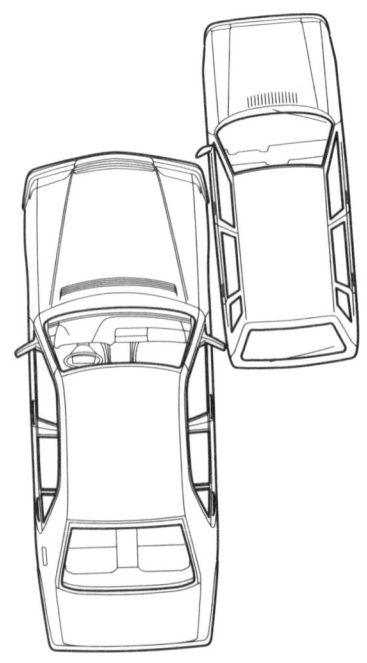

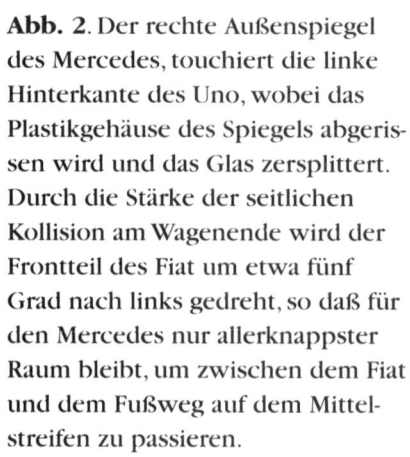

**Abb. 2**. Der rechte Außenspiegel des Mercedes, touchiert die linke Hinterkante des Uno, wobei das Plastikgehäuse des Spiegels abgerissen wird und das Glas zersplittert. Durch die Stärke der seitlichen Kollision am Wagenende wird der Frontteil des Fiat um etwa fünf Grad nach links gedreht, so daß für den Mercedes nur allerknappster Raum bleibt, um zwischen dem Fiat und dem Fußweg auf dem Mittelstreifen zu passieren.

**Abb. 3.** Als Fahrer Henri Paul vorbeizieht, wobei die kurz abgehobenen linken Reifen eine einzelne gekrümmte Schleuderspur verursachen, schlägt der linke Außenspiegel des Fiat gegen das rechte Hinterteil des Mercedes und hinterläßt dort etwas, das auf Fotos wie eine Linie weißlicher Farbspuren erscheint. Diese Spuren können Kratzer im dunklen Lack des Mercedes bzw. in dessen heller Grundierung sein oder Farbpartikel des mysteriösen weißen Uno.

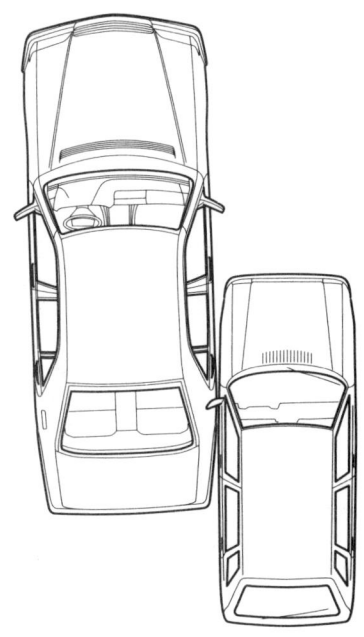

**Abb. 4.** Das Auftreffen des Fiat-Spiegels auf die rechte Mercedesseite, von hinten gesehen. Nach Pietris Berechnungen fuhren die beiden Wagen etwa 26 Meter weit nebeneinander, bevor der Mercedes den Fiat endgültig überholt hatte. In der zweiten Phase des Unfalls, Sekundenbruchteile später, zwang dann ein »Hindernis« auf der rechten Fahrbahn Henri Paul dazu, das Steuer nach links zu reißen und eine Vollbremsung einzuleiten, was beides zum fatalen Aufprall auf den 13. Pfeiler führte.

Gleichzeitig scheint der in einem Gelenk gelagerte linke Außenspiegel des Fiat, der durch den Kontakt mit dem Mercedes zurückgebogen wurde, die hinter der rechten Hintertür beginnenden sechs horizontalen weißen Kratzer auf der Karosserie des S 280 (auf Fotos vom Wrack sind sie deutlich sichtbar) verursacht zu haben. Die dreieckigen und trapezförmigen weißen Kratzer, glaubt Pietri, zeigen die freigelegte Grundierfarbe des Mercedes.

Obwohl bis jetzt noch niemand den Fiat untersuchen konnte (der evtl. niemals gefunden wird), muß der Aufprall eines 1,9 Tonnen schweren Mercedes auf einen Uno von 780 Kilogramm einen weitaus größeren Schaden verursacht haben als nur den Verlust eines Schlußlichts. Zumindest müßten hintere Stoßstange und Kotflügel eingedellt sein, und logischerweise müßte auch seine linke Seite Kratzer aufweisen, die von dem Außenspiegel des Mercedes stammen. Die Gewalt des Zusammenstoßes könnte auch dazu geführt haben, daß der Fahrer des Uno für einen Moment die Kontrolle über das Fahrzeug verlor, was erklären könnte, warum er anschließend so dicht bei dem Mercedes blieb und ihn eventuell auf der rechten Seite behindert hat.

### Die letzen Sekunden

Nachdem er mit dem Fiat seitlich kollidiert war, gelang es Henri Paul, dem Pietri bemerkenswerte Reflexe zuschreibt, den engen Raum zwischen dem Fiat zu seiner Rechten und der Reihe von Stützpfeilern zu seiner Linken zu passieren. Obwohl sein linkes Vorderrad gegen den Gehweg des Mittelstreifen prallte (Polizeiberichten zufolge hat die Stoßstange möglicherweise den dritten Pfeiler gestreift), gelang es Paul, das Auto auf der Fahrbahn zu halten und mit einer Geschwindigkeit, die Pietri auf über 100 Stundenkilometer schätzt, auf die Mitte der linken Bahn zurückzusteuern. »Aus der Tatsache, daß der Fahrer des Mercedes die Kontrolle über sein Fahrzeug zurückerlangte, wie die nur 19 Meter lange Spur offenbart«, schreibt Pietri, »muß man schließen, daß die eigentliche Ursache des tödlichen Unfalls einige Dutzend Meter weiter und einige Bruchteile von Sekunden später entstand.«

»In diesem Moment«, heißt es weiter im Bericht des Ingenieurs, »sieht sich der Fahrer des Mercedes zu seiner Rechten mit zwei Hindernissen konfrontiert: einem, das schon vorher da war, sowie einem neuen. Hinter dem Mercedes [auf der rechten Fahrbahn] ist noch immer der Fiat Uno nahebei. Vor dem Mercedes befindet sich ein Citroën BX [des Zeugen Mohammed M.], der etwa 90 km/h fährt und den der immer noch sehr schnelle Mercedes entweder überholen oder auf den er von hinten auffahren muß, wenn er auf die rechte Spur wechselt.[43]

Der Fahrer des Mercedes führt dann [mit dem Lenkrad] ein zweites Gegenmanöver nach links aus, um um jeden Preis zu verhindern, auf die rechte Fahrspur zu geraten, ein Gegenmanöver, das gleichzeitig von einem verzweifelten Tritt auf die Bremse verstärkt wird, um zu vermeiden, entweder mit dem gefährlich nahen Citroën BX vor ihm oder... mit dem von hinten nahenden Fiat Uno zusammenzustoßen.

Von diesem Augenblick an bewirkt das Schmelzen des Reifengummis einen erheblichen Verlust an Bodenhaftung, und der Mercedes befindet sich in einer doppelt und endgültig verzweifelten Situation: 1. hat das Notbremsmanöver nicht die erhoffte Wirkung, und die Geschwindigkeit bleibt hoch...; 2. wird die Heftigkeit der Drehbewegung des Mercedes nicht deutlich verringert, und der Mercedes behält seine Drehbewegung nach links bei.

Gegen diese Drehbewegung nach links, die den Mercedes direkt auf die Reihe von Mittelpfeilern zutreibt..., hätte der Fahrer des Mercedes das Lenkrad wieder nach rechts reißen müssen, um zu versuchen, sein Fahrzeug wieder nach der Straßenmitte auszurichten. Aber in diese Situation bleibt weniger als eine Sekunde bis zum endgültigen Aufprall, und der unglückliche Fahrer des Mercedes hat nicht einmal Zeit, mit dem Gegenlenken auch nur anzufangen.«

Als der Mercedes gegen den 13. Pfeiler prallte, heißt es in dem Bericht weiter, »verlagert sich der Schwerpunkt des Wagens auf die Aufprallstelle, der Wagen hebt ab. Die unversehrte Stärke seines Stahlrahmens bringt den Mercedes wieder zurück auf seine Achsen. Indem der Mercedes weiterhin seine simultanen Bewegungen von Rückprall und Drehung fortsetzt, kommt er schließlich an der Nordwand des Tunnels zum Stillstand, nachdem er eine Drehung von etwa 180 Grad ausgeführt hat.« Diese 180-Grad-Drehung erklärt nebenbei auch, warum die Prinzessin mit dem Gesicht zum Heck des Wagens aufgefunden wurde: Ihr Körper hatte sich auf seiner ursprünglichen Bahn weiterbewegt, während sich das Auto um sie herum drehte!

### AUFPRALLGESCHWINDIGKEIT

Entgegen Behauptungen, daß der Mercedes mit einer Geschwindigkeit von bis zu 196 km/h auf den 13. Pfeiler geprallt sei, schätzt Pietri die Aufprallgeschwindigkeit nicht höher als 95 km/h ein. Aus seiner langen Erfahrung mit dem Testen von Automobilen weiß er, daß Fahrzeuge, wenn sie frontal mit Geschwindigkeiten von über 100 km/h auf unbewegliche Gegenstände prallen, gewöhnlich völlig zertrümmert werden. Obwohl der Mercedes stark deformiert war, hat er aber keinen derartigen Schaden erlitten. Tatsächlich war der Fond unversehrt und das Heck des Wagens praktisch unbeschädigt. Auch wenn der Aufprall auf den Pfeiler eine riesige rechtwinklige Kerbe im Vorderteil hinterließ, wurde der massive Motorblock nicht gesprengt, sondern auf die rechte Seite des Autos gedrückt und drang in den weniger widerstandsfähigen Stahl der Karosserie und des Fahrgestells ein.

Um diese qualitativen Wahrnehmungen zu untermauern, untersuchte Pietri, wie weit verschiedene Trümmerteile (Innenrückspiegel, vorderes linkes Blinklicht, Parabolspiegel des rechten Scheinwerfers) auf die nach Osten führende Fahrbahn geschleudert worden waren, und berechnete dann die Energie, die durch den Zusammenstoß freigesetzt worden war. Die Ergebnisse deuteten auf eine Aufprallgeschwindigkeit von schätzungsweise 95 km/h oder weniger.[11] Dies war trotz der viel höheren Geschwindigkeit möglich, mit der sich der Mercedes dem Tunnel genähert hatte, weil die nachfolgenden Bremsbewegungen den Wagen vor dem endgültigen Aufprall erheblich verlangsamt hatten. Der davon Profitierende war Trevor Rees-Jones, der – obwohl angegurtet – mit an Sicherheit grenzender Wahrscheinlichkeit ebenfalls getötet worden wäre, wenn die Geschwindigkeit mehr als 100 km/h betragen hätte.

### WAS GESCHAH MIT DEM FIAT UNO?

Dies ist eines der größten Rätsel in der ganzen Diana-Geschichte. Pietri präsentiert zwei mögliche Szenarien. Das erste geht davon aus, daß der Fiat, nachdem er von hinten getroffen worden war, extrem beschleunigte, vielleicht ein hitzköpfiger Versuch, um das

Kennzeichen des Mercedes zu erkennen oder um zu verhindern, daß dieser von der Unfallstelle flüchtet. In diesem Szenarium hätte der Fiat mit dem Mercedes mitgehalten, was überdies erklären würde, warum auf der rechten Fahrbahn für den Mercedes kein Platz war. Falls der Uno schnell genug fuhr, könnte er in dem Bruchteil einer Sekunde, als Henri Paul sein Lenk- und Bremsmanöver ausführte und bevor der Wagen wieder von dem Pfeiler zurück nach rechts geschleudert wurde, an dem Mercedes vorbei entwischt sein.

Mehrere Dinge machen dies plausibel. Obwohl die einfacheren Fiat-Modelle gegen einen Mercedes nicht ankommen, kann erstens das Spitzenmodell, der Uno 70 SL, mit dem S 280 in der Beschleunigung nahezu mithalten (von 0 auf 100 km/h in 11,5 Sekunden, verglichen mit den 11 Sekunden des Mercedes), und der Uno Turbo I.E. *übertrifft* sogar das deutsche Fahrzeug (von 0 auf 100 km/h in 8,3 Sekunden). Somit wäre es für bestimmte Uno-Ausführungen durchaus möglich gewesen, den Mercedes einzuholen, ja sogar zu überholen.

Zweitens stützen einige Aussagen von Augenzeugen diese These. Olivier P. zum Beispiel sagte, er habe gehört, wie der Fahrer des Mercedes, als sich dieser dem Tunnel näherte, »runterschaltete, um zum Überholen des Fahrzeugs, das ihm im Weg war, zu beschleunigen«. Auch Clifford G., der neben ihm auf der Place de la Reine Astrid stand, beschrieb den Mercedes als »stark beschleunigend, um dieses Auto zu überholen«. Aber inzwischen ist nachgewiesen, daß die beiden Männer von dort, wo sie standen, die letzte Fahrtstrecke vor dem Tunnel nicht beobachten konnten. Da der Mercedes Schalt-Automatik hatte und zudem ein bekanntermaßen leises Fahrzeug ist, erscheint es zweifelhaft, daß das Schaltgeräusch und der Motorlärm, die sie hörten, von diesem Auto stammten – besonders aber, weil Henri Pauls Problem bei der Einfahrt in den Tunnel eine überhöhte und nicht eine zu geringe Geschwindigkeit war. Ein Fiat Uno 70 oder ein Turbo jedoch hätten erheblichen Lärm verursacht, wenn sie runtergeschaltet und scharf beschleunigt hätten – erst recht, wenn der Auspuff des Fiat bei der ersten Kollision beschädigt worden wäre. Dies scheint höchst wahrscheinlich, weil sich der Auspuff bei allen Uno-Modellen fast direkt unterhalb vom Rücklicht befindet. Die Augenzeugen Georges und Sabine D.

berichten, sie hätten einen weißen Fiat Uno mit beschädigtem Auspuff gesehen, der den Tunnel verließ.

Gaëlle L., eine Schlüsselzeugin, die den Unfall aus nächster Nähe von der nach Osten führenden Fahrbahn aus wahrnahm, schien diese Version zu bestätigen, als sie am 12. September von Richter Stephan erneut befragt wurde. Ebenso wie in ihrer ersten Zeugenaussage am Morgen nach dem Unfall beschrieb sie, wie sie auf der Gegenfahrbahn die quietschenden Reifen gehört und rübergeblickt habe, wobei sie den Mercedes auf sich zukommen sah. Vor diesem, erzählte sie Stephan, befand sich »ein kleines dunkelfarbiges Auto... [und] als der Mercedes versuchte, links zu überholen, prallte er zuerst gegen etwas [den 13. Pfeiler] und fuhr dann gegen die Wand auf der rechten Seite. *Das kleine Auto beschleunigte, als es dies sah. Ich weiß nicht, was aus ihm wurde.*«[45]

Dieser Darstellung scheint die Aussage von Mohammed M. zu widersprechen, dessen Citroën BX sich unmittelbar vor Henri Pauls Fahrzeug befand und der behauptete, zwischen sich und dem Mercedes kein anderes Fahrzeug gesehen zu haben. Aber man hat inzwischen herausgefunden, daß Mohammed auf den linken Außenspiegel schaute und daher nicht die rechte Fahrbahn hinter sich hatte im Auge behalten können.

Pietris zweites Szenarium geht davon aus, daß der Fiat nach der Kollision bremste, anstatt zu beschleunigen. Der Ingenieur nimmt an, daß das kleinere Fahrzeug auf einer Strecke von zehn Metern von seinen geschätzten 80 km/h auf 60 km/h abgebremst werden konnte und sich damit in dem Moment des Aufpralls 15 bis 20 Meter hinter dem Mercedes befunden hätte. »Der Fahrer des vermuteten Fiat hätte dann gerade noch Zeit gehabt, um das Wrack zu passieren, das in diesem Moment an der Nordwand zum Stillstand gekommen war.« Diese Version wird gestützt von Mohammeds Freundin Souad M., die in seinem Citroën BX mitgefahren war und unmittelbar nach dem Unfall berichtet hatte, sie hätte »sechs oder sieben« Autos um das Wrack herumfahren und ihre Fahrt fortsetzen sehen. Wenn der Fiat Uno für die meisten Augenzeugen nicht zu sehen war, so stellt Pietri fest, ist dies teilweise dadurch zu erklären, daß die Anreihung der Mittelpfeiler vieles von dem verbarg, was auf der nach Westen führenden Fahrbahn vorging.

So informativ Pietris Gutachten bezüglich der unmittelbaren Ursachen und physikalischen Begleitumstände des Unfalls auch ist, so erhellt er doch nicht (und das war auch nicht seine Aufgabe) die verwirrende Frage, wer den Uno fuhr, warum er von der Unfallstelle flüchtete und wie er entkam. Wir haben bereits festgestellt, daß eine Umkehr im Tunnel unmöglich war und daß kein Auto in offensichtlicher Eile, den Ort des Geschehens zu verlassen, an Mohammeds BX und Peyrets Saab vorbeifuhr, als sie in Richtung der 600 Meter westlich des Tunnels gelegenen Place du Trocadero weiterfuhren. Wohin ist der Uno gefahren?

Wenn man den beiden Augenzeugen Georges und Sabine D. glaubt, den einzigen, die in ihrer Aussage speziell einen weißen Fiat Uno erwähnen, verließ das fragliche Fahrzeug zwischen 0.20 und 0.25 Uhr den Tunnel und fuhr an ihrem Wagen vorbei, als sie gerade von rechts auf die Schnellstraße bogen. Der Fiat fuhr zickzack, der Fahrer schien verwirrt zu sein. Die Zeugen behaupten, der Fiat sei beinahe mit ihrem Wagen zusammengestoßen, weil sein Fahrer sein Augenmerk zu sehr auf das Unfallgeschehen verlagert habe. Das Paar fuhr an dem Wagen vorbei und setzte seinen Weg in Richtung Westen fort. Georges sagte, daß der Fiat, dessen Auspuff beschädigt schien, kurz anhielt und dann seinen Weg fortsetzte.

Auch wenn der Wagen, den Georges und Sabine sahen, der Beschreibung des geheimnisvollen Fiat Uno zu entsprechen scheint, ist das keinerlei Beweis dafür, daß er wirklich der zweite Wagen bei der Kollision war. Die Tatsache, daß das Paar seine Aussagen bei der Polizei erst fast drei Wochen nach dem Unfall machte, läßt die Frage aufkommen, wie präzise die Aussagen noch waren. Überdies sagten sie aus, daß sie weder den Schlag des Aufpralls noch das Dauerhupen des Mercedes gehört hätten, keinerlei Anzeichen von Aufregung im Tunnelbereich und auch keine Beschädigungen am Rücklicht des Fiat bemerkt hätten. All dies spricht dafür, daß sie die Place de l'Alma passierten, kurz bevor der Unfall geschah, und daß der Wagen, den sie sahen, vermutlich nicht derjenige war, der dem Mercedes an der Stoßstange klebte.

Wie auch immer – das Paar zog offensichtlich Nutzen aus seiner Geschichte. Nachdem Einzelheiten seiner Aussage durchgesickert und in der Ausgabe vom 1. Januar 1998 von *Le Parisien*

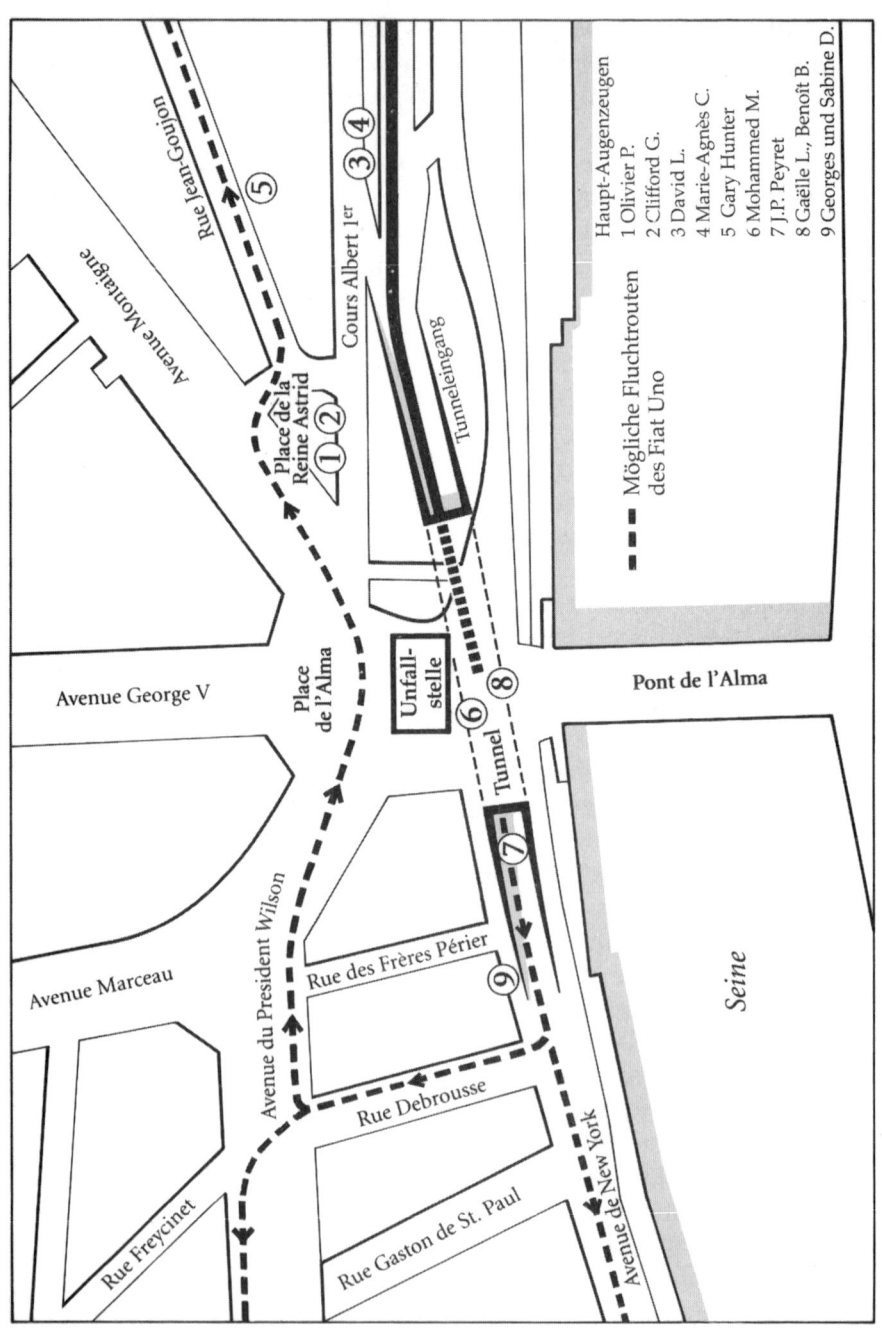

veröffentlicht worden waren, wo sie »François« und »Valérie« genannt wurden, begann der Anwalt des Paares über die in Paris beheimatete Agentur »ABACA« mit dem Handel von »Exclusiv-Interviews« und ebensolchen Fotos des Paares. Bis Mitte Januar waren Interviews in Frankreich (*Voici*), nach Großbritannien (*Hello!*) und Spanien (*Hola!*) verkauft sowie Gespräche mit Zeitungen in den USA, in Italien und Deutschland im Gange.

Ein weiteres mögliches Szenarium ist denkbar. Zum Zeitpunkt des Unfalls war Gary Hunter (41), ein britischer Anwalt, in seinem im 3. Stock gelegenen Hotelzimmer in der Rue Jean-Goujon, ungefähr 100 Meter von der Place de l'Alma entfernt. »Ich sah fern, als ich genau um 0.25 Uhr den Aufprall hörte«, berichtete er der britischen *Sunday Times*. »Da gab es einen Riesenschlag, dem Bremsgeräusche folgten, dann ein weiterer Schlag. Mein erster Gedanke war, daß sich ein Frontalzusammenstoß ereignet hatte. Ich ging ans Fenster und sah Menschen zum Tunnel rennen.«

»Einige Sekunden später«, fuhr Hunter fort, »hörte ich Reifenquietschen. Ich sah ein kleines dunkles Auto am Ende der Straße um die Ecke biegen. Ich würde sagen, es raste mit 100 bis 110 Stundenkilometern. Ich hatte das Gefühl, daß darin Leute saßen, die es eilig hatten, von dort wegzukommen. Ich bin mir sicher, daß dieses Auto vom Unfallort flüchtete. Es war offensichtlich, daß sie vor etwas abhauten und daß sie es eilig hatten. Es wirkte ziemlich unheildrohend. Ich kann mich nicht an den Autotyp erinnern, aber es war ein kleines dunkles Fahrzeug. Es könnte ein Fiat Uno gewesen sein oder ein Renault.« Er fügte hinzu, daß dem kleinen Auto ein »weißer Mercedes« unmittelbar folgte.

Niemand kann mit Sicherheit sagen, ob der Fiat Uno, den Hunter sah, tatsächlich derjenige war, der in den Unfall verwickelt war. Zugegebenermaßen war die Autofarbe, an die er sich erinnerte, nicht weiß, aber er teilt sich diesen Widerspruch mit den meisten anderen Augenzeugen, die das zweite Fahrzeug beschrieben haben. Merkwürdigerweise scheint die französische Polizei nicht im geringsten daran interessiert zu sein, diese Spur zu verfolgen. Nach seiner Rückkehr nach England, und nachdem er seine Geschichte der *Sunday Times* erzählt hatte, wurde Hunter mit dem Sicherheitschef von Mohammed al-Fayed,

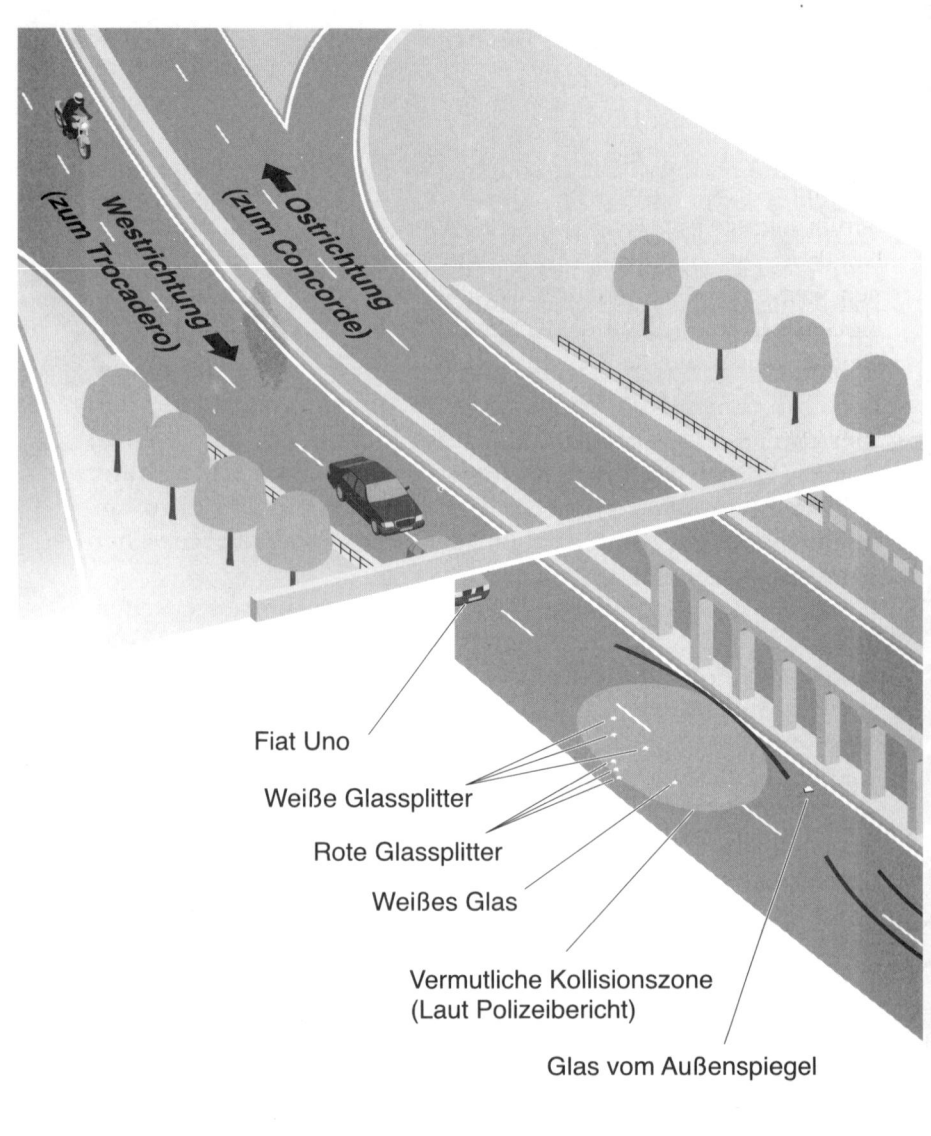

## Der Schauplatz des Tödlichen Unfalls

31. August, 0.25 Uhr. Der Mercedes S 280, gefahren von Henri Paul und mit Prinzessin Diana, Dodi Fayed und ihrem Leibwächter als Insassen, kollidiert nahe dem Eingang zum Alma-Tunnel mit einem Fiat Uno, Trümmerstücke fliegen auf die Fahrbahn. Nach einer flüchtigen Berührung des Fiat-Hecks gerät der Mercedes ins Schlingern, hinterläßt dabei eine einzelne, 19 Meter lange Bremsspur und setzt dann seinen Weg fort. Da die rechte Fahrbahn durch einen anderen Wagen blockiert ist, dreht Paul das Lenkrad ruckartig nach links und tritt gleichzeitig voll auf die Bremse, was eine 32 Meter lange fatale Bremsspur bis hin zum 13. Pfeiler hinterläßt. Der Mercedes wird um 180 Grad gedreht und gegen die Nordwand des Tunnels geschleudert, wo er zum Stillstand kommt. Die Augenzeugen Gaëlle L. und Benoît B. (Renault 5), Grigori R. (VW Passat) sowie Mohammed und Souad M. (Citroën BX) machen später die Hauptaussagen. Der Fiat verläßt unter mysteriösen Umständen die Unfallstelle.

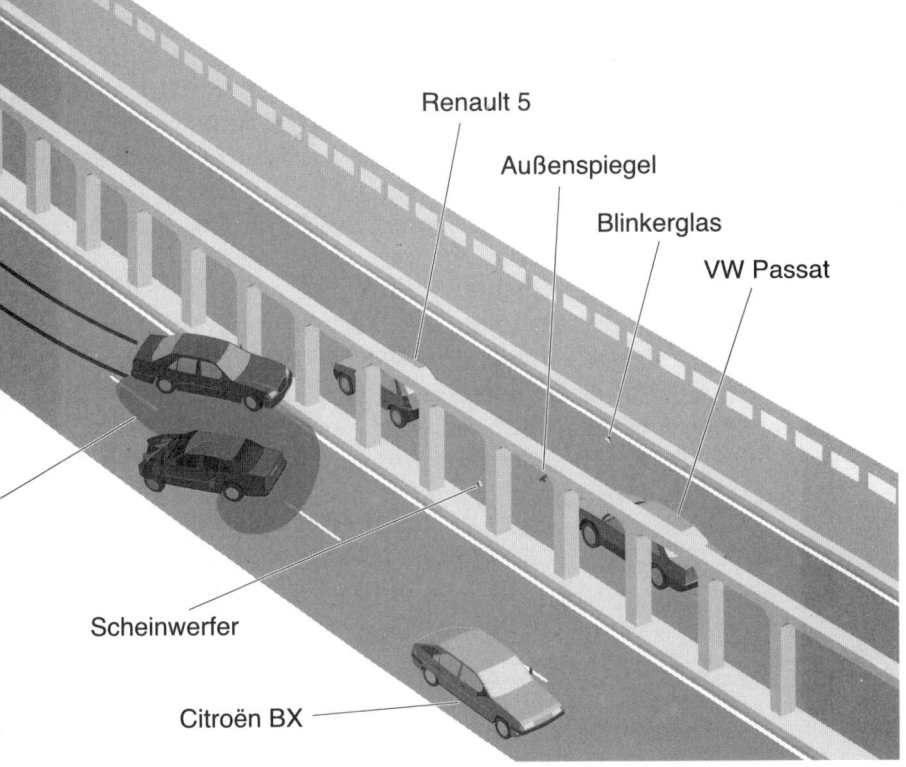

John MacNamara, in Kontakt gebracht, einem ehemaligen Chief-Superintendant von Scotland Yard. MacNamara, der al-Fayeds eigene Untersuchung des Unfalls leitet, drängte Hunter, nach Paris zurückzukehren und seine Wahrnehmungen den französischen Ermittlungsbehörden zu erzählen. Hunter fuhr tatsächlich am 7. September nach Paris, aber die französischen Justizbehörden lehnten es ab, seine Zeugenaussage aufzunehmen.

Das ist jammerschade. Denn wie aus einer Quelle der französischen Justiz zu hören ist, die nicht in den Fall verwickelt ist, ist Hunters Aussage, etwas, das »mit äußerster Sorgfaltspflicht behandelt werden muß«. Einige Ermittler taten Hunters Geschichte von vornherein damit ab, daß er von seinem Hotelfenster aus den Tunnel überhaupt nicht sehen konnte. Das stimmt zwar. Aber ein genauer Blick auf den Stadtplan oder, besser noch, eine Fahrt durch den Tunnel zeigt, wie leicht ein Auto, das von der Unfallstelle flüchtete, direkt vor Hunters Augen hätte vorbeirasen können. Zwanzig Meter von der Tunnel-Ausfahrt entfernt, im rechten Winkel zur Schnellstraße, liegt die einen Häuserblock lange Rue Debrousse. Ein Auto, das nach rechts in diese Straße einbiegt, würde innerhalb von Sekunden die Avenue du Président Wilson erreichen. Dort wiederum nach rechts abbiegend, würde es zur Place de l'Alma gelangen. Überdies könnte ein flüchtendes Fahrzeug bei günstiger Ampelschaltung und unter Zuhilfenahme einer 90 Meter langen Abkürzung in falscher Fahrtrichtung auf der Gegenfahrbahn innerhalb von ein, zwei Minuten nach Verlassen des Tunnels die Rue Jean-Goujon hinuntergefahren sein.

Warum sich ein flüchtender Fahrer ausgerechnet diese umständliche Route wählen sollte, wenn er genausogut nach links in die breite Avenue de Président Wilson hätte einbiegen können, bleibt ein Rätsel. Ein weiteres Teil des Puzzle ist, warum ein solches Fahrzeug von einem weißen Mercedes verfolgt werden sollte. Ein Zufall vielleicht. Aber, wie Gary Hunter treffend bemerkte, es sah unheildrohend aus.

Kapitel 15

# WAR ES MORD?

Kaum zehn Tage nach den Trauerfeierlichkeiten für Prinzessin Diana in London erschien bereits in Kairo das Buch eines ägyptischen Autors mit dem Titel *Who killed Diana?* Die Frage wurde sogleich im Untertitel beantwortet: *Order from the Palace: Execute Emad Fayed [Befehl aus dem Palast: Ermordet Emad Fayed].*

So lächerlich der Gedanke vielen Briten auch erschien, in Ägypten wurde er sehr ernst genommen. Millionen von Ägyptern und insgesamt ein Großteil der Araber glaubten, Dodi und Diana seien ermordet worden, weil deren Heirat mit einem Moslem massive britische Interessen hätte gefährden können. Von *Wer tötete Diana?* wurden 20 000 Exemplare verkauft, es war auf dem ägyptischen Markt ein Bestseller. Aber so war es nicht nur im Nahen Osten. Verfechter von Verschwörungstheorien tauchten überall auf, vor allem im Internet.

Wie bei jeder guten Verschwörungstheorie, schien es auch hier auf den ersten Blick gute Gründe zu geben für die Annahme, daß jemand Diana und Dodi aus dem Weg räumen wollte, denn: Ein Moslem, der in die obersten Schichten der britischen Monarchie einheiraten würde, drohte die christliche Basis einer Nation zu untergraben, die ein König oder eine Königin von England per Eid verpflichtet sind zu bewahren. Zumindest hätte eine solche Ehe dem ohnehin schon kampfbereiten House of Windsor weitere Kratzer im Lack zugefügt. Wie der britische Autor Anthony Sampson feststellt, »gerieten die konstitutionelle Rolle und die Seifenoper« gegen Ende des 20. Jahrhunderts in unauflösbaren Widerspruch zueinander. Angesichts der Kontroversen um seinen Vater Mohammed hätte Dodi, wäre er der Stiefvater des künftigen Königs geworden, der Boulevardpresse für lange Zeit sensationelle Schlagzeilen auf den Titelseiten verschafft.

Es gibt jedoch keinen stichhaltigen Anhaltspunkt dafür, daß Dianas Verbindung mit einem Anhänger des islamischen Glaubens an sich schon eine unmittelbare, existentielle Bedrohung für die britische Monarchie, das politische System des Landes oder dessen Lebensart bedeutet hätte. Zum einen ist es alles andere als gewiß, ob Diana zum Islam konvertiert wäre. Der moslemischen Tradition gemäß muß ein Mann christlichen Glaubens, der eine Moslemin heiraten möchte, zum Islam übertreten. Kinder, die von einer Moslemin geboren wurden, müssen zu Moslems erzogen werden, und da die Kinder ihren Glauben vom Vater übernehmen, muß dieser ebenfalls ein Moslem sein.

Im umgekehrten Fall ist dies nicht so. Eine Christin beispielsweise kann einen Moslem heiraten, ohne seine Religion zu übernehmen, muß jedoch akzeptieren, daß ihre Kinder von ihm als Moslems erzogen werden. Vor allem in Ländern, in denen die islamische Kultur alle Aspekte des Lebens durchdringt, wie zum Beispiel in Saudi-Arabien, konvertieren nicht-moslemische Frauen meist ohnehin. Dianas enge Freundin Jemima Goldsmith, die Tochter von Sir James Goldsmith, trat zum islamischen Glauben über, nachdem sie den pakistanischen Kricket-Spieler Imran Khan geheiratet hatte, der eine politische Karriere in Angriff nahm.

Dianas Situation war völlig anders. Es gibt keinen plausiblen Grund dafür, daß sie sich aus religiösen Gründen zu Dodi hingezogen fühlte. Dodi seinerseits war kein Mann, der Druck auf sie ausgeübt hätte, um sie zum Übertritt zu bewegen. Obwohl er von Geburt Moslem war, war er ein diesseitsbezogener Mann von Welt, der in Ägypten eine katholische Schule besucht hatte und seit seinem 13. Lebensjahr nicht mehr in einem moslemischen Land gewohnt hatte. Weil seine Erziehung in den Händen französischer Mönche gelegen hatte, sagte er einmal seiner damaligen Frau Suzanne Gregard vermutlich aus Spaß, er sei Katholik. Während ihrer zehnmonatigen Ehe im Jahr 1987 (nach einer standesamtlichen Trauung in einem Skiort) unternahm er keinerlei Anstrengungen, sie dazu zu bewegen, zum Islam überzutreten. Mohammed al-Fayeds Frau Heini ist auch nicht zum Islam konvertiert.

Die Schriftgelehrten sind sich einig, daß Dianas Wahl ihres Künftigen keine unmittelbare konstitutionelle Krise bedeutet hätte, weil sie praktisch kein Mitglied der königlichen Familie mehr war. Sie hätte weiter im Kensington Palace wohnen, ihre größere Popularität im Vergleich zu ihrem Ex-Ehemann genießen und für britische Wohlfahrtsorganisationen Auslandsreisen unternehmen können, aber als sie sich vom künftigen König scheiden ließ, wurde ihr der Titel »Ihre königliche Hoheit« genommen, und damit verlor sie ihre offizielle Funktion. Von diesem Moment an war sie nur noch »Diana, Prinzessin von Wales«.

Zum Problem wurde eher ihr 15-jähriger Sohn William, zweiter in der britischen Thronfolge. Das Szenarium war, wenn auch in höchstem Maße spekulativ, daß Diana nicht nur zum Islam konvertieren, sondern mit der Zeit auch William dazu überreden würde. Aber auch dann wäre das Problem noch immer nicht zwingenderweise eine Katastrophe für die Monarchie geworden. Als Moslem wäre William von der Thronfolge ausgeschlossen gewesen. Statt seiner hätte der jüngere Bruder den Thron bestiegen. (Es sei denn, Harry wäre bis dahin ebenfalls konvertiert.)

Das größte Problem wäre entstanden, wenn William nach seiner Thronbesteigung zum Islam konvertiert wäre, oder es heimlich vorher getan und seinen Übertritt erst bekanntgegeben hätte, wenn er schon den Thron bestiegen hätte. Wenn William dann weiter König bleiben wollte, hätte dies eine allgemeine Verfassungskrise zur Folge gehabt.

Die Beziehung der britischen Monarchie zur Staatskirche hat sich aus einer Reihe historischer Überlieferungen entwickelt. Die *Bill of Rights* vom Jahr 1619 machte die anglikanische Kirche hoffähig und setzte fest, daß der Monarch zugleich Oberhaupt von Kirche und Staat sei. Später, im Jahr 1701, wurde im *Act of Settlement* verfügt, daß der Thronerbe weder ein Katholik noch mit einer Katholikin verheiratet sein dürfe, wohl aber Anhänger/in einer anderen protestantischen Konfession. 1910 schließlich bestimmte das *Accession Declaration Settlement*, daß der Thronfolger »die Bedingung erfüllen muß, zur Gemeinschaft der Church of England zu gehören«, was wiederum darauf deutete, daß der künftige König Anglikaner sein müsse. Die Krönungszeremonie ist ein anglikanischer Ritus, an dem der König oder die Königin teilnehmen muß.

»Wäre William zum Islam übergetreten, hätten das Parlament und wahrscheinlich auch andere Mitglieder des Königshauses mit ziemlicher Sicherheit seine Abdankung verlangt. Dies wiederum hätte Republikanern den Weg bereitet, die Abschaffung der Monarchie zu fordern. Zumindest aber hätte diese Krise die Rufe nach einer Trennung von der anglikanischen Kirche lauter werden lassen.

Eine jahrhundertealte politische Entwicklung hat eine lebendige parlamentarische Demokratie entstehen lassen, so daß der Zusammenbruch des House of Windsor kaum eine tiefgreifende politische oder wirtschaftliche Veränderung bedeuten würde. Die Verlierer wären die Institution selbst, die Mitglieder der königlichen Familie und deren Höflinge.

Daher, so lautet die Vermutung, beschloß das House of Windsor, sich Dodis und der Prinzessin zu entledigen, weil, wie es in der blumigen Prosa des Autors von *Wer tötete Diana?*, Mohammed Ragab, heißt, ihre »erklärte Liebe füreinander, die in aller Munde war, die Grundmauern des Palastes zu erschüttern und die Krone zu Fall zu bringen drohte«.

In Ägypten begannen unmittelbar nach dem tödlichen Unfall Verschwörungstheorien zu kursieren. Innerhalb weniger Tage füllten sie die Spalten regierungseigener Tageszeitungen ebenso wie die der wöchentlichen Boulevardpresse. Während der ersten vier Wochen nach dem Unfall, so schätzte Saad Eddin Ibrahim, ein Soziologe der Amerikanischen Universität von Kairo, glaubten 80 Prozent der Ägypter an diese Theorien, darunter altgediente Diplomaten, Armeegeneräle, Offizielle der Polizei und Chefs von Staatsbetrieben. Anis Mansour, einst Berater von Präsident Anwar al-Sadat und heute ein bekannter Kommentator, schrieb in *Al Ahram*, Ägyptens einflußreichster Tageszeitung: »Diana wurde vom britischen Geheimdienst getötet, um die Monarchie zu retten.«

Der ägyptische Filmregisseur Khairi Beshera dreht gerade einen Film über Diana mit dem Titel *The Last Supper*, und obwohl er die Verschwörungstheorien anzweifelt, kann er sie, so sagt er, nicht ignorieren, weil sie Ägypten durch und durch beherrschen.

Natürlich lieferte keiner der ägyptischen Berichte irgendwelche Beweise. Es waren hastig auf die Schnelle zusammengekleisterte Berichte, die mit dem eingewurzelten Glauben an die kaltblütige Unbarmherzigkeit britischer Spione und mit der (wenigstens für die Verschwörungstheoretiker) wachsenden Zahl offener Fragen spielten. Die meisten Presseberichte, aber auch *Wer tötete Diana?* sowie weitere Bücher über den Fall, stimmten darin überein, daß das Paar vom MI6, dem britischen Auslandsgeheimdienst, ermordet worden sei, um zu verhindern, daß die Mutter des künftigen Königs von England einen, wie Mohammed Ragab es formulierte, »moslemischen Araber, in dessen Adern kein blaues Blut fließt« heiratet.

Solche Parolen beherrschten das Tagesgespräch in Kairo und Alexandria, was erklären mag, warum derart viele Ägypter so schnell an die Mordhypothese glaubten. Rassistisches Verhalten ihnen gegenüber während der Kolonialzeit hat ihren Nationalstolz so verletzt, daß Ägypter noch heute ohne weiteres glauben, Briten seien des scheußlichsten Verbrechens an einem Ägypter fähig, wenn es britischen Interessen diene. In Schulbüchern und mündlichen Überlieferungen wird die Grundüberzeugung, daß die Briten ein ebenso gerissenes wie heimtückisches Volk seien, von Generation zu Generation weitergegeben.

Kein Wunder, daß die Schlagzeile auf der Titelseite von *Rose al Youssef*, der beliebtesten überregionalen Wochenzeitschrift, am 8. September lautete: »Rassismus gegen Diana«, darunter ein Foto der Prinzessin mit Kopftuch, um zu suggerieren, sie habe noch vor ihrem Tod islamische Tugendhaftigkeit geübt. »Für die britische Monarchie war es absolut undenkbar, daß die Mutter des zukünftigen Königs einen Moslem aus dem Mittleren Osten heiraten könnte«, schrieb das Kairoer Magazin *Al Mussawar*, das in jener Woche auf dem Titelblatt ein computersimuliertes Bild von Diana und Dodi in Hochzeitskleidung brachte.

Bei den Ägyptern schürten die großen Meinungsunterschiede bezüglich der Romanze vor dem Unfall erst recht den Glauben an die Tatsache eines Komplottes. Als die Liebesaffäre bekannt wurde, waren die Ägypter euphorisch und äußerst stolz darauf, daß einer der ihren das Herz der berühmtesten Prinzessin der Welt gewonnen hatte. Wie Hadia Mostafa von der Zeitschrift *Egypt Today* schreibt, »verfolgten die Ägypter die Beziehung, als sähen sie im Fernsehen eine ausländische Seifenoper, deren männliche Hauptrolle von einem Ägypter gespielt werde«.

In Kairo sprach man von der Romanze als von einem glorreichen ägyptischen Sieg über die ehemalige Kolonialmacht, und die Fotos, auf denen Dodi Diana umarmt, wurden zum neuen Idol ägyptischer Männlichkeit.

Im Gegensatz dazu war die britische Presse aus ägyptischer Sicht voll von verletzenden und hauptsächlich rassistischen Bemerkungen darüber, warum Dodi als Verehrer Dianas unpassend sei. Das war keineswegs überraschend für die Ägypter, denn sie hatten die Kraftproben und Widerwärtigkeiten, denen Dodis Vater ausgesetzt war, genau verfolgt und glaubten, daß britische Vorverurteilungen dafür verantwortlich waren, daß sein Antrag auf britische Staatsbürgerschaft abgelehnt worden war. Nach dem tödlichen Unfall zogen die Ägypter daher mühelos den Schluß: Die Anti-Fayed-Kampagne in der britischen Presse (die in arabischen Ländern generell nicht von der amtlichen Presse unterschieden wird) war Teil einer Verschwörung der britischen Regierung, um die Romanze zu beenden. Als dies nicht funktionierte, griff der Buckingham-Palast zum Mittel des Mords. »Es war von Anfang an klar«, beklagt der ägyptische Schriftsteller Sabry Hafez, »man würde nicht gestatten, daß die Beziehung fortbesteht«.

Der gewaltsame Tod von Diana und Dodi war in Ägypten auf besonders fruchtbaren Boden gefallen. Die Menschen dort neigen ohnehin zu Verschwörungstheorien infolge einer introvertierten Kultur, der die Maßstäbe einer nüchternen Tatsachenberichterstattung abgehen und die fast traditionell ausländische Geheimdienste für alles und jedes verantwortlich macht: angefangen von der Gründung des Staates Israel über politische Attentate bis hin zu Mißernten und zum Ausbruch von Epidemien. Innerhalb von einer Woche nach dem Unfall hatte Saad Eddin Ibrahim nicht weniger als vier verschiedene Komplott-Theorien aufgestellt, die in Kairo die Runde machten:

1. Großbritannien tat es, um die Monarchie vor dem Islam zu bewahren.
2. Großbritannien tat es aus rassistischen Gründen.
3. Großbritannien tat es, um dem Skandal einer Schwangerschaft Dianas vorzubeugen.
4. Israel tat es durche seinen Geheimdienst Mossad, um zu verhindern, daß sich Diana der arabischen Sache annehmen könnte.

Mit ihrem Tod hat die meistfotografierte Frau der Welt rasch einen weiteren Superlativ des zu Ende gehenden Jahrtausends erreicht: Sie wurde die Königin des Internet. Die Nachricht von Dianas Tod fand sich bereits am Sonntag dem 31. August um 05:40:59 MEZ im »World Wide Web« in einer *Reuters*-Meldung unter der Überschrift: »Prinzessin Diana stirbt nach Autounfall in Paris.« Schon 13 Minuten später wurde in Australien das erste »Online-Diskussionsforum« eröffnet, das sich sogleich »The First Diana Conspiracy Site« nannte. Innerhalb von 100 Tagen nach dem Unfall ergab ein Suchlauf nach den Stichwörtern »Diana Conspiracy« mehr als 31 000 Treffer. Diese reichten von ellenlangen, sogar mit Fotos und selbst Videoclips angereicherten Berichten bis zu einzeiligen »blurbs« (Sprüchen) von Internetsurfern, die ihre keines Pfennigstücks werten Bemerkungen auf elektronischen Pinnwänden unter Adressen wie *»alt.conspiracy.diana«* oder *»www.mcn.org/b/poisonfrog/diana«* hinterließen.

Die weltumspannende Internet-Gemeinde ist alles andere als einfältig: Die Theorien, die sich im Internet fanden, gingen weit hinaus über die verbohrte ägyptische Vorstellung, der MI6 habe im Bunde mit dem Buckingham Palast die Sache arrangiert, um die Monarchie vor dem Islam zu schützen. Der Vatikan, die irische republikanische Armee und die weltweite Rüstungsindustrie (besorgt über Dianas jüngste, von den Medien stark beachtete und wirkungsvolle Kampagne gegen Landminen) ergänzten die Liste der Verdächtigen in diesem »Verbrechen«, wobei die ihnen unterstellten Motive nicht immer erkennbar waren.

Amateur-Verschwörungstheoretiker, ausgerüstet mit wenig Fakten, aber mit lebhafter Phantasie, vertrieben sich die Zeit damit, Szenarien davon zu entwickeln, wie der Mord tatsächlich ausgeführt worden sei. Einer Version zufolge war einer der Paparazzi ein MI6-Agent, der auf Henri Paul oder auf die Reifen des Mercedes schoß. In einer anderen hieß es, Fotografen seien in Polizeigewahrsam genommen worden, damit die französische Polizei (die an der Verschwörung beteiligt war) sie hypnotisieren konnte, um sie vergessen zu machen, was sie gesehen hatten.

Eine dritte wiederum entlarvte den Leibwächter Trevor Rees-Jones als jenen MI6-Agenten, wobei es hieß, er habe eine spezielle Schutzkleidung getragen, damit er seinen Mordanschlag überlebe. Dann war da noch das mandschurische Kandidaten-Szenarium, wonach Dodi, Henri Paul oder Rees-Jones einer Gehirnwäsche unterzogen worden seien, damit einer von ihnen den betreffenden Mordbefehl ausführen könnte. Weiteren Szenarien zufolge sei das Fahrzeug in die Luft gejagt worden (obwohl sich keine Spuren von Sprengstoff fanden); ein Konkurrenzunternehmen der Autoindustrie habe den Unfall geplant, um Daimler-Benz in schlechten Ruf zu bringen; Hollywood-Studios hätten das Ganze geplant, um die Filmstory des Jahrhunderts zu schaffen; oder es sei gar der Geist des ermordeten Designers Gianni Versace zurückgekehrt, um seine beste Kundin zu sich in den Himmel zu holen. Schließlich gab es noch die Happy-end-Theorie: Im Alma-Tunnel habe ein Lastwagen gewartet, um die Liebenden dorthin in Sicherheit zu bringen, wo sie nie wieder von Paparazzi belästigt würden. Besuche der Kultstätten von Di und Dodi dürften ähnlich dem Elvis-Graceland nicht mehr lange auf sich warten lassen.

Es sind aber auch Versuche unternommen worden, die Verschwörungstheorie seriöser zu belegen. Eine Publikation zum Beispiel, die sich *Executive Intelligence Review* nennt, hat eine lange Untersuchung von Jeffrey Steinberg veröffentlicht. Dieser hat seine Theorien auch in einem US-Fernsehprogramm mit Geraldo Rivera als Talkmaster zur Diskussion gestellt, wobei er auf Ungereimtheiten hinwies, die, wie er meinte, dazu hätten führen müssen, daß das Ganze von den französischen Behörden von Anfang an als Mordfall hätte untersucht werden müssen. Steinbergs vernünftig klingenden Argumente werden in gewisser Weise dadurch abgemindert, daß sie in einer Zeitschrift erschienen sind, die mit Lyndon Larouche in Verbindung steht, einem unbedeutenden Ex-Präsidentschaftskandidaten und verurteilten Verbrecher, der nachweislich glaubt, die Pop-Gruppe »Grateful Dead« sei eine Truppe des britischen Geheimdiensts, um die amerikanische Jugend zu verderben.

Und schließlich gab es im Oktober noch die Titelgeschichte von *Ici Paris*, die behauptete: »Es war ein Anschlag!« Aber *Ici Paris* ist ein nicht ernst zu nehmendes französisches Skandalblatt, das ein »Interview« mit den Autoren des vorliegenden Buches veröffentlichte, ohne je mit ihnen gesprochen zu haben!

»Manchmal ist ein Autounfall eben ein Autounfall«, meint John Whalen, Autor von *Die sechzig größten Verschwörungen aller Zeiten*, der eine eigene Webseite mit der Adresse »alt.conspiracy« hat, aber nicht glaubt, daß Diana Opfer einer solchen war. Er sagt jedoch, der Fall weise drei wichtige Elemente auf »für Leute, die an Verschwörungstheorien Gefallen finden«: Sie war eine Berühmtheit, eine Gegenspielerin mächtiger Kräfte und das Opfer eines Vorfalls, bei dem es unmittelbar danach einander widersprechende Berichte über das Geschehen gab.

Das Wuchern der Verschwörungstheorien, so Whalen, hat mehr mit dem Medium an sich zu tun als mit der Botschaft. Die Kommunikationsmöglichkeiten des Internet nutzend, haben Verfechter von Verschwörungstheorien fast darin gewetteifert, Komplottszenarien und -verdächtigungen im Web zu verbreiten. »Jeder Quatschkopf und Idiot, der nur rasch genug tippt, kann dort seine Theorie abladen, und wenn sie sich erst einmal im Internet zu verbreiten beginnt, verschwindet sie für gewöhnlich nicht wieder, egal wie oft sie widerlegt wurde«, sagt Whalen. »Diese Verbreitung ist ein Musterbeispiel dafür, wie das Internet in Verbindung mit der Faszination, die von machtvollen Persönlichkeiten ausgeht, eine einfache Geschichte schnell außer Kontrolle geraten lassen kann.«

Zweifel werden jedoch nicht nur von entrüsteten Ägyptern und/oder Internet-Spinnern vorgebracht. Leute, die über die offiziellen Ermittlungen Bescheid wissen und Mohammed al-Fayed nahestehen, haben ihn warnend darauf hingewiesen, daß es eine Reihe von Problemen bisher unmöglich macht, endgültig den Schluß zu ziehen, daß Dodi und Diana bei einem gewöhnlichen Verkehrsunfall ums Leben kamen. Sie behaupten, daß der Schauplatz des Geschehens nicht ordnungsgemäß abgesichert worden sei, daß der Mercedes mit »unangebrachter Eile« aus dem Tunnel entfernt wurde und daß die französische Polizei von einer Kollision mit einem zweiten Fahrzeug, dem mysteriösen Fiat Uno, anfänglich entweder nichts gewußt oder sogar darüber die Unwahrheit verbreitet habe.

Sie beharren weiterhin darauf, auch wenn sie keinen konkreten Beweis dafür haben, daß bei Henri Pauls Obduktion gepfuscht worden sei, was allzu leichtfertig zu der Annahme einer Trunkenheitsfahrt führte.

Schwerwiegende offene Fragen, so sagen sie, seien auch, warum der ärztliche Rettungsdienst fast zwei Stunden brauchte, um die Prinzessin in ein Krankenhaus zu bringen, warum die französischen Behörden die Video-Bänder der Überwachungskameras vor dem unmittelbar neben dem Ritz gelegenen Justizministerium sowie entlang der Fahrstrecke des Mercedes nicht freigegeben haben[46], und warum es der MI6, der über den Aufenthalt Dianas an jenem Abend in Paris informiert gewesen sein dürfte, versäumt hat, mit dem herauszurücken, was er über den Unfall wußte. Die Ermittler, fügen sie hinzu, untersuchen genauestens vergrößerte Standbilder der Überwachungsvideos des Ritz, aufgenommen, kurz bevor Dodi und Diana vom Hinterausgang flohen, um in der Menschenmenge außerhalb des Hotels offensichtliche Verdächtige zu identifizieren, die weder zu den Fotografen noch zu den Touristen zählten.

Um unabhängige Informationen über den Fall zu erhalten, hat Mohammed al-Fayed eigene Ermittlungen eingeleitet. Geleitet werden sie in Großbritannien vom Sicherheitschef von Harrods, John MacNamara, einem ehemaligen Chief Superintendant von Scotland Yard, und in Frankreich von Pierre Ottavioli, früher Chef der Kriminalbrigade und jetzt der Leiter eines privaten französischen Sicherheitsdienstes[47]. Ein pensionierter CIA-Agent mit Verbindungen zu Ottaviolis Maschenwerk wurde ebenfalls an diesen privaten Nachforschungen beteiligt.

Zusätzlich hat Scotland Yard seinen eigenen Inspektor, Jeffrey Rees, dazu abgestellt, als offizieller Verbindungsmann zu den französischen Untersuchungsbehörden zur Verfügung zu stehen.

Doch sowohl Rees wie auch al-Fayeds Bluthunde sind weder berechtigt, in Frankreich Augenzeugen zu befragen, noch haben sie direkten Zugang zu den offiziellen Ermittlungsakten. Al-Fayeds Leute erhalten von Zeit zu Zeit Instruktionen durch dessen französische Anwälte sowie durch den britischen Anwalt bei Obergerichten, Hodge Malek, der ihnen englischsprachige Zusammenfassungen der wichtigsten Erkenntnisse des Vorgangs liefert. »Wir erhalten nur Informationen, die uns die Franzosen zur Verfügung stellen«, sagt MacNamara. »Wenn wir nur in die Nähe eines französischen Zeugen kämen, würden wir uns schon einer Mißachtung des Gerichts schuldig machen. Ich kann nicht einmal Angestellte des Ritz befragen!«

Ein Jurist, der mit al-Fayeds Ermittlungsbemühungen vertraut ist, hat das Gefühl, sie könnten eher psychologisch als wissenschaftlich motiviert sein. »Er würde mehr Trost finden in dem Wissen, daß Dodi und Diana deshalb bei einem dramatischen Anschlag starben«, heißt es aus dieser Quelle, »weil die Prinzessin Dodi liebte und das britische Establishment dies nicht zu akzeptieren vermochte. Ich will zwar nichts ausschließen, aber ich kann ein solches Denken nicht nachvollziehen. Man müßte schon die Phantasie eines Le Carré haben, um es zu glauben.«

Es gibt keinen Schutz vor den wunderlichen Einfällen eines Psychopathen, erst recht nicht, wenn er ein schurkischer MI6-Agent ist. »Es bedarf nicht der Queen Elizabeth, um einen Mord zu befehlen, sondern es genügt, wenn nur ein einziger Agent oder Beamter aus einem der 16 Länder [des Commonwealth] *denkt*, sie hätte es befohlen«, schrieb Anthony Gentles, ein pensionierter britischer Anwalt, in einem Brief an die Autoren. »Wenn zum Beispiel ein von der Anti-Landminen-Aktion Betroffener einen Queen Elizabeth durch Amtseid verpflichteten Untergebenen glauben machte, sie habe befohlen, Di zu beseitigen, so würde besagter, durch Amtseid verpflichtete Untergebene glauben, es handle sich um einen rechtmäßigen Auftrag, aus dem er völlig straf- und schuldfrei hervorgehen würde.«

Faszinierende Erzählungen von schurkischen Handlungen, die von meisterhaften Autoren von Spionageromanen wie John Le Carré und Len Deighton geschrieben wurden, haben die Vorlagen geliefert für zahllose Filme, von *The Three Days of the Condor* bis hin zu *Mission Impossible* – abgesehen von ganze Bibliotheken füllenden Schriften über die Ermordung John F.

Kennedys. Das Schöne an schurkischen Spionageoperationen ist, daß sie, wenn sie gelingen, nicht nachweisbar sind. Daher kann man auch nicht wissen, ob der Tod von Diana und Dodi möglicherweise durch eine unautorisierte Geheimdienstoperation herbeigeführt worden ist, so absurd das auch klingt.

Was die ebenso absurde Möglichkeit anbelangt, William könnte konvertieren, so gibt es aus jüngerer Vergangenheit einen, wenn auch nicht ganz vergleichbaren, Präzedenzfall für einen Konflikt zwischen den persönlichen Wünschen eines Monarchen und der Staatsräson. Die rasche Abdankung von König Edward VIII., des späteren Herzogs von Windsor, läßt vermuten, daß Verfassungskrisen, in die die Monarchie verwickelt ist, schnell und zuverlässig überwunden werden können, ohne daß es eines Mordes bedarf.

Nachdem Edward VIII. im Januar 1936 König geworden war, opponierten die anglikanische Kirche und die Regierung gegen sein Verhältnis mit Wallis Simpson, einer bereits geschiedenen Amerikanerin. Im Oktober wurde Mrs. Simpson auch von ihrem zweiten Mann geschieden, und im November informierte der König den Premierminister, daß er sie heiraten wolle. Da er auf starken Widerstand stieß, dankte er einen Monat später ab.

Ein Mord würde vermutlich weit weniger überstürzt arrangiert. Daß Diana und Dodi sich regelmäßig trafen, wurde erst am 7. August bekannt. Es gibt keinen Hinweis darauf, daß sie vor dem Morgen des 30. August irgendeinen Dritten über ihre Heiratspläne informiert haben, und sie starben weniger als 24 Stunden später. Natürlich könnte eine gut ausgebildete und erfahrene Spezialeinheit, die erst kurz zuvor den Befehl erhalten würde, eine Person mit nur leichtem Schutz durch Leibwächter so gut wie auf der Stelle ermorden. Der Entscheidungsprozeß aber, der einem solchen Einsatz vorausginge, würde, wie jemand mutmaßt, »weitaus mehr Zeit brauchen«.

Es bestand keine ernsthafte Gefahr, daß Dianas Heirat mit einem Moslem eine politische oder sogar eine konstitutionelle Krise auslösen könnte, beispielsweise dadurch, daß sie zu einem Sprengsatz für Spannungen zwischen Christen und Moslems in Großbritannien würde. Die 1,5 Millionen Moslems des Landes, hauptsächlich Einwanderer aus dem indischen Subkontinent und weniger aus Arabien, sind ziemlich gut in die britische Gesellschaft integriert. Besonders Prinz Charles setzt sich für das gegenseitige Verständnis unterschiedlicher Religionen ein, indem er den Beitrag des Islam zur westlichen Zivilisation preist, »gedankenlose Vorurteile« gegen islamische Gebräuche beklagt und leidenden Moslems in Bosnien hilft. Er hat den Scheich der Al-Azhar-Moschee, Ägyptens oberste Instanz in Fragen des Islam, sowohl in Großbritannien als auch während eines Besuchs in Kairo getroffen. Der Historiker Davis Starkey von der London School of Economics sagt, die Verschwörungstheoretiker offenbarten ein grundlegendes Mißverständnis britischer Toleranz. »Ich denke nicht, daß eine Heirat mit einem Moslem grundsätzlich als unerwünscht betrachtet wird«, meint er. »Wir waren bemerkenswert tolerant in bezug auf Mischehen. Es hängt alles vom einzelnen ab und seinem Verhalten.«

Man kann genausogut die These aufstellen, daß eine Heirat zwischen Diana und Dodi, egal, ob Moslem oder nicht, das Establishment eher erfreut als alarmiert hätte: Die Kontroversen um seinen Vater hätten ihrem Ansehen in der Öffentlichkeit schaden können, was wiederum andere Mitglieder des Hauses Windsor in einem günstigeren Licht hätte erscheinen lassen. Mit ihrer Ermordung hätte der Palast das Gegenteil erreicht: Bezweifelt irgend jemand, daß sie ihres vorzeitigen, tragischen Todes wegen für immer eine Heilige Diana bleiben wird?

»Meine eigene Meinung, nach allem, was ich über dieses Land weiß, ist, daß alle diese Geschichten totaler Blödsinn sind«, so der altgediente politische Kommentator Hugo Young, Autor einer hervorragenden Biographie Margaret Thatchers. Lord Blake, ein Verfassungshistoriker, ist ebenso deutlich: »Dies ist vom Anfang bis zum Ende dummes Geschwätz. Totaler Quark.«

Legt man die derzeit verfügbaren Tatsachen zugrunde – die Anwesenheit der verfolgenden Paparazzi, die überaus große Geschwindigkeit des Mercedes, den Alkohol- und Medikamenteneinfluß auf den Fahrer Henri Paul, die gefährliche Konstruktion des Alma-Tunnels –, scheint es wahrscheinlich, daß Diana und Dodi bei einem tragischen Verkehrsunfall ums Leben kamen. Selbst wenn ihnen irgend jemand wirklich nach dem Leben getrachtet hätte, so hätte es vermutlich wirksamere und intelligentere Methoden für einen Mord gegeben als einen Autounfall.

Geheimdienste zum Beispiel könnten die Chemikalie Fentanyl einsetzen, ein nicht nachweisbares Gift, das durch die Haut aufgenommen wird und unbemerkt auf den Arm gesprayt werden kann; Angehörige des israelischen Geheimdienstes Mossad setzten es im September bei einem Meuchelmordversuch an einem Palästinenserführer auf einer Straße im Jordanland ein. Oder man hätte die »Jonikal« auf hoher See versenken und die Schuld daran auf die IRA oder terroristische ägyptische Fundamentalisten schieben können. Schließlich hatte die IRA 1979 bereits einen Bombenanschlag auf Lord Mountbattens »Shadow V« verübt, wobei der britische Kriegsheld und sein Enkel ums Leben kamen. 1985 benutzten Froschmänner der französischen DGSE eine Haftmine, um die »Rainbow Warrior« im neuseeländischen Hafen von Auckland zu versenken (wobei ein Mann der Besatzung ums Leben kam), weil man verhindern wollte, daß das Greenpeace-Flaggschiff einen Protestzug gegen die französischen Nuklearversuche anführte.

Anschein und Logik führen deshalb zu dem Schluß, daß die Tragödie im Alma-Tunnel ein ganz normaler Verkehrsunfall war. Nichtsdestotrotz: Wie bei jeder glaubhaften Verschwörungstheorie, können auch etliche der Tatsachen, die sich im Umfeld der Pariser Tragödie ergaben, so interpretiert werden, daß sie ein entsprechendes Szenarium ergeben.

Selbst wenn man die Hypothese akzeptiert, daß das britische Establishment oder wer auch immer genügend Gründe gehabt hätte, Prinzessin Diana und Dodi zu ermorden, macht es die scheinbare Zufälligkeit der Ereignisse schwer, sich vorzustellen, wie irgend jemand eine solche Operation hätte durchführen sollen.

Wie hätte man ein Komplott schmieden können, das von einer Änderung der Fluchtpläne im letzten Moment abhängig war, von einem Ersatzfahrzeug, einem betrunkenen und unter Medikamenteneinwirkung stehenden Fahrer, der dienstfrei hatte, von der Verfolgung durch eine wilde Horde französischer Paparazzi und von einer zufälligen Kollision mit einem kleinen Auto, das ebenso zufällig gerade einem mit hoher Geschwindigkeit dahinrasenden Mercedes im Weg war, der nicht seine übliche Strecke fuhr?

Damit ein solch komplexer Plan gelingen könnte, hätte es

zahlreicher Beteiligter bedurft. Der wichtigste hätte sich in dem Mercedes befinden müssen. Dafür gibt es zwei Möglichkeiten: Henri Paul und Trevor Rees-Jones.

Der Fahrer Henri Paul wäre am besten in der Lage gewesen, einen Unfall herbeizuführen. Wie wir in einem früheren Kapitel dargestellt haben, war er ein ehemaliger Militärangehöriger, der reguläre Kontakte zu französischen Geheimdiensten besaß; als amtierender Sicherheitschef des Hotels dürfte er anläßlich von Aufenthalten ausländischer Würdenträger im Ritz auch mit britischen und anderen Diensten in Verbindung gestanden haben. Aber es wäre für ihn ein Selbstmordkommando gewesen, den Wagen absichtlich auf Befehl verunglücken zu lassen. Selbst bei einem alleinstehenden Mann mit Liebeskummer, der wegen Depressionen in Behandlung und von seinem Job übermäßig gestreßt war, ist diese Hypothese nur schwer zu akzeptieren, wenn auch theoretisch nicht unmöglich.

Bleibt die Möglichkeit, daß Henri Paul physisch geschwächt wurde, damit er die Kontrolle über den Wagen verlöre. Abgesehen von seinem Alkoholkonsum an jenem Abend und von den ihm verschriebenen Medikamenten, die er eingenommen hatte, wurden bei den Obduktionsanalysen keine weiteren Drogensubstanzen in seinem Körper festgestellt. Die Autopsie ergab jedoch eine sehr verwirrende Tatsache, die erklärungsbedürftig ist: Sein Blut hatte einen abnorm hohen Anteil an Kohlenmonoxyd (CO). In hoher Konzentration kann CO tödlich sein, in weniger hoher Konzentration kann es Schläfrigkeit oder Bewußtlosigkeit verursachen. Paul war beim Unfall sofort tot, so daß er die Autoabgase im Tunnel nicht einatmen konnte. War möglicherweise die Belüftung des Mercedes defekt, so daß Motorabgase in den Wagen gepumpt wurden? Und könnte das manipuliert gewesen sein?

Was Trevor Rees-Jones anbelangt, den Ex-Fallschirmspringer und früheren Rugbyspieler, erscheint seine wissentliche Verwicklung in eine solche Operation ebenfalls unglaubwürdig. Die Autoren des vorliegenden Buches behaupten keineswegs, daß es der Fall war – ganz im Gegenteil –, aber man könnte eine Hypothese aufstellen, daß Rees-Jones in einem solchen Komplott eine Rolle gespielt haben kann, weil sein Job ihn einen nützlichen Agenten hätte sein lassen können dabei, auf den umtriebigen und politisch gefährlichen Mohammed al-Fayed ein Auge zu haben.

Dieser Theorie zufolge könnte Rees-Jones den Plan zur Abfahrt geändert, Henri Paul als Fahrer gewählt und dafür gesorgt haben, daß dieser sich betrank, während er mit den beiden Leibwächtern an der Vendôme-Bar saß. Wer auch immer den Plan ausgeheckt haben mag – es ist bekannt, daß Mohammed al-Fayed es für einen verheerenden Fehler hält, daß kein Reservefahrzeug eingesetzt wurde. Nichts davon beweist jedoch auch nur im geringsten, daß die Idee, vom Hinterausgang abzufahren, von Rees-Jones oder Wingfield stammte. Die Autoren des vorliegenden Buches glauben in der Tat, daß Dodi selbst die Idee hatte und Henri Paul als Fahrer wählte.

Das hypothetische Drehbuch mit Rees-Jones als Beauftragtem, ebenso wie die Henri-Paul-Version, würde verlangen, daß man allen Ernstes glaubt, daß ein strammer junger Bursche in der Blüte seines Lebens einen Selbstmordauftrag annehmen würde. Es ist schwer vorstellbar, daß selbst der gehorsamste Fallschirmspringer oder Geheimdienstagent in Friedenszeiten freiwillig so etwas tun würde – es sei denn, es gäbe dafür eine hohe Bezahlung (wofür es nicht den geringsten Beweis gibt) und/oder eine vernünftige Überlebenschance. Ein Airbag und ein Sicherheitsgurt hätten diese Chance erhöht – und haben ihm in der Tat das Leben gerettet. Rees-Jones war, entgegen der üblichen Praxis bei Leibwächtern, der einzige im Wagen, der sich angeschnallt hatte. Wie schon in einem vorhergehenden Kapitel gesagt, hatte er den Gurt noch nicht angelegt, als der Wagen vom Ritz abfuhr, sondern tat dies erst irgendwo auf dem Weg zum Alma-Tunnel.

Wenn man, wie sehr auch immer, rein theoretisch die Vorstellung akzeptiert, daß Rees-Jones daran beteiligt gewesen sein könnte, einen solchen Auftrag auszuführen, so scheint es logisch, daß er dies vollzogen haben könnte, indem er Henri Paul dazu anhielt, immer schneller zu fahren, ihn möglicherweise ablenkte oder im letzten Moment sogar ins Steuer griff. Letzteres wäre jedoch auch insofern sehr riskant gewesen, da damit Fingerabdrücke auf dem Lenkrad zurückgeblieben wären und, falls einer der anderen überleben würde, dieser davon hätte berichten und so den Leibwächter belasten können.

Etwas glaubwürdiger ist die Vorstellung, daß Mitwirkende außerhalb des Mercedes den Unfall herbeigeführt haben könnten. Ein möglicher Verdächtiger ist der Fahrer des Fiat Uno. Wir haben im vorigen Kapitel beschrieben, daß der Fiat vermutlich nahe der Straßenmitte fuhr und dem Mercedes teilweise den Weg versperrte. Daß es kurz vor der Tunnel-Einfahrt eine seitliche Kollision der beiden Fahrzeuge gegeben hat, daran gibt es kaum mehr Zweifel. Aber wie der Bericht von Pietri nachgewiesen hat, fanden die kritischen und entscheidenden Ereignisse in der zweiten Unfallphase statt, nachdem Henri Paul die Kontrolle über den Mercedes offenbar wiedererlangt hatte.

In dieser Phase, daran sei erinnert, hat Henri Paul plötzlich nach links gesteuert und ist voll auf die Bremse getreten, was zu dem fatalen Aufprall auf den Pfeiler führte. Wie Pietri schrieb, war auf der rechten Fahrbahn eine »Konstellation«, die »in Wirklichkeit die Katastrophe auslöste«. Pietri vermutet, daß diese »Konstellation« möglicherweise doppelt gefährlich war durch den Fiat dicht hinter dem Mercedes auf der rechten Fahrbahn und den Citroën BX unmittelbar vor ihm.

Doch man kann sich auch vorstellen, daß der Fiat nach der ersten Blechschaden-Kollision zu dem Mercedes aufgeschlossen hat. Es gibt in der Tat Hinweise darauf, daß die beiden Fahrzeuge an dieser Stelle ein zweites Mal kollidiert sein könnten. Fotos vom Mercedes zeigen eine Art horizontaler Reihe von sechs weißlichen Spuren, die unmittelbar hinter der rechten Hintertür beginnen, sowie eine horizontale, etwa 20 Zentimeter lange weißliche Linie, die direkt darunter verläuft. Wie wir im vorigen Kapitel erläutert haben, mutmaßt Pietris Bericht, daß die Spuren vom linken, mit Rückholfeder ausgestatteten Außenspiegel des Fiat Uno stammen, der die schwarze Außenlackierung des Mercedes bis auf die darunterliegende helle Grundierung zerkratzte, als die beiden Autos einander streiften. Es scheint plausibel, daß die punktartigen Spuren, die sich ungefähr 90 Zentimeter hoch über der Fahrbahn befinden, vom Rückspiegel des Fiat verursacht wurden, dessen Zentrum ebenfalls etwa 90 Zentimeter hoch liegt.

Aber es könnten auch weiße Farbspuren vom Fiat sein. Dies erschien Pietri unwahrscheinlich, da das Standard-Spiegelgehäuse bei allen Fiat-Uno-Modellen aus schwarzem Plastik besteht.

Jedoch wurden, laut Auskunft einer Sprecherin von Fiat Auto France, die das mittlerweile ausgelaufene Modell des Uno in Frankreich vertrieben, zwei andere neue Modelle angeboten, die als Sonderausstattung Stahlspiegelgehäuse in derselben Farbe hatten wie die Karosserie: der Estival (ein Modell, das nur in Frankreich erhältlich ist) und ein Turbo I.E. – der einzige Fiat Uno, der schneller beschleunigt als ein S 280-Mercedes.[48]

Diese Tatsache führt zu bedeutsamen Folgerungen: Wenn wirklich ein Fiat Uno diese weißlichen Spuren hinterlassen hat, dann ist es sehr leicht möglich, daß es sich um eine Turbo-Hochgeschwindigkeitsausführung handelte. Träfe dies zu, dann war ein solcher Uno nicht nur in der Lage, mit dem Mercedes mitzuhalten, die rechte Fahrspur zu blockieren und ihn dadurch quasi zu zwingen, gegen den 13. Pfeiler zu fahren, sondern auch an ihm vorbeizurasen, bevor es zum endgültigen Aufprall kam, und von der Unfallstelle zu verschwinden. Es ist sogar vorstellbar, daß sich ein Fiat Uno Turbo in der zweiten Unfallphase nach links bewegt, die rechte Seite des Mercedes gestreift oder ihn sogar beim Überholen geschnitten haben könnte. Vielleicht geschah es während einer derartigen Annäherung, daß der Spiegel des Fiat die weißlichen Farbspuren oder Kratzer, was immer es sein mögen, an dem S 280 hinterließ. Dieses Szenarium erscheint nicht weniger plausibel als Pietris Annahme, die Spuren seien während der ersten Phase des Unfalls entstanden, kurz nachdem der Mercedes in der Nähe der Tunnel-Einfahrt das Heck des Fiat berührte.

Wechselte der Fiat während der zweiten Phase tatsächlich auf die linke Fahrbahn? Befand er sich auf gleicher Höhe mit oder war er sogar vor dem Mercedes zum Zeitpunkt des todbringenden Aufpralls? Die Antwort findet sich in der Aussage von Gaëlle L. In ihrer Befragung am 12. September hat sie, wie man sich erinnert, Richter Stephan folgendes mitgeteilt: »Dieses [kleinere] Auto ist meiner Meinung nach nicht an dem Mercedes vorbeigefahren. Genauer gesagt, befand sich das kleine Fahrzeug meiner Meinung nach ebenfalls auf der linken Fahrbahn, und als der Mercedes versuchte, sich links daran vorbeizuquetschen, prallte er dabei auf etwas [nämlich gegen den 13. Pfeiler] und fuhr dann gegen in die rechte Wand. Als es dies sah, beschleunigte das kleinere Auto. Ich weiß nicht, was aus ihm wurde.«

Gaëlles Freund Benoît B. beschrieb in seiner ersten Aussage vom 31. August eine offensichtliche Kollision der beiden Fahrzeuge in dieser kritischen zweiten Phase: »Ich glaube, daß der Mercedes, der sehr schnell fuhr, gegen die Limousine stieß und dann außer Kontrolle geriet.« Stephan befragte ihn zu diesem Punkt noch einmal am 17. September. »In dem Moment, als der Mercedes die Kontrolle verlor«, sagte er dem Richter, »befand sich das Auto, von dem ich rede, direkt vor dem Mercedes auf derselben Fahrbahn. Das Fahrzeug beschleunigte in dem selben Augenblick, als der Mercedes außer Kontrolle geriet. Ich sah es dann davonfahren, und als ich auf gleicher Höhe mit dem Mercedes war, war [das andere Auto] schon weit weg. Wir haben es danach nicht mehr gesehen.«

Stephan hielt Benoît anschließend seine frühere Aussage vor, der Mercedes sei mit dem anderen Wagen kollidiert, bevor er außer Kontrolle geriet. »Ich bestätige das. Ich präzisiere, daß der Mercedes meiner Meinung nach mit dem ersten Auto zusammenstieß, das vor ihm fuhr, und danach außer Kontrolle geriet und gegen den Pfeiler krachte.« Benoît sagt, seine Position zum Zeitpunkt des Aufpralls sei etwa 35 bis 40 Meter westlich vom 13. Pfeiler gewesen. Somit ist klar, daß die von ihm beobachtete Kollision eine *zweite* Berührung war und nicht die erste, die vor der Tunneleinfahrt stattfand, mehr als 70 Meter östlich der Aufprallstelle.

Was ist Wahres an dem mysteriösen Motorradfahrer, von dem mehrere Zeugen berichteten, sie hätten ihn unmittelbar hinter dem Mercedes gesehen? Benoît, Gaëlle und Grigori R., die sich alle auf der nach Osten führenden Tunnelfahrbahn befanden, sagten, sie hätten gesehen, wie ein schweres Motorrad seine Geschwindigkeit verringert hätte und kurz nach dem Aufprall am Autowrack vorbeigefahren sei. Jean-Pascal Peyret, der mit seinem Saab in westlicher Richtung fuhr, war nur Sekunden, nachdem er den letzten Aufprall vernommen hatte, von einem einzelnen Motorradfahrer überholt worden.

Bevor der Mercedes den Alma-Tunnel erreichte, auch daran sei erinnert, waren laut mehrerer Zeugenaussagen ein oder mehrere Motorradfahrer dicht hinter dem Mercedes. Clifford G. zum Beispiel berichtete, er habe ein einzelnes Motorrad 30 oder 40 Meter hinter dem Mercedes gesehen, als das Fahrzeug gerade in den Tunnel einfuhr. Einige Augenblicke vorher, und weiter östlich, wurde der kalifornische Geschäftsmann Brian Anderson in seinem Taxi von dem Mercedes überholt, dem zwei Motorräder folgten. Eines von ihnen schien »auf dem Weg zu sein, das Auto zu überholen«, sagte Anderson. »Ich hatte das Gefühl, daß dieses eine Motorrad ohne zu zögern und ohne alle Bedenken aggressiv und riskant fuhr.«

Es ist somit ziemlich klar, daß derjenige Motorradfahrer, der dem Mercedes am nächsten kam – also der, der abbremste, um das Wrack herumfuhr, dann beschleunigte und davonfuhr –, nicht einer von den Fotografen war, die in jener Nacht verhaftet wurden. Mit Sicherheit war es nicht die Honda 650, auf der Romuald Rat und Stéphane Darmon saßen, die als erste der später festgenommenen Fotografen an der Unfallstelle eintrafen. Mehreren Augenzeugen zufolge war das vermeintliche Motorrad von Rat/Darmon zum Zeitpunkt des fatalen Aufpralls knapp hundert Meter von der Tunneleinfahrt entfernt. Marie-Agnès C., die auf einem Grünstreifen etwa 40 Meter östlich der Einfahrt stand, sah in dem Moment, als sie den Schlag vernahm, ein Motorrad mit zwei Personen »von vorne« kommen, das heißt aus der Richtung Place de la Concorde. Dies wird von anderen Aussagen bestätigt. Rat selbst behauptete, er und Darmon seien weit hinter dem Mercedes gewesen, und daß ihr Motorrad nicht dasjenige gewesen sein konnte, das dem Auto dicht folgte. »Möglicherweise befand sich ein anderes Motorrad vor dem unseren«, meinte Rat.

Es ist sicher, daß ein Motorrad unmittelbar hinter dem Mercedes war, und es scheint nicht von einem Fotografen gefahren worden zu sein. Wenn wir rein theoretisch annehmen, daß dieses Motorrad mit dem Fiat Uno zusammenarbeitete, könnte seine Aufgabe gewesen sein, dem Mercedes von der Place de la Concorde hartnäckig und aggressiv zu folgen und ihn zu veranlassen, schneller und noch schneller zu fahren, während er sich dem Alma-Tunnel näherte.

In diesem Zusammenhang verdient die umstrittene Aussage von François Lévi nähere Betrachtung. Lévi, um es zu wiederholen, erzählte der Polizei, er sei von der rechten Zufahrtsstraße auf die Schnellstraße gefahren, als sich der Mercedes aus einiger Entfernung von hinten näherte. Dicht hinter dem Mercedes folgten zwei Motorräder, so Lévi, und »da war ein weißes Auto zwischen dem Konvoi und mir selbst«. Im Rückspiegel, so behauptete er, habe er gesehen, wie eines der Motorräder den Mercedes »vorne schnitt«, kurz bevor er verunglückte. Die Polizei ließ Lévis Behauptungen unberücksichtigt, die zugegebenermaßen nichts von dem Vorhandensein von Mohammed M.s Citroën BX berichten und auch nicht von anderen Beobachtern erhärtet wurden, die sich in der Nähe des Unfallortes befunden hatten und von denen keiner ein Motorrad kurz vor dem Mercedes hat einscheren sehen.

Doch indem man Lévis Aussage einfach abtut, könnte es sein, daß man so das Kind mit dem Bade ausschüttet. Obwohl er in präzisen Details irrte, ist es doch möglich, daß er unmittelbar hinter dem Mercedes die Bewegungen eines Motorrads sah, sich durch den Blickwinkel und die Parallaxe aber so täuschten ließ, daß er glaubte, es sei vor dem Fahrzeug. Vielleicht war die Bewegung, die er vage wahrnahm, als er die Tunnelausfahrt hochfuhr, auch die des weißen Fahrzeugs, das er irrtümlich für ein Motorrad hielt, das vor dem Mercedes einscherte. Möglicherweise hat er auch die ganze Geschichte erfunden. Vielleicht aber auch nicht. Jedenfalls ist es interessant, daß Lévi der einzige Zeuge ist, der aussagte, er habe ein »weißes« Auto vor dem Mercedes gesehen – und dies zu einem Zeitpunkt, zu dem weder die Presse noch die Ermittler über irgendein weißes Fahrzeug oder einen Fiat Uno sprachen.[49]

Wenn es tatsächlich der Auftrag des mysteriösen Motorradfahrers war, Henri Paul dicht an dicht zu folgen und ihn dadurch zum Rasen zu veranlassen, hätte die Anwesenheit zahlreicher Fotografen auf Motorrädern im Gefolge des Mercedes eine ideale Tarnung geboten. Tatsächlich hätte ein Geheimdienst für eine solche Tarnung sorgen können, indem er den Bildagenturen einen Tip gab – und diese hatte in der Tat einen Tip erhalten, einige aus London – hinsichtlich der unmittelbar bevorstehenden Ankunft von Diana und Dodi in Paris.

In jener Nacht könnten sich sehr wohl Agenten unter die Paparazzi vor dem Hotel gemischt haben. Mohammed al-Fayeds Anwälte haben Richter Stephan 13 vergrößerte Bilder der Überwachungsvideos des Ritz vorgelegt, die mehrere nicht identifizierte Personen in der Menge zeigen. Sie tragen keine Kameras, sind auch nicht wie Touristen gekleidet, und scheinen den Schauplatz zu überwachen, denn ihre Augen blicken aufmerksam in unterschiedliche Richtungen. Die Aufnahmen sind zu den Akten gefügt worden. Anläßlich seines erneuten Verhörs Anfang Oktober, so berichtet der Fotograf Langevin, habe ihn Stephan gefragt, ob er irgendeine dieser Personen identifizieren könne. Die Ermittler suchen ferner nach einem britischen Fotografen, der sich vor dem Ritz aufgehalten hat. Französische Fotografen äußerten gegenüber der Polizei, der Mann habe ausweichende Antworten auf ihre Fragen gegeben, für welches Blatt er arbeite.

Ist dieser geheimnisvolle britische »Fotograf« ebenso wie die französischen Paparazzi zu seinem Motorrad gerannt und hinter dem Mercedes hergefahren? Vielleicht, vielleicht aber auch nicht. Wenn der Motorradfahrer ein Geheimagent war, dürfte er im vorhinein von der Abfahrt vom Hinterausgang des Hotels gewußt haben: Dodi hatte, unmittelbar bevor er das Hotel verließ, mit seinem Vater telefonisch den Plan besprochen; angenommen, eines der Telefone oder beide wären abgehört worden (und das ist so gut wie sicher, wenn es wirklich ein Komplott gab), so hätte der betreffende Geheimdienst diese Information an seine Agenten vor Ort weitergegeben. Der Motorradfahrer hätte dem Paar so vom Hinterausgang folgen können oder schon vorher entlang der Strecke Stellung bezogen haben können.

An dieser Stelle ist es sinnvoll, an Trevor Rees-Jones' Aussage gegenüber Richter Stephan am 19. September zu erinnern, dem Mercedes seien »zwei Autos und ein Motorrad« gefolgt, als er das Hotel über die Rue Cambon verließ. Detaillierter führte er aus, eines der Fahrzeuge sei ein »weißes Auto mit einer Heckklappe« gewesen – eine Beschreibung, die auf einen Fiat Uno zutreffen könnte. Es erscheint jedoch wahrscheinlicher, daß der fragliche Uno näher am Tunnel in Stellung gebracht worden wäre. Außerdem könnte der Fiat auch auf der Parallelstraße, dem Cours Albert 1$^{er}$, gewartet haben, in letzter Minute von rechts auf die Schnellstraße gebogen sein und so den Mercedes überrumpelt haben.

Auf jeden Fall hätte sich der mysteriöse Motorradfahrer bestens unter die französischen Paparazzi mischen können. Doch dieses spezielle Motorrad hätte der Mercedes nicht abhängen können, weil es stärker gewesen wäre als die Maschinen der Journalisten und sein Fahrer zudem ein hochtrainierter und erfahrener Agent. Außerdem hätte dieser Motorradfahrer die Route im voraus gekannt.

Die Wahl der Route wäre in der Tat ein wesentliches Element eines Komplotts zur Inszenierung eines Autounfalls. Die ideale Strecke wäre eine Route, bei der man mit sehr hoher Geschwindigkeit fahren könnte. Der normale Rückweg zu Dodis Wohnung war dafür nicht geeignet: Samstagnacht sind die Champs-Elysées völlig verstopft. Deshalb war die in westliche Richtung führende Schnellstraße am Seine-Ufer die logische Alternative. Und der Alma-Tunnel mit seiner Kurve und seinem Aufsetz-Gefälle, den fehlenden Leitplanken und seinen Hochgeschwindigkeitsunfällen in der Vergangenheit schien der ideale Ort, den Crash zu planen.

Es wäre nicht einmal notwendig gewesen, auf den Mercedes vor Ort aufzufahren oder ihn zu rammen. Wie aus Pietris Bericht deutlich hervorgeht, ist es nahezu unmöglich, mit Geschwindigkeiten von über 100 Stundenkilometern in den Alma-Tunnel zu fahren, ohne ein »schweres Risiko« einzugehen. Eine Situation beschreibend, die von technischen Geheimdienstspezialisten sofort verstanden würde, führt Pietri aus: »Unter der Voraussetzung extrem hoher Geschwindigkeit... könnte ein Abschnitt wie die Gefällstrecke in den Alma [-Tunnel] nur durchfahren werden..., indem man die nach links abwärts führende Kurve in gerader Linie anschneidet, also direkt von der linken auf die rechte Fahrspur wechselt.«

Mit anderen Worten: Indem man Henri Paul zum Rasen zwingt und die rechte Fahrbahn blockiert, wäre ein Unfall praktisch garantiert. Danach, so wäre zu erwarten, fährt der Motorradfahrer langsamer, prüft das Ausmaß des Schadens und haut ab – genau das hat der ominöse Motorradfahrer getan. Normalerweise müßte es auch ein Ersatzfahrzeug geben, das die gesamte Operation beobachtet und bereit steht, falls erforderlich in Aktion zu treten – beispielsweise um den Fahrer des Fiat Uno aufzusammeln, falls dessen Wagen bei dem Unfall stark beschädigt oder fahrunfähig werden sollte. Und das müßte dann vermutlich ein schwerer, starker und schneller Wagen sein – wie der weiße

Mercedes, den Gary Hunter nach dem Unfall auf der Rue Jean-Goujon hinter etwas herrasen sah, das ihm wie ein Fiat Uno vorkam.

In diesem Zusammenhang ist es interessant, anzumerken, daß die Rue Jean-Goujon und ihre Verlängerung, die Avenue du Général Eisenhower, die kürzeste direkte Strecke vom Alma-Tunnel zur britischen Botschaft in 35 Rue du Faubourg St. Honoré bilden. Die Entfernung beträgt nur sechs Häuserblocks oder 1,5 Kilometer. Die beiden Ampeln ignorierend, auf die sie gestoßen wären (oder bei grünem Licht), hätten die beiden Fahrzeuge die Strecke in ein, zwei Minuten zurücklegen können. Die Botschaft hat ein großes Einfahrtstor zur Rue Faubourg St. Honoré hin, das in einen Innenhof führt. Die Autoren behaupten nicht, daß sie das Ziel war, wohin diese Wagen fuhren, sondern zeigen nur auf, was jeder, der einen Stadtplan hat oder Paris kennt, leicht erkennen kann. Dieses verblüffende Szenarium scheint allerdings durch die Zeugenaussage von François und Valérie vom 18. September widerlegt, die bekundeten, sie hätten einen weißen Fiat Uno mit beschädigtem Auspuff gesehen, der gleich nach dem Unfall weiter in Richtung Westen auf der Schnellstraße gefahren sei.

Sofern die Wahl der Todesstrecke im nachhinein völlig einleuchtet – wie hätten die mutmaßlichen Verschwörer sicher sein können, daß der Mercedes die Schnellstraße am Flußufer und nicht den Weg über die Champs-Elysées nehmen würde? Bei einem Dodi, der auf Hundert war wegen der Paparazzi, und einem mit Alkohol und Antidepressiva aufgeputschten Henri Paul, der darauf brannte, es seinen Verfolgern zu zeigen und ihnen vorzuführen, wie er in Stuttgart fahren gelernt hat, scheint es logisch, daß die beiden die Schnellstraße nehmen würden. Aber Logik allein genügt nicht. Bei einer Unternehmung solcher Natur darf nichts dem Zufall überlassen bleiben.

Es könnte einen Befehl gegeben haben, diese Route zu wählen. Und der könnte beispielsweise an Henri Paul gerichtet worden sein, der, wie wir gesehen haben, einen militärischen Hintergrund besaß und dem man Verbindungen zu den Diensten unterstellen könnte. Eine vorgeschriebenen Route zu akzeptieren würde nicht automatisch bedeuten, auch um die tödliche Natur des Auftrags zu wissen – und um die selbstmörderischen Konsequenzen für sich selbst. Disziplinierte Sicherheitsprofis sind darauf trainiert, Befehle auszuführen, ohne Fragen zu stellen. Als Alternative hätten die mutmaßlichen Organisatoren des Komplotts aber auch Reservepläne haben können für eine andere Route.

Nichts beweist, daß die Dinge sich so zugetragen haben. Es ist überdies möglich, daß der Motorradfahrer und der Fahrer des Fiat Uno Geheimdienstagenten waren, die einen Beschattungsauftrag hatten, der fürchterlich danebenging. In diesem Fall wären sie, anders als die meisten normalen Fahrer, von der Unfallstelle geflüchtet. Und dies ist genau das, was diese Fahrer taten.

Welche Rolle spielen die Franzosen bei der ganzen Angelegenheit? Hätten ihre unermüdlichen Ermittlungen und ihre eifrige Jagd nach dem Fiat Uno eine Verschwörung aufgedeckt, wenn es eine gab?

Es gibt einige überraschende Inkonsequenzen – vor allem in der Anfangsphase der französischen Ermittlungen. Nehmen wir zum Beispiel die weißen Spuren rechts hinten am Mercedes, die darauf hinzuweisen scheinen, daß er von einem anderen Fahrzeug gestreift wurde. Der detaillierte Polizeibericht vom 1. September, der die verschiedenen Kratzer und Spuren auf dem Mercedeswrack beschreibt, erwähnt sie nicht. Er spricht nur von zwei parallelen »gräulichen« Kratzern auf dem vorderen Kotflügel (die auf den Fotos vom Wrack beim Abtransport aus dem Tunnel deutlich zu sehen sind) und von drei kleinen roten Flecken, der erste auf der rechten Vordertür, der zweite auf der Hintertür unmittelbar am Türgriff und der dritte auf der hinteren Stoßstange. Doch über weiße Flecken wird kein Wort verloren.

Auch fehlte jeder Hinweis darauf, daß sich irgendwo an dem Wagen weiße Flecken befunden haben, als die ersten Einzelheiten von den polizeilichen Ermittlern durchzusickern begannen. Wie schon früher gesagt, war die Rede von Dunkelblau, Schwarz, Grau, Rot – von allem, bloß nicht von Weiß. Erst die spektrographische Analyse der Gendarmerie offenbarte – *deus ex machina* –, daß die Farbe tatsächlich Weiß war. All dem krausen Gerede über blaue und blaugrüne Grundierlacke zum Trotz bleibt die Geschichte von den unterschiedlichen Lackfarben bizarr. Es besteht jedoch kein Zweifel daran, daß die Farbspuren vorhanden sind: Sie sind auf den Fotos vom Wrack deutlich zu erkennen, und ihr Vorhandensein wurde auch von einem französischen Offiziellen bestätigt, der an den Untersuchungen beteiligt und in jener Nacht im Tunnel anwesend war.

Zugegeben, die weißen Flecken könnten der freigelegte Grundierlack des Mercedes sein und nicht weiße Farbspuren – was jedoch nichts an dem offenkundigen Kontakt mit dem Spiegel des Fiat oder an der Wahrscheinlichkeit einer zweiten Kollision ändern würde. Es ist sogar vorstellbar, daß die Flecken auf den Fotos Lichtreflexionen auf der polierten Oberfläche des Mercedes sind – obwohl ihre eindeutig dreieckigen Formen und ihre offensichtliche Strukturiertheit dies auszuschließen scheinen. Angenommen, die Spuren sind tatsächlich weiße Farbpartikel, sagen wir von einem Fiat Uno, dann bildeten sie einen unschätzbaren Schlüssel für die Identifikation des Fahrzeugs und damit seines Fahrers.

Die Zahl weißer Turbos in der Sonderausstattung mit lackiertem Spiegelgehäuse, hergestellt zwischen Mai 1983 und September 1989 und noch heute im Verkehr, wäre relativ begrenzt. Daher offenbaren die Fotos, welche diese weißen Flecken zeigen, genau jene Art von Information, die ein Geheimdienst geheimzuhalten bemüht sein müßte, wenn seine Agenten ein solches Fahrzeug bei einer Mordoperation benutzt hätten.

Natürlich ist dies alles rein hypothetisch. Es gibt keinerlei Beweis dafür, daß der MI6 oder irgendein anderer Geheimdienst auch nur im geringsten in diesen Unfall verwickelt war. Doch, wie wir geschildert haben, gibt es gewisse Anhaltspunkte dafür, daß der britische Geheimdienst in der Nacht des 1. September die Wohnung von Lionel Cherruault, einem in London stationierten Fotografen der Agentur »Sipa«, durchsucht haben könnte und mit seiner Computerausrüstung verschwunden ist.[50] Cherruault zufolge versuchten die Eindringlinge offenbar, die fünf beeindruckenden Bilder von der Unfallszene zu finden und zu zerstören, die Laurent Sola, der Chef von »LS Presse«, per Datenfernübertragung in den frühen Morgenstunden des 31. August nach London übermittelt hatte. Sola hatte die Fotos vom Nachrichtenmarkt genommen, sobald er von Dianas Tod erfuhr – und Cherruault hat sie jedenfalls nie erhalten. Doch die Fotos, die

Sola an potentielle Käufer geschickt hatte, waren in vielen Fällen in deren Computern abgespeichert geblieben. Und wenigstens eines der fünf Bilder zeigte deutlich die weißen Flecken. Hatten die Eindringlinge lediglich einen widerwärtigen Handel mit den Unfallfotos zu unterbinden versucht? Oder wollten sie belastende Beweisstücke vernichten? Auf jeden Fall wirft diese mögliche Involvierung des britischen Geheimdiensts in den Fall Diana beunruhigende Fragen auf. Kaum weniger verwirrend ist die Tatsache, daß ein MI6-Agent nur wenige Tage vor dem Unfall einen Kontaktmann anrief und ihn davor warnte, Dodi und Diana nach Paris zu folgen.[51]

Nichts von alledem liefert jedoch einen Beleg dafür, daß der britische Geheimdienst bei dem Unfall eine direkte Rolle spielte. Selbst wenn die britischen Dienste etwas zu verbergen gehabt hätten, so waren es doch die französischen Behörden, die die Ermittlungen leiteten und im Besitz des Mercedes mit seinen möglicherweise belastenden Spuren waren – ganz zu schweigen von all den anderen gerichtlichen Beweisen und den Augenzeugenberichten. Gewiß hätten die französischen Dienste die Ermordung einer britischen Prinzessin und des Sohnes eines ägyptischen Millionärs auf ihrem eigenen Boden weder stillschweigend gebilligt noch Beihilfe dazu geleistet; für sie waren Dianas Heiratspläne nicht im geringsten von Interesse, sie wären niemals das Risiko eingegangen, in einen möglicherweise verheerenden Skandal verwickelt zu werden. Und erst recht nicht, weil Präsident Jacques Chirac ein persönlicher Freund von Mohammed al-Fayed ist und ein großer Bewunderer der Prinzessin war.

Ebenfalls scheint es völlig unwahrscheinlich, daß die französischen Dienste im nachhinein bei einer Vertuschung geholfen haben könnten. Der französische Inlandsgeheimdienst Direction de la Surveillance du Territoire (D.S.T.) ist ebenso dem Innenministerium unterstellt wie die Polizei. Also müßte jedes Ersuchen des britischen Geheimdiensts um Kooperation seitens ihrer französischen Kollegen bei einer Angelegenheit von solcher Wichtigkeit höchsten Stellen vorgelegt werden.

Nur um dieses rein hypothetische Szenario einer Komplizenschaft der Franzosen beim Vertuschen fortzuführen, wie weit hergeholt es auch scheinen mag, könnte man sich vorstellen, daß ein französischer Offizieller eventuell während der langen Wartezeit im Krankenhaus am 31. August diskret von gewissen britischen Offiziellen kontaktiert worden ist. Es sollen mindestens sechs MI6-Undercoveragenten in der britischen Botschaft in Paris arbeiten. War einer von ihnen am 31. August in der Klinik Pitié-Salpêtrière anwesend? Falls ein hochrangiger französischer Offizieller eine derartige Anweisung zur Vertuschung erhielt, hätte sie weitergeleitet werden müssen an weitere Personen, die an den Ermittlungen und den Obduktionsuntersuchungen beteiligt waren.

All dies sind, um es noch einmal zu betonen, reine Spekulationen, für die es keine Beweise gibt. Zwei Dinge aber stehen fest: 1. wurde Diana in Frankreich nicht obduziert, und 2. wurde durch die französischen Pathologen keine Blutprobe entnommen »in Übereinstimmung mit den Anweisungen, die man erhalten hatte«, wie es später in einem Polizeibericht hieß. Unter anderem könnte der Verzicht auf eine Obduktion und eine Blutprobe sichergestellt haben, daß keine Schwangerschaft (mit all ihren explosiven Folgerungen für Verfechter der Anschlagstheorie) keine Erwähnung finden würde in einem französischen Obduktionsbericht. Eine weitere verwirrende Tatsache ist, daß derjenige Polizeibeamte, der den Mercedes untersuchte, es versäumte, in seinem detaillierten Bericht vom 1. September die weißen Spuren zu erwähnen. Versehen oder Vertuschung? Es ist unmöglich, dies mit Gewißheit zu entscheiden.

Nachdem Richter Stephan am 2. September mit der Leitung der Ermittlungen beauftragt worden war, wäre es auf alle Fälle weit schwieriger geworden, weiterhin etwas zu vertuschen, sofern dies überhaupt geschehen sein sollte. Stephan untersteht nicht dem Innenminister und genießt ein hohes Maß an Unabhängigkeit, sogar gegenüber seinem nominellen Vorgesetzten, dem Justizminister. Die Ernennung eines zweiten Untersuchungsrichters, Marie-Christine Devidal, am 5. September stärkte Stephans unabhängige Position und involvierte ein weiteres Augenpaar, was eine Vertuschung noch viel schwieriger machen würde.

Zu diesem Zeitpunkt könnte die behördliche Aufsicht über die polizeiliche Seite der Ermittlungen (die der Kriminalbrigade übertragen waren) formell vom Innenministerium auf das

Justizministerium übergegangen sein und somit eigentlich in die Hände der beiden Richter. In der Praxis jedoch dürfen laut einem altgedienten Insider des Justizpalastes die Polizeibeamten weiterhin ihrem eigenen unmittelbaren Vorgesetzten berichtet haben.

Selbst wenn das Innenministerium sich dazu entschlossen hätte, Einfluß auf die Ermittlungen zu nehmen – doch es gibt keinerlei Anzeichen für seine Intervention in dieser Angelegenheit –, sind seiner Amtsgewalt Grenzen gesetzt. Haben diese Richter erst einmal die Untersuchung des Mercedes der für Fahrzeuge zuständigen Abteilung der Gendarmerie in Rosny-sous-Bois übertragen, die dem Militär untersteht, wäre jeder Versuch des Innenministeriums oder der D.S.T., die Untersuchung zu beeinflussen, auf große administrative Hindernisse gestoßen. Es ist interessant, festzustellen, daß es die kriminalpolizeiliche Seite der Ermittlungen war, die anfänglich Zweifel an der Existenz eines zweiten Fahrzeugs anmeldete und den Aussagen von Lévi und Gary Hunter keinen Glauben schenkte. Es war die Gendarmerie, die schließlich die Existenz eines Fiat Uno nachwies und die Farbe des Lacks aufspürte.

Aber auch die Gendarmerie lehnte es ab, irgend jemanden außerhalb ihrer eigenen Reihen das Wrack auch nur sehen zu lassen: Jean Rol-Tanguy zufolge, einem französischen Sprecher von Mercedes, hat das Unternehmen wiederholt angeboten, Ingenieure aus Stuttgart zu schicken, um bei der Untersuchung des Wagens mitzuarbeiten, aber das Angebot wurde ignoriert. In der Woche vom 27. Oktober wurde ein bereits genehmigter Besuch der Autoren des vorliegenden Buchs in der Fahrzeugabteilung der Gendarmerie in Rosny-sous-Bois aus »rechtlichen Gründen« plötzlich abgesagt. In derselben Woche wurde ein zuvor vereinbartes Interview mit Polizeichef Philippe Massoni ebenfalls abgesagt, genauso wie ein Besuch im Gaston-Cordier-Flügel des Krankenhauses Pitié-Salpêtrière, wo Prinzessin Diana starb. (Innenminister Chevènement hatte bereits früher einen Antrag für ein Hintergrund-Interview abgelehnt.)

Nichts davon natürlich beweist auch nur im entferntesten, daß irgend etwas vertuscht worden ist. Aber die abgesagten Termine sprachen Bände über den Mantel des Schweigens, der just in dem Moment über den Fall gebreitet wurde, als die Jagd nach dem Fiat beginnen sollte. Genau zu diesem Zeitpunkt sprach unsere Quelle aus der Justizverwaltung von der »schrecklichen Geheimniskrämerei, die auf dieser Akte lastet«.

Als die Arbeiten an diesem Buch abgeschlossen wurden [Mitte Januar 1998], war der Fiat noch nicht gefunden. Und falls er eine unheilvolle Rolle spielte, wird er wohl auch nie gefunden werden. »Das letzte, das ein Profi tun würde, wäre es, zuzulassen, daß das Fahrzeug gefunden würde«, sagt ein Beteiligter aus dem Stab Mohammed al-Fayeds. »Sie würden dieses Fahrzeug niemals preisgeben. Sie würden es in eine Shredderanlage schaffen. Die Tatsache, daß der Wagen nie gefunden wurde – das ist es, was bei mir die Alarmglocke klingeln läßt.«

Der fast schon historische Fiat Uno könnte aber genausogut von einem unschuldigen, wenn auch ungeschickten Pariser gefahren worden sein, der nichts mit einer Unfalluntersuchung zu tun haben wollte, zum Beispiel von einem Teenager, der mit dem Wagen des Vaters eine Spritztour machte. Wenn der Fahrer ermittelt werden sollte, könnten einige dieser verwirrenden Fragen beantwortet werden. Wenn nicht, werden die Ereignisse des 31. August 1997 noch für die nächsten hundert Jahre zumindest bei den Anhängern der Verschwörungstheorie, den idealen Nährboden für Theorien über Verschwörungen und Verschleierungen bilden. Auf alle Fälle wird die goldene Flamme an der Place de l'Alma die Pariser für immer an jene schreckliche Nacht erinnern, in der die Welt Diana, Prinzessin von Wales, verlor.

# Epilog

In *Dragnet*, der klassischen amerikanischen TV-Krimiserie der fünfziger Jahre, endete jede Folge damit, daß man verkündete, was aus den verschiedenen Verdächtigen wurde. In unserem Fall ist es noch zu früh, etwas Endgültiges über das Schicksal der neun Fotografen und des Motorradfahrers der Bildagentur zu sagen, gegen die in der Sache »Tödlicher Verkehrsunfall, 31. August 1997, 0.30 Uhr« ermittelt wird. Aber wahrscheinlich wird folgendes geschehen:

Da man erwartet, daß die akribische Untersuchung des Mercedes Schraube für Schraube bis ins Frühjahr 1998 andauern wird, werden die Ermittlungsrichter wohl nicht vor Juni in der Lage sein, die komplette Akte an Staatsanwältin Maud Coujard weiterreichen zu können. Anschließend wird Coujard die vielen tausend Seiten von Aussagen und Expertenberichten durcharbeiten, sodann ihre Anklageschrift entwerfen und schließlich ihre Feststellungen den Richtern mitteilen, denen die Auffassung der Staatsanwältin als Richtlinie dienen wird, die jedoch nicht daran gebunden sind.

Die endgültige Entscheidung, wer gerichtlich verfolgt und gegen wen Anklage erhoben wird, werden die beiden Richter Stephan und Devidal gemeinsam treffen. Falls sie sich entschließen, die Anklage fallen zu lassen, können die Zivilkläger und die Staatsanwaltschaft nach französischem Recht dagegen Einspruch erheben. Falls die Sache vor Gericht kommt, können die Fotografen gegen jeglichen Schuldspruch ebenfalls Einspruch einlegen.

In unserem Fall scheint es, laut informierten Quellen aus dem Büro der Staatsanwaltschaft, wahrscheinlich, daß die Anklagen wegen fahrlässiger Tötung gegen alle zehn Beschuldigten fallen gelassen wird, aber einige von ihnen könnten dennoch in der zweiten Jahreshälfte 1998 vor das Strafgericht gestellt werden wegen unterlassener Hilfeleistung. Dann würde den Angeklagten öffentlich vor einem Ausschuß von drei Richtern ohne Geschworene der Prozeß gemacht, ohne Sachverständige als Entlastungszeugen und ohne Fernsehkameras. Im Gegensatz zu der amerikanischen O. J. Simpson-Posse dauern solche Prozesse für gewöhnlich nur ein paar Tage und basieren überwiegend auf den Ergebnissen der Ermittlungsrichter.

Derzeit sind französische Rechtsexperten der Auffassung, daß jedweder Schuldspruch eine Geld- oder eine Gefängnisstrafe auf Bewährung nach sich ziehen dürfte, ohne daß einer der Fotografen ernsthaft Gefahr läuft, ins Gefängnis zu müssen. Bei einer Verurteilung werden dieselben drei Richter auch den Zivilprozeß verhandeln, in dem den derzeitigen Zivilparteien der Ermittlungen, Mohammed al-Fayed, den Spencers, Trevor Rees-Jones und den Eltern von Henri Paul, Schadensersatz zugesprochen werden könnte.

Weitere Prozesse könnten beispielsweise gegen das Management des Ritz geführt werden, da es zuließ, daß sein Angestellter ohne die erforderliche Lizenz sowie unter Alkoholeinfluß am Steuer saß. Die Verfolgung eines Vorgehens wegen fahrlässiger Gefährdung ist theoretisch möglich, wird aber als unwahrscheinlich angesehen. Im Falle einer Zivilklage wäre der Beschuldigte nicht der Besitzer des Ritz, Mohammed al-Fayed, sondern wahrscheinlich die in Frankreich beheimatete »Ritz Corporation«, deren Geschäftsführer Frank Klein ist. Am Ende müßte eventuell die Versicherung des Hotels alle zivilen Schadensersatzansprüche begleichen, die in Frankreich wesentlich gemäßigter sind als beispielsweise in den USA – im allgemeinen unter 100 000 Francs und selten über 5 Millionen Francs [rd. 30 000 bzw. 1,5 Millionen DM].

»Die Verantwortung des Ritz ist für Mohammed al-Fayed sekundär«, sagte sein Anwalt Georges Kiejman, ein ehemaliges Kabinettsmitglied unter François Mitterand und einer der prominentesten Anwälte Frankreichs, als man ihn in seiner Kanzlei am eleganten Boulevard St. Germain interviewte. »Dies ist nicht das Problem. Sein ganzes Interesse ist, herauszufinden, warum sein Sohn sterben mußte.« Al-Fayed hat auch keinerlei Interesse an einer finanziellen Entschädigung, gesetzt den Fall, daß einer der Fotografen für den Unfall verantwortlich gemacht wird. »Bei einer Verurteilung hat er zwar ein Recht auf Schadensersatz«, sagt Kiejman, »aber es wäre wahrscheinlich nur ein symbolischer Franc. Was er anstrebt, ist die moralische Begleichung einer Rechnung und nicht die finanzielle.«

Wenn das Ritz zum Mittelpunkt eines erfolgreichen Zivilprozesses wird, angestrengt von der Familie Henri Pauls, müßte das Hotelmanagement Schadensersatz gemäß dem französischen Arbeitsrecht leisten, da er sein Angestellter war. Die Beträge würden innerhalb der Grenzen einer Standardtabelle festgesetzt, es sei denn, die Zivilkläger könnten dem Hotel eine »schwerwiegende Schuld« nachweisen.

Die anderen möglichen Zivilkläger gegen das Ritz wären Trevor Rees-Jones und die Familie Spencer. Rees-Jones, der weiterhin bei der Fayed-Organisation mit einem Jahresgehalt von 23 000 Pfund Sterling [knapp 65 000 DM] beschäftigt ist und dessen Arztkosten vollständig von Mohammed al-Fayed getragen wurden, dürfte wohl kaum als Kläger in Betracht kommen. Die Spencers allerdings wollen wohl, wie die britische *Sunday Times* am 21. Dezember 1997 berichtete, al-Fayed gerichtlich belangen mit einer Forderung über 8 Millionen Pfund Sterling [über 20 Millionen DM]; wie verlautet, entspricht das der Höhe der Erbschaftssteuer, die für Dianas Nachlaß entrichtet werden muß.

Der französische Anwalt der Spencers, Alain Toucas, weigerte sich, diese Meldung zu bestätigen oder zu dementieren, doch erklärten Anwälte von al-Fayed und vom Ritz, daß bis Ende Dezember weder schriftlich noch auf sonstige Weise Klage erhoben worden sei. »Wenn man die Briten so gut kennt wie ich«, erläuterte Kiejman, »würde es mich überraschen, wenn die Spencers die ganze Angelegenheit nicht von den Anwälten aushandeln ließen, statt eine Klage zu erheben. Al-Fayed hat stets betont, daß er seinen Verpflichtungen nachkommen werde.«

Kiejman betont die Tatsache, daß al-Fayed nach französischem Recht nicht persönlich in dieser Angelegenheit verklagt werden kann. Darüber hinaus besteht er darauf, daß die Verantwortung des Ritz noch längst nicht erwiesen ist.»Man könnte einwenden«, fügt er hinzu,»daß Henri Paul gebeten wurde, Überstunden zu machen, daß er kein richtiger Chauffeur war, daß das Ritz-Management ihn hätte zurückhalten sollen. Aber wer hätte dies tun sollen? Niemand, der in jener Nacht dort war, hätte gedacht, daß er unter Alkoholeinfluß stand. Sie hatten eine derartige Angst vor Mohammed al-Fayed, daß sie nie bewußt ein solches Risiko eingegangen wären. Außerdem«, so argumentiert er,»ändert Pauls Alkoholpegel nichts an dem Problem. Sicherlich spielte Alkohol eine Rolle bei der Zuweisung der Verantwortung. Aber die ursprüngliche Verantwortung tragen die Fotografen, deren Verhalten ihn dazu zwang, eine Route zu wählen, die nicht die übliche war, und mit einer Geschwindigkeit zu fahren, wie er es nicht hätte tun sollen. Keine Paparazzi, kein Unfall«. Und für den Fall, daß die Paparazzi einer Anklage wegen fahrlässiger Tötung entgehen sollten, haben Kiejman und sein Sozius Bernard Dartevelle erwirkt, Anklage wegen Verletzung der Intimsphäre gegen diejenigen zu erheben, die die Opfer im Wagen fotografiert hatten.

Andere an diesem Fall beteiligte Anwälte erwarten mit Sicherheit eine Zivilklage gegen das Hotelmanagement.»Wenn endgültig festgestellt wird, daß Pauls Trunkenheit die Hauptursache war«, sagt ein Jurist,»werden sie denjenigen suchen, der im Ritz einen Fehler beging. Wenn endgültig festgestellt wird, daß man im Ritz wußte, daß Paul krank, geschwächt, depressiv und alkoholkrank war, dann gerät das Ritz in Schwierigkeiten. Wenn jedoch nicht nachgewiesen werden kann, daß man im Ritz über den Zustand von Paul Bescheid wußte, wird es schwer werden, dem Hotel die Verantwortung zuzuschieben.«

Schließlich werden wohl die Versicherungen die einzigen sein, die für den Tod von Prinzessin Diana und Dodi Fayed bezahlen müssen. Der einzelne oder die einzelnen, die wirklich verantwortlich sind, also diejenigen, die – absichtlich oder nicht – daran schuld sind, daß das Auto außer Kontrolle geriet und auf einen Betonpfeiler krachte, werden wohl nie gefunden werden.

René Delorm erwartet uns bereits. Er öffnet die Wohnungstür im zweiten Stock und geleitet uns ins Foyer mit seinen geometrischen schwarzen, weißen und rosafarbigen Marmorfußböden und einem Kristallüster. Mit seinen 55 Jahren und einer Größe von ca. 1,70 Metern ist René körperlich in Hochform, elegant gekleidet in ein leichtes graues Jackett aus Rohseide mit einem kastanienbraunen Halstuch, eine schwarze Wollhose mit Bügelfalte und in schwarze Quastenschuhe. Sein schmales sonnengebräuntes Gesicht ist von einer Nickelbrille geprägt. Sein leicht toupiertes braunes Haar ist streng nach hinten gekämmt. Seine braunen Augen strahlen Wärme und Traurigkeit aus. Es ist ein etwas verlorener Blick.

»Wir haben seit jener Nacht nichts berührt«, erklärt er in seinem Englisch mit französischem Akzent. »Wir haben nur aufgeräumt. Mr. al-Fayed möchte, daß die Wohnung genauso bleibt, wie sie sein Sohn verlassen hat, als würde er zurückkommen.«

René ist stolz darauf, die Zehn-Zimmer-Wohnung in der Rue Arsène-Houssaye zu präsentieren. Er führt uns durch einen kleinen Salon links vom Foyer und hinaus auf einen Balkon mit schmiedeeisernem Geländer. Direkt zur Rechten erhebt sich der Arc de Triomphe. Links erstrecken sich weitläufig die Champs-Elysées. Ihre blätterlosen Bäume, jetzt von weißen Weihnachtslichtern übersät, bilden ein glitzerndes Spalier auf der Strecke zur Place de la Concorde, gut 1,5 Kilometer östlich. Wenn man dieses Panorama betrachtet, kommt man nicht umhin, sich vorzustellen, wie anders die Dinge in jener Nacht hätten verlaufen können, wenn Henri Paul nur diese imposante Durchgangsstraße gewählt hätte, ungeachtet all' ihrer Ampeln und des unvermeidlichen Staus. Der Champagner hätte auch 20 Minuten länger auf sich warten lassen können.

Neben dem Salon befindet sich das grüne Wohnzimmer, in denen Diana ihr Gepäck ließ und wo sie sich für das Abendessen in jener Samstagnacht umzog. René kann nicht mit Sicherheit sagen, wo sie in jener Nacht geschlafen hätte. Es läßt sich vermuten, in Dodis Schlafzimmer. Doch, wie der Butler erklärt: »Sie haben die Nacht nie hier verbracht. Sie kehrten nicht mehr zurück.«

René führt uns durch das zentrale Wohnzimmer, einen riesigen Raum mit dem Ausblick auf zwei Straßen, mit hohen Decken, zwei mächtigen Sofas, einem pinkfarbigen Couchtisch mit Marmorbelag und einem weißen Marmorkaminsims. Ein Philipsfernsehgerät mit Großbildschirm, einer von wenigstens einem halben Dutzend, die auf die Wohnung verteilt sind, steht dunkel und still in einer Ecke. Hier und da hängen gerahmte Bilder an den Wänden, die Dodi zusammen mit Filmstars zeigen.

Dodis innere Seele scheint sich in erste Linie in der Intimität des Herrenschlafzimmers zu offenbaren. Ein Doppelbett mit golddurchwirkter Tagesdecke dominiert den Raum. Schwere Vorhänge aus Brokat und Seide umrahmen die hohen Fenster. Auf dem Kaminsims ist eine Ansammlung von Medizinfläschchen gruppiert: Vitamin E 400, Folsäure, starke Anregungsmittel, Tylenol, Kreislauftabletten, die alle von Dodis Gesundheitswahn zeugen. Drei Teddybären liegen auf einem Tisch neben dem Marmorkamin, ausgestopfte Tiere finden sich überall in der Wohnung – vielleicht als Reminiszenz an den zauberhaften Zoo, den Dodi in Alexandria zurückgelassen hatte.

René öffnet eine Spiegeltür nach der anderen von den Kleiderschränken, die an der Südwand aufgereiht sind. In einem hängen 15 Anzüge – alle von Armani und alle dunkel. Auf dem Schrankboden stehen sorgfältig aneinandergereiht drei oder vier Paar Cowboystiefel. Links vom Schrank steht eine kleine Kommode mit Schubladen, die jeweils mit Schildern für den Inhalt beschriftet sind: »Boxershorts«, »Unterwäsche«, »Socken«, »Shorts«, »Trainingshosen«. »Er bat mich, die Schilder an den Schubladen anzubringen, weil er penibel genau ist«, sagt René bezeichnenderweise in der Gegenwartsform. »Er ist sehr organisiert, sehr ordnungsbewußt.«

Im nächsten Kleiderschrank stapeln sich in den Fächern Designerjeans und -hosen, elegante Woll- und Kaschmirsweater. Auf Kleiderbügeln sind ein halbes Dutzend Jacketts und ein Dutzend Seidenhemden mit Blumenmustern aufgereiht. Aus einem dieser Kleiderschränke hatte Dodi das Wildlederjackett, die Jeans und die Cowboystiefel ausgewählt, die er in jener bewußten Nacht trug. Wir starren still für einen Moment hinein, dann schließt René die Türen der Kleiderschränke.

Die weitere Inspektion führt uns in grottenähnliche Marmorbäder, Gästezimmer, einen Fitneßraum, zwei Küchen und das Zimmer des Butlers. Überall hängen weitere gerahmte Bilder, stehen Fernsehgeräte, gibt es weitere Teddybären und exquisite Pseudomarmorwände, Wandteppiche, Perserteppiche.

Es ist hier kein Anlaß für ein Schwelgen in Jungmädchenträumen, sondern nur für ein Verstummen, eine Verlorenheit und für die Trauer von René Delorm. Tränen treten in seine Augen, als er berichtet, wie Mohammed al-Fayed am Todestag seines Sohnes in die Wohnung kam. »Er sagte: ›René, Sie haben sich um meinen Sohn gekümmert. Machen Sie sich keine Sorgen. Ich werde mich um Sie kümmern.‹ Wie kann ein Mann an die Sorgen eines anderen denken, wenn sein Sohn gerade umgekommen ist? Ich konnte es einfach nicht fassen.«

Doch wie René sagt, kann er al-Fayeds Angebot nicht annehmen, als dessen Butler zu dienen. »Ich kann nicht für irgend jemanden anderen als Dodi arbeiten. Ich kann mir nicht vorstellen, solch eine Aufgabe für jemanden anderen zu verrichten. Ich verbrachte acht Jahre meines Lebens mit Dodi. Ich ließ in Los Angeles alles hinter mir: meinen Sohn, meine Freundin, meine Freunde, meine Familie. Als ich erfuhr, daß Dodi umgekommen war, schrie ich vor Weinen wie ein Baby.«

René ist auf der Rückkehr nach Kalifornien, dem warmen sonnendurchglühten Hafen, den dieser auf ewiger Wanderschaft befindliche marokkanische Jude lang zuvor als Heimat erkoren hat. Er hatte dort alles aufgegeben, um einem vereinsamten ägyptischen Playboy auf dessen Suche nach Glück und väterlicher Anerkennung zu folgen. Dodi hat beides fast erreicht. »Alles war wunderbar«, sagt René, »mitsamt Dinnerparties, Kreuzfahrten, Filmstars. Und die Prinzessin war gerade dabei, Teil seines Lebens zu werden. Doch dann..., pah! war alles auf einen Schlag vorbei.«

# ANMERKUNGEN

*1* Während Dodis Vater Mohammed seinen Namen mit dem Ehrentitel »al« schmückt, tat dies sein Sohn nicht.

*2* Diese Darstellung beruht auf Musas Aussage gegenüber den Ermittlungsbehörden. Roulet teilte der Polizei später mit, daß er nichts über die Umstände wüßte, die zum Wechsel des Chauffeurs und dem Anmieten eines zweiten Mercedes führten.

*3* Die »Sapeurs-pompiers«, die unter Militärbefehl stehen, sind eine Feuerwehrbrigade, die speziell für Autounfälle, Explosionen, Bombenanschläge und andere Notfälle ausgebildet und ausgerüstet ist. Unter anderem verfügen sie über Ambulanzwagen, die Ärzteteams an Bord haben, welche auf Wiederbelebungsmaßnahmen am Unfallort spezialisiert sind. In der Nacht des Unfalls waren drei Einheiten der Sapeurs-pompiers (Courbevoie, Malard und Champerret) im Alma-Tunnel anwesend.

*4* Der »Service d'aide médicale urgente« [SAMU] ist ein ziviler medizinischer Notfalldienst, der dem staatlichen Krankenhaussystem direkt unterstellt ist. Er verfügt über ein rund um die Uhr einsatzbereites Notdienstnetz, das aus mobilen Lazaretteams und Ambulanzwagen besteht, die für umfangreiche Behandlungsmaßnahmen am Unfallort ausgerüstet sind; ferner gehören Ärzte dazu, die auf Notfallmedizin spezialisiert sind. Jede SAMU-Zentrale wird von SMUR-Einheiten [»Service médical d'urgence et de réanimation«] unterstützt, die Ambulanzwagen mit Reanimationsgeräten und andere Hilfsfahrzeuge zur Verfügung haben.

5 Das britische Recht schreibt vor, daß der Leichenbeschauer eine offizielle Untersuchung über den Tod eines jeden britischen Staatsbürgers durchführen muß, der im Ausland eines nicht natürlichen Todes stirbt. Ihr Zweck ist es, Zeitpunkt, Ort und Todesursache zu bestimmen, nicht aber die Suche nach dem Verursacher. Die Untersuchung, die per Gesetz in Form einer öffentlichen Anhörung stattfinden muß, kann nicht eher durchgeführt werden, als bis die Ermittlungen in Frankreich abgeschlossen sind. Selbst dann kann der Leichenbeschauer nach eigenem Ermessen entscheiden, einige Ergebnisse noch geheim zu halten. In Dianas Fall leitet Dr. John Burton, der offizielle Leichenbeschauer für die königliche Familie, die Ermittlungen; er hat sich über mangelnde Kooperation der französischen Behörden beschwert. Dies ist die erste Untersuchung eines Mitglieds der königlichen Familie seit 1972, als der Cousin der Königin, Prinz William von Gloucester, bei einem Flugzeugunglück ums Leben kam.

6 Eine profanere Maßnahme, die ihr möglicherweise das Leben gerettet hätte, wäre gewesen, den Sicherheitsgurt anzulegen. »Wir wissen es, daß man die Wucht des Aufpralls auf den Pfeiler hätte überleben können, weil der Leibwächter überlebte«, sagte Richard Cuerden, der Leiter des Unfallforschungszentrums der Universität von Birmingham. »Wir können davon ausgehen, daß Menschen auf den Rücksitzen eine genauso gute Überlebenschance haben, wenn nicht eine bessere.«

7 Die »Numération formule sanguine« (NFS), eine Messung der Anzahl der Blutkörperchen, wird mittels einer Zentrifuge durchgeführt.

8 Der Beta-HCG (für »human chorionic gonadotropin«) mißt ein Hormon aus der Plazenta, das man nur im Blut von schwangeren Frauen findet.

9 Gemäß dem bekannten französischen Pharmaziehandbuch *Dictionnaire Vidal* (Ausgabe 1996) wird Tiaprid (das von der französischen Firma »Synthelabo« als Tiapridal vermarktet wird) im allgemeinen zur Behandlung von »Zuständen der Erregung und Aggressivität« verschrieben, »besonders bei Alkoholpatienten, bei intensiven und anhaltenden Schmerzen, bei anormalen spasmischen Bewegungen«. Das Handbuch betont, daß Alkohol den »neuroleptischen Beruhigungszustand verstärkt. Eine Einschränkung der Wahrnehmungsfähigkeit kann es gefährlich machen, Auto zu fahren oder Maschinen zu bedienen. Dieses Produkt sollte von Autofahrern oder Menschen, die Umgang mit Maschinen haben, mit Vorsicht angewendet werden.« Fluotexin (wird von »Eli Lilly & Co.« vertrieben, ebenso wie Prozac), so heißt es im *Vidal,* wird verschrieben bei »schweren depressiven Dauerzuständen oder obsessiven und drängenden Störungen«. Von einer Einnahme in Verbindung mit Alkohol wird »abgeraten«. »Da Fluoxetin den Blutdruck und die Reflexe verändern kann, ist es ratsam, Autofahrer und Personen, die Umgang mit Maschinen haben, vor diesem Risiko zu warnen«, heißt es weiter.

*10* Das Buch von Andrew Morton ist Ende 1997 in einer aktualisierten und erweiterten Fassung unter dem Titel *Diana. 1961-1997. Ihre wahre Geschichte in ihren eigenen Worten* beim Verlag Droemer Knaur neu aufgelegt worden, in dem auch vorliegendes Buch erschienen ist.

*11* Während der Arbeit an diesem Buch ist von den britischen Autopsien nichts weiter durchgesickert als die Tatsache, daß Diana und Dodi vom vorherigen Abend Spuren eines »normalen« Alkoholkonsums aufwiesen.

*12* Was Cole bei dieser Gelegenheit der Presse vorführte, war ein stark bearbeitetes 26-minütiges Video, das aus den sechs VHS-Kassetten zusammengeschnitten worden war, die Offizielle des Ritz am 3. September der Polizei ausgehändigt hatten.

*13* Der Bericht aus dem Privatlabor von Dr. Gilbert Pépin bestätigte ebenfalls, daß, basierend auf Untersuchungen des

Rückenmarkgewebes, »die Fixierung der aktiven Grundbestandteile dieser Moleküle [Fluoxetin und Tiapridal] im Nervengewebe klar anzeigt, daß Monsieur Henri Paul zum Zeitpunkt der Ereignisse [des 31. August] unter dem Einfluß dieser Medikamente stand«. Nachdem Pépin zwölf verschiedene Analysen gemacht hatte, berichtete er, daß er keine Spuren von anderen Drogen oder toxischen Substanzen in Pauls Körper gefunden habe.

*14* Jean und Gisèle Pauls Leid wurde bald von weiteren schlechten Nachrichten noch verschlimmert: Die Versicherungsgesellschaft ihres Sohnes reduzierte die Auszahlung im Todesfalle an seine Familie von ursprünglich 2 Millionen Francs (etwa 600 000 DM) auf 360 000 Francs (knapp 110 000 DM), weil sich herausgestellt hatte, daß er in betrunkenem Zustand am Steuer gesessen hatte.

*15* Es wurde allgemein von der Presse verbreitet, daß Paul 1991 und 1992 Lehrgänge bei Mercedes besucht hatte. Pujol sagte in ihrem Interview mit den Autoren am 20. November, daß Paul in Wirklichkeit 1988 mit den jährlich stattfindenden Kursen begann und mindestens bis zu ihrer Trennung 1992 regelmäßig daran teilnahm, wahrscheinlich sogar länger. Er nahm die Kurse sehr ernst, berichtete sie. »Er pflegte Fotos vom Fahrverhalten der Autos zu machen, von den Reifen, den Teststrecken, den Slalomfahrten. Er war sehr gut darin. Er war immer sehr stolz, wenn er zurückkam, da er stets ausgezeichnete Noten in seinen Diplomen hatte.«

*16* Der französischen Wochenzeitung *L'Express* vom 18. September 1997 zufolge hat Untersuchungsrichter Stephan Pauls Sozialversicherungsunterlagen beschlagnahmt; sie enthüllten, daß er in der Vergangenheit ein Rezept für das Medikament Aotal erhalten hatte, das im allgemeinen zur »Einhaltung der Abstinenz eines alkoholkranken Patienten« verschrieben wird.

*17* Der erste Leiter des Sicherheitsdienstes des Ritz war Joseph Goeddet, der 1986 diese Position übernahm. Als Goeddet zum 1. Januar 1993 abgelöst wurde, erhielt nicht sein Stellvertreter Henri Paul den Job, sondern Jean Hocquet.

*18* Als Folge des Unfalls wurde das Ritz für Journalisten quasi zur Sperrzone ernannt, und es wurde fast unmöglich, auch nur die geringste Information von dem normalerweise sehr kooperativen PR-Büro zu erhalten. Eine Sprecherin, die sonst stets bestrebt war, das Hotel und sein Personal im besten Licht erscheinen zu lassen, behauptete sogar, sie hätte »keinerlei Informationen« über den Hoteldirektor Frank Klein und auch kein Foto von ihm.

*19* Am 2. September stellte der Anwalt Georges Kiejman den Antrag, Mohammed al-Fayed zum Zivilkläger bei den Ermittlungen zu machen. Dies ermöglichte den Anwälten von Fayed Zugang zu den Untersuchungsakten und verlieh ihnen das Recht, im Falle einer strafrechtlichen Verfolgung und Überführung Schadenersatz zu beanspruchen. Derselbe Schritt wurde für die Familie Spencer unternommen (3. September) sowie für M. und Mme. Jean Paul (2. Spetember) und für Dodis Leibwächter Trevor Rees-Jones (16. Oktober).

*20* Die verhafteten Männer waren Serge Arnal (35) von »Stills«; Nikola Arsov (38) von »Sipa«; Stéphane Darmon (32) von »Gamma«; Jacques Langevin (44) von »Sygma«; Christian Martinez (41) von »Angéli«; Romuald Rat (24) von »Gamma«; Laszlo Veres (50), freiberuflich.

*21* In den Vereinigten Staaten fordern die sogenannten Miranda-Rechte, daß Beamte, die eine Verhaftung vornehmen, die Verdächtigen darüber informieren, daß sie das Recht haben, zu schweigen und juristischen Beistand zu verlangen. Dieselbe juristische Situation ist auch in Deutschland gegeben.

*22* Bernard Dartevelle, der Anwalt der Familie Fayed, erzählte am 9. September Reportern, daß die Ermittlungsakte ein Foto enthalte, das unmittelbar vor dem Mercedes aufgenommen worden sei und beweise, daß Henri Paul während der Verfolgungsjagd vom Blitzlicht eines Fotografen »geblendet« worden sei. Das Foto, so sagte er, zeige Rees-Jones, wie er die vordere rechte Sichtblende herunterzog, und wie Diana ihren Kopf wegdrehte; die Reflektion des Blitzlichts sei auf der Windschutzscheibe sichtbar. Es gibt tatsächlich ein solches Foto in der Akte: Es wurde von Langevin aufgenommen, als er vor dem Auto stand, bevor es überhaupt aus der Rue Cambon wegfuhr.

*23* Kursivauszeichnung durch die Autoren.

*24* Am 18. September stellten sich zwei Fotografen, die nicht identifiziert worden waren, freiwillig der Polizei, um eine Aussage über die Ereignisse in der Nacht vom 30. auf den 31. August zu machen. Sie hatten den Mercedes nicht verfolgt, sondern waren vom Ritz direkt zu Dodis Wohnung gefahren, wo sie über ihre Mobiltelefone vom Unfall in Kenntnis gesetzt wurden und danach zum Unfallort aufbrachen. Sie wurden als Zeugen verhört, aber nicht als Verdächtige in diesem Fall angesehen oder angeklagt.

*25* Der Beruf scheint Begehrlichkeiten zu wecken, die über das Verkaufen der Paparazzifotos zu enorm hohen Preisen hinausgehen. Als Laszlo Veres vom *Time*-Magazin wegen eines Interviews angesprochen wurde, verlangte er (aber bekam nicht) nicht weniger als 10 000 Dollar! Pierre Suu von »Sipa«, eine Randfigur, die am 30. August das Ritz belagerte, aber nicht zu den Inhaftierten zählte, verlangte Handgeld, als ihn die Autoren dieses Buches um ein Interview baten. Aber dies, nur ganz am Rande, tat auch der gute Dr. Mailliez. Keiner bekam auch nur einen Pfennig.

*26* Ein ehemaliger Redakteur des wöchentlich erscheinenden Nachrichtenmagazins *L'Express,* Lesieur, betont, daß von den drei größten französischen Glamour-Magazinen *Gala* (erscheint seit 1993) am wenigsten dazu neigt, Paparazzifotos zu verwenden, und auch nicht am Preispoker der beiden anderen teilnimmt.

*27* Frankreich wird in zunehmendem Maße ein lukrativer Markt für Paparazzifotos, obwohl sich das Land damit rühmt, weltweit eine der strengsten Gesetzgebungen in bezug auf den Schutz der Intimsphäre zu haben. Ein Gesetz aus dem Jahr 1970 (Art. 9 des französischen Grundgesetzes) hält fest, daß »jeder das Recht auf Respektierung seiner Intimsphäre hat«. Unter anderem spezifiziert das Gesetz, daß jedes Individuum das »Recht am eigenen Bild« hat, was bedeutet, daß es widerrechtlich ist, ein Foto einer Person ohne ihre ausdrückliche Zustimmung zu veröffentlichen, selbst wenn das Bild in der Öffentlichkeit aufgenommen wurde. Im allgemeinen wird dieses Gesetz locker angewendet, aber manche Prominente (z. B. Cathérine Deneuve und Prinzessin Caroline) klagen regelmäßig den Art. 9 ein und erhalten ebenso regelmäßig Schadenersatz von den betreffenden Medien.

*28* Sogar seriöse Nachrichtenmagazine wie *Time* und *Newsweek* veröffentlichen in ihren Titelgeschichten über Dianas Tod Fotos einiger derselben Paparazzi, die das Paar an jenem Tag verfolgten. (Diese Fotografen zählten allerdings nicht zu denjenigen, die inhaftiert wurden, und die Fotos zeigten auch nicht den eigentlichen Unfallort.)

*29* Dodi und Diana waren offensichtlich im Juli in St. Tropez zur Zielscheibe echter Paparazzi geworden. Am 9. September reichte der Familienanwalt der Fayeds, Bernard Darteville, Klage gegen *Paris-Match* und *France-Dimanche* ein sowie gegen zwei Bildagenturen wegen Verletzung der Intimsphäre und fahrlässiger Gefährdung im Zusammenhang mit dem niedrigen Überfliegen der Fayed-Villa durch Fotografen in Helikoptern.

*30* In Langevins Terminkalender war vorgesehen, daß er am 1. September nach Bordeaux fahren sollte, einen Tag nach dem Unfall, um dort das Auslieferungsverfahren des früheren Hippie-Guru Ira Einhorn für das *Time*-Magazin zu dokumentieren, die des Mordes überführt worden war.

*31* Während der Arbeiten an diesem Buch ist von Rat kein Interview publiziert worden. Trotz verschiedener Versuche, mittels seines Anwalts Jean-Marc Coblence, durch Dritte und auch in einem Telefonat mit dem Fotografen selbst ein Interview zu erhalten, konnten die Autoren leider kein förmliches Interview mit Rat durchführen.

*32* Kursivhervorhebung durch die Autoren. Martinez lehnte ebenso wie Rat wiederholte Bitten um ein Interview ab. Am 16. Oktober hat Untersuchungsrichter Stephan (Anzeichen dafür, daß sich die juristische Lage der Paparazzi verbessern dürfte) Martinez seinen Presseausweis sowie seinen Führerschein zurückgegeben und ihm genehmigt, seine Arbeit wieder aufzunehmen. Das Gleiche hatte Stephan bei Rat zehn Tage vorher getan.

*33* Am 4. September wurde ein französischer Fotograf, der sagte, er habe sich vor den Verhaftungen entfernt, im deutschen Fernsehsender Pro 7 anonym interviewt. Der Beschreibung nach könnte es Benhamou gewesen sein. »Es ist mein Job, Fotos zu machen«, sagte er. »Aber es war so tragisch. Dann... sagten mein Freund und ich: ›Stop!‹ und fuhren weg... Wir sahen die Tragödie mit unseren eigenen Augen. Es war wie im Film. Als wir das Wrack sahen, sagte ich, das kann doch nicht wahr sein... [Aber] wir sind nicht daran schuld, weil dies einfach Teil des Lebensspiels ist. Ein Paparazzo ist jemand, der der Welt Bilder anbietet für Millionen von Menschen, die sonst keinen Zugang dazu hätten. Es gibt Millionen von Menschen, die diese Zeitungen kaufen, um einen kleinen Einblick in das Leben dieser Leute zu haben. Das ist unser Beruf.«

*34* Die Herausgeber des *National Enquirer* geben zu, daß Sola ihnen die Bilder für 250 000 Dollar angeboten hat, doch daß sie das Angebot ablehnten.

*35* Es sollten weit über 100 Zeugen befragt werden, bis die Untersuchung abgeschlossen war.

*36* Der neue Test wurde formell von Jean-Pierre Brizay, dem Anwalt der Familie Paul, angefordert.

*37* Interview in *Le Figaro* vom 18. September 1997.

*38* Dr. Jean Pietri: *Accident du Passage Souterrain de l'Alma. Paris, Dimanche 31 Août, 0h25. Proposition d'Analyse Scientifique et Technique. Synthèse et Conclusions* (*Unfall im Alma-Tunnel. Paris, Sonntag, 31. August 1997, 0.25 Uhr. Unterbrei-

*tung einer wissenschaftlichen und technischen Analyse. Zusammenfassung und Schlußfolgerungen).* Der Bericht wurde den Autoren im Dezember 1997 zur Verfügung gestellt.

*39* Dies wird im großen und ganzen von den Augenzeugenberichten erhärtet, die die Geschwindigkeit des Mercedes irgendwo im Bereich zwischen 100 und 180 km/h einschätzen.

*40* Der Fiat könnte theoretisch von einer Seitenstraße direkt rechts vom Tunneleingang auf die Schnellstraße gefahren sein, doch scheint diese Möglichkeit auszuscheiden, da viele Augenzeugen berichteten, sie hätten das kleinere Auto vor dem Mercedes gesehen, als er sich dem Alma-Tunnel näherte.

*41* D. h. als der Mercedes in die Schnellstraße einbiegt; der Fiat ist an dieser Stelle wohl schon weit vor ihm.

*42* In das gesamte Kapitel haben die Verfasser dieses Buches Augenzeugenberichte eingearbeitet, um Pietris Auffassungen deutlicher darzustellen und zu bekräftigen. In seinem Gutachten gibt es keine derartigen Zitate.

*43* Es sei daran erinnert, daß Mohammed M. in seiner Aussage den Ermittlungsbeamten berichtete: »Ich hatte ziemliche Angst, daß mich dieses Auto rammen könnte, und aus diesem Grund beschleunigte ich.« Mohammeds Beifahrerin Souad M. schätzte die Entfernung zwischen dem Mercedes und dem BX an dieser Stelle auf ca. 30 oder 40 Meter (eine Strecke, die der Mercedes bei seiner hohen Geschwindigkeit in weniger als zwei Sekunden hätte zurücklegen können).

*44* Interessanterweise kam Richard Cuerden, Leiter des Unfallforschungszentrums der Universität von Birmingham, auf eine geschätzte Aufprallgeschwindigkeit von ca. 70 km/h, weil das Auto nach dem Zusammenstoß nicht gleich stillstand, sondern sich weiter bewegte, bis es an der gegenüberliegenden Tunnelwand zum Stillstand kam. Somit schätzen beide Experten die Endgeschwindigkeit weit niedriger ein, als sie allgemein dargestellt worden ist.

45  Kursivauszeichnung durch die Autoren.

46  Entlang der Strecke gibt es eine Reihe von Verkehrsüberwachungskameras, aber die französischen Behörden beharren darauf, daß es von jenem Zeitpunkt keine Aufnahmen gibt. Es zirkulierten auch zahlreiche Presseberichte, daß eine mobile Polizeiradarstation in der Nähe des Tunnels den Mercedes mit einer Geschwindigkeit von 196 km/h registriert habe, doch Polizeipräsident Philippe Massoni stritt ab, daß in diesem Stadtsektor am frühen 31. August überhaupt Radar eingesetzt worden war.

47  Compagnie Française de Protection Privée.

48  Von 0 auf 100 km/h in 8,3 Sekunden für den Fiat Uno Turbo im Vergleich zu 11 Sekunden für den Mercedes.

49  Die Tatsache, daß die meisten anderen von einem »dunklen« Fahrzeug sprachen, könnte die Vermutung nahelegen, daß sie ein anderes Fahrzeug beschrieben, daß ihre Sinneswahrnehmung in puncto Farben durch die Lichtverhältnisse gestört war oder, nur als Möglichkeit, daß sie einen dunklen Fiat Uno mit einem weißen Spiegelgehäuse sahen.

50  Siehe Kapitel 11, »Die Paparazzi«.

51  Die Autoren müssen sich an dieser Stelle bedeckt halten, um ihren Informanten nicht zu kompromittieren.